Anleitung zum ganzheitlichen Denken und Handeln

Prof. Dr. Dr. h. c. Hans Ulrich
Prof. Dr. Gilbert J. B. Probst

Anleitung zum ganzheitlichen Denken und Handeln

Ein Brevier für Führungskräfte

2. Auflage

Verlag Paul Haupt Bern und Stuttgart

CIP-Titelaufnahme der Deutschen Bibliothek

Ulrich, Hans:
Anleitung zum ganzheitlichen Denken und Handeln: ein
Brevier für Führungskräfte/Hans Ulrich; Gilbert J. B.
Probst. - 2. Auflage - Bern; Stuttgart: Haupt, 1990
ISBN 3-258-04132-6
NE: Probst, Gilbert J. B.:

Vorwort

Dieses Buch ist für Führungskräfte in allen Bereichen unserer Gesellschaft bestimmt, deren Aufgabe es ist, verantwortlich an der Lösung schwieriger Probleme mitzuwirken. Es soll all jenen eine Hilfe sein, die die populäre Forderung nach ganzheitlichem Denken nicht nur an andere richten wollen, sondern sie in erster Linie als Aufforderung auffassen, ihr eigenes Denken und Handeln daraufhin zu prüfen, ob es den komplexen Problemsituationen von heute noch angemessen ist.

Es fällt nicht schwer, massive - und oft auch berechtigte - Kritik an bestehenden Zuständen in unserer Gesellschaft zu üben und laut nach einem «Umdenken» zu rufen. Bedeutend schwieriger ist es, zu zeigen, *wie* denn das geforderte neue Denken geartet sein soll - und wie man es sich zu eigen machen kann. Sicher ist, dass einfache Patentrezepte keinen Erfolg versprechen, denn wenn dem so wäre, wären sie längst befolgt worden. Auch der heutige Modetrend, in der Vergangenheit nach verschütteten Quellen der Weisheit zu suchen, wird wohl kaum zu einer schlagartigen Änderung der Denkgewohnheiten in unserer Gesellschaft führen. Es kann unseres Erachtens nicht das Ziel sein, alles bisherige Denken und Handeln radikal über Bord zu werfen, auf Rationalität zu verzichten und durch diffuse und beliebige Ideen und Annahmen zu ersetzen, sondern es geht darum, eine Denkweise zu entwickeln, die vernünftig, gedanklich nachvollziehbar und lernbar ist und in ein zweckgerichtetes, erfolgreiches Handeln umgesetzt werden kann. Nur ein solches logisch fassbares, methodisches Denken hat überhaupt eine Chance, nicht Privatsache des einzelnen zu bleiben, sondern sich in der Gesellschaft durchzusetzen und zum Werkzeug zu werden, das von verantwortungsbewussten, modernen Menschen angewendet wird, wenn es um das Bewältigen von schwierigen Problemen geht, die sich so hartnäckig einfachen und rasch realisierbaren Lösungen entziehen.

Das vorliegende Buch soll, wie es der Titel verspricht, eine Anleitung zu einem so gearteten ganzheitlichen Denken zum Zwecke eines sinnvollen Handelns sein. Obwohl es sich nicht an Wissenschafter richtet und deshalb auch auf die Auseinandersetzung mit verschiedenen Theorien und Autoren verzichtet wird, beruht es doch auf wissenschaftlichen Grundlagen, nämlich auf einer Aufarbeitung der vielfältigen, disziplinenübergreifenden Erkenntnisse der Systemtheorie. Die Begründung für diese systemtheoretische Abstützung ist sehr einfach: Da es eine Wissenschaft gibt, die sich explizit mit den Eigenschaften und Verhaltensweisen von Ganzheiten – Systeme genannt – befasst, wäre es fahrlässig, dieses im Laufe der letzten fünfzig Jahre entstandene Wissen nicht zu nutzen, um eine ganzheitliche Denkweise zu entwickeln.

Die beiden Autoren gehören einer Gruppe von Betriebswirtschaftern an, die sich in wechselnder Zusammensetzung seit zwanzig Jahren bemüht, systemtheoretisches und kybernetisches Gedankengut für das Management von Unternehmungen und anderen gesellschaftlichen Institutionen fruchtbar zu machen. Es ist nicht möglich, in diesem Buch auf die vielen Wissenschafter und Praktiker zu verweisen, die im Lauf der Jahre mit ihren Ideen und Erfahrungen unser Denken wesentlich beeinflusst haben. Stellvertretend für viele möchten wir zwei Persönlichkeiten hervorheben, denen wir zu grossem Dank verpflichtet sind: *Peter Gomez,* der als Mitglied unserer Gruppe massgeblich zur Entwicklung der hier dargestellten Problemlösungsmethodik und zu ihrer Erprobung in der Praxis beigetragen hat, und *Frederic Vester,* dessen biokybernetische Erkenntnisse nicht nur durch seine Schriften, sondern auch aufgrund zahlreicher persönlicher Kontakte unser Denken mitgeprägt haben. Ihnen gilt unser herzlicher Dank.

St. Gallen/Genf, im Mai 1988 — Hans Ulrich / Gilbert Probst

Inhaltsverzeichnis

Teil I Zur Entwicklung des ganzheitlichen Denkens

Teil II Bausteine eines ganzheitlichen Denkens

Teil III Eine ganzheitliche Problemlösungsmethodik

Teil I

Roger Bacon

W. Ross Ashby

Heinz v. Foerster

Zur Entwicklung des ganzheitlichen Denkens

Johannes Kepler

Galileo Galilei

Isaac Newton

Pierre Laplace

René Descartes

Albert Einstein

Werner Heisenberg

Konrad Lorenz

Erhard Oeser

Joel de Rosnay

Rupert Riedl

Fritjof Capra

Norbert Wiener

Frederic Vester

Ludwig v. Bertalanffy

Gregory Bateson

1. Von der Notwendigkeit einer neuen Denkweise

Eine neue Art zu denken ist notwendig,
wenn die Menschheit überleben will

Albert Einstein

Der Ruf nach «Umdenken» ist unüberhörbar geworden und geht quer durch alle Bereiche der Gesellschaft. Er wird von Politikern, Wirtschaftsführern und Wissenschaftlern ebenso erhoben wie vom sogenannten Mann auf der Strasse. In den unterschiedlichsten Zusammenhängen wird eine neue, ganzheitliche Denkweise gefordert. Gemeint ist damit ein integrierendes, zusammenfügendes Denken, das auf einem breiteren Horizont beruht, von grösseren Zusammenhängen ausgeht und viele Einflussfaktoren berücksichtigt, das weniger isolierend und zerlegend ist als das übliche Vorgehen. Ein Denken also, das mehr demjenigen des viele Dinge zu einem Gesamtbild zusammenfügenden Generalisten als dem analytischen Vorgehen des auf ein enges Fachgebiet beschränkten Spezialisten entspricht.

Warum diese Forderung nach einer Neuorientierung des Denkens und Handelns? Bei aller Verschiedenheit des konkreten Anlasses kann wohl allgemein von einer Unzufriedenheit mit dem Bestehenden als Ausgangspunkt gesprochen werden, mit der Art und Weise, wie wichtige Probleme bisher angepackt wurden, aber auch schon damit, was überhaupt als Problem wahrgenommen wird. Ist ein solches Unbehagen denn berechtigt, ausgerechnet in den wirtschaftlich hochentwickelten Ländern mit dem grössten, je von einer Kultur erreichten materiellen Wohlstand, mit ständigen sichtbaren Fortschritten in Technik und Medizin und einer relativ grossen sozialen Sicherheit? Ist es nur die Unzufriedenheit der Satten oder die unberechtigte Angst vor neuen Technologien, die von uns Umstellungen verlangen? Sind es nur unverbesserliche Romantiker, die eine angeblich gute alte Zeit wiederherstellen wollen, oder junge, rote oder grüne Systemveränderer, welche die Welt nach ihrer eigenen Vorstellung umgestalten wollen?

Gewiss gibt es auch Ideologen und Phantasten, die sich des Rufs nach ganzheitlichem Denken bemächtigt haben. Aber man würde sich die Sache zu einfach machen, würde man die viel tieferliegenden Ursachen der Kritik und der Suche nach grundsätzlich neuen Perspektiven darob übersehen. In der Tat gibt es gerade für den ernsthaft nachdenkenden Menschen genug Gründe, den Zustand unserer Welt für bedenklich zu halten und Angst vor der Zukunft zu haben. Erwähnen wir nur zwei Fakten, die durch unzählige Daten belegt werden können: Die Verfügung zahlreicher Staaten über ein Waffenarsenal, dessen Zerstörungskraft jedes menschliche Vorstellungsvermögen überschreitet, und die rasch zunehmende Zerstörung der natürlichen Lebensgrundlagen der Menschheit durch diese selbst.

Man braucht aber nicht die grossen Probleme der Menschheit im Auge zu haben, um ein Unbehagen darüber zu empfinden, wie man bisher durch Denken und Handeln Probleme angepackt hat. Auch im Kleinen erweisen sich viele Problemlösungen, die scheinbar sehr logisch entworfen worden sind, als nicht realisierbar oder führen zu Nachteilen, die man weder vorausgesehen noch gewollt hat. Manchmal ist es sogar so, dass man sich nachträglich an den Kopf greift und sich nicht erklären kann, wie man einen wichtigen Einflussfaktor einfach übersehen konnte. Viel häufiger allerdings schiebt man den Misserfolg widrigen äusseren Umständen, dem unberechtigten Widerstand anderer Menschen oder unvorhersehbaren Ereignissen zu. Aber damit ist – gerade für Führungskräfte in verantwortlicher Position – wenig gewonnen: Es bleibt der Tatbestand, dass man ein Problem nicht lösen konnte und – im gar nicht so seltenen Fall – mehr Schaden als Nutzen stiftete.

Die These der Befürworter eines ganzheitlichen Denkens lautet: Misserfolge bei der Lösung schwieriger Probleme sind heute vorprogrammiert dadurch, dass wir eine Problemlösungsmethodik anwenden, die zwar in der Vergangenheit lange Zeit erfolgreich war, den heutigen Problemsituationen aber nicht mehr angemessen ist. Die Welt, in der wir heute leben und handeln, ist nicht mehr dieselbe wie vor hundert und mehr Jahren, sondern in weiten Teilen eine von Menschen gemachte Welt. Unsere Kultur hat die Erde in einer Art und Weise umgeformt, dass auch die Schwierigkeiten, mit denen wir heute zu kämpfen haben, Ergebnisse dieses menschlichen Denkens und Handelns sind, aber nicht mit den Denk- und Handlungsweisen, die sie bewirkt haben, bewältigt werden können. Unsere ungelösten Probleme von heute sind sozusagen die Restposten unseres Problemlösens von gestern – nur dass dieser Rest immer grösser wird, je mehr wir versuchen, ihn mit einem Denken von gestern zu beseitigen.

Die Notwendigkeit einer neuen Denkweise beruht also darauf, dass die Probleme, die sich dem handelnden Menschen von heute stellen, von einer neuen Dimension und Qualität sind, d. h. eine Charakteristik aufweisen, die sie grundsätzlich von früheren unterscheidet. Die typischen Merkmale aktueller Problemsituationen in allen Gesellschaftsbereichen lassen sich am besten mit Hilfe von Begriffen der Systemtheorie wie Vernetztheit, Komplexität, Rückkoppelung usw. darstellen, was weiter unten geschehen wird. Ein rationales Verhalten in solchen Situationen setzt die Anerkennung dieser Charakteristik der heutigen Welt voraus – und ein vernünftiges Umgehen damit.

Dass uns die Anwendung einer neuen Denkweise erfahrungsgemäss Mühe bereitet, ist nicht darauf zurückzuführen, dass sie besonders hohe Anforderungen an unsere Intelligenz stellen würde, sondern darauf, dass sie unseren eingeprägten Denkvorstellungen widerspricht. Sie ist ungewohnt, weil das zergliedernde und isolierende Denken das Produkt einer mehrere Jahrhunderte andauernden wissenschaftlichen, technischen und wirtschaftlichen Entwicklung ist und uns deshalb als natürliche und einzig logische Denkform erscheint. Je wissenschaftlicher ein Mensch gebildet ist, je länger er die Schule besucht hat, um so grösser sind die Barrieren, die er auf dem Weg zum ganzheitlichen Denken überwinden muss. Um die historische Bedingtheit üblicher Denkformen zu erkennen, ist es deshalb nützlich, einen - wenn auch nur kurzen - Blick auf die Grundzüge des wissenschaftlichen Denkens der letzten Jahrhunderte zu werfen.

2. Zur Entwicklung des naturwissenschaftlichen Denkens

Mit guten Gründen kann man sagen, dass die Kultur, in der wir leben, das Produkt der modernen Naturwissenschaften und insbesondere der Physik ist, wie sie sich vor allem seit dem 17. Jahrhundert entwickelt haben. *Roger Bacon* (1214–1292) stellte bereits im 13. Jahrhundert die Forderung nach einer Wissenschaft auf, die allein auf der Erfahrung und Beobachtung der Natur gegründet und nicht auf irgendwelche «Autoritäten» ausserhalb dieser beobachtbaren Natur angewiesen sei. Diese «Entzauberung der Welt» war allerdings nicht einfach, denn erfahrungsgemäss kann man sich bei der Beobachtung der Welt leicht täuschen. Die Wahrnehmungen unserer Sinne genügen deshalb nicht, notwendig ist der «menschliche Geist», der denkende Verstand, der die wahre Natur hinter dem sinnlich Wahrnehmbaren zu erfassen vermag. *Johannes Kepler* (1571–1630) und *Galileo Galilei* (1564–1642) erkennen die Bedeutung der Mathematik für die Gewinnung derartiger abstrakter, von der konkreten Erscheinungsform losgelösten Erkenntnisse, und Galilei stellt die berühmt gewordene Forderung auf, alles zu messen, was messbar ist, und alles messbar zu machen, was es noch nicht ist. Die Konsequenz davon ist der Ersatz der unmittelbaren Erfahrung an der Natur durch das künstlich angeordnete Experiment, das eben die Natur messbar machen soll. *René Descartes* (1596–1650) entwirft wohl am eindrücklichsten das sich daraus ergebende Bild der Welt als grossen Mechanismus, der zwar einst von Gott als dem grossen «Beweger» in Gang gesetzt worden ist, dessen Funktionieren aber keines Geistes mehr bedarf. Da einzig der Mensch über den Verstand verfügt, um diesen Mechanismus zu erfassen, gehört die ganze Natur einschliesslich aller Lebewesen ausser dem Menschen zu dieser geistlosen Maschine. Die vollständige Trennung von (menschlicher) Geistes- und (natürlicher) Körperwelt bildet fortan auch die «wissenschaftliche» Rechtfertigung für die bedenkenlose Ausbeutung der – ja geist- und seelenlosen – Natur.

Isaac Newton (1643–1727) verwirklicht dann mit seiner Physik, basierend auf den nach ihm benannten drei Bewegungsgesetzen, in gewissem Sinn dieses mechanistische Weltbild, in dem Himmel und Erde in einer einheitlichen Mechanik vereinigt werden. Später fasst *Pierre Laplace* (1749–1827) diese Weltschau im Bild der grossen, seelenlosen «Weltmaschine» zusammen, deren jeweiliger Zustand kausal als Folge ihres früheren Zustandes erklärt werden kann und der seinerseits die Ursache eines naturgesetzlich eintretenden zukünftigen Zustandes darstellt. Um dies zu verstehen ist allerdings ein «umfassender Geist» nötig, der all die Elemente der Maschine und die in ihr wirkenden Kräfte vollständig zu erfassen vermag. Dann könnte er «mit derselben Formel die Bewegung der grössten Weltkörper und des kleinsten Atoms ausdrücken. Nichts wäre für ihn ungewiss, Zukunft und Vergangenheit lägen offen vor seinen Augen.» Die Suche nach der einen, mathematischen Weltformel, die letztlich alles erklärt, wird damit zum Ziel der Wissenschaft, Beobachtung und Experiment zum Mittel, um deren Allgemeingültigkeit zu beweisen. Öfters glaubt man, die endgültige Wahrheit gefunden zu haben und erklärt das Gebäude der Wissenschaft für vollendet. Zwar kommen immer wieder andere Wissenschafter, die mit schärferer Logik, besserer Mathematik, neuen Experimentieranordnungen und weiterentwickelten Beobachtungsinstrumenten das bisher Wahre als Irrtum entlarven, aber dies wird als Fortschritt auf dem gradlinigen Weg zur endgültigen Wahrheit empfunden. Dieser Glaube an den wissenschaftlichen Fortschritt überträgt sich nahtlos auf die technischen Umsetzungen der gefundenen Erkenntnisse in Maschinen im weitesten Sinn dieses Wortes, und das so erfolgreiche wissenschaftliche Denken wird zum Ideal jedes gebildeten, fortschrittlichen Menschen.

In unserem Zusammenhang ist wichtig, dass sich in mehreren Jahrhunderten bis in unsere Zeit hinein eine wissenschaftliche Denkweise entwickelte, die weit über das Zeitalter der mechanischen Physik hinaus aufrechterhalten wurde und bis heute als Inbegriff eines wissenschaftlichen Denkens gilt. Die Physik als «Königswissenschaft» setzt die Massstäbe und erklärt jede Denkweise, die nicht ihren Kriterien folgt, für unwissenschaftlich. Die Geisteswissenschaften mit ihrer wenig greifbaren Methode des Verstehens haben gegenüber diesem Monopolanspruch der so erfolgreichen Physik einen schweren Stand. Zwar versuchen zahlreiche Geisteswissenschafter, diesen seit jeher erhobenen Anspruch auf eine eigene, «zweite wissenschaftliche Kultur» mit einer eigenen Denkweise aufrechtzuerhalten, aber mehr und mehr dringen das analytische Kausaldenken und die naturwissenschaftliche Methodik der empirischen Forschung namentlich in die Wirtschafts- und Sozialwissenschaften ein, und auch hier sucht man nach einfachen allgemeingültigen Gesetzen, welche die vielfältigen Phänomene von Gesellschaft und Wirtschaft erklären sollen.

Zu Beginn des 20. Jahrhunderts dominiert in den Wissenschaften damit eine Denkweise, die man als exakt, mathematisch, quantifizierend, isolierend, kausalanalytisch, mechanistisch und materialistisch bezeichnen kann. Dieses Denken ist in mehrfacher Beziehung reduktiv: Was nicht messbar und nicht in mathematischer Form fassbar ist, verschwindet aus der Wissenschaft, und dieses dominierende Streben nach Exaktheit führt dazu, dass man in der Forschung isolierend kleine

Teile aus grösseren Zusammenhängen herausreisst, um einzelne lineare Kausalbeziehungen genau erfassen zu können. Das Ergebnis dieses Denkens ist notwendigerweise auch eine laufend weitergehende Aufsplitterung der Wissenschaften in immer mehr Spezialdisziplinen, die keinen ersichtlichen Zusammenhang mehr aufweisen.

3. Auf der Suche nach einem neuen Paradigma

Paradoxerweise sind es gerade wissenschaftliche Erkenntnisse, die im Laufe des 20. Jahrhunderts allmählich den Glauben an die objektive und wertfreie Wahrheit und den linearen Fortschritt der Wissenschaft zerstören. Mit der Relativitätstheorie von *Albert Einstein* (1879–1955), durch welche Raum und Zeit zur vierdimensionalen Raumzeit zusammengefügt und Materie und Energie verschmolzen werden, entsteht in der Physik ein fundamental anderes Weltbild, aber auch die Möglichkeit zur technischen Umwandlung von Masse in Energie in Form der Atombombe. Es ist Einstein selbst, der 1939 den amerikanischen Präsidenten in einem Brief auf diese Möglichkeit aufmerksam macht. Vom Schock der nunmehr offensichtlichen Tatsache, dass die «reine Erkenntnis» des objektiven und wertfreien, wahrheitssuchenden Wissenschafters gradlinig zu einer selbstmörderischen Technik im Weltmassstab führt, hat sich wohl der Glaube an die Segnungen des wissenschaftlichen Fortschritts nie mehr ganz erholt.

Die Überzeugung, dass der menschliche «Geist» mit Hilfe einer rationalen Denkweise im oben beschriebenen Sinn die Wirklichkeit objektiv und «wie sie wirklich ist» erfassen könne, erhält durch die von *Werner Heisenberg* (1901–1976) festgestellte «Unschärferelation» einen entscheidenden Schlag. Die Tatsache, dass man die Doppelnatur des Elektrons als Teilchen und als Welle nicht gleichzeitig beobachten kann, führt an die prinzipiellen Grenzen der Beobachtbarkeit und zur Erkenntnis, dass der Beobachter ein Teil der Welt ist, die er beobachtet, ja, dass die Beobachtung das beobachtete Phänomen erst schafft. Die evolutionäre Erkenntnistheorie von *Konrad Lorenz, Erhard Oeser, Rupert Riedl* und andern zeigt den menschlichen Erkenntnisapparat plausibel als Ergebnis der natürlichen Evolution und der Anpassung an eine frühere Umwelt auf und verstärkt die Einsicht in die Beschränkungen menschlicher Erkenntnismöglichkeit, während andererseits die Gehirnforschung zeigt, wie wenig vom menschlichen Erkenntnispotential durch die klassische wissenschaftliche Denkweise mobilisiert wird.

Vor allem aber wird immer deutlicher, dass mit dem reduktionistischen, auf das messbare Einzelne konzentrierten Denken Fragen von zentraler Bedeutung nicht gelöst werden können, so vor allem die Frage, was Leben eigentlich bedeutet und wie die lebendige Natur als ganze funktioniert, wie ihre Teile zusammenwirken. Es wird immer klarer, dass man durch die zergliedernde Suche nach den «Bausteinen», die das Leben ausmachen sollen, gedanklich gerade das zerstört, was man erfassen möchte – plastisch vor Augen geführt im Sezieren des Leichnams, um herauszufinden, wie er lebend funktionieren würde. Die Frage nach dem Lebendigen ruft nach einem neuen Paradigma, nach einer andern Perspektive und Denkweise.

Der Atomphysiker *Fritjof Capra* fasst in seinem Buch «Wendezeit» diese und viele weiteren Erkenntnisse, die hier nicht nachgezeichnet werden können, zusammen und charakterisiert den sich in vielen Wissenschaften abzeichnenden «Paradigmawechsel». Diese radikale Veränderung der wissenschaftlichen Perspektive weist nach ihm drei grundlegende Merkmale auf: Die Umkehr des Verhältnisses zwischen dem Teil und dem Ganzen, die Verschiebung des Blickpunktes von einer Suche nach Strukturen zu einer Erfassung von Prozessen, und der Verzicht auf die Vorstellung, das Wissen sei wie ein abschliessbares Gebäude aus Bausteinen auf einem festen Fundament aufzubauen, zugunsten des Bildes eines «Netzwerks des Wissens». Daraus ergibt sich eine Denkweise, die sich radikal vom klassischen Ideal des wissenschaftlichen Denkens unterscheidet: An die Stelle des analytischen, den Blick auf das einzelne richtenden Denkens auf der Suche nach den kleinsten Bauteilchen der Welt tritt ein auf das grössere Ganze gerichtetes, integrierendes Denken. Statt in kleinen, linearen Kausalketten mit definierbarem Anfang und Ende wird in zirkulären Verknüpfungen ohne Anfang und Ende gedacht, statt das Nichtmessbare, Nichtquantifizierbare und nicht mathematisch Formulierbare aus der Wissenschaft zu verbannen, werden bewusst solche Phänomene in den wissenschaftlichen Denkprozess einbezogen, und statt nach ewig gleichbleibenden, materiellen Strukturen der Dinge zu suchen, richtet man den Blick auf die Dynamik des Geschehens und sucht nach dem Ordnungsmuster solcher Prozesse.

4. Systemtheorie und Ökologie als Grundlagenwissenschaften des ganzheitlichen Denkens

Nicht zufällig entstehen um die Mitte des 20. Jahrhunderts mit Systemtheorie und Ökologie zwei «neue» Wissenschaften, welche die sich aus dem neuen Weltbild ergebenden Fragen aufgreifen und mit einer neuen Denkweise zu beantworten suchen. Die *Systemtheorie* (einschliesslich der *Kybernetik*) stellt die Frage, was eigentlich das Gemeinsame an dynamischen, komplexen Ganzheiten ist, die in ihren konkreten Ausprägungen, wie sie von einzelnen wissenschaftlichen Disziplinen erfasst werden, ganz unterschiedlich erscheinen, wie sich solche Systeme verhalten und wie sie «überleben» können. Auf dieser disziplinenübergreifenden Ebene entwickelt sich ein begriffliches Instrumentarium zur Bezeichnung solcher Phänomene und eine «systemische» Denkweise, die sukzessive zu einer lernbaren «Systemmethodik» führt.

Die *Ökologie* greift die von den klassischen Wissenschaften nicht beantwortete Frage nach dem Funktionieren der Natur als Ganzes und nach dem Zusammenwirken ihrer Teile auf. Nicht die einzelne Pflanze oder Tierart, sondern das vielfältig zusammengesetzte Ökosystem bildet ihren Gegenstand. Wenn auch zunächst mühsam disziplinäre, bruchstückhafte Einzelerkenntnisse zusammengefügt werden müssen, so zeigt doch die rasch übernommene und weiterentwickelte systemische Denkweise bald überraschende, bisher unbekannte Zusammenhänge auf, die erst die immer sichtbarer werdenden Schädigungen der Natur durch menschliches Handeln erklärbar machen. Die Ökologie verändert auch insofern das wissenschaftliche Weltbild, als sie den Menschen – endlich wieder – als Teil der Natur auffasst, der notwendigerweise mit allen übrigen Teilen verknüpft ist und zusammenwirkt, so dass er sich selber zerstört, wenn er das Ökosystem zerstört.

Ökologen neigen dazu, ganzheitliches Denken mit ökologischem Denken gleichzusetzen. In der Tat sind wir daran zu lernen, dass viele Probleme der Menschheit dadurch entstanden sind, dass wir uns um die Auswirkungen menschlichen Handelns auf die übrige Natur nicht gekümmert, sie also nicht in unsere Problemstellungen einbezogen haben. Ganzheitliches Denken bedeutet deshalb, dass wir die grundsätzliche Verflochtenheit des Menschen mit seiner natürlichen Umwelt in unsere Fragestellungen und Modelle einbeziehen. Andererseits wäre es falsch, wenn die Ökologie meinen würde, ganzheitliches Denken für ihr eigenes Erkenntnisgebiet allein gepachtet zu haben.

Zwischen Systemtheorie und Ökologie bestehen enge Beziehungen. Die Ökologie als Wissenschaft ist zwingend auf die von der Systemtheorie entwickelten Vorstellungen, Grundbegriffe und Denkformen angewiesen, und andererseits trägt sie mit der *Biokybernetik* (*Frederic Vester, Joel de Rosnay* u. a.) Wesentliches zur Weiterentwicklung der Systemtheorie bei. Sie hat bewirkt, dass aus der Kybernetik mehr als nur eine die Technik revolutionierende Maschinenkybernetik und aus dem systemischen Denken mehr als eine blosse Methode zur Herstellung noch raffinierterer Maschinen geworden ist.

Ein sehr enger Zusammenhang besteht zwischen Systemtheorie und einem methodischen, ganzheitlichen Denken. Systemtheoretische Begriffe, Erkenntnisse und Vorgehensweisen bilden das unerlässliche Instrumentarium eines rationalen und lernbaren ganzheitlichen Denkens; erst dadurch wird aus einem Postulat eine rationale, logisch fassbare Problemlösungsmethodik. In der Sprache der Systemtheorie ausgedrückt handelt es sich um das «systemische» Denken. Bewusst wurde der Ausdruck «systematisch» vermieden, weil dieser in der klassischen Denkweise dazu verwendet wird, ein konsequentes linearanalytisches Vorgehen zu bezeichnen. Für uns ist also ein praktisch anwendbares und lernbares ganzheitliches Denken identisch mit einem systemischen Denken.

Es muss allerdings davor gewarnt werden, jede Problemlösungsmethode, die Ausdrücke wie System, Komplexität und Rückkopplung verwendet, als systemische oder ganzheitliche Vorgehensweise aufzufassen. Es war unvermeidlich, dass diese sich als nützlich erweisenden Begriffe sofort auch in den Dienst des vorherrschenden Paradigmas und einer reduktiven Denkweise gestellt worden sind. Dies hat zur Kritik geführt, es handle sich beim systemischen Denken bloss um eine raffiniertere mechanistische, das Lebendige auf das Maschinelle reduzierende Vorgehensweise. Dieser Vorwurf trifft auf diesen reduktionistischen Gebrauch systemtheoretischer Begriffe zu, aber nicht auf das hier vertretene systemische Vorgehen im Rahmen einer ganzheitlichen Perspektive. Auch muss darauf hingewiesen werden, dass Ausdrücke wie System und Komplexität zu wenig bedeutenden Verlegenheitswörtern der Alltagssprache geworden sind. So spricht man von «System», wenn man irgend ein nicht näher bezeichnetes «Ding» meint, und von einer «komplexen Materie», wenn man Mühe hat, etwas Sinnvolles darüber zu sagen. In der Systemtheorie handelt es sich dabei jedoch um Begriffe, die ganz bestimmte Phänomene charakterisieren, und ohne Kenntnis dieser Begriffe bleibt das ganzheitliche Denken ein verschwommenes, nicht rational fassbares Denken.

5. Vom Denken zum Handeln

Die vorstehenden Hinweise auf wissenschaftliche Entwicklungen könnten den Eindruck erwecken, es gehe um eine Denkweise, die wohl zur Gewinnung theoretischer Erkenntnisse nützlich sein könne, für den praktisch handelnden Menschen jedoch belanglos sei. Man muss jedoch davon ausgehen, dass in unserer Gesellschaft Wissenschaft und Praxis keine voneinander isolierbaren Bereiche sind, sondern in enger Wechselwirkung miteinander verbunden sind. Theoretische Erkenntnisse, und seien sie noch so abstrakt und praxisfern formuliert, werden laufend in technisch Machbares umgesetzt. Die hochtheoretische Atomphysik führt zur Atombombe, zu Kernkraftwerken und zu medizintechnischen Apparaten, die Chemie zur Revolutionierung der Landwirtschaft, die Kommunikations- und Informationstheorie zur Informationsgesellschaft, die Mikrobiologie zur Gentechnologie usw. Aber auch das Umgekehrte ist wahr: Probleme der Praxis führen immer wieder zu neuen Anstössen an die Wissenschaft, nach Erkenntnissen zu suchen, die für bessere Problemlösungen in der Praxis nutzbar gemacht werden können.

Aber auch in bezug auf Perspektiven, Denkweisen und Problemlösungsmethoden bestehen solche Wechselwirkungen zwischen Wissenschaft und Praxis. Einerseits sind die Paradigmen, Weltbilder und Problemstellungen der Wissenschaft mehr, als viele Wissenschafter glauben, vom jeweils in einer Gesellschaft herrschenden «Zeitgeist» geprägt, und andererseits dringt die wissenschaftliche Art und Weise des Denkens auf vielen Kanälen in die Praxis und in den Alltag ein. Es sind vor allem die Schulen, von der Elementarschule bis zur Berufsschule und zur Universität, die diese Denkweise direkt und indirekt verbreiten und damit auch das wesentlich beeinflussen, was jeweils als gesunder Menschenverstand bezeichnet wird.

Die Trägheit gesellschaftlicher Institutionen bewirkt jedoch, dass sich neue wissenschaftliche Denkweisen nur mit grosser Verzögerung in der Gesellschaft durchsetzen. Dies trifft insbesondere in unserem Falle zu, da die Wissenschaft im Begriff steht, einen jahrhundertelang gepflegten und perfektionierten Rationalitätsbegriff auszuweiten und damit eine Denkweise zu relativieren, deren Regeln längst zu selbstverständlichen Anforderungen an praktisches Denken geworden sind.

Die für jedermann sichtbaren grossen Probleme unserer Gesellschaft und die daraus entstehenden Gefahren haben, wie eingangs erwähnt, die Suche nach einer neuen Denkweise zu einem Anliegen nicht nur der Wissenschafter, sondern von vielen praktisch denkenden und handelnden Menschen gemacht. Ganzheitliches Denken muss sich daher nicht nur im Rahmen der wissenschaftlichen Suche nach Erkenntnis, sondern in erster Linie als Hilfe für den verantwortlich handelnden Menschen in der Praxis bewähren. Ganzheitliches Denken als praktische Vernunft, die sich an einem neuen Weltbild der Wissenschaften wie an den ungelösten Problemen der Gesellschaft orientiert, ist in diesem Sinn nur die notwendige Vorstufe eines ganzheitlichen Handelns.

Der Umsetzung einer neuen Denkweise in ein entsprechendes, verändertes Handeln kommt daher entscheidende Bedeutung zu. Erfahrungsgemäss besteht die Gefahr, dass zwar auf Grund einer ganzheitlichen Perspektive Einsichten in grössere Zusammenhänge gewonnen und bisherige Verhaltensweisen kritisiert werden, daraus dann aber Forderungen nach «Massnahmen» abgeleitet werden, die alten Vorstellungen über die Machbarkeit aller Dinge folgen und gar nicht zum Ziel führen können. Das notwendige Bindeglied zwischen einer allgemeinen Umorientierung des Denkens und dem praktischen Handeln muss daher eine anwendbare *Problemlösungsmethodik* sein, die konsequent aus den grundlegenden Einsichten abgeleitet worden ist. Erst mit einem solchen methodischen Hilfsmittel wird ganzheitliches Denken lernbar und als Leitlinie für ein vernünftiges praktisches Handeln anwendbar.

Erst diese Suche nach einer erfolgversprechenden Vorgehensweise zeigt auf, dass sich daraus eine Neuorientierung des Handelns in komplexen Problemsituationen ergibt. Die Vorstellung, soziale Systeme wie Maschinen exakt konstruieren und «machen» zu können, damit sie genau das tun, was wir wollen, muss aufgegeben werden zugunsten einer Vorstellung, die Handeln in solchen Systemen vielmehr als ein «Kultivieren» oder ein kontinuierliches Pflegen, Betreuen und Verbessern begreift. Dasselbe trifft auch in bezug auf die so notwendigen Massnahmen zum Schutz unserer natürlichen Umwelt zu, greifen wir damit doch in – bereits schwer geschädigte – Ökosysteme ein, die nicht wie eine von Menschen geschaffene Maschine funktionieren.

Literaturauswahl

Capra, F., Wendezeit, Scherz, Bern 1983

Sexl, R. U., Was die Welt zusammenhält – Physik auf der Suche nach dem Bauplan der Natur, DVA, Stuttgart 1982

Vester, F., Neuland des Denkens, DVA, Stuttgart 1980

Teil II

Bausteine eines ganzheitlichen Denkens

1. Einführung

Ein diszipliniertes ganzheitliches Denken muss auf klaren Begriffen und Grundvorstellungen aufbauen. Diese stammen wie erwähnt weitgehend aus der Systemtheorie, die sich ja ausdrücklich mit Ganzheiten befasst. Wir verwenden deshalb zukünftig häufig Begriffe, die von der Systemtheorie entwickelt worden sind.

Begriffe sind Denkzeuge. Wie man beim handwerklichen Arbeiten je nach Art der Tätigkeit bestimmte Werkzeuge braucht, so braucht man auch bei einer bestimmten Art des Denkens spezifische, geeignete Hilfsmittel in Form von Begriffen, die den verwendeten Ausdrücken bestimmte Inhalte zuordnen.

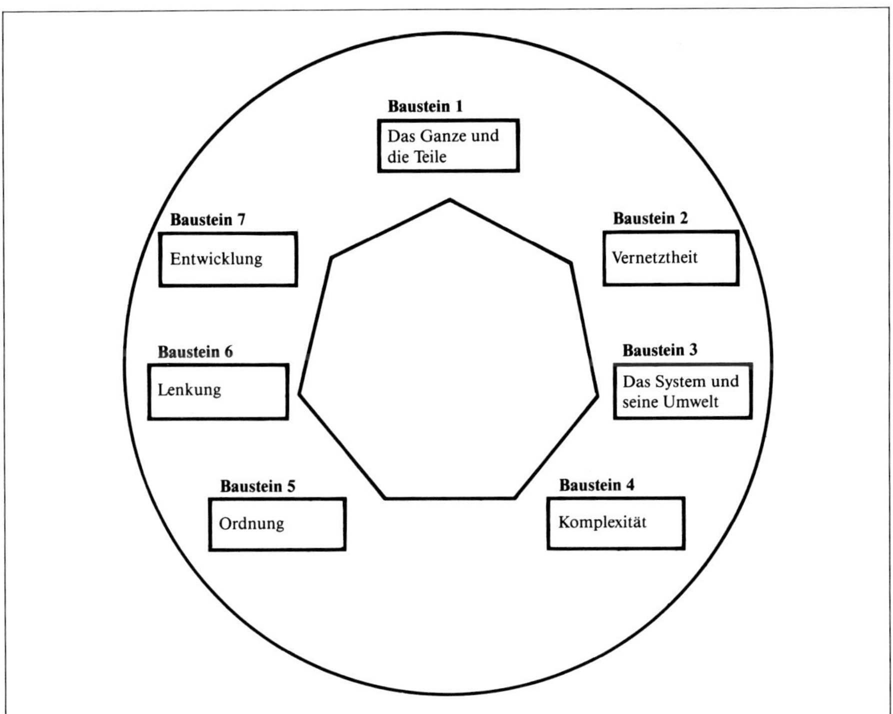

Abb. 1: Bausteine des ganzheitlichen Denkens

Hinter diesen Begriffen und Wörtern stehen bestimmte Denkvorstellungen, mit deren Hilfe wir die Wirklichkeit betrachten, gedanklich erfassen und modellieren. Oft gelingt es nicht, alles Wesentliche einer solchen Vorstellung in einem Satz auszudrücken. Wir legen daher weniger Wert auf solche «Definitionen» als auf Erläuterungen, welche die Phänomene, die wir meinen, verständlich machen.

Wir unterscheiden im folgenden sieben Komponenten oder «Bausteine», auf denen das systemische Denken aufbaut. Insgesamt sollen sie uns in die Vorstellungswelt von Systemtheorie und Kybernetik einführen, soweit dies für die Entwicklung einer ganzheitlichen Denkmethodik notwendig ist (vgl. Abb. 1).

2. Die sieben Bausteine

Baustein 1: Das Ganze und die Teile

Der Begriff «System» steht an der Basis des systemischen Denkens. Dieser sehr alte Ausdruck wird heute alltäglich in den verschiedensten Zusammenhängen benutzt. So spricht man etwa vom Fernmeldesystem, vom Verkehrssystem, vom Ökosystem, vom politischen System und vom Wirtschaftssystem eines Landes. Dass so viele verschiedene «Dinge» mit System bezeichnet werden, deutet schon ein wesentliches Charakteristikum dieses Begriffes an: Es wird damit weder ein bestimmter Zweck genannt, dem etwas zu dienen hat, noch inhaltlich gesagt, woraus es besteht. Insofern ist System ein formaler Begriff, der die Form vieler, konkret sehr verschiedener Erscheinungen bezeichnet.

Eine einfache Definition eines Systems lautet:

> «Ein System ist ein aus Teilen bestehendes Ganzes.»

Wenn wir von einem *Ganzen* sprechen, so meinen wir damit etwas, das nach aussen abgrenzbar, von andern «Dingen» unterscheidbar ist, aber gleichzeitig auch, dass es im Innern aus unterscheidbaren Teilen besteht, also nicht eine nicht mehr analysierbare Einheit darstellt. Der Ausdruck *Teil* weist umgekehrt darauf hin, dass es sich beim so Bezeichneten nicht um das Ganze handelt, sondern um etwas, was zu einem grösseren, umfassenderen Ganzen gehört (vgl. Abb. 2).

Es ist leicht ersichtlich, dass im Sinne dieser einfachen Definition die Welt voller Systeme ist, ja mehr noch: dass es von uns als Beobachter abhängt, ob wir etwas als System oder als Teil eines Systems betrachten (vgl. Abb. 3). So ist z. B. der Mensch ein System, wenn wir ihn als von seiner Umwelt abgrenzbares, aus verschiedenen Organen bestehendes Individuum betrachten. Aber wir können auch eine sogenannte Kleingruppe – z. B. eine im Betrieb zusammenarbeitende Gruppe von Mitarbeitern – als ein System betrachten. Der einzelne Mensch als Mitglied dieser Gruppe erscheint dann als Teil dieser grösseren Ganzheit. Wir können aber auch diese Arbeitsgruppe als Teil eines grösseren Ganzen, z. B. einer Betriebsabteilung, verstehen, diese wiederum als Teil der alle Unternehmungsangehörigen umfassenden Betriebsgemeinschaft und so fort. So können wir uns vorstellen, dass die

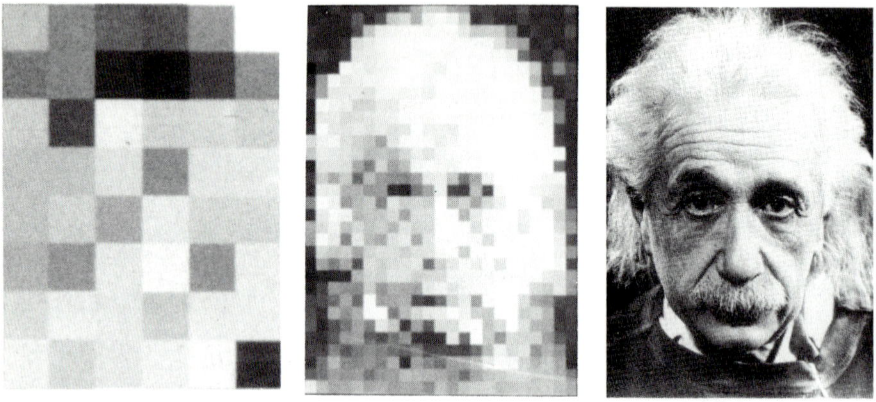

Abb. 2: Der Computer zerlegt das Bild von Albert Einstein in Teile (Mitte). Die Analyse einzelner Teile lässt das Ganze nicht verstehen (links). Erst wenn wir alle Teile zusammen in ihrer Verbundenheit sehen, erkennen wir das Bild (rechts)

Welt aus vielen mehrstufigen Hierarchien von Systemen besteht; was wir im Einzelfall als System bezeichnen und was als Teil, hängt vom Zweck unserer Untersuchung ab, von unserem Interesse oder vom Problem, das wir lösen wollen (vgl. Abb. 4).

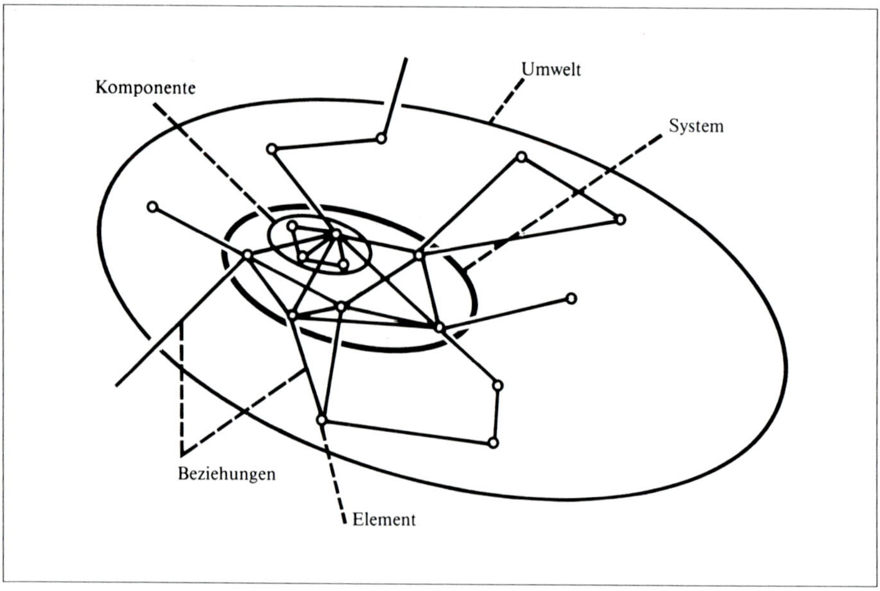

Abb. 3: System als Gesamtheit mit Elementen, Beziehungen und Umwelt

Abb. 4: Systeme auf verschiedenen Ebenen: Mensch, Gruppe, Abteilung, Unternehmung

Nun wollen wir diese allgemeinste Systemdefinition einschränken auf solche Ganzheiten, in denen sich etwas bewegt, die sich verändern können. Wir verwenden für diese Eigenschaft den Ausdruck «*Dynamik*». Systeme in unserem Sinn sind somit *dynamische Ganzheiten.* Damit möchten wir der Gefahr einer statischen Sichtweise vorbeugen und eine äusserst wichtige Dimension in das systemische Denken einführen: *Die Zeit.*

Gleichzeitig wollen wir unseren Systembegriff noch anreichern mit einigen Grundaussagen über die Beziehungen der Teile zum Ganzen und unter sich. Wenn wir uns nämlich fragen, wie denn die Dynamik eines Systems zustandekommt, so stellen wir fest, dass dazu *Verbindungen* zwischen seinen Teilen erforderlich sind. Etwas, was völlig isoliert ist von allem andern, kann das System nicht beeinflussen und hat deshalb auch nicht den Charakter eines Teils des Systems; es gehört nicht dazu. Erst die Verbindung zwischen den Teilen bewirken, dass sich ein Teil möglicherweise nicht aus sich selbst heraus verändert, sondern deshalb, weil andere Teile sich verändert haben: Bewegung wirkt ansteckend!

Das Verhalten eines Systems als Ganzes wird nicht verursacht durch das Verhalten bloss eines Teils, sondern ist das Ergebnis des *Zusammenwirkens* aller Teile. Weil die Teile miteinander verbunden sind, wirken sie aufeinander ein, und erst dieses Zusammenwirken ergibt ein bestimmtes, erkennbares Verhalten des Ganzen.

Versuchen wir es deshalb mit einer etwas komplizierteren Definition des Begriffes System:

> «Ein System ist ein dynamisches Ganzes, das als solches bestimmte Eigenschaften und Verhaltensweisen besitzt. Es besteht aus Teilen, die so miteinander verknüpft sind, dass kein Teil unabhängig ist von andern Teilen und das Verhalten des Ganzen beeinflusst wird vom Zusammenwirken aller Teile.»

Diese Umschreibung enthält mehr, als auf den ersten Blick erkennbar ist. So sagt sie aus, dass das System etwas Eigenständiges ist und ihm Eigenschaften zukommen, die die Teile nicht aufweisen, die aber auch mehr – oder etwas anders – sind als eine blosse Addition der Eigenschaften der Teile. So hat eine bestimmte Unternehmung – sagen wir die Firma IBM – bestimmte Eigenschaften und Verhaltensweisen, die ihr insgesamt eine unverwechselbare Identität verleihen; dasselbe ist auch beim einzelnen Individuum der Fall. Beim Unternehmen wie beim Menschen sind diese Eigenschaften des Ganzen jedoch in den Teilen nicht aufzufinden; weder ist die Leber ein kleines Abbild des ganzen Menschen, noch ist der Prokurist Meier eine kleine IBM. Mehr noch: Welche Eigenschaften ein Teil hat, wird vom System als Ganzes bestimmt; sie gehen verloren, wenn der Teil vom System abgetrennt wird. Darum ist es auch so, dass etwas, was bisher isoliert war und durch das

Abb. 5: Das Auto als aus Teilen bestehendes System

Entstehen neuer Verbindungen zu andern «Dingen» nun Teil eines Systems wird, seine Eigenschaften plötzlich verändert, denn nun wird es von anderen Teilen beeinflusst und wirkt selbst auf diese ein, es übt im Rahmen des ganzen Systems Funktionen aus.

Nehmen wir als Beispiel aus der Technik das *Auto*. Es besteht aus Hunderten von Teilen, die erst durch ihre besondere Charakteristik und durch die Art ihrer Verknüpfung ein ganz bestimmtes Auto mit bestimmten Eigenschaften wie Grösse, Beschleunigung, Luftwiderstand, Fahrverhalten, Benzinverbrauch usw. ergeben (vgl. Abb. 5). Ohne Motor kann das Auto nicht fahren – aber ohne Getriebe und ohne Räder auch nicht. Wird der Motor ausgebaut, so verliert er seine Eigenschaft als Antriebsquelle des Autos (vgl. Abb. 6).

Aber ein Auto – wenigstens eines von heute – fährt nicht von selbst; zum Fahren braucht es einen Menschen, der es steuert. Sowohl das Auto wie auch den Fahrer können wir als Teile eines umfassenderen Systems betrachten, eines Mensch-Maschinen-Systems. Aber der Fahrer mit seinem Auto ist nicht allein auf der Strasse, sondern zusammen mit vielen andern Autofahrern. Er ist also Teil eines Verkehrssystems (vgl. Abb. 7).

Abb. 6: Der Motor als isolierter Teil vom Ganzen verliert wesentliche Eigenschaften

Abb. 7: Das Auto als Teil eines umfassenderen Systems

Was also ist das System? Der Motor? Das ganze Auto? Das Auto mitsamt dem Fahrer? Oder der Strassenverkehr mit vielen Autos? Auf alle diese «Dinge» trifft unser Systembegriff zu. Wie wir sehen: Was wir als System und was wir als Teil bezeichnen, hängt von unserem Interesse, von unserer Fragestellung ab. Der Motorenbauer wird wohl zunächst den Motor als System betrachten und Zylinder, Kolben, Ventile usw. als dessen Teile, der Autohersteller dagegen das ganze Auto und den Motor als Teil davon. Aber der Motorenbauer muss stets daran denken, dass ja sein Motor in ein Auto mit bestimmten Eigenschaften eingebaut werden soll, also Teil eines umfassenderen Systems sein wird, und der Autohersteller, dass sein Auto von einem Menschen gefahren werden wird und so fort.

Mit andern Worten: In solchen Hierarchien von Systemen können wir je nach Interesse oder Aufgabe die Vorstellung «System» auf verschiedenen Ebenen verwenden, aber wir müssen jederzeit in der Lage sein, die einmal gewählte Ebene zu wechseln, einen oder mehrere Schritte in der Hierarchie nach oben oder nach unten zu gehen. Es ist wie beim Verwenden eines Zoom-Objektivs: Der Bildausschnitt, auf den wir das Objektiv momentan einstellen, ist unser System; wovon dieses Bild ein Teil ist, sehen wir erst, wenn wir einen grösseren Ausschnitt wählen. Umgekehrt sehen wir in unserem Ausschnitt zwar die grösseren Teile des Systems, aber nicht alle Elemente, aus denen diese Teile bestehen. Interessiert uns irgend ein Teil in seiner Zusammensetzung besonders, dann müssen wir unsere Optik darauf einstellen. Die Wahl einer bestimmten Systemebene ist also nur ein Ausgangspunkt; wir können unsere Perspektive nach Bedarf einengen oder ausweiten. Das Umschalten auf niedrigere Systemebenen bedeutet *Analyse* des Systems, die Wahl höherer Ebenen *Integration* des Systems in ein umfassenderes Ganzes.

Systemisches Denken bedeutet deshalb sowohl ein analysierendes wie auch ein integrierendes Denken (vgl. Abb. 8). Da wir gewohnt sind, vorwiegend analytisch zu denken, ist es besonders wichtig, dass wir uns den «Weg nach oben» zum umfassenderen System stets freihalten und immer wieder eine Situation von einer höheren Ebene aus betrachten, um zu prüfen, wie unser System in eine umfassendere Ganzheit hineinpasst.

Aber auch auf ein und derselben Ebene stellt sich die Frage nach der Systemabgrenzung. Bleiben wir bei unserem Zoom-Beispiel: Wenn wir einen ganzen Menschen abbilden wollen, sollten wir den Ausschnitt nicht so wählen, dass ihm auf dem Bild der halbe Kopf abgeschnitten wird. Nicht jeder beliebige Ausschnitt aus der Wirklichkeit ist ein System.

Bei vielen «Dingen» scheint die Abgrenzung gegenüber der Umwelt kein Problem zu sein. Aber dies ist nur so, weil wir gewohnt sind, die sichtbaren physischen Grenzen eines Systems für die einzige, wirkliche Abgrenzung zu halten. Aber beispielsweise bei einer Unternehmung ist die Abgrenzung offensichtlich nicht so einfach. Bilden die optisch sichtbaren Grenzen des Gebäudekomplexes die Grenzen

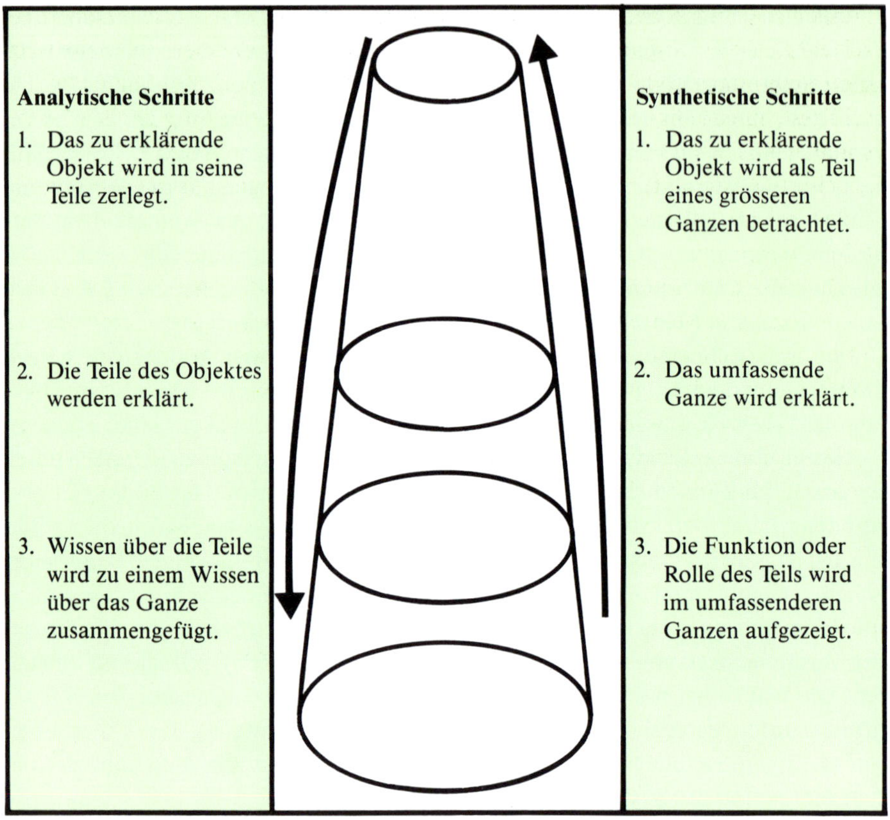

Abb. 8: Integrierendes Denken (analytisch *und* synthetisch)

der Unternehmung? Gehören die Aktionäre, die über die Welt verteilt sein können, nicht auch dazu? Und wie steht es mit den Kunden, den Lieferanten, den Kreditgebern? Wie wir sehen ist diese Frage nicht ein für allemal zu beantworten. Die Antwort hängt davon ab, was wir erfassen *wollen.* Für viele Probleme, die sich uns stellen, sind die physischen Grenzen von «Dingen» keine sinnvollen Systemabgrenzungen.

Der Begriff «System» ist also nicht eine Etikette, die wir ein für allemal einem «Ding» ankleben können; er ist eine *Form der Wahrnehmung,* eine Konstruktion des menschlichen Geistes. Komplexe Sachverhalte werden von verschiedenen Menschen je nach Erfahrung, Einstellung, Interesse, zu lösender Aufgabe usw. ganz verschieden wahrgenommen. Auch der einzelne Mensch kann die Dinge mal so und mal anders anschauen. Insbesondere in einer arbeitsteiligen sozialen Institution, in der den einzelnen beteiligten Menschen je verschiedene Funktionen zukommen, konstruieren diese unterschiedliche Wirklichkeiten und nehmen verschiedene Systemabgrenzungen vor. Für den Marketingmann beispielsweise ist ein Unternehmungsmodell, das nicht auch die Kunden und Konkurrenten einschliesst, zu eng abgegrenzt und zur Lösung seiner Probleme ungeeignet. Der Personalchef dagegen sieht die Unternehmung primär als eine Gemeinschaft von Mitarbeitern, während für ihn Aktionäre und Banken nicht zum System gehören. Gerade diese «Aussenstehenden» wird aber der Finanzchef in sein Unternehmungsbild einbeziehen.

Durch solche unterschiedlichen Systemkonstruktionen entstehen im Zusammenwirken von Menschen zahllose Missverständnisse und oft auch Streitigkeiten. Sätze wie «Schliesslich ist die Unternehmung nichts als...» oder «Das einzig Wichtige ist doch...» stellen Verabsolutierungen einer einzigen Sichtweise dar im naiven Glauben, die eigene Wahrnehmung stelle die einzig wahre Wirklichkeit dar.

Systemisches Denken geht deshalb von der Annahme aus, dass es stets verschiedene Möglichkeiten der Systembestimmung und Systemabgrenzung gibt (vgl. Abb. 9).

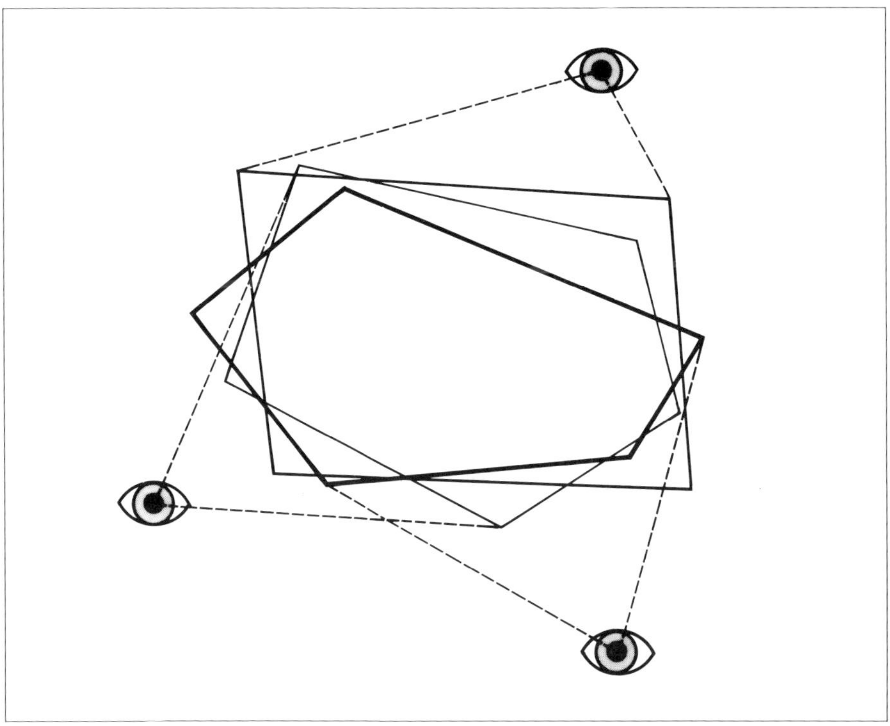

Abb. 9: Verschiedene Abgrenzungsmöglichkeiten «desselben» Objektes

Merksätze:

Systeme sind dynamische Ganzheiten

Systeme bestehen aus Teilen, die miteinander verknüpft sind und aufeinander einwirken.

Das Verhalten eines Systems entsteht aus dem Zusammenwirken seiner Teile.

Die Eigenschaften eines Systems sind nicht bloss die Summe der Eigenschaften seiner Teile.

Was wir als System und was als Teil betrachten, hängt von unserer Wahrnehmung ab.

Durch bewusstes Wechseln der Betrachtungsebene können wir ein System analysieren oder in ein grösseres Ganzes integrieren.

Die Grenzen eines Systems gegenüber seiner Umwelt sind nicht etwas Gegebenes, sondern müssen gedanklich konstruiert werden.

Literaturauswahl zu «Das Ganze und die Teile»

Ackoff, R. L., Creating the corporate future, Wiley, New York 1981

Köstler, A., Der Mensch – Irrläufer der Evolution, Scherz, Bern 1978

Riedl, R., Die Ordnung des Lebendigen – Systembedingungen der Evolution, Parey, Berlin 1975

Riedl, R., Biologie der Erkenntnis, Parey, Berlin 1980

Wuketits, F. M., Biologische Erkenntnis: Grundlagen und Probleme, Fischer, Stuttgart 1983

Baustein 2: Vernetztheit

Wie wir gesehen haben, entsteht ein bestimmtes Systemverhalten durch das Zusammenwirken der Teile, was nur möglich ist, wenn zwischen den Teilen *Verbindungen* bestehen. Um ein dynamisches Ganzes zu verstehen, ist es daher notwendig, diese Verbindungen zu kennen. Es geht also um die *Frage: Wie sind die Teile miteinander verbunden?*

Abb. 10: Das Wirkungs-Ursache-Denken (Kausalkette)

Meistens stellen wir uns diese Verbindungen als *lineare Kausalketten* vor, als einfache Linien, die von Ursachen zu Wirkungen führen. Öfters denken wir sogar *monokausal,* d. h. wir nehmen an, dass ein Tatbestand auf eine einzige Ursache zurückzuführen ist (vgl. Abb. 10).

Solche einfachen, monokausalen *Erklärungen* liegen der bekannten Suche nach dem Sündenbock zugrunde: Wenn etwas schief geht, muss doch jemand daran schuld sein! Auch bei unserem eigenen, zielbewussten *Handeln* denken wir oft so, indem wir von einer einzelnen Massnahme, die wir treffen, nichts anderes erwarten als einen ganz bestimmten Effekt (vgl. Abb. 11).

Aber wir merken bald, dass uns die monokausale Erklärung nicht so recht befriedigt, denn auch die Ursache muss ja eine Ursache haben! Und so gehen wir auf der Zeitachse weiter zurück und verstricken uns prompt in das Huhn-Ei-Problem: Wenn ein Hühnerei da ist, muss es ja vorher von einem Huhn gelegt worden sein; aber woher kam das Huhn? Doch aus einem Ei! Und so können wir immer weiter zurück nach «der Ursache» suchen und landen schliesslich beim Urknall - aber was war eigentlich die Ursache des Urknalls?

Aber auch in die Zukunft hinein bleibt unsere Kette offen: Was wird die Wirkung unserer Handlung weiter bewirken, wofür ist sie ihrerseits eine Ursache? Bald brechen wir diese Gedankenübungen ab; schliesslich kann man nicht alles wissen!

Dann stossen wir auch darauf, dass eine Ursache *verschiedene Wirkungen* haben kann, und jede dieser Wirkungen wiederum verschiedene andere Wirkungen. Unsere einfache Gerade verzweigt sich also immer mehr.

Auf einem solchen Bild linearer, sich verzweigender Kausalkette beruhen zahlreiche Entscheidungsmethoden; es stellt einen sogenannten *Entscheidungsbaum* dar. Wenn wir das Bild um 90° drehen, so haben wir das Prinzipschema eines übli-

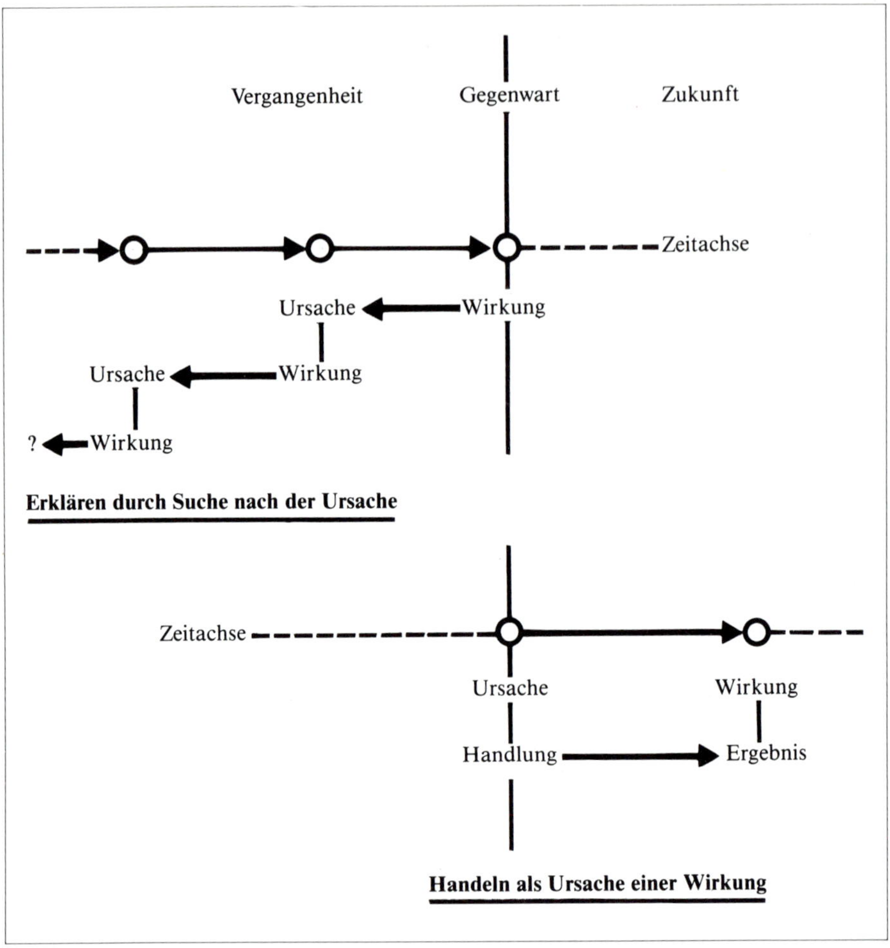

Abb. 11: Monokausales Erklären und Handeln

chen Organisationsplanes einer Unternehmung vor uns. Die Verbindungslinien stellen den «Dienstweg» dar, der oben beginnt und unten aufhört und sich dazwischen verästelt (vgl. Abb. 12).

Aber jedermann weiss: So funktioniert die Unternehmung doch nicht! Es gibt noch viele andere Beziehungen zwischen Stellen, ohne die ein zielgerichtetes Zusammenwirken gar nicht möglich wäre. Und auch der Entscheidungsbaum führt in vielen Fällen nicht zu einem erfolgreichen Handeln. Dies ist so, weil lineare Kausalketten immer dann kein passendes Modell einer Problemsituation darstellen, wenn es sich bei dieser um ein vernetztes System handelt. An die Stelle der Vorstellung einer linearen Kausalkette muss diejenige eines *Netzwerkes* treten.

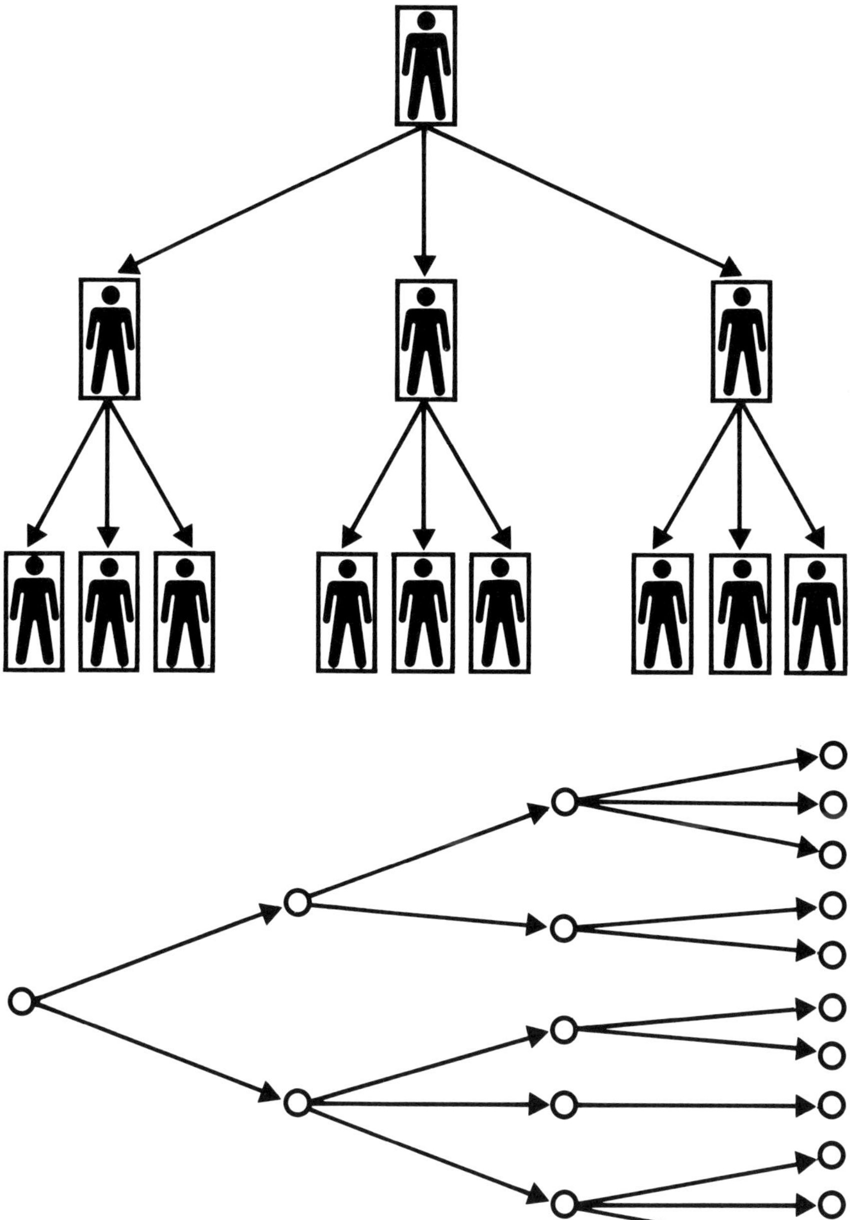

Abb. 12: Beispiele für monokausales Denken in der Unternehmung

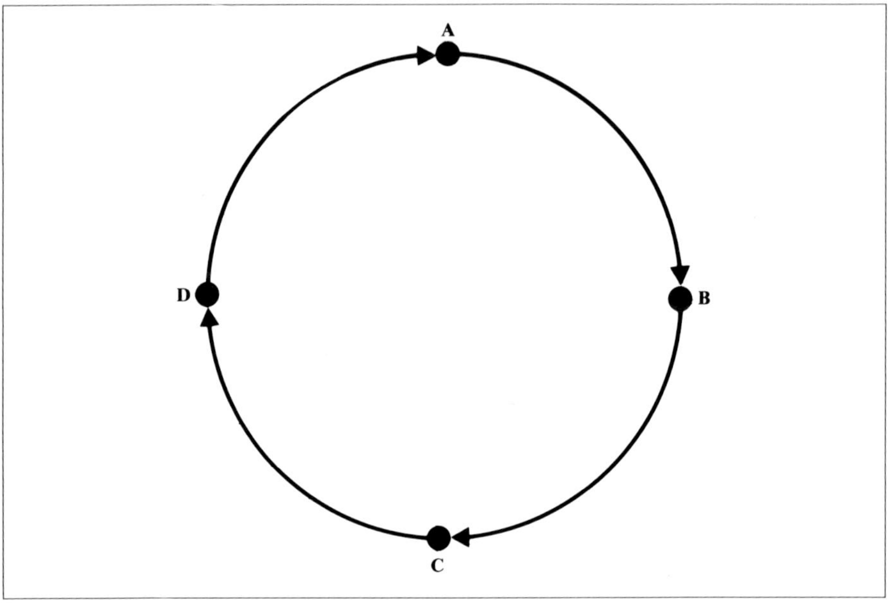

Abb. 13: Der Kreislauf als Grundvorstellung

Grundvorstellung eines Netzwerkes ist der *Kreis.* Im Unterschied zur Kausalkette hat der Kreis keinen Anfang und kein Ende. Dynamisch gesehen wirkt in einem kreisförmigen Prozess die Veränderung eines Elementes auf das nächste ein, dieses wiederum auf das folgende, und wird der Prozess nicht aus irgend einem Grunde abgebrochen, so wird das Element, von dem die Bewegung ausgegangen ist, selbst wieder verändert, was wiederum zu einem weiteren Kreislauf führen kann und so fort (vgl. Abb. 13).

Ein Beispiel für einen sehr einfachen kreisförmigen Prozess ist das *Gespräch zwischen zwei Menschen.*

A sagt etwas zu B, B antwortet, A reagiert darauf und so weiter. Jede Aussage des einen beeinflusst die nächstfolgende des andern. Jedermann weiss, was aus solchen *Wechselwirkungen* alles entstehen kann: Nehmen wir an, die zwei Gesprächspartner treten mit unterschiedlichen Meinungen an. Die wechselseitige Beeinflussung kann zum Konsens führen, indem der eine die Meinung des andern akzeptiert, oder beide aufgrund der Argumente des andern «etwas nachgeben» oder eine im Gespräch entstehende neue «Lösung» akzeptieren. Sie kann aber auch zum Streit führen, indem jeder die Aussagen des andern nur zum Anlass nimmt, seine eigene Position noch stärker zu vertreten (vgl. Abb. 14).

Wie wir sehen, verändern sich in einem solchen einfachen Wirkungskreislauf nicht nur die beiden «Elemente» A und B, sondern das aus beiden zusammen be-

Abb. 14: Das Gespräch als Beispiel für eine Wechselwirkung

stehende System verändert sich: Aus Gegnerschaft wird Zusammenarbeit, aus einer losen Bekanntschaft ein Freundespaar, aus einem Ehepaar eine geschiedene Ehe. Das System kann also eine *neue Qualität* annehmen. Wir wissen aber auch aus Erfahrung, dass selbst in einem so einfachen dynamischen System die Veränderungen nur *schwer voraussehbar* sind. Wie man treffend sagt: Ein Wort gibt das andere, und aus einem freundschaftlich begonnenen Gespräch entsteht zum Beispiel – für den aussenstehenden Beobachter aus nichtigem Anlass und auf «irrationale» Weise – eine tödliche Feindschaft.

Wir wissen auch, dass Gespräche nicht mit Sicherheit planbar sind, obwohl wir es öfters versuchen: «Ich werde zuerst das sagen, der andere wird darauf jenes antworten, daraufhin werde ich folgendes sagen ...» und so weiter. Was aber, wenn der andere etwas ganz anderes sagt? Dann muss ich eben eine andere Antwort bereit halten. Aber dieses Durchdenken möglicher zukünftiger Gesprächsverläufe stösst rasch an Grenzen: es gibt zu viele Alternativen!

Nun ist die Wirklichkeit, mit der wir es zu tun haben, nur selten ein so einfach zusammengesetztes System. Fahren wir mit unserem Beispiel zwischenmenschlicher Interaktion weiter: Das Ehepaar bekommt ein Kind und wird zur Familie, oder das Gespräch findet nicht mehr unter vier Augen statt, sondern in einer um den Tisch versammelten Gruppe von fünf Personen. Jetzt wird die Sache bedeutend komplizierter. In der Fünfer-Gruppe kann jeder mit jedem der vier andern

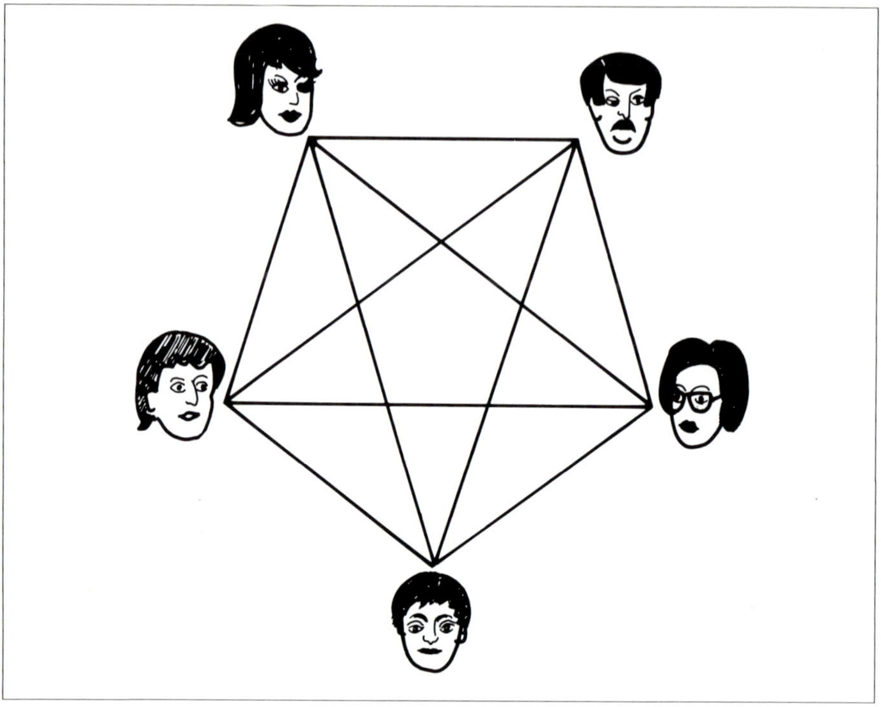

Abb. 15: Die Vollstruktur (mehrere Elemente und ihre Wechselwirkungen)

sprechen, es entsteht eine sogenannte *Vollstruktur,* die aus zehn Wechselbeziehungen zwischen je zwei Gesprächsteilnehmern besteht (vgl. Abb 15). Aber dies ist nicht alles: Jeder kann sich ja an mehrere zugleich wenden und mit einem Satz alle andern beeinflussen; zwei konzentrieren sich auf ein «Privatgespräch» unter sich, und zwei andere sprechen grundsätzlich nicht miteinander. Oder: alle sprechen gleichzeitig und niemand hört zu. Wir sehen also: *Die möglichen Beziehungen* sind nicht identisch mit den *tatsächlichen Interaktionen,* sondern bilden nur ein mögliches Interaktionsmuster. Entscheidend ist, welche Beziehungen tatsächlich aktiviert werden – und welcher Art die Wirkungen sind, die dabei entstehen. Und ferner: Unser Fünf-Personensystem ist nicht einfach eine Addition von zehn Zwei-Personensystemen, sondern etwas anderes: ein neues System mit neuen Eigenschaften. Aus der Kleingruppenforschung wissen wir, dass aus dem dauerhaften Zusammenwirken einer kleinen Zahl von Menschen eine Gemeinschaft entstehen kann, sogar derart, dass sich die Gruppe arbeitsteilig organisiert, jeder dann eine spezifische Rolle spielt, die Gruppe selbst aber gegen aussen erkennbar als Einheit auftritt, oder aber: die Gruppe zerfällt wieder in einzelne Individuen oder kleinere Gruppen. Was tatsächlich geschehen wird, ist kaum vorauszusagen.

Nun weist auch eine solche Gruppe noch eine ziemlich einfache Struktur von Verbindungen auf. Situationen, die uns Probleme aufgeben, weisen meist keine derart klaren Muster auf; die Vernetzung der Teile miteinander ist komplizierter. Nicht jeder Teil ist mit jedem andern direkt verbunden und wirkt unmittelbar auf alle andern ein - aber vielleicht indirekt dadurch, dass er andere Teile in diesem Netz in Bewegung setzt. Nehmen wir als Beispiel ein Unternehmen, das aus Hunderten oder Tausenden von Mitarbeitern besteht. Nicht jeder kann mit jedem andern direkt sprechen oder unmittelbar mit ihm zusammenarbeiten; aber es bestehen Tausende von Beziehungen und Beziehungsaufnahmen, die insgesamt einen erkennbaren Zustand des Gesamtsystems Unternehmung ergeben. Auch hier ist aber zu sagen: Die Unternehmung ist nicht einfach eine gross gewordene Kleingruppe und auch nicht eine Summe von solchen, sondern ein ganz anderes, viel komplexeres System. Es ist gar nicht möglich, alle sich in einer bestimmten Zeitspanne abspielenden Interaktionen zu erfassen und in diesem Sinn ein vollständiges Unternehmungsmodell aufzuzeichnen. Man muss sich immer damit begnügen, das in einer bestimmten Sicht, im Hinblick auf ein bestimmtes Problem relevante Netzwerk abzubilden - womit wir wieder bei der Frage nach der Systemabgrenzung angelangt sind.

Nun ist nicht nur die Tatsache wichtig, dass ein Netzwerk mit einem bestimmten Muster überhaupt vorliegt, sondern wir sollten auch wissen, *welcher Art* die Wirkungen sind, die von einem Element ausgehen und auf ein anderes Element einwirken, und welches Gesamtverhalten des Systems sich aus dem Netzwerk solcher Interaktionen ergibt.

Betrachten wir zunächst eine einzelne Wirkung, die ein Element auf ein anderes ausübt. Wir können dabei zwischen gleichgerichteten und entgegengerichteten Wirkungen unterscheiden (vgl. Abb. 16).

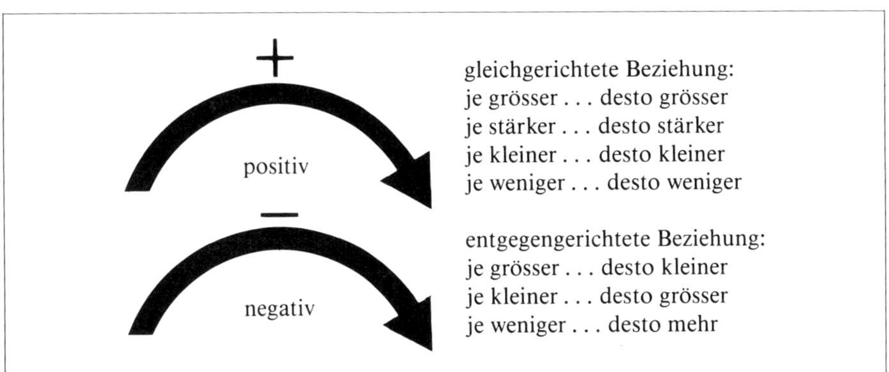

Abb. 16: Die Beziehungsarten: gleich- und entgegengerichtet

Von einer *gleichgerichteten Wirkung* sprechen wir dann, wenn eine Zunahme (oder Abnahme) des einen Elementes zu einer Zunahme (oder Abnahme) des andern Elementes führt. Wenn beispielsweise die Anzahl verkaufter Einheiten eines bestimmten Produktes zunimmt, nimmt auch der Umsatz der sie verkaufenden Firma zu. Gleichgerichtet ist aber die Wirkung auch im umgekehrten Fall, wenn die Absatzmenge sinkt und der Umsatz in Franken entsprechend kleiner wird.

Entgegengerichtete Wirkung liegt vor, wenn eine Veränderung des einen Elementes in einer bestimmten Richtung zu einer gegenläufigen Veränderung des andern Elementes führt. Beispielsweise kann eine Erhöhung des Verkaufspreises eines Produktes zu einer Verminderung der absetzbaren Menge führen oder auch umgekehrt: Eine Senkung des Verkaufspreises führt zu einer Steigerung der Absatzmenge.

Damit ist jedoch erst etwas ausgesagt über die *Richtung* einer Einwirkung eines Elementes auf ein anderes. Der *Wirkungsverlauf* kann aber von Fall zu Fall ganz unterschiedlich sein (vgl. Abb. 17). Im einfachsten Fall kann es sich um einen linearen Verlauf handeln: Nimmt das Element A um eine Einheit zu, so vergrössert sich auch das Element B um eine Einheit. Der Wirkungsverlauf kann aber auch ganz anders sein, zum Beispiel progressiv oder degressiv. Besonders wichtig ist, dass der Verlauf aber auch einer viel komplizierteren Kurve folgen kann. Zum Beispiel kann in einem bestimmten Veränderungsbereich zunächst eine lineare Beziehung zwi-

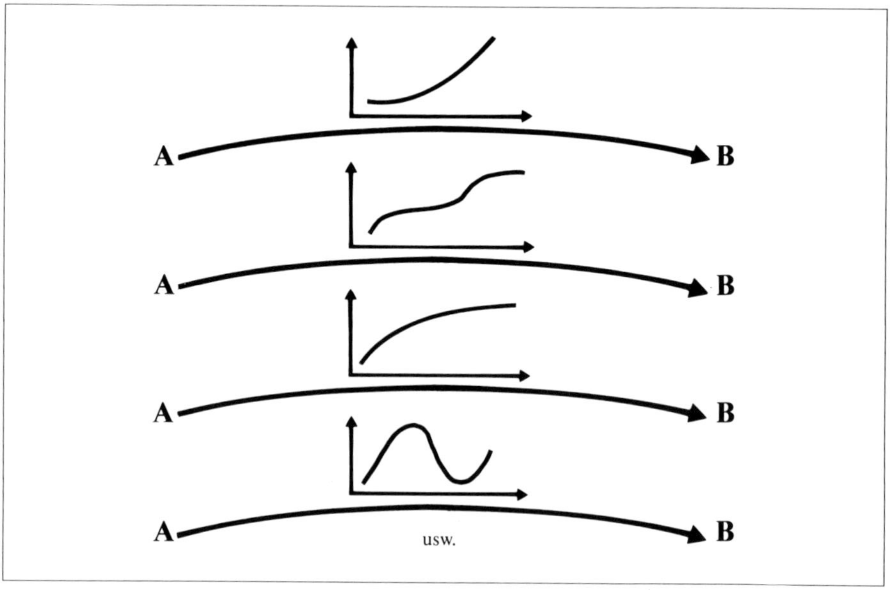

Abb. 17: Verschiedene Wirkungsverläufe

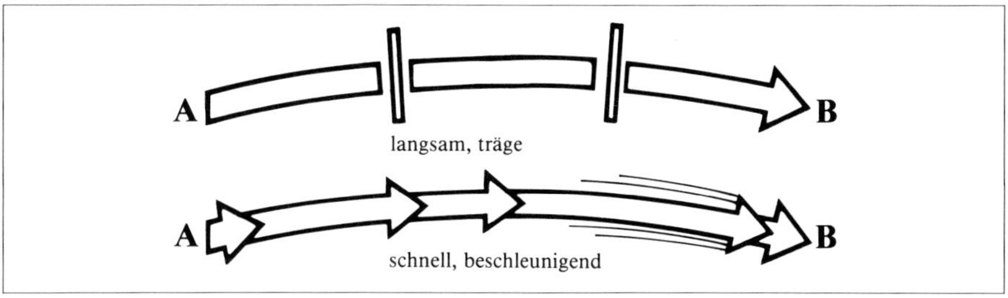

Abb. 18: Verschiedene zeitliche Wirkungsverläufe

schen A und B bestehen, dann aber eine nichtlineare Zu- oder Abnahme von B erfolgen. Bekannt sind aber auch die sogenannten Sättigungskurven: Eine weitere Zunahme von A führt immer weniger zu einer Zunahme von B. Ferner kann sein, dass aus einer zunächst gleichgerichteten eine entgegengerichtete Wirkungsrichtung entsteht: Bei weiterer Zunahme von A vermindert sich B.

Jede Einwirkung eines Elementes auf ein anderes benötigt aber auch Zeit. Auch dieser *zeitliche Wirkungsverlauf* kann ganz verschieden sein, langsam oder schnell erfolgen oder aber auch sich beschleunigend oder verlangsamend (vgl. Abb. 18).

Zu allem Überfluss kann es auch sein, dass der einmal festgestellte Wirkungsverlauf beim nächsten Mal ganz anders sein wird. Beispielsweise haben wir bisher beobachten können, dass bei Steigerung von A auch B proportional zunimmt. Plötzlich aber tritt diese Wirkung nicht mehr ein: trotzdem wir wiederum A steigern, bewegt sich B überhaupt nicht.

Insgesamt müssen wir also feststellen, dass die Einwirkung eines Elementes auf ein anderes gar nicht einfach zu erfassen ist und dass der tatsächliche Wirkungsverlauf oft nicht unseren Erwartungen entspricht. Dieses unerwartete und oft wechselnde Verhalten ist in erster Linie darauf zurückzuführen, dass die Elemente A und B nicht isoliert im Raume stehen, sondern nur einen winzigen Ausschnitt aus einem viele Elemente umfassenden, vernetzten System darstellen. Wir haben so getan als ob auf B keine andern Einwirkungen stattfinden würden und sich auch A in seinem Verhalten nicht aufgrund anderer Einflüsse verändern würde. Mit andern Worten: Wir haben die berühmte «ceteris-paribus-Klausel» verwendet: «Angenommen, alle andern Faktoren bleiben wie bisher . . .». Es ist diese Annahme des Gleichbleibens «alles übrigen», die nicht zutrifft, wenn A und B eben nicht ein geschlossenes, isoliertes System bilden, sondern Teile eines vernetzten grösseren Ganzen sind. Solche isolierenden Analysen einer einzelnen Wirkungsbeziehung allein sind deshalb nur sehr bedingt aussagefähig und führen oft zu gefährlichen Fehlschlüssen.

Schon die Wirkungsbeziehungen zwischen zwei Elementen erhalten ein anderes Gesicht, wenn wir – wie früher in unserem Beispiel des Gesprächs zwischen zwei

Abb. 19: Das Gespräch beispielsweise in einer gleichgerichteten Wechselwirkung

Menschen – davon ausgehen, dass zwischen ihnen *Wechselwirkungen* bestehen. Es wirkt also nicht einseitig nur A auf B ein, sondern auch B auf A. Wie wir gesehen haben, kann sich ein solches «Zweiersystem» in nicht voraussehbarer Weise verändern. In vielen Fällen können wir jedoch auch hier gleichgerichtete und entgegengerichtete Wirkungsverläufe unterscheiden: A verstärkt B, B wirkt wiederum verstärkend auf A ein, oder aber: A verstärkt B, aber B wirkt abschwächend auf A zurück. Es findet stets ein sogenannter *Feed-back* oder eine *Rückkoppelung* auf den Ausgangspunkt der Bewegung statt. Was wir hier vor uns haben, ist der kleinstmögliche *Regelkreis,* der seine Charakteristik durch die Abhängigkeit beider Wirkungen voneinander erhält (vgl. Abb. 19).

Gleichgerichtete Wirkungen führen zu einem «Aufschaukeln» oder «Abschaukeln» unseres Zweiersystems: Beide Elemente verstärken sich im Zeitablauf wechselseitig immer in derselben Richtung, es findet also «Wachstum» statt. Ein solcher Regelkreis wird als *positiver Regelkreis* bezeichnet. Sind die beiden Wirkungen jedoch entgegengerichtet, so bewirkt eine Verstärkung in der einen Richtung eine Abschwächung in der andern Richtung. In diesem Fall sprechen wir von einem *negativen Regelkreis.* Er bewirkt, dass «die Bäume nicht in den Himmel wachsen», sondern im Gegenteil ein dynamisches Gleichgewicht zwischen Zunahme und Abnahme eintritt. Negative Regelkreise wirken also stabilisierend, allerdings nicht im

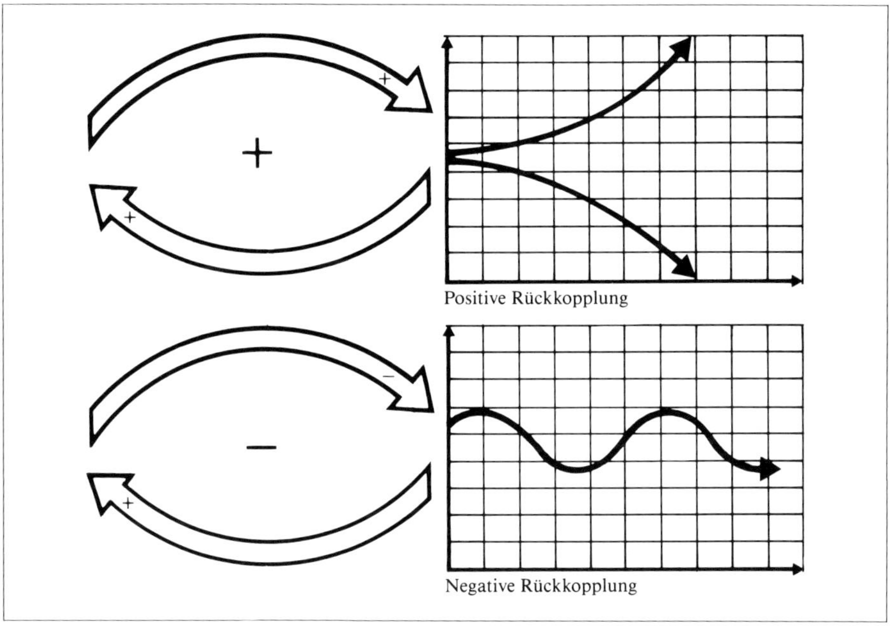

Abb. 20: Positive (gleichgerichtete) und negative (entgegengerichtete) Wechselwirkungen

Sinne von stets gleichbleibend. Infolge des Zeitbedarfs von Wirkung und Gegenwirkung treten jeweils Veränderungen in der einen Richtung auf, die anschliessend durch eine Veränderung in der andern Richtung «korrigiert» werden: Der Zustand ist nicht statisch unveränderlich, sondern schwankt um einen bestimmten Wert herum (vgl. Abb. 20).

Nun stellen aber solche Zweiersysteme mit wechselweise aufeinander einwirkenden Elementen wie erwähnt in aller Regel nur Ausschnitte aus Systemen dar, die viel mehr Elemente in einem komplizierteren Beziehungsgefüge enthalten. Die Rückwirkung von B auf A findet dann meist nicht unmittelbar statt wie in unserem Beispiel des Gesprächs, sondern auf dem Weg über viele andere Elemente, zwischen denen wiederum unterschiedliche Wirkungsverläufe stattfinden können. Aber auch in solchen viel komplizierteren, vernetzten Systemen können wir positive und negative Regelkreise beobachten, die das Ganze oder grössere Komponenten davon wachsen lassen oder stabilisierend wirken.

Nehmen wir als schematisches Beispiel einen einfachen, geschlossenen Kreislauf mit vier Elementen. Wenn alle Wirkungsbeziehungen gleichgerichtet sind, haben wir einen positiven Regelkreis vor uns: Je grösser A, desto grösser B, desto grösser C, desto grösser D, desto grösser A und so fort. Es handelt sich also um einen Wachstumsprozess (vgl. Abb. 21).

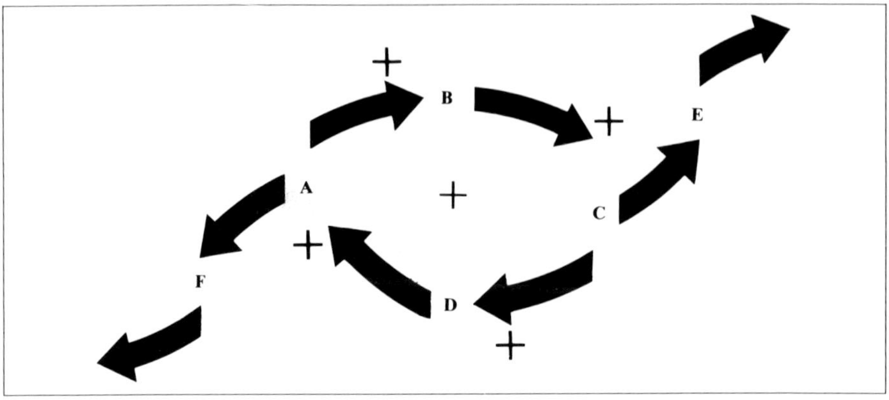

Abb. 21: Ein geschlossener Kreislauf mehrerer Elemente

Nehmen wir aber an, vom Element C gehe eine entgegengerichtete Wirkung auf D aus, dann ergibt sich: Je grösser A, desto grösser B, desto grösser C ... aber dann: desto kleiner D, desto kleiner A, desto kleiner B, desto kleiner C, ... aber dann: desto grösser D, desto grösser A und so fort. Die eine entgegengerichtete Wirkung lässt also aus einem sich verstärkenden einen sich abschwächenden Prozess werden, um diesen dann im nächsten Durchlauf wieder umzukippen. Es ist ein negativer Regelkreis, mit abwechselndem Auf- und Abschaukeln. Man kann auch sagen: die Verstärkung korrigiert sich selbst und wird zur Abschwächung, diese wieder korrigiert sich zur Verstärkung und so weiter im ständigen Wechselspiel.

Aber das Netzwerk von Systemen ist oft viel komplizierter aufgebaut. Die Schliessung eines Kreises und auch die Charakteristik dieses Regelkreises sind oft nicht so ohne weiteres sichtbar. Haben wir ein sehr kompliziertes Netzwerk vor uns, so entdecken wir oft mehrere Regelkreise, die sich gegenseitig beeinflussen (vgl. Abb. 22). Das Verhalten des ganzen Systems ist dann das Ergebnis von mehreren, miteinander verknüpften Regelkreisen. Es ist kein Wunder, dass uns ohne Einsicht in diese Zusammenhänge das Verhalten des Ganzen unverständlich ist und häufig unseren Erwartungen nicht entspricht.

Es wäre auch ein grosser Irrtum zu glauben, dass ein bloss statisches Abbild des Netzwerkes, das die einzelnen Elemente miteinander verbindet, uns bereits genügend Informationen liefert, um das Verhalten des Ganzen zu verstehen. Wie wir gesehen haben, kommt es nicht nur auf diese Verbindungen allein an, sondern auf die zahlreichen *Einwirkungen* der Elemente aufeinander, also auf die tatsächlich stattfindende Dynamik. Deshalb müssen wir, um das Funktionieren des Systems zu verstehen, nicht nur das Beziehungsgefüge kennen, sondern auch die sich zu kreisförmigen Prozessen – positiven und negativen Regelkreisen – zusammenfügenden Wirkungsverläufe im Zeitablauf.

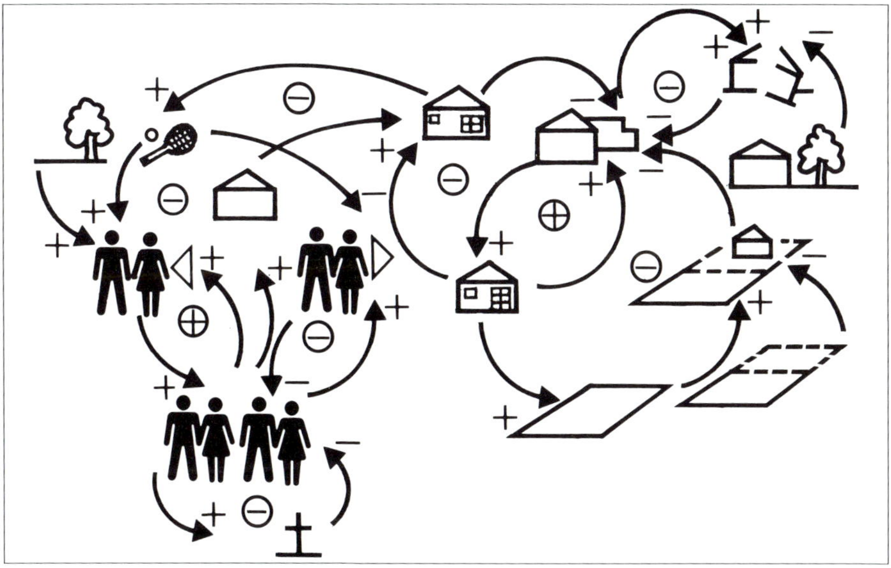

Abb. 22: Schematisches Netzwerk mit positiven und negativen Kreisläufen

Merksätze:

Die Teile einer dynamischen Ganzheit sind durch zirkuläre Beziehungen zu einem vielfältigen Netzwerk verbunden.

Lineare Ursache-Wirkungs-Ketten bilden kein passendes Modell zum Verständnis dynamischer Ganzheiten.

Infolge der zirkulären Verknüpfungen können Teile auf sich selbst zurückwirken.

Die einzelnen Wirkungsverläufe können sehr verschieden sein und sich auch im Zeitablauf ändern.

Wirkungsverläufe benötigen Zeit und bewirken unterschiedliche Zeitverläufe ganzer Prozesse.

Durch die zirkuläre Verknüpfung mehrerer Teile entstehen positive und negative Regelkreise, die das Ganze wachsen bzw. schrumpfen lassen oder es stabilisieren.

Komplizierte dynamische Ganzheiten bestehen aus einer Mehrzahl von miteinander verknüpften und aufeinander einwirkenden Regelkreisen.

Literaturauswahl zu Vernetztheit

Dörner, D., Problemlösen als Informationsverarbeitung, Kohlhammer, Stuttgart 1976
Gomez, P., Modelle und Methoden des systemorientierten Managements, Haupt, Bern 1981
Meadows, D., Die Grenzen des Wachstums, DVA, Stuttgart 1972
Meadows, D. L., Meadows, D. H., Das globale Gleichgewicht, Rowohlt, Reinbek 1974
de Rosnay, J., Das Makroskop, Rowohlt, Reinbek 1977
Vester, F., von Hesler, A., Sensitivitätsmodell, Reg. Planungsgemeinschaft Untermain, Frankfurt 1980

Baustein 3: Das System und seine Umwelt

Wie wir gesehen haben ist jede Systemabgrenzung in gewissem Masse willkürlich und von unserer Problemstellung abhängig. Dies bedeutet aber, dass es für jedes System eine Aussenwelt gibt, ein umfassenderes System, von dem aus gesehen unser System ein Teil ist. Grundvorstellung des ganzheitlichen Denkens ist deshalb diejenige des *offenen* Systems.

Dies bedeutet zunächst, dass auch zwischen dem System und seiner Umwelt Wirkungsbeziehungen bestehen: Das System beeinflusst die Umwelt, diese aber auch das System. Auch hier handelt es sich also um *Wechselwirkungen.* Lebewesen nehmen aus ihrer Umwelt höherwertige *Energie* auf, wandeln sie in Arbeit um und geben niederwertigere Energie wieder an die Umwelt ab. Ohne diese auf physikalisch/chemischer Ebene feststellbaren Wechselwirkungen mit der Umwelt ist das Lebewesen nicht lebensfähig, sondern stirbt an Nahrungsmangel. Dasselbe gilt aber auch in bezug auf den Austausch von *Informationen* im weiten Sinn dieses Wortes mit der Umwelt. Das Lebewesen orientiert sich aufgrund von Informationen über die Umwelt, z. B. beim Aufspüren von Nahrungsquellen oder bei der Flucht vor Feinden, und es gibt seinerseits Informationen an die Umwelt ab, die seine Anwesenheit und seinen Zustand signalisieren. Auch diese Wechselwirkungen auf informationeller Ebene sind für das System lebensnotwendig.

Wichtig ist, dass wir auch in bezug auf die Beziehungen zwischen System und Umwelt von der Vorstellung einer *zirkulären* Wirkungsbeziehung ausgehen und nicht von derjenigen von bloss in einer Richtung wirkenden Einflussnahmen. Insofern ist das oft verwendete, einfache Modell eines Input-Transformation-Output-Systems irreführend (vgl. Abb. 23).

In Wirklichkeit verändert schon der Input nicht nur das System, sondern auch die Umwelt: Die aufgenommene Nahrung ist nicht mehr da, die Umwelt hat sich

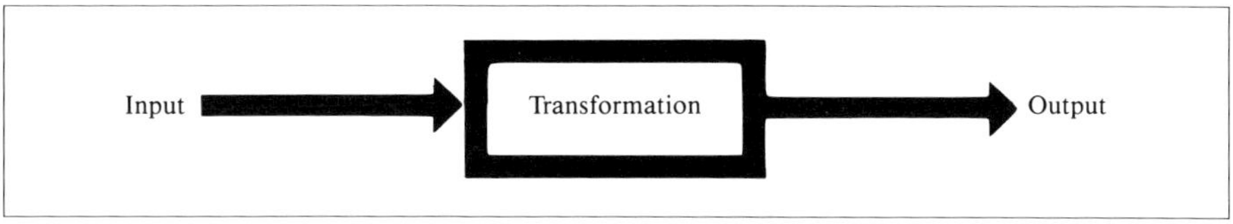

Abb. 23: Input-Output-Modellvorstellung

verändert und - weil die Umwelt selbst auch vernetzt ist - möglicherweise in viel weittragenderer Weise als unmittelbar ersichtlich (vgl. Abb. 24). Und sei es auch nur, dass der vom Tier abgerissene Ast zum Absterben des Baumes führt, dies zum Tod zahlreicher Kleinlebewesen usw. Ja es kann sogar geschehen, dass unser Tier später keine Nahrung mehr vorfindet und selbst zugrunde geht: die Aufnahme von Input hat zu einer dramatischen Rückwirkung auf das System selbst geführt.

Wie wir gesehen haben, sind Teil und Ganzheit gegenseitig voneinander abhängig. Dies gilt auch für das Verhältnis zwischen System und Umwelt. Offenheit bewirkt also, dass ein System nie vollständig unabhängig ist und sein Verhalten nicht völlig autonom bestimmen kann. Diese *Umweltabhängigkeit* hat in der Evolutionstheorie zur Vorstellung der *Anpassung* natürlicher Systeme an ihre Umwelt als Bedingung für ihr Überleben geführt. Danach sorgt die natürliche Evolution durch Selektion dafür, dass nur ihrer Umwelt angepasste Arten am Leben bleiben. Nach dem Gesagten ist es jedoch notwendig, diesen Vorgang nicht einseitig zu sehen, sondern als zirkulären Vorgang, durch welchen System und Umwelt sich *gegenseitig* aneinander «anpassen». System und Umwelt bedingen sich gegenseitig, und die Wechselwirkungen zwischen ihnen bilden die Grundeinheit des natürlichen Evolutionsprozesses.

Die Offenheit des Systems führt des weiteren dazu, dass wir seine Funktionsweise nicht verstehen können, wenn wir diese Wechselwirkungen nicht erkennen, sondern so tun, als ob es ein geschlossenes, isoliertes «Ding an sich» wäre. Wir müssen gedanklich also nicht nur erkennen, dass es selbst eine aus Teilen bestehende vernetzte Ganzheit ist, sondern auch seine zweite Eigenschaft erfassen, dass es näm-

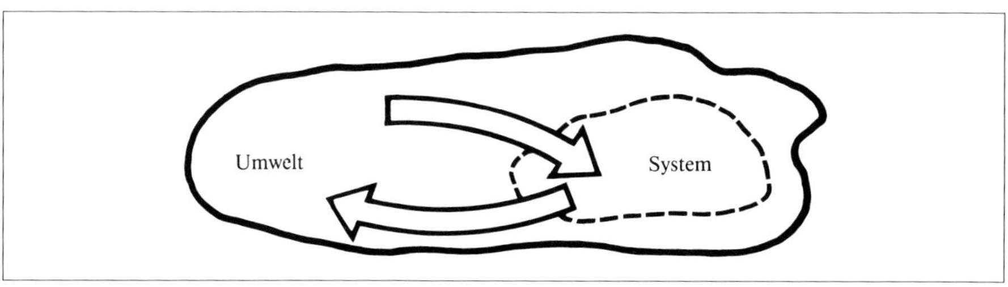

Abb. 24: Interaktives System-Umwelt-Modell

Abb. 25: Die Unternehmung als zweckorientierte Institution in Wechselwirkung mit ihrer Umwelt

lich andererseits Teil einer grösseren Ganzheit ist. Etwas philosophisch können wir auch sagen, dass nichts aus sich selbst heraus verständlich ist, sondern immer nur im Rahmen eines *Kontextes,* in den wir es gedanklich hineinstellen können. Erst das Erkennen der Funktionen, die ein System in seiner Umwelt ausübt, führt uns zum Verstehen der Verhaltensweise des Systems.

Auch gesellschaftliche Institutionen sind offene Systeme, die in eine Umwelt eingebettet sind. Versuchen wir also, diese vorwiegend an natürlichen Systemen orientierten Vorstellungen auf von Menschen «gemachte», *soziale Systeme* wie z. B. Unternehmungen anzuwenden.

Zunächst können wir feststellen, dass auch eine *Unternehmung* genau gleich wie ein natürliches System *Energie* aus ihrer Umwelt aufnehmen muss, um existieren zu können. Auch sie wandelt die aufgenommene Energie in Arbeit um und gibt niederwertigere Energie in Form von Abfall, Abwärme usw. an die Umwelt ab. Sie nimmt ebenfalls *Informationen* über die Umwelt auf, um sich darin zu orientieren, und gibt andererseits Informationen an die Umwelt ab. Bereits auf dieser materiellen und informationellen Ebene müssen wir auch in bezug auf das Verhältnis von Unternehmung und Umwelt von der Vorstellung der Wechselwirkung ausgehen: Unternehmung und Gesellschaft verändern und bedingen sich wechselseitig (vgl. Abb. 25).

Nun sehen wir aber bereits auf einer materiellen Betrachtungsebene, dass Unternehmungen ja nicht nur Abfall an ihre Umwelt abgeben, sondern in erster Linie materielle Güter und Dienstleistungen. Die aufgenommene Energie wird nicht einfach zum Überleben benötigt, sondern um *Produkte* herzustellen, die sie gar nicht selbst braucht, sondern die von andern Systemen in der Gesellschaft aufgenommen werden. Mit andern Worten: Unternehmungen erfüllen Funktionen in der Gesellschaft, und darin liegt der ihnen vom grösseren System vorgegebene Zweck. Eine Unternehmung ist also eine *zweckorientierte* Institution der menschlichen Zivilisation und unterscheidet sich durch diese Ausrichtung auf menschliche Zwecke von natürlichen, sich evolutiv entwickelnden Systemen. Trotzdem steht aber jede Unternehmung notwendigerweise in Wechselwirkungen mit der *Natur,* da sie naturgegebene «Ressourcen» beansprucht und damit ihre natürliche Umwelt verändert. Welche dramatischen Auswirkungen die Aktivitäten von Unternehmungen auf die Natur haben können, haben katastrophale Umweltverschmutzungen zur Genüge gezeigt.

Als zweckgerichtetes, von Menschen geschaffenes und getragenes System ist die Unternehmung Teil der *Gesellschaft.* Sie ist also in ein umfassenderes soziales System eingegliedert, das nicht das Ergebnis natürlicher Evolution ist, sondern Produkt menschlichen Denkens und Handelns. Sie hat zwar einen eigenen Willen, kann sich selbst Ziele setzen und zielgerichtet handeln, ist aber auch eingebunden in das System gesellschaftlicher Werte und Regeln, in das sie sich einpassen muss. Auch hier ist festzustellen, dass sich Unternehmung und Gesellschaft in ständiger Wechselwirkung gegenseitig beeinflussen. Auch Unternehmungen sind deshalb nur *beschränkt autonom;* ihr Verhalten muss in die Gesellschaft hineinpassen und von dieser akzeptiert werden.

Die besonderen Fähigkeiten des Menschen, die ihn von andern Lebewesen unterscheiden, potenzieren sich in der Unternehmung durch das zielgerichtete Zusammenwirken vieler Menschen, die für sie handeln. Die Unternehmung kann im Prinzip wie der einzelne Mensch bestehende Zustände bewusst untersuchen, nach Verhaltensmustern ihrer Umwelt suchen und gedanklich Vorstellungen über zukünftige Veränderungen entwickeln. Sie kann auch mögliche Folgen ihres eigenen Verhaltens gedanklich vorausnehmen, Zukünftiges simulieren und daraus bewusst eigene Handlungsweisen ableiten. Dies eröffnet der Unternehmung einen viel grösseren Spielraum für absichtsvolles, zielgerichtetes Verhalten, als er natürlichen Lebewesen zukommt. So kann sie bewusst z. B. die Verhältnisse auf ihren Absatz- oder Beschaffungsmärkten nach ihren eigenen Zielsetzungen zu verändern versuchen oder eine Marktnische suchen, einen zusätzlichen Bedarf wecken und neue Produkte anbieten. Die «Marktnische» beispielsweise ist also nicht wie die spezielle Umweltnische, an die eine Tierart angepasst ist, das Produkt einer natürlichen Evolution, sondern mindestens zum Teil das Ergebnis zweckgerichteten Han-

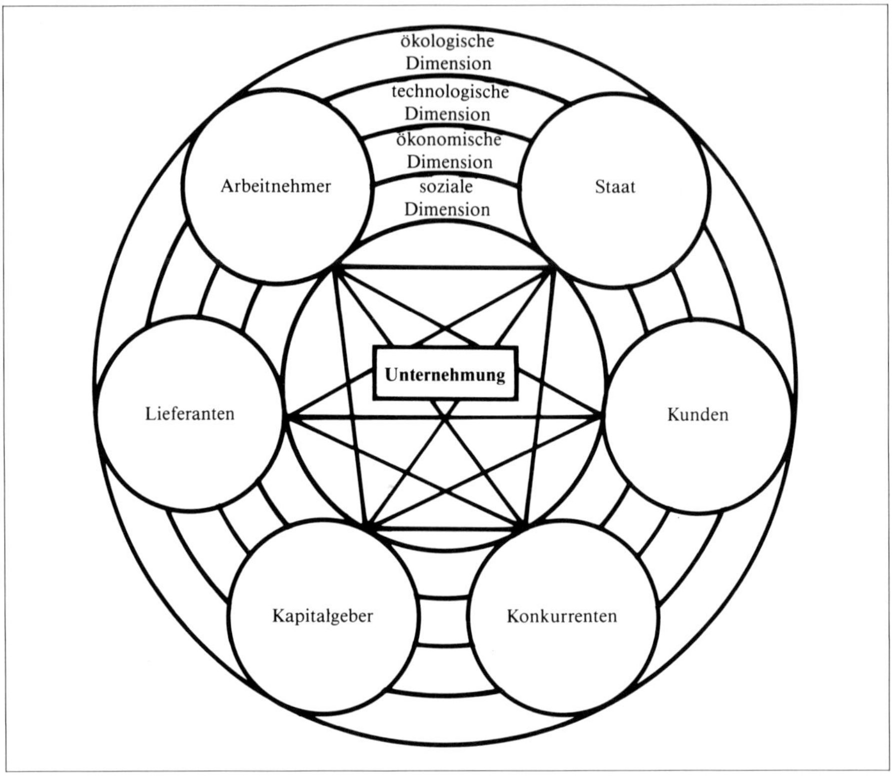

Abb. 26: Institutionen und Dimensionen der Umwelt einer Unternehmung

delns der Unternehmung. Aber wir erkennen sofort, dass ja auch die gesellschaftliche Umwelt der Unternehmung aus solchen vernunftbegabten, nach eigenen Zielen strebenden Wesen besteht und dass z. B. Kunden, Lieferanten und Konkurrenten ebenso auf den Markt einwirken. Der Markt als ein abstraktes, vernetztes System ist also im ständigen Wechselspiel sowohl die Ursache wie auch die Folge des Verhaltens der einzelnen «Wirtschaftssubjekte» (vgl. Abb. 26).

Mit dieser wirtschaftlichen Sicht reduzieren wir jedoch unsere Umweltvorstellung auf den Markt und auf die von den Wirtschaftswissenschaften erfassten Vorgänge der Erstellung und Verteilung von Gütern und Dienstleistungen. «Die Wirtschaft» stellt jedoch nur einen bestimmten Aspekt einer vielfältigeren Gesellschaft dar. In dieser werden nicht nur ökonomische Werte vertreten und wirksam, sondern auch Werte, die sich nicht in Geld ausdrücken lassen, wie z. B. Gerechtigkeit, Einhaltung von Regeln von Anstand und Sitte, Lebensqualität, Wahrung der staatlichen Unabhängigkeit, Unterstützung von Drittweltländern usw. Das Verhalten der Unternehmung wird von solchen Werthaltungen aus unaufhörlich beurteilt, und es werden an sie entsprechende Anforderungen gestellt. Die Unternehmung ist also einbezogen in die *wert- und sinnhafte Dimension* der menschlichen Gesellschaft.

Weil die Unternehmung ein zweckgerichtetes System ist und sich selbst Ziele setzt, nimmt sie auch nicht alle Einwirkungen aus ihrer Umwelt einfach entgegen, sondern beurteilt sie als nützlich oder schädlich. Schädliche Einwirkungen werden als *Störungen* bezeichnet. Die Unternehmung versucht daher – wie dies auch jedes natürliche Lebewesen tut – Störungen zu vermeiden oder ihre Wirkungen so rasch als möglich wieder zu beseitigen. Eine naheliegende Möglichkeit der Störungsabwehr ist die gezielte *Schliessung des Systems* gegenüber bestimmten Umwelteinflüssen. So wird man Ausgangsmaterialien, die den eigenen Qualitätsanforderungen nicht entsprechen, gar nicht annehmen und den Verkehr mit dem entsprechenden Lieferanten abbrechen. Die Unternehmung ist also in gewisser Beziehung ein gegenüber der Umwelt bewusst geschlossenes System. Erneut ist hier festzustellen, dass ein solches gezieltes, bewusstes Abschliessen eine besondere Fähigkeit sozialer Systeme ist. Die sehr grosse Zahl von Störungen, die aus der Umwelt auf die Unternehmung einwirken können, macht es aber unmöglich, mit Sicherheit Störungsfreiheit zu erreichen. Eine sehr viel allgemeiner wirksame Störungsbekämpfung besteht darin, die Störung eintreten zu lassen, aber ihre *Wirkung* so rasch als möglich zu beseitigen, bevor sie grösseren Schaden anrichtet. Dies kann geschehen durch einen Mechanismus, einen *negativen Regelkreis,* der so gestaltet ist, dass der unerwünschten Abweichung vom gewünschten Zustand sofort entgegengewirkt wird. Wie wir bereits gesehen haben, sind Regelkreise ein Ergebnis der zirkulären Verknüpfung von Elementen in einem System. Solche in natürlichen Systemen bestehenden Regelmechanismen können wir in unserem künstlichen System Unternehmung bewusst nachbilden und damit zwar Störeinflüsse nicht vermeiden, aber ihre Wirkungen unter Kontrolle halten und minimieren. Die Unternehmung wird also in diesem Fall nicht geschlossen, sie bleibt gegenüber der Umwelt offen.

An diesem Beispiel der Ausregulierung von Störungen können wir erkennen, dass die Unternehmung als soziales System noch eine weitere Möglichkeit zur Einpassung in die Umwelt hat, die natürliche Lebewesen nicht aufweisen: sie kann ihre eigene *Struktur bewusst verändern,* um dem Wechselspiel mit der Umwelt besser gewappnet zu sein, z. B. indem sie solche negativen Regelkreise etabliert. Unternehmungen können sich also nicht nur in ihrem Verhalten, sondern auch in ihrer Struktur ständig ändern, ohne ihre Identität zu verlieren.

Die hier am Beispiel der Unternehmung erläuterten Fähigkeiten eines Systems, mit der Offenheit gegenüber einer vielfältigen und dynamischen Umwelt fertig zu werden, treffen für alle zweckgerichteten sozialen Systeme zu, also auch für Krankenhäuser, staatliche Verwaltungen, Schulen usw. Sie beruhen auf den spezifischen Eigenschaften und Fähigkeiten von Menschen, die sie von andern Lebewesen unterscheiden. Zu den Eigenschaften und Verhaltensweisen natürlicher Systeme kommen also im Bereich der für menschliche Zwecke geschaffenen und aus Menschen bestehenden, gesellschaftlichen Systemen noch solche hinzu, die sie von Ökosystemen unterscheiden. Nur sind sie nicht einfach naturgegeben, sondern müssen bewusst geschaffen werden.

Merksätze:

Systeme sind offen gegenüber ihrer Umwelt und stehen mit dieser in Wechselwirkung.

Offenheit zur Aufnahme und Abgabe von Energie und Information ist notwendig zum Überleben eines Systems.

Lebensfähige Systeme sind nie vollständig autonom in ihrem Verhalten, sondern müssen sich einpassen in ihre Umwelt.

Das Verhalten eines Systems kann nur verstanden werden, wenn es gedanklich in Verbindung mit seiner Umwelt, als Teil eines umfassenderen Systems, gesehen wird.

Aus Menschen bestehende, soziale Systeme sind sowohl in eine natürliche wie auch in eine gesellschaftliche oder kulturelle Umwelt eingebettet.

Zweckgerichtete soziale Systeme sind dazu da, in der Gesellschaft bestimmte Funktionen zu erfüllen. Sie sind damit als Teil eines umfassenderen Systems in ihrer Existenz abhängig von der Akzeptierung ihrer Leistungen durch ihre Umwelt.

Die gesellschaftliche Umwelt sozialer Systeme stellt ein komplexes System von menschlichen Werthaltungen und Verhaltensregeln dar, in die sie sich einpassen müssen.

Zweckorientierte soziale Systeme können sich bewusst mit ihrer Umwelt auseinandersetzen und sich in ihrer Struktur verändern. Diese spezifischen Fähigkeiten sind jedoch nicht naturgegeben, sondern müssen durch Menschen geschaffen und aufrechterhalten werden.

Literaturauswahl zu Offenheit

von Bertalanffy, L., General System Theory, Penguin, Harmondsworth 1973
von Bertalanffy, L., ... aber vom Menschen wissen wir nichts, Econ, Düsseldorf 1970
Dyllick, T., Gesellschaftliche Instabilität und Unternehmungsführung, Haupt, Bern 1982
Emery, F., Systems Thinking, Penguin, Harmondsworth 1969, insbes. der Beitrag von L. von Bertalanffy
Ulrich, H., Die Unternehmung als produktives soziales System, Haupt, Bern 1968
Willke, H., Systemtheorie – Eine Einführung in die Grundprobleme, Fischer, Stuttgart 1982

Baustein 4: Komplexität

Wenn wir Mühe haben, einem anderen Menschen etwas zu erklären, sagen wir oft, es handle sich um eine komplexe Materie. Meistens meinen wir damit nur, dass die Sache eben nicht so einfach sei, so dass wir längere Zeit brauchen würden, um sie verständlich zu machen.

Komplexität bedeutet aber mehr als nur Kompliziertheit. Ein Buch z. B. ist *kompliziert,* wenn es aus vielen Kapiteln und Abschnitten besteht und umständliche

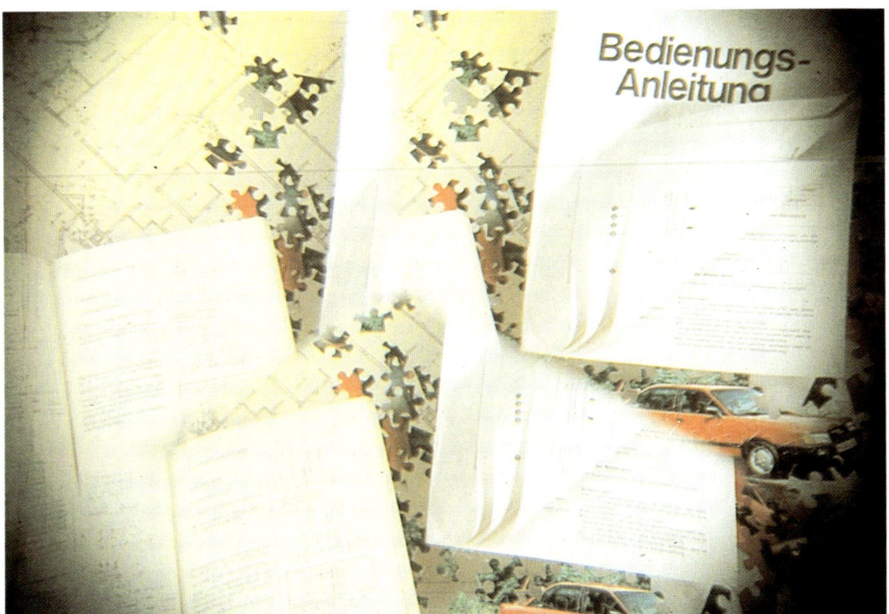

Abb. 27: Beispiele für Kompliziertheit

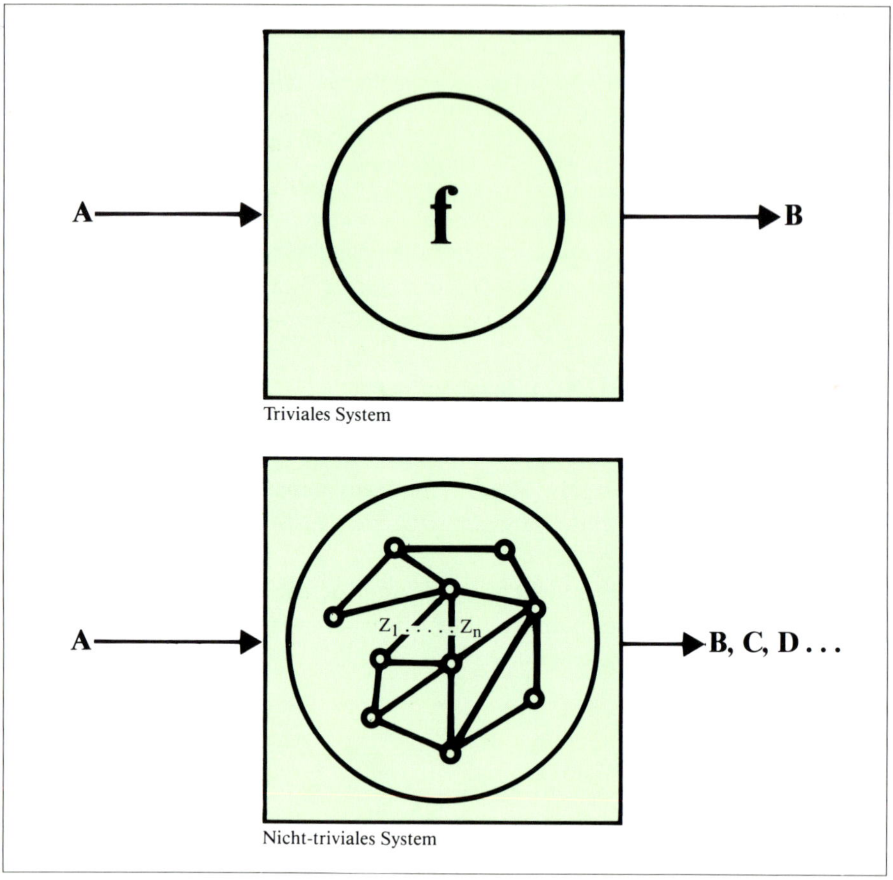

Abb. 28: Triviale und nichttriviale Systeme

Sätze und unzählige schwierige Wörter enthält. Mit viel Fleiss und mit Hilfe eines Wörterbuches können wir es aber schliesslich vollständig verstehen, und wenn wir etwas vergessen haben, können wir es wieder hervornehmen und denselben Inhalt nochmals lesen. Denn das Buch verändert sich nicht, es ist *statisch.* Dasselbe gilt für Baupläne, Puzzlespiele, Netzpläne usw. (vgl. Abb. 27).

Von *Komplexität* dagegen sprechen wir, wenn etwas nicht nur in seiner Zusammensetzung kompliziert ist, sondern auch seinen Zustand ständig verändert (vgl. Abb. 29). Komplexität wird definiert als *Fähigkeit eines Systems, in einer gegebenen Zeitspanne eine grosse Zahl von verschiedenen Zuständen annehmen zu können.*

Es gibt aber auch dynamische Systeme, die nicht komplex sind, die also nur wenige verschiedene Zustände annehmen können. Dabei fehlt es nicht an der Dynamik, sondern an der Kompliziertheit; es handelt sich um *einfache Systeme.*

Ein Beispiel eines einfachen dynamischen Systems ist die sogenannte *triviale Maschine.* Es handelt sich um ein offenes System, das einen bestimmten Input immer gleichbleibend in einen bestimmten Output verwandelt. Das System weist also eine bestimmte Transformationsfunktion auf, die einen Input A in bestimmter, voraussagbarer Weise in den Output B transformiert. Derselbe Input führt also zwangsläufig zu immer demselben Output (vgl. Abb. 28 oben).

Ein solches determiniertes, voraussagbares Verhalten ist genau das, was wir beim Bau technischer Einrichtungen anstreben. So soll zum Beispiel eine Stanzmaschine, der wir Bleche bestimmter Dimension und Qualität zuführen, jedesmal pro Zeiteinheit eine bestimmte Anzahl von Stanzteilen bestimmter Form produzieren. Dies tut sie auch - von Störungen abgesehen.

Ganz anders jedoch verhalten sich komplexe, *nicht-triviale Systeme.* Ein bestimmter Input wird vom System nicht immer in denselben Output transformiert (vgl. Abb. 28 unten). Es ist so, wie wenn unsere Stanzmaschine - scheinbar nach Belieben - mal runde, mal sechseckige und mal verbogene Stücke produzieren würde, und zwar nicht aufgrund einer Störung, sondern immer! Was ist der Grund für dieses unvorhersehbare Verhalten?

Der offensichtliche Grund dafür ist, dass unser System nicht - wie die triviale Maschine - aus einer unveränderlichen, bestimmten Funktion f besteht, sondern

Abb. 29: Mögliche Eigendynamik und Verhaltensmöglichkeiten im System

dass diese Funktion sich selbständig ändert. Das System hat also ein Eigenleben, eine *Eigendynamik,* so dass es auf denselben Input zu verschiedenen Zeiten verschieden reagiert – je nach seinem gerade bestehenden eigenen Zustand. Der Input selbst verändert den Zustand des Systems; dadurch wird der Output nicht nur abhängig vom momentanen Input, sondern auch vom früheren Systemzustand, auf den er trifft.

Das Eigenleben des Systems beruht also darauf, dass sich die Interaktionen zwischen seinen Teilen verändern können; die aus irgendwelchen Gründen bei irgendwelchen Teilen einsetzende Bewegung setzt sich also nicht immer in derselben Weise fort. Aber auch die Teile selbst verändern sich, nehmen andere Zustände an, reagieren auf denselben Anstoss nicht immer auf dieselbe Weise. Die Konsequenz dieser Veränderlichkeit der Teile, der Beziehungsaufnahmen zwischen ihnen und der Wirkungsverläufe besteht in einer grossen Zahl von Zuständen, die das nichttriviale System als Ganzes annehmen kann, oder dynamisch ausgedrückt: in einer grossen Zahl von Verhaltensmöglichkeiten des Systems (vgl. Abb. 30).

Hohe Komplexität hat also die unangenehme Folge, dass sich ein System im Zeitablauf so unterschiedlich verhält, dass wir nicht in der Lage sind, vorauszusagen, welchen Zustand es als nächstes annehmen wird. Dies versetzt den Beobachter in einen Zustand der Ungewissheit; nach seinem Eindruck verhält sich das System «irrational». Dies ist insbesondere fatal, wenn er das System in einer bestimmten Richtung beeinflussen, also zweckgerichtet handeln möchte. Wie schon erwähnt verführt ihn das einfache Ursache-Wirkungsdenken zur Annahme, eine bestimmte Massnahme werde auch mit Sicherheit zu einer bestimmten Änderung, zum von ihm gewollten Zustand, führen. Wenn dies wider Erwarten nicht geschieht, ist die Versuchung gross, das System halt so lange zu analysieren, bis wir ganz genau wissen, wie es funktioniert. Aber auch dieser mühevolle Weg führt nicht zum Ziel. Wie wir schon gesehen haben: Wenn alles ständig in Bewegung ist, können wir nie alles über den jeweiligen, momentanen Zustand des Systems wissen, um mit Sicherheit voraussagen zu können, was ein bestimmter Eingriff genau bewirken wird.

Kein Wunder, dass wir solche Situationen, in die uns nicht-triviale Systeme versetzen, unerträglich finden. Die Frage stellt sich: Wie können wir vernünftig mit Komplexität umgehen? Der «Ausweg», den Kopf in den Sand zu stecken und die Komplexität einfach nicht zur Kenntnis zu nehmen, ändert natürlich nichts am Tatbestand. Recht häufig besteht die Reaktion auf Komplexität im *«So tun, als ob»* das System in Wirklichkeit eine triviale Maschine sei. Diese gedankliche Trivialisierung geschieht häufig und scheint auf den ersten Blick ganz vernünftig zu sein. Wir machen zuerst ein einfaches Modell, mit der Absicht, dieses dann zu «verfeinern». Unausgesprochen steht die Vorstellung dahinter, dass die komplexe Wirklichkeit sich «im Prinzip» gleich verhalte wie unser einfaches Modell, eben nur etwas komplizierter sei. Aber genau diese Annahme ist falsch! Das komplexe System

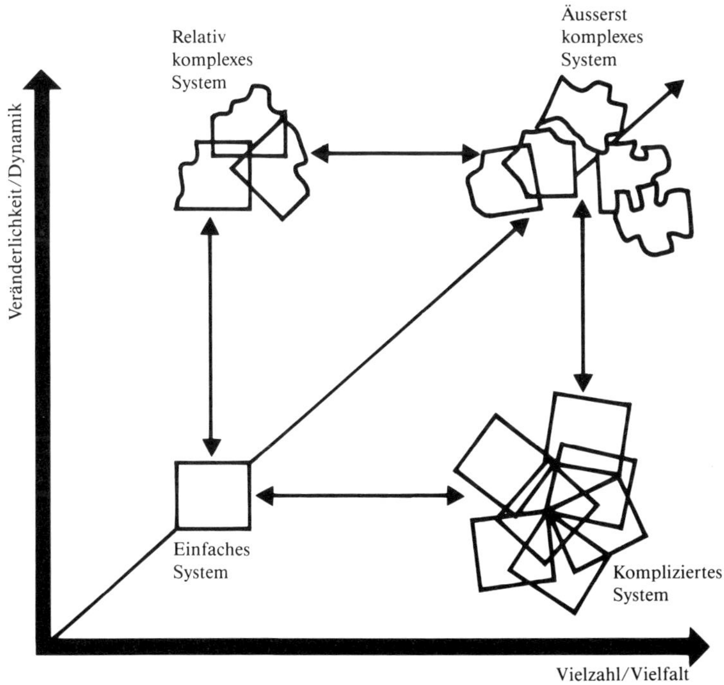

Kompliziertheit ist abhängig von:	=	*Art der Zusammensetzung* Anzahl + Verschiedenheit der *Elemente* Anzahl + Verschiedenheit der *Beziehungen* zwischen den Elementen
Komplexität ist abhängig von:	=	*Veränderlichkeit im Zeitablauf* Vielfalt der *Verhaltensmöglichkeiten* der Elemente Veränderlichkeit der *Wirkungsverläufe* zwischen den Elementen

Abb. 30: Die Zusammenhänge zwischen Kompliziertheit und Komplexität (das Wesentliche der Komplexität, die Dynamik, kann in einem statischen Bild nicht dargestellt werden)

ist, wie wir gesehen haben, eben nicht eine etwas kompliziertere triviale Maschine, sondern qualitativ ein anderes, nicht-triviales System, das sich ganz anders verhält.

Anders ist es, wenn wir ein System selber konstruieren können, also im Bereich der *Technik*. Wir können keine Maschinen brauchen, die sich mal so und mal anders verhalten, sondern sie sollen genau das tun, wofür wir sie geplant haben. Jeder Teil ist auf ein bestimmtes Verhalten hin konstruiert, und auch das Zusammenwirken der Teile erfolgt nach festen, vom Konstrukteur vorgegebenen Regeln. Mit Hilfe von Erkenntnissen der Regelungstheorie oder «Maschinenkybernetik» können wir heute bereits recht komplizierte Maschinen mit einem grösseren, aber immer begrenzten Verhaltensrepertoire bauen, z. B. Roboter, die sich in einem definierten Verhaltensbereich selbst lenken. Trotzdem handelt es sich um - wenn auch raffinierte - triviale Maschinen. Hier hat das Streben nach Vereinfachung, nach Reduktion auf das gedanklich und faktisch Beherrschbare, seine Berechtigung.

Ganz anders ist es bei Systemen, die als wesentliche Teile *Lebewesen* enthalten, also bei Ökosystemen und sozialen Systemen. Hier ist eine Reduktion auf ein triviales System nur durch radikale Reduktion des Verhaltens der einzelnen lebendigen Teile auf einige wenige, vorbestimmte Reaktionsmöglichkeiten erreichbar, wobei aber die wichtigste Eigenschaft des Systems, die Anpassungs- und Entwicklungsfähigkeit, verloren geht. Durch den Versuch, das System vollständig zu beherrschen, sein Verhalten gemäss unseren Plänen genau zu bestimmen, töten wir das System!

Ökologische und soziale Systeme sind also notwendigerweise nicht-triviale, komplexe Systeme. Nur wenn wir diesen Tatbestand anerkennen, können wir lernen, gedanklich und faktisch vernünftig mit ihnen umzugehen. Dies bedeutet in erster Linie, dass wir es aufgeben, genaue Prognosen über den Zustand solcher Systeme in einem zukünftigen Zeitpunkt X machen zu wollen, und dass wir auch die Illusion aufgeben, ein solches System vollständig unter Kontrolle halten zu können. Das heisst, dass wir den Glauben aufgeben, alles sei nach unserem Willen machbar, wenn wir uns nur genug Mühe geben. Wir müssen also lernen, mit Komplexität von Natur und Gesellschaft zu leben.

Diese Bescheidung im Denken und Handeln ist aber nur der Anfang eines vernünftigen Umgehens mit komplexen Systemen. Wenn wir sie auch nicht voll beherrschen können, so können wir sie doch in einer von uns gewünschten Richtung beeinflussen. Wir können durch geeignete Massnahmen nämlich die Komplexität des Systems vergrössern oder verkleinern. Dies hängt damit zusammen, dass komplexe Systeme zwar zahllose Verhaltensmöglichkeiten haben, aber doch nicht einfach regellos funktionieren. Wie wir schon bei der Behandlung der Vernetztheit gesehen haben, weisen vernetzte Systeme Regelungsmechanismen - Regelkreise - auf, die bestimmte Verhaltensmuster wie z. B. Wachstum oder Verharren in einem bestimmten Zustand erzeugen. Wir können nun versuchen, solche Mechanismen, die wir für gut befinden, zu verstärken, und andere ausser Funktion zu setzen. Und wir können zusätzliche Regeln einführen, die das Verhalten des Systems in der von uns bevorzugten Weise einschränken, also eine *Komplexitätsreduktion* bewirken.

Betrachten wir die *Unternehmung* als ein solches komplexes soziales System, so sehen wir, dass zahlreiche Instrumente der Unternehmungsführung nichts anderes

Abb. 31: Regeln im Verkehr reduzieren Verhaltensmöglichkeiten
(hier ein Beispiel einer «Überregelung»)

als solche Regeln darstellen, die das Verhalten der Unternehmung auf gewollte Vorzugszustände hin kanalisieren sollen. Es sind dies z. B. Organisationspläne, die für wichtige Vorgänge ein bestimmtes Beziehungsgefüge festlegen, oder Führungsrichtlinien, die Regeln für den Umgang von Vorgesetzten mit Mitarbeitern enthalten. Der Erlass solcher Regeln wirkt ordnungsbildend und reduziert die ohne diese Regeln bestehende Komplexität (vgl. Abb. 31).

Allerdings: Wenn wir mit solchen bewusst geplanten Regelungen die Komplexität zu sehr reduzieren, beeinträchtigen wir die Lebensfähigkeit des Systems. In einem detaillierten Regelnetz gefangen, kann die Unternehmung sich nicht mehr spontan anderen Umständen anpassen, sie verliert die zum Leben in einer veränderlichen Umwelt notwendige Flexibilität. Diese Überreglementierung ist als Bürokratisierung wohlbekannt: Die Unternehmung schaltet auf stur, indem sie auch unter veränderten Verhältnissen unbeirrt den einmal etablierten Regeln folgt.

Komplexitätsbewältigung bedeutet daher nicht in jedem Fall Komplexitätsreduktion, sondern kann je nach Situation auch *Komplexitätserhöhung* bedeuten. Komplexitätsreduzierende Massnahmen sind richtig, wenn es um die rationelle und sichere Erreichung bekannter Ziele auf bekannten Wegen geht, aber falsch, wenn es darum geht, nach neuen Zielen und Wegen zu suchen. Was uns noch nicht bekannt ist, können wir auch nicht vernünftig regeln! Wenn unsere Unternehmung dringend neue Produkte braucht oder nach neuen, rationelleren Verfahren sucht, wenn sie sich in Zukunft schneller an rasche, konkret nicht voraussehbare Änderungen in ihrer Umwelt anpassen können sollte, dann tun wir gut daran zu untersuchen, ob das bestehende Netzwerk nicht gerade solche Innovationen oder rasche Verhaltensänderungen verhindert, und ob sich durch Abbau von Regelungen, also durch Komplexitätserhöhung, nicht ein grösserer Freiheitsraum des Verhaltens schaffen liesse.

In bezug auf Systeme, die wir beeinflussen können, besteht also ein sinnvolles, zweckgerichtetes Umgehen mit Komplexität in einem Wechselspiel von Komplexitätsreduktion und Komplexitätserhöhung. In dieser Sicht besteht die Kunst der Unternehmungsführung im Beherrschen dieses Wechselspiels, d. h. im Treffen von komplexitätsreduzierenden oder -erhöhenden Massnahmen im richtigen Ausmass und zur richtigen Zeit.

Aber die Unternehmung ist nur ein Beispiel für ein komplexes soziales System. Alle gesellschaftlichen Normen verfolgen den Zweck, eine Ordnung zu schaffen, die das Zusammenleben und -wirken von Menschen ermöglicht. Ohne Verkehrsregeln würde auf den Strassen ein Chaos herrschen, der Verkehr zusammenbrechen. Aber gerade dieses Beispiel zeigt auch: Ist die Regelungsdichte zu gross, so bricht der Verkehr ebenfalls zusammen, da sie die spontane Anpassung des einzelnen Verkehrsteilnehmers an eine konkrete, gar nicht voraussehbare Situation verhindert. Und wie steht es mit den ökologischen Systemen? Heute weiss nachgerade je-

Abb. 32: Eingriffe in die Natur verändern die Regeln

dermann, dass wir mit unserem Handeln laufend in die hochkomplexen Systeme der Natur eingreifen, ohne die Folgen unseres Tuns voll zu beherrschen. Dies ist deshalb so, weil wir mit unserem Handeln das Netzwerk und die Regelungsmechanismen der Natur verändern, ohne diese zu kennen oder zur Kenntnis zu nehmen. Insbesondere zerstören wir – meist ungewollt – negative Regelkreise, die die Natur in einem Fliessgleichgewicht halten. Wir verstehen es nicht, mit der Komplexität der Natur umzugehen, weil wir kurzsichtig in einfachen Kausalketten und nicht systemisch denken (vgl. Abb. 32).

Das Beispiel des Ökosystems zeigt aber auch etwas weiteres: Um sinnvoll komplexitätsreduzierend oder -erhöhend auf Systeme einwirken zu können, brauchen wir das System gar nicht in allen Einzelheiten zu kennen. Was wir aber wissen müssen, ist die grundlegende Ordnung und Funktionsweise des Systems, sind die Regeln, denen das System in seinem Verhalten folgt. Voraussetzung für ein sinnvolles Umgehen mit Komplexität ist also, dass wir die Frage beantworten können: Welches ist die Ordnung des Systems, in das wir handelnd eingreifen wollen? Welchen Regeln folgt das Systemverhalten? Welche Regelmechanismen bestehen?

Merksätze:

Komplexität ist die Fähigkeit eines Systems, in kurzen Zeiträumen eine grosse Zahl von verschiedenen Zuständen annehmen zu können.

Maschinen sind nichtkomplexe, «triviale» Systeme, deren Verhalten vorausbestimmt und voraussagbar ist.

Ökologische und soziale Systeme sind komplexe, «nicht-triviale» Systeme, deren konkretes Verhalten zu bestimmten Zeitpunkten nicht voraussagbar ist.

Komplexe Systeme weisen Regelungsmechanismen auf, welche erkennbare Verhaltensmuster des Systems ergeben.

Lebensfähigkeit eines Systems in einer dynamischen Umwelt setzt Komplexität voraus.

Die Beeinflussung komplexer Systeme erfolgt durch Änderung der Regeln zur Erzeugung gewollter Verhaltensmuster.

Die Kenntnis der Regelungsmechanismen ist Voraussetzung für ein rationales Beeinflussen des Systemverhaltens.

Komplexitätsbewältigung umfasst Massnahmen sowohl der Komplexitätsreduktion wie auch der Komplexitätserhöhung.

Literaturauswahl zu Komplexität

Ashby, W. R., Einführung in die Kybernetik, Suhrkamp, Frankfurt 1974
Beer, S., Designing Freedom, J. Wiley, London 1974
Beer, S., Decision and Control, Wiley, London 1966
von Hayek, F. A., Die Theorie komplexer Phänomene, Mohr, Tübingen 1972
Luhmann, N., Soziale Systeme – Grundriss einer allgemeinen Theorie, Suhrkamp, Frankfurt 1984
Malik, F., Strategie des Managements komplexer Systeme, Haupt, Bern 1984
Probst, G. J. B., Kybernetische Gesetzeshypothesen als Basis für Gestaltungs- und Lenkungsregeln im Management, Haupt, Bern 1981

Baustein 5: Ordnung

Was ist Ordnung?

Systeme haben wir als komplex bezeichnet, wenn sie viele verschiedene Zustände annehmen können und auf einen bestimmten Input oder eine Veränderung nicht immer derselbe Output oder dieselbe Wirkung erwartet werden kann. Dies hängt eng mit der starken Vernetzung solcher Systeme zusammen, denn die Veränderung in einem Teil oder einer Beziehung führt zu Veränderungen in vielen andern Teilen und Beziehungen. Ganz bestimmte Zustände sind also nicht voraussagbar. Trotzdem sind wir meist nicht vollkommen hilflos. Die Welt der Systeme ist nicht einfach von einer monströsen Komplexität.

Dies hängt damit zusammen, dass nicht alles mit allem verbunden ist, sondern «nur» vieles mit vielem. Es fehlen gewisse Beziehungen im Netzwerk, einige wirken besonders stark und haben eine höhere Bedeutung, von vielen wissen wir, dass sie sehr schnell oder sehr langsam wirken usw. Im System bestehen Regeln oder besser: es bilden sich Regeln aus dem Zusammenspiel von Struktur und Verhalten heraus, die uns eine Regelmässigkeit, ein *Muster,* erkennen lassen. Wir nehmen Ordnungsmuster wahr, die die Verhaltensmöglichkeiten des Systems begrenzen, bestimmte Verhaltensweisen wahrscheinlicher machen und «verständlicher» erscheinen lassen.

Ordnung ist etwas, das uns täglich begegnet, genauso wie Un-ordnung: im Kinderzimmer, auf dem Schreibtisch, im betrieblichen Alltag, im Warenhaus, auf dem Spielfeld usw. Wir empfinden oder nehmen Ordnung wahr. Ich kann also etwas als Unordnung *wahrnehmen,* was ein anderer Mensch – ein Kind zum Beispiel – als

Abb. 33: Wo ist die Ordnung? Im Kinderzimmer? Bei den herumliegenden Bauklötzen?

Ordnung empfindet (vgl. Abb. 33). Ich meine auf meinem Schreibtisch alles in kurzer Zeit in den unzähligen Papierstössen zu finden, auch wenn dies Aussenstehende als einen unordentlichen Schreibtisch empfinden. Ordnung enthält also selbst verschiedene Interpretationsmöglichkeiten.

Bleiben wir im Kinderzimmer. Die über die ganze Fläche verteilten Bauklötze erscheinen uns vermutlich als Unordnung. Schichtet das Kind die Bauklötze aufeinander und baut einen Turm, so erkennen wir plötzlich Ordnung. Dasselbe gilt, wenn das Kind alle gleichfarbigen Klötze aneinanderreiht oder Figuren formt. Die meisten Beobachter können darin ein Ordnungsmuster erkennen. Die «willkürlich» herumliegenden Bauklötze werden zueinander in Beziehung gebracht und formen ein *Muster*. Es werden Regeln entdeckt. Die Regelhaftigkeit erlaubt dem Beobachter, Fehlendes in einem Muster zu erkennen oder es zu ergänzen (durch das Hinzufügen eines realen Bausteins oder auch durch gedankliches «Erweitern») (vgl. Abb. 34). Er kann Fehlerhaftes entdecken, korrigierend eingreifen, Teile anders zusammenfügen usw. Muster bedeutet also nicht eine strenge Reihenfolge oder Anordnung im Sinne einer gleichartigen Gruppierung von Farben, Grössen usw., sondern die Teile stehen zueinander in irgendeiner bestimmbaren Beziehung. Aber ein solches Muster, das wir als Ordnung wahrnehmen, ist nicht nur etwas Statisches. Vergessen wir einmal die Bauklötze. Wenn wir in der Natur einen

Abb. 34: Ordnungsmuster entstehen durch Zusammenfügen. Es entstehen Beziehungen

Abb. 35: Ordnungsmuster verschiedener Art

Baum über längere Zeit beobachten, so verändert er sich ständig: neue Blätter kommen dazu, Knospen treiben, Blüten gehen auf, Früchte reifen, Blätter fallen, usw. Trotzdem erscheint uns dieses ständige Sichverändern auch als Ordnungsmuster. Wir können die Teile oder einzelne Prozesse zueinander in Beziehung setzen. Wir erkennen ein Muster im Jahreszeitenzyklus und in den Veränderungen am Baum. Der Veränderungszeitpunkt ist zwar nicht genau vorausbestimmbar, aber nicht ganz zufällig.

Ordnungsmuster können verschiedener Art sein. Wir sehen, dass jeder Baum Wurzeln, Stamm, Äste hat; wir erkennen, dass die Form grundsätzlich ähnlich ist; wir stellen fest, dass gewisse Stadien zyklisch wiederkehren usw. (vgl. Abb. 35).

Ordnung ist also nicht nur Struktur. Sicher ist dies *eine* Form eines Ordnungsmusters. Der strukturelle Aufbau eines Systems, das Netzwerk, das wir aufgezeichnet haben, erscheint uns als *eine* Ordnung. In Organigrammen, Funktionendiagrammen, Stellenbeschreibungen, Bauplänen, Ablaufdiagrammen, Entscheidungsbäumen, Vorschriften usw. halten wir jeweils ein strukturelles Ordnungsmuster fest. Diese Strukturen sind wesentlich und führen zur Wahrnehmung von Ordnungsmustern, je mehr Sinn sie für uns machen. Wir können damit etwas einordnen.

Komplexe Systeme weisen jedoch Ordnung auf, wenn wir aus dem Zusammenspiel von Struktur und Verhalten ein Muster erfahren können. Strukturen erlauben oder verhindern Verhalten, und Verhalten führt wiederum zu Strukturen, oder besser zur Bewahrung oder Entwicklung von Strukturen. Durch ein Ordnungsmuster wird *Freiheit* eingeschränkt. Mit der Regel, dass jedem roten Bauklotz ein blauer folgen muss und umgekehrt, schränken wir die Möglichkeiten der zulässigen Anordnung enorm ein. Aber jedes Handeln bestimmt auch wieder die Struktur. Je nachdem wo wir einen Bauklotz anfügen, entsteht ein neues, andersartiges Muster. So wird auch wieder die Struktur geprägt, eingeschränkt oder es werden neue Möglichkeiten geschaffen (vgl. Abb. 36).

Wenn wir an menschliche soziale Institutionen denken, so wird der Zusammenhang zwischen Regeln, Struktur, Verhalten und Ordnung noch eindrücklicher. Wir nehmen Ordnung im sozialen System wahr, weil Regeln das Verhalten der Menschen auf eine besondere Art bestimmen. Dabei müssen diese Regeln den Individuen als solche nicht bewusst sein. Sie werden letztlich einfach befolgt, bzw. aus dem System heraus selbst generiert und akzeptiert. Häufig sprechen wir von einer Unternehmungskultur, einem Gruppenverständnis oder einem Stil des Hauses und können doch die konkreten Regeln kaum niederschreiben. Die meisten Leute kennen keine Sprachregeln, jedoch befolgen sie (unbewusst) Regeln, die dazu führen, dass im entstehenden Sprachmuster nur selten Fehler gemacht werden.

Ebensowenig bedeuten die das Verhalten bestimmenden Regeln, dass eindeutig Verhaltensschritte vorgeschrieben, detaillierte Handlungen, Massnahmen usw. vorgegeben werden. Meist sind die Regeln negativer Art, indem Verhaltensmöglichkeiten ausgeschlossen werden. Sie sind häufig auch sehr allgemeiner Art, ohne dass sie das angestrebte Ziel definieren. Trotzdem werden damit Struktur und Verhalten kanalisiert und damit, wenn auch nicht eindeutig voraussagbar, so doch als Muster erkennbar. Es entstehen Verhaltensräume, Handlungsbereiche, Entwicklungspfade. So wird potentielle Komplexität eingeschränkt. Wir können uns trotz vieler möglicher Verhaltensweisen *orientieren.*

Abb. 36: Im Ordnungsmuster kann Fehlendes entdeckt und ergänzt werden

Unser Ordnungsbegriff hat gezeigt, dass es hier nicht nur um Strukturen in einem statischen Sinne geht, sondern ebenso um die Verhaltensprozesse. Es ist das Zusammenspiel von Struktur und Verhalten, das die Ordnungsmuster komplexer Systeme auszeichnet.

Gleichzeitig hat dieser Abschnitt auf eine andere Besonderheit hingewiesen. Natürlich sind es bei Ordnungsmustern häufig materielle Dinge, die zueinander in Beziehung stehen und sich durch Regelmässigkeit auszeichnen. Aber diese werden von einem Betrachter wahr-genommen und müssen sinnvoll eingeordnet werden können. Es sind also auch geistige Muster vorhanden, die mit der materiellen Ebene einhergehen müssen. Die geistig-sinnhaften Muster unterstützen und legitimieren gewissermassen die Muster einer materiellen Ebene. Beide Ebenen hängen auf kaum zu trennende Art und Weise zusammen. Sie bedingen sich gegenseitig. Zusammenfassend lässt sich dies folgendermassen darstellen (vgl. Abb. 37):

Ebenen	materiell (substantiell)	geistig (sinngebend)	Zusammenspiel der materiellen und geistigen Ebenen
Struktur			
Verhalten			
Zusammenspiel von Struktur und Verhalten			

Abb. 37: Struktur und Verhalten als Grundlage von Ordnung in der Unternehmung

Wie entsteht Ordnung?

Die uns besonders interessierenden sozialen Systeme sind meist auf einem hohen Ordnungsniveau und halten dieses aufrecht oder «verbessern» es sogar. Diese Ordnung wird aber kaum je von aussen in ein System eingeführt. Vielmehr ist sie das Resultat der interaktiven Verhaltensweisen und der Strukturen der Teile eines relativ geschlossenen Netzwerkes. Ordnung entsteht aus dem System selbst heraus, sie wird ihm nicht einfach gegeben. Nun denkt man, auch wenn man von einer solchen systeminternen «Produktion» von Ordnung ausgeht, zuerst einmal an Organisatoren oder einzelne Führungskräfte als «Produzenten». Aber so einfach und unsystemisch ist es nicht. Es handelt sich auch hier nicht um eine lineare Kausalkette, die letztlich auf *eine* Abteilung oder *einen* Organisator zurückgeführt werden kann, auch wenn dies wünschenswert erscheinen mag und zumindest vom individuellen Standpunkt aus vieles erleichtern würde.

Ein und dieselbe Ordnung kann auf sehr verschiedene Arten oder aus verschiedenen Ausgangslagen heraus zustande kommen. Genauso können aber auch aus derselben Konstellation heraus sehr verschiedene Ordnungsmuster entstehen (vgl. Abb. 38). Nehmen wir als Beispiel wieder einmal das Fussballspiel. Aus ganz verschiedenen Ausgangslagen heraus kann eine Lücke in der Abwehr entstehen und vom Gegner für einen Torschuss genutzt werden. Und ebenso verständlich ist, dass aus jedem Eckball ganz verschiedene Ordnungsmuster entstehen können. Ordnungsmuster, wie wir sie bei guten Mannschaften im Spiel immer wieder erkennen

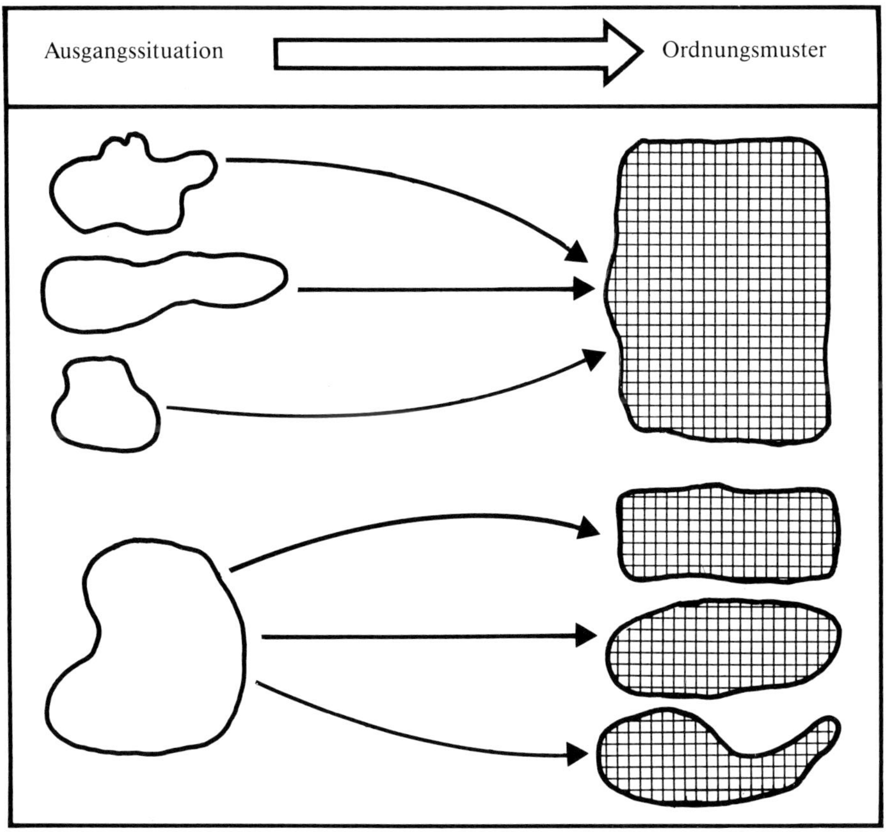

Abb. 38: Dasselbe Ergebnis kann aus verschiedenen Ausgangslagen «erzielt» werden – aus einer Ausgangslage aber können auch verschiedene Ergebnisse entstehen

Abb. 39: Die Entstehung von Ordnungsmustern auf dem Spielfeld

können, sind nicht auf einen Organisator rückführbar. Sicher nicht auf den Trainer, der zwar vom Rand des Spielfeldes aus Einfluss zu nehmen versucht, der jedoch nicht einfach Spielkonstellationen oder Ordnungsmuster diktieren kann. Aber auch der Mannschaftskapitän oder ein Spielmacher sind nicht *die* Ursache für Ordnungsmuster. Vielmehr entstehen Muster aus dem von allen Spielern ausgeübten Zusammenspiel, dem Verhalten des Gegners, der Balldynamik, den Spielregeln, eingeübten Abläufen und vielen andern Faktoren der Situation wie Publikumsstimmung und -verhalten, Spielerpositionen, Spielerverfassung, Windverhältnissen, usw. (vgl. Abb. 39).

Dasselbe Phänomen lässt sich täglich in sozialen Systemen an unzähligen Beispielen demonstrieren. Trotzdem tun wir meist so, als ob Ordnung das Resultat eines absichtsgeleiteten Handelns eines Organisators oder einer Führungskraft sei! Dies obwohl wir wissen, dass die Resultate in solchen dynamischen, vernetzten Systemen kaum je mit der ursprünglichen Absicht deckungsgleich sind. Natürlich ist jedes bewusste Organisieren oder Gestalten ein Prozess in sozialen Systemen, der zur Ordnungsbildung und -veränderung beiträgt. Aber eine Ordnung ist nicht einfach «nichts anderes als die Gestaltung durch . . .»! Zweckgerichtete Systeme wie Unternehmungen, Spitäler usw. haben die Fähigkeit, willentlich zu handeln und zu wählen (oder auch nicht zu handeln oder zu wählen). Jede Gestaltungsmassnahme beeinflusst das System, jedoch im Rahmen einer Vielzahl von Interaktionen, Rückwirkungen, Entscheidungen usw. Jedes Systemmitglied trägt gestaltend und lenkend zur Ordnung bei. Damit entsteht im System eine gewisse Redundanz, denn Ordnung wird zum Resultat vieler Handlungen und Interaktionen aller Teile.

Gehen wir vom einzelnen Individuum aus, so verfügt dieses in seiner Autonomie über ein immenses Verhaltensrepertoire. Wenn wir nun viele Individuen zusammenbringen, so steigen die möglichen Verhaltensweisen theoretisch ins Unendliche. Aber dem ist praktisch nicht so. Das Zusammensein unterliegt der Notwendigkeit und der Existenz von Regeln, bewusster oder unbewusster Art.

Die ein soziales System als Ganzes bestimmenden Regeln können sehr verschieden sein:

a) Sie können bewusst formuliert, schriftlich festgehalten und formal in Kraft gesetzt sein (z. B. Gesetze, unternehmungspolitische Grundsätze, Organisationsvorschriften usw.)

b) Sie können sprachlich umschrieben werden, jedoch sind sie nicht formal in Kraft gesetzt oder bewusst entworfen worden. Meist handelt es sich um historisch «gewachsene» Gewohnheitsregeln, Sitten und Gebräuche usw.

c) Sie können sprachlich kaum umschrieben werden, obwohl sie intuitiv befolgt werden. Man hat im Gefühl, dass etwas nicht so gemacht wird usw.

Die Regeln in sozialen Systemen bestimmen keine Verhaltensweisen im Detail. Sie kanalisieren, leiten in bestimmte Bahnen, «leiten im Prinzip».

Aufgrund des Bestehens solcher Regeln sind nicht mehr beliebige Verhaltensweisen möglich. Die einzelnen Mitglieder und Gruppen folgen Regeln, sie schaffen neue Formen, versuchen selbst dahin zu gelangen, dass ein bestimmtes Verhalten der «Mitglieder» *erwartet* werden kann usw. Damit entsteht aus dem Ganzen heraus ein Ordnungsmuster, und Ordnung ist wieder ein wesentliches Charakteristikum für das Ganze.

Was bewirkt Ordnung?

Wir haben gesehen, dass uns ein System als komplex erscheint, wenn wir es in seinen Verhaltensmöglichkeiten nicht mehr richtig im Griff haben. Wir verstehen das Verhalten nicht mehr ganz und wir können die Verhaltensweisen und Ergebnisse nicht sicher voraussagen. Wenn nun aber alle Systeme oder Teilsysteme alle *potentiellen* Verhaltensmöglichkeiten «ausspielen» würden, dann würden wir uns in der

Welt gar nicht mehr zurechtfinden. Dem ist nicht so. Die *effektiven* Verhaltensweisen sind bedeutend geringer, so dass wir unsere Umwelt meist doch bewältigen können. Wir finden uns zurecht, können das Geschehen einordnen und von wahrscheinlichen Zuständen und Prozessen ausgehen. So kann man üblicherweise erwarten, dass ein Vorgesetzter keine Ohrfeigen austeilt, wenn etwas schief läuft, auch wenn er potentiell diese Verhaltensmöglichkeit hätte. «Die Regeln» verhindern dies. Wir wissen auch, dass mit grosser Wahrscheinlichkeit ein guter Geschäftsabschluss mit Befriedigung aufgenommen wird und vermutlich zu einer Belohnung führt. Wir können das Geschehen also ein-ordnen. Es «passt» meist in ein erwartetes Muster. Damit können wir auch hoffen, die Umwelt bewältigen zu können. Das heisst nicht, dass wir sie beherrschen, aber doch, dass wir *Verständnis* erreichen und eventuell *Einfluss nehmen* oder *Vorsorge* treffen können. *Ordnung bewältigt Komplexität.* Es ist daher eine wesentliche Aufgabe in sozialen Systemen, gestaltend Ordnung zu schaffen und lenkend Ordnung aufrecht zu erhalten. Dies geschieht einerseits auf der materiellen Ebene durch das Entwerfen, Evaluieren und Implementieren von Organisationsmitteln wie Organigrammen, Stellenbeschreibungen, Vorschriften usw. Ordnung ist jedoch komplementär auch auf der symbolischen oder geistig-sinnhaften Ebene gestaltend und lenkend zu schaffen und «unter Kontrolle zu halten». Die Instrumente, die Ziele, das Geschehen, die Massnahmen, die Einstellungen usw. müssen sinn-voll eingeordnet werden können. Nur dann gewinnen sie optimale Wirkung und führen zu einer Eigendynamik, Unterstützung und Verstärkung, die für das Funktionieren und das Verstehen sozialer Systeme notwendig sind.

Ordnungsmuster

- koordinieren und führen zu einem kohärenten Ganzen
- bestimmen zulässige Spielräume und Handlungsfelder
- erlauben eine Orientierung, ein Sich-zurechtfinden
- ermöglichen «Mustervorhersagen».

Ordnungsmuster, die wir wahrnehmen, übertragen *Information.* Es ist der *Unterschied* zwischen Unordnung und einem Muster, der für uns eine Information darstellt. Und wo kein Ordnungsmuster ist, da ist auch keine Information.

Von einem Ordnungsmuster gehen ganz bestimmte, für dieses Muster *charakteristische Wirkungen* aus. Aufgrund eines Musters können wir überhaupt Schlüsse ziehen (was nicht mit Prognosen zu verwechseln ist). Die Bildung von Ordnungsmustern ist aber auch das Grundphänomen für *Evolution und Entwicklung.* Wir gehen von bestehenden Mustern (Erwartungen, Organisationsformen usw.) aus, wenn wir von Veränderung oder «Verbesserung» sprechen.

Merksätze:

Ordnung bedeutet, dass Ganzheiten ein erkennbares Muster aufweisen.

Muster können wahrgenommen und interpretiert, aber auch entworfen werden.

Ordnung manifestiert sich in statischer Sicht durch eine bestimmte Art der Verknüpfung der Teile zu einem Netzwerk oder durch die Struktur, in dynamischer Sicht durch ein bestimmtes Verhaltensmuster des Ganzen.

Strukturen und Verhaltensmuster dynamischer Ganzheiten sind nicht unabhängig voneinander, sondern stehen zueinander in Wechselwirkung.

Ordnung entsteht durch Regeln, welche die Freiheit des Verhaltens der Teile und des Ganzen beschränken.

Ordnung besteht nicht nur auf materieller, sondern auch auf geistiger Ebene.

Ordnung ermöglicht es dem Menschen, sich zurechtzufinden, Fehlendes zu ergänzen und das Einzelne im Kontext eines Ganzen zu verstehen.

Literaturauswahl zur Ordnung

Bateson, G., Ökologie des Geistes, Suhrkamp, Frankfurt 1981

Bresch, C., Zwischenstufe Leben - Evolution ohne Zeit, Piper, München 1978

Eigen, M., Winkler, R., Das Spiel - Naturgesetze steuern den Zufall, Piper, München 1975

v. Hayek, F. A., Recht, Gesetzgebung und Freiheit: Regeln und Ordnung, Moderne Industrie, München 1980

v. Hayek, F. A., Freiburger Studien, Mohr, Tübingen 1969

Luhmann, N., Soziale Systeme - Grundriss einer allgemeinen Theorie, Suhrkamp, Frankfurt 1984

Probst, G. J. B., Selbst-Organisation, Ordnungsprozesse in sozialen Systemen aus ganzheitlicher Sicht, Parey, Berlin 1987

Riedl, R., Biologie der Erkenntnis, Parey, Berlin 1980

Sprüngli, R., Evolution und Management, Haupt, Bern 1981

Ulrich, H., Probst, G. J. B. (Hrsg.), Self-Organization and management of social systems, Springer, Heidelberg 1984

Abb. 40: Steuerung (informationelle Anweisung) als *ein* Teil der Lenkung

a) die Feststellung, ob die Steueranweisungen zur entsprechenden Veränderung geführt haben und/oder Abweichungen festgestellt wurden.

b) die Rückmeldung des festgestellten Ergebnisses an eine Steuerungsstelle.

c) die Anweisung an die Steuerungsstelle für weitere Steuerungsmassnahmen.

Das Auto wird aber nicht nur über das Steuerrad gesteuert und geregelt. Steuerung und Regelung finden ebenso über die Zündung, das Gaspedal, die Bremsen usw. statt. Viele Regelungsmechanismen sind im Motor eingebaut, so dass sich dieser ohne Zutun des Fahrers *selbst regelt.* Vieles kann oder soll vom Menschen nicht gesteuert werden, weil er sonst überfordert wäre, weil wir die notwendigen Informationen nicht erhalten oder verarbeiten können usw. So wird versucht, mehr und mehr *Selbstregelung* in das System einzubauen, z. B. durch das Vergasersystem, die Schaltautomatik usw. Ein Mechanismus erfüllt die Aufgabe, die Drehzahl eines Motors zu regeln, ein anderer sorgt beim Mischvorgang für das Einhalten der richtigen Mischung, Stossdämpfer verhindern das Aufschlagen der Karrosserie auf Unebenheiten usw. Immer mehr solche Regelungsmechanismen werden bewusst in das Auto eingebaut, um den Menschen als Lenker zu entlasten. Insgesamt haben wir ein Mensch-Maschinen-System vor uns, das sowohl durch Steuerung als durch Regelung gelenkt wird (vgl. Abb. 41).

Steuerung und Regelung sind also zwei verschiedenartige Vorgänge zum selben Zweck. Auf den ersten Blick scheint es viel besser zu sein, Prozesse, die man unter Kontrolle halten will, direkt und vorausblickend zu steuern; scheinbar haben wir dann die Sache selbst «im Griff». Die Frage ist aber, unter welchen Voraussetzungen das Steuern tatsächlich zum Erfolg führt.

Erinnern wir uns daran, dass Ganzheiten offen sind und in Wechselwirkung zu ihrer Umwelt stehen. Aus der Umwelt wirken Einflüsse auf die Vorgänge im System ein, die wir als *Störungen* empfinden. Umweltfaktoren wirken also gewissermassen an der Lenkung der systeminternen Prozesse mit, nur dass sie eben nicht unbedingt in der von uns gewollten Richtung wirken. Damit wir die Vorgänge erfolgreich steuern können, müssen wir diese also entweder von solchen Störungen abschliessen können, oder aber wir müssen jede Störung zum Voraus erkennen, bevor sie wirksam wird, und erst noch wissen, wie wir ihr begegnen können. Dasselbe gilt auch in bezug auf Störungen im System selbst, im Ablauf der Prozesse: Entweder müssen wir ein völlig sicheres System haben, das immer störungsfrei funktioniert, oder wir müssen eine Störung erkennen, bevor sie überhaupt eintritt. In beiden Fällen sind diese Voraussetzungen meist nicht gegeben. Wir stossen hier wiederum auf die Grenzen des Wissenkönnens: Wir können nicht all das rechtzeitig wissen, was wir zu einer vollkommenen Steuerung wissen müssten.

Der geniale Trick der Regelung besteht darin, dass sie diese nicht einzuhaltenden Voraussetzungen aufgibt und das Eintreten von Störwirkungen zulässt, aber sie so rasch als möglich korrigiert. Regelungsmechanismen verhindern das Eintreten von

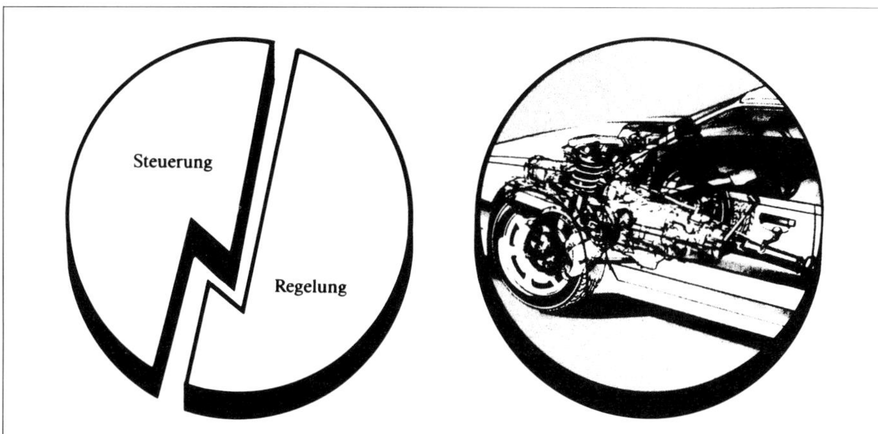

Abb. 41: Lenkung = Steuerung *und* Regelung

Störungen nicht, aber sie minimieren ihre Wirkungen. Ein einfaches und alltägliches Beispiel dafür ist das Heizungssystem eines modernen Hauses: Wir können nicht alle auf die Raumtemperatur einwirkenden Veränderungen in der Umwelt wie z. B. das plötzliche Steigen oder Fallen der Aussentemperatur rechtzeitig erfassen, um die Heizung so zu steuern, dass die Raumtemperatur wirklich konstant bleibt. Also verzichten wir darauf und überlassen das Lenken der Heizung einem Regelmechanismus, der zwar die Zukunft auch nicht vorauswissen kann, der aber auf Temperaturänderungen rasch reagiert. Der Mechanismus verhindert also die nicht gewollte Veränderung der Raumtemperatur nicht, aber er hält sie in Grenzen. Vorausgesetzt wird hier nur, dass wir solche Abweichungen innerhalb einer bestimmten Toleranzgrenze akzeptieren. Sofern wir diese Toleranz aufbringen – und oft bleibt uns gar keine andere Wahl – haben wir also den grossen Vorteil, dass die Regelung viel weniger «wissen» muss, um das System unter Kontrolle zu halten, als dies bei der Steuerung der Fall ist.

Wir sehen aber auch, dass sowohl Steuerung wie Regelung – also Lenkung überhaupt – immer ein Vorgang der Erfassung, Verarbeitung und Weitergabe von *Information* bedeutet. Im Falle des Steuerns geht es um die rechtzeitige Aufnahme von Informationen über möglicherweise eintretende Störungen, ihre Verarbeitung zu «Steuerbefehlen» und ihre Weiterleitung an ausführende Elemente. Beim Regeln handelt es sich darum, Informationen über eine bereits eingetretene *Abweichung* vom gewollten Zustand oder Verlauf zu erfassen, sie zu Massnahmen, die ihr entgegenwirken, zu verarbeiten und diese als Information an ausführende Elemente zu übermitteln (vgl. Abb. 42). Ein grosser Vorteil der Regelung gegenüber der Steuerung wird hier sichtbar: Wir brauchen keine Informationen über Störfaktoren in der Umwelt, sondern nur solche über den jeweiligen Zustand des Systems selbst. Insbesondere ist es nicht notwendig, die jeweilige Ursache einer Abweichung zu kennen, um das System unter Kontrolle zu halten.

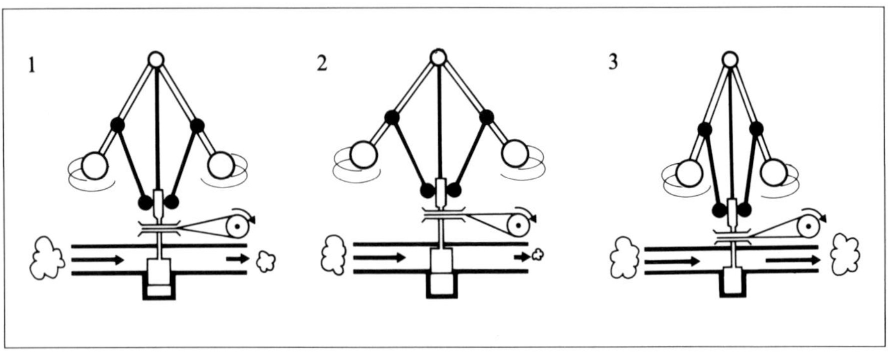

Abb. 42: Das Regelungsprinzip am Beispiel des Reglers von James Watt

Wenn wir den Vorgang der Regelung noch etwas näher betrachten, sehen wir, dass er auf dem *Prinzip der Rückkoppelung* beruht. Eine sehr einfache Rückkoppelung liegt in der sich selbst regelnden Dampfmaschine vor, wie sie James Watt schon im 18. Jahrhundert verwirklicht hat: Übersteigt der erzeugte Output die gewollte Grösse, so beginnt sich mit Hilfe eines sogenannten Fliehkraftreglers das Inputventil zu schliessen und vermindert damit den Output; unterschreitet dieser die gewollte Grösse, so bewirkt dies eine Öffnung des Einlassventils, worauf der Output wieder ansteigt, und so fort. Der tatsächliche Output schwankt, ohne menschliches Eingreifen, um den gewollten Sollwert herum. Der Output wirkt gegenläufig auf den Input ein; wir haben wie ersichtlich einen *negativen Regelkreis,* der wie wir früher gesehen haben stabilisierend wirkt, d. h. den Veränderungen in einem Durchlauf im nächsten entgegenwirkt. Die moderne Technik macht in immer weitergehender Weise vom Prinzip der Lenkung mit Hilfe von Regelkreisen Gebrauch in der Konstruktion von Automaten, d. h. von Maschinen, die selbsttätig eine Vielzahl von Operationen ausführen. Natürlich handelt es sich dabei nicht mehr um einfache Input-Output-Verbindungen des ganzen Systems wie bei der Dampfmaschine von Watt, sondern um viel kompliziertere Verknüpfungen zahlreicher solcher Rückkoppelungsschleifen. Ein bekanntes Beispiel für einen solchen Automaten ist der sogenannte Autopilot im Flugzeug, der selbsttätig jede Abweichung von der vorgesehenen Flugbahn korrigiert. Gerade die technischen Beispiele zeigen sehr deutlich, dass es sich bei Steuerung und Regelung um informationelle Prozesse handelt, sind doch solche Automaten nur mit Hilfe einer sehr leistungsfähigen elektronischen Datenverarbeitungs- und Kommunikationstechnik realisierbar.

Dieses Prinzip der Lenkung mit Hilfe von Rückkoppelung ist aber in der *Natur* seit jeher in hohem Masse verwirklicht. Einmal mehr können wir im Nachhinein feststellen, dass die Technik auch in ihrer modernsten Ausprägung Prinzipien anwendet und Vorgänge kunstvoll nachbildet, die natürliche Systeme in einer bestimmten Weise funktionieren lassen. Die Natur regelt sich weitgehend selbst. Über Rückkoppelungskreise wird im Menschen die Bluttemperatur konstant gehalten, die Führung der Hand geregelt, über die Pupillenöffnung der Lichteinfall kontrolliert, der Blutzuckerspiegel stabil gehalten, usw. (vgl. Abb. 43). Steigt beispielsweise die Aussentemperatur über den Normalwert an, so bewirken Temperaturfühler im Körper, dass die Verbrennung verringert und so weniger Wärme erzeugt wird. Gleichzeitig wird die Schweissabsonderung angekurbelt, wodurch der Körper abgekühlt wird. Damit haben wir natürlich nicht mehr einen einzigen Rückkoppelungsvorgang vor uns, sondern ein *vernetztes System von Rückkoppelungskreisen,* die einen Gleichgewichtszustand aufrechterhalten. Noch viel komplexer als einzelne Lebewesen sind ganze Ökosysteme, die sich selbst in einem dynamischen Gleichgewicht halten. Bei all diesen natürlichen, lebensfähigen Systemen können wir auch feststellen, dass die Lenkung nicht durch einen einzigen

Abb. 43: Regelungsmechanismen im Menschen sind Grundlage der Stabilisierung

Rückkoppelungsvorgang erfolgt, sondern auf viel kompliziertere Weise durch ein ganzes vernetztes System von Regelkreisen.

Wenn wir, ausgehend von technischen und natürlichen Beispielen, unsere kulturelle Welt betrachten, so können wir auch in *sozialen Systemen* unzählige solche Rückkoppelungen feststellen, die teils bewusst von Menschen geschaffen, teils «von selbst» entstanden sind. So ist die *Marktwirtschaft* deshalb in bezug auf die Produktion materieller Güter so erfolgreich, weil sie ein hochkomplexes System ist, das sich aufgrund einfacher «Spielregeln» selbst regelt. Jeder Versuch, diese Selbstregelung von Produktion und Konsumation über den Preis durch eine bewusste, planmässige Steuerung durch ein übergeordnetes Steuerorgan zu ersetzen, hat nur zu geringerer wirtschaftlicher Leistung geführt, und dies aus einem einfachen Grund: Kein Steuerorgan der Welt kann eben zur richtigen Zeit all das wissen, was zur planmässigen Steuerung der Wirtschaft unter Vermeidung zahlloser möglicher Störungen nötig wäre. Trotz der Überlegenheit einer sich selbst regelnden gegenüber einer planmässig gesteuerten Wirtschaft sind wir aber mit einer «reinen» Marktwirtschaft nicht recht glücklich, so dass sie praktisch nirgends existiert. Die Entwicklung zur «sozialen Marktwirtschaft» ist nicht erfolgt, um die Produktivität zu steigern, sondern um *andere Werte* zu verwirklichen, die vom Regelmechanismus nicht berücksichtigt werden, weil sie nicht als prinzipielle Regeln gewissermassen in das System eingebaut sind. Dasselbe gilt heute in bezug auf ökologische Werte, die – wie wir alle wissen – von der Marktwirtschaft bisher in gravierender Weise nicht berücksichtigt worden sind. Dieses Beispiel zeigt uns, dass alle aus Menschen bestehenden Systeme eine zusätzliche, werthafte Dimension aufweisen, die individuelle und kollektive humane Werthaltungen produziert, die wir in Form von Gestaltungs- und Lenkungsprinzipien in unsere gesellschaftlichen Systeme einbauen. Dies kann dazu führen, dass wir bewusst Mechanismen der Selbstregelung verändern, damit sie andere oder zusätzliche Werte berücksichtigen, oder aber dass z. B. staatliche Instanzen steuernd in solche Systeme eingreifen. In dieser Sicht kann die fortlaufende Rechtssetzung als Bestreben interpretiert werden, gesellschaftliche Prozesse nach veränderten Werthaltungen ablaufen zu lassen.

Auch in den zahllosen zweckgerichteten gesellschaftlichen Institutionen wie z. B. den *Unternehmungen* bestehen zahlreiche Rückkoppelungen und Regelungsprozesse, obwohl meistens die bewusst geplanten und in Vorschriften verankerten Organisationsstrukturen und Abläufe der Führungsprozesse nach klassischen Vorstellungen als lineare Steuerketten «von oben nach unten» gestaltet sind. Tatsächlich aber bestehen im Unternehmen auch zahlreiche kreisförmig geschlossene Wirkungsverläufe, die gewissermassen «mitlenken». Dahinter steckt die bekannte Erscheinung der «informalen Organisation», die vom rationalen Planer linearer Prozesse oft als störend empfunden wird, ohne die aber das System nicht funktionieren würde. Ein Gegeneinander von formaler, explizit geplanter und informaler, sich selbst entwickelnder Organisation ist aber nicht notwendig, sondern vor allem darauf zurückzuführen, dass beim planmässigen Organisieren von unzweckmässigen linearen Vorstellungen ausgegangen und die Möglichkeit der Selbstlenkung durch relativ geschlossene Regelkreise nicht gesehen wird.

Zusammenfassend können wir festhalten, dass in bezug auf den Lenkungsaspekt technischen, natürlichen und sozialen Systemen einiges *gemeinsam* ist. In ihnen finden ständig Lenkungsvorgänge statt, die es ihnen ermöglichen, bestimmte Vorzugszustände anzustreben, bestimmte Verhaltensrichtungen einzuschlagen und sich dadurch in mehr oder weniger beschränktem Masse einer veränderlichen Umwelt anzupassen. Die Art und Weise, wie Lenkung stattfindet, ist abhängig von der Vernetzung der Elemente zu einem Ganzen. Sobald Elemente eines dynamischen Systems zu relativ geschlossenen Wirkungskreisen verbunden sind, entsteht *Regelung,* d. h. das System oder ein Teil davon lenkt sich selbst, ob wir das sehen und wollen oder nicht. Je komplizierter ein System aufgebaut ist und je mehr es sich Veränderungen in der Umwelt anpassen soll, um so weniger kann Lenkung durch ein den tatsächlichen Vorgängen vorgreifendes *Steuern* allein erfolgen. Sowohl bei den Lebewesen und Ökosystemen, bei den modernen technischen Automaten wie auch bei den vielfältigen sozialen Systemen beruht daher die Fähigkeit, «lenkig» zu sein, in mehr oder weniger starkem Masse auf dem Prinzip der Selbst-

Lenkung durch Regelung und ihrer Vorteile wird man aber auch versuchen, die Lenkungsprozesse so zu strukturieren, dass sich selbst regelnde Teilsysteme entstehen, denen übergeordnete Zielsetzungen als Regelgrössen vorgegeben werden können.

Verbinden wir diese Vorstellung über die Lenkung zweckgerichteter sozialer Institutionen mit dem früher über *Komplexität* Gesagten, so können wir feststellen, dass Lenkung Reduktion der potentiellen Komplexität des Systems bedeutet. Durch Steuerung und Regelung wird das Verhalten der einzelnen Elemente, von Komponenten oder des ganzen Systems eingeschränkt auf eine gewollte, menschlichen Absichten entsprechende Verhaltensweise. Dabei kann es im einzelnen darum gehen, die Verhaltensfreiheit eines Elementes auf Null zu reduzieren, d. h. ein ganz bestimmtes, konkretes Verhalten zu erzeugen. Ein sinnvolles Verhalten von Komponenten oder des ganzen Systems im Zeitablauf zu erzeugen, ist aber durch ein solches direktes, vollständiges Steuern unmöglich. Die Lenkung von grösseren Teilen oder des ganzen Systems erfolgt daher dadurch, dass unerwünschte Verhaltensweisen ausgeschlossen werden, nicht aber ein ganz konkretes Verhalten innerhalb zulässiger Verhaltensfelder zum vornherein bestimmt wird.

Betrachten wir irgendeine grössere Unternehmung, so sehen wir, dass in solchen zweckorientierten sozialen Systemen täglich zu Hunderten und in der unterschiedlichsten Ausprägung Prozesse der Lenkung stattfinden. Sie reichen vom Auslösen vorprogrammierter Aktivitäten von Maschinen über die Wahl bestimmter Handlungen durch Mitarbeiter bis zu den spezifischen Anweisungen der Führungskräfte an ihre Mitarbeiter. Die grosse Zahl von Lenkungsvorgängen, die notwendig sind, damit das Ganze zweckorientiert funktionieren kann, ist das Resultat einer hochgradigen Arbeitsteilung, des auf viele Menschen verteilten Wissens und Könnens und der Vielfalt an Teilen und Beziehungen. Solche Systeme werden also nicht einfach durch eine isolierbare Lenkungseinheit oder gar *eine* Person unter Kontrolle gehalten. Lenkung ist vielmehr selbst ein vernetztes System, das eine Eigenschaft des Ganzen ist. Sie ist über das System verteilt.

Merksätze:

Lenkung bedeutet, das Verhalten eines Systems unter Kontrolle zu halten.

Die Fähigkeit, sich unter Kontrolle zu halten, ist eine Eigenschaft von Ganzheiten. Lenkungsvorgänge sind zum Funktionieren des Systems notwendige Prozesse, die im System selbst stattfinden.

Lenkungsvorgänge sind Prozesse der Informationsaufnahme, -verarbeitung und -übermittlung.

Steuerung und Regelung sind zwei verschiedene Arten der Lenkung.

Steuerung ist darauf gerichtet, durch konkrete Anweisungen zukünftige Prozesse genau auf gegebene Ziele auszurichten. Sie erfolgt durch ein Steuerelement und setzt vollständiges Vorauswissen über Einflussfaktoren auf den Prozess voraus.

Regelung ist auf die Erreichung eines bestimmten zukünftigen Systemverhaltens innerhalb von Toleranzgrenzen gerichtet und erfolgt durch Rückkoppelungen, die bewirken, dass sich die Prozesse selbst unter Kontrolle halten. Regelung verhindert Abweichungen vom angestrebten Verhalten nicht, hält sie aber in Grenzen.

Steuerung und Regelung können sich ergänzen. Komplexe Systeme können jedoch nicht allein durch Steuerung unter Kontrolle gehalten werden.

Negative Regelkreise halten Systeme in einem dynamischen Gleichgewicht.

Komplexe natürliche Systeme halten sich durch eine Vielzahl von miteinander verknüpften Regelkreisen selbst unter Kontrolle.

Komplexe soziale Systeme sind auf die Einhaltung menschlicher Normen und die Erfüllung von Zwecken gerichtet und können von Menschen bewusst gestaltet und gelenkt werden.

In komplexen Systemen kann die Lenkungsfunktion nicht bei einem Element konzentriert werden, sondern sie ist über das System verteilt.

Literaturauswahl zur Lenkung

Ashby, W. R., Einführung in die Kybernetik, Suhrkamp, Frankfurt 1984
Beer, S., Decision and control, Wiley, London 1966
ders., Brain of the firm, Wiley, London 1981
Gomez, P., Die kybernetische Gestaltung des Operations Management, Haupt, Bern 1981
von Hayek, F. A., Die Theorie komplexer Phänomene, Walter Eucken Institut, Vorträge und Aufsätze, Band 36, Mohr, Tübingen 1972
ders., Recht, Gesetzgebung und Freiheit: Regeln und Ordnung, Moderne Industrie, München 1980
Probst, G., Kybernetische Gesetzeshypothesen als Basis für Gestaltungs- und Lenkungsregeln im Management, Haupt, Bern 1981
Probst, G. J. B., Biokybernetik und Mitarbeiterführung, in: A. Kieser, G. Reber, R. Wunderer, Hrsg., Handwörterbuch der Führung, Poeschel, Stuttgart 1987
Probst, G. J. B., Dyllick T., Kybernetische Führungstheorie, in: A. Kieser, G. Reber, R. Wunderer, Hrsg., Handwörterbuch der Führung, Poeschel, Stuttgart 1987
Ulrich, H., Management, Haupt, Bern 1984

Baustein 7: Entwicklung

Soziale Systeme erfüllen für ihre Umwelt einen Zweck. Sie geben an die Umwelt ein Produkt ab und versuchen auch gestaltend auf ihre Umwelt einzuwirken. Gleichzeitig nehmen sie aus der Umwelt Ressourcen auf und reagieren auf Umweltveränderungen oder -störungen. Trotz dieser Wechselwirkungen zwischen Umwelt und System ist das System in sich ein relativ geschlossenes Netzwerk, das relativ autonom sich selbst regelt.

Soziale Systeme bleiben aber nicht immer gleich. Sie kehren nicht einfach zu einem bestimmten Zustand oder Pfad zurück, sondern sie verändern sich auch grundsätzlich. Soziale Systeme können sich selbst so verändern – z. B. in der Organisation, der Führung, usw. – dass sie ihre Funktionen und Werte erfüllen können. Sie sind *entwicklungsfähig.*

Bei der Entwicklung geht es nicht einfach nur um die Auswahl von Verhaltensmöglichkeiten aus einem bestehenden Verhaltensrepertoire. Entwicklung umfasst ein bewusstes oder unbewusstes Erweitern des Verhaltenspotentials und eine Neugestaltung oder Neuwahl von Zielen und Zwecken. Die eigenen Möglichkeiten können aus freiem Willen heraus erweitert und verbessert werden.

Ein *technisches* System kann sich zwar an Störungen «anpassen», indem es je nach Abweichung vom Ziel aus seinem bestehenden Repertoire ein bestimmtes Verhalten ableitet. Aber es kann sich nicht grundsätzlich aus sich selbst heraus entwickeln. *Biologische* Systeme können zwar ihre Umwelt in beschränktem Masse beeinflussen oder auswählen. Ein Tier kann sich eine Nische suchen oder die Umwelt so gestalten (z. B. Futtervorsorge, Art des Nestbaus usw.), dass es überlebt oder leichter überlebt. Das Ziel bleibt aber gleich, nämlich Überleben.

Entwicklung stellt auch nicht einfach einen natürlichen Prozess dar. Vielmehr wird das Ergebnis eines solchen Prozesses einen qualitativen Unterschied darstellen. Dieser qualitative Unterschied bezieht sich auf eine Erweiterung der Verhaltensmöglichkeiten, die Sinn macht, eine Verbesserung gemäss menschlichen Werten darstellt.

Entwicklung und Wachstum sind damit nicht dasselbe. Wachstum ist eine grössenmässige oder zahlenmässige Zunahme. Wachstum erfolgt in den meisten biologischen Systemen während einer beschränkten Dauer auf natürliche Weise und ohne Wahlmöglichkeiten. Bei sozialen Systemen kann eine freie Wahl jedoch Wachstum hemmen oder fördern. Wachstum ist weder notwendig noch hinreichend für Entwicklung. Entwicklung hat weniger damit zu tun, wieviel wir haben, sondern vielmehr, was wir aus dem machen, was wir haben. Entwicklung hat mit der Fähigkeit zu tun, sich neues Wissen und Können anzueignen, neue Möglichkeiten absichtsgeleitet zu nutzen, neue Wünsche und Bedürfnisse zu entdecken und aufzugreifen, den Ressourcenverbrauch zu mindern und das Angebot an Ressourcen sinnvoll auf neue Art zu nutzen. Entwicklung bedeutet auch, dass noch nicht dagewesene Eigenschaften, Fähigkeiten und Beziehungen entstehen, geschaffen oder integriert werden.

Entwicklung schliesst in unserer Definition sinnmachende, ästhetische, moralische und/oder ethische Aspekte ein. Mit dem evolutionären Prozess wird automatisch die Frage nach den Bedingungen des Fortschritts gestellt. Welche Bedürfnisse werden in der Umwelt befriedigt bzw. welche Werte werden bei den betroffenen Mitgliedern in System und Umwelt realisiert? In sozialen Systemen können wir wählen, was wir *wollen* und was wir *tun*. Und deshalb ist Entwicklung nicht einfach zielorientierte Veränderung!

Obwohl ein System vielleicht das Ziel erreicht, sprechen wir möglicherweise von Misserfolg, weil wir wünschten, es wäre nicht geschehen oder das System wäre besser gar nicht erst ins Leben gerufen worden. In der Entwicklungshilfe erreichen wir durch das Anlegen von Tiefwasserbrunnen, durch die Versprühung von Insektiziden usw. vielleicht ein gesetztes Ziel (z. B. bessere Wasserversorgung, mehr Nahrungsmittel usw.), jedoch wünschten wir (später), diese Hilfsmassnahmen wären gar nicht erst in dieser Weise vorgenommen worden, wenn nämlich das ganze System fast vollständig zusammenbricht (Nomadentum wird aufgegeben, Bevölkerungsexplosion, Umweltverseuchung führt zu Krankheiten, Bodenerosion usw.).

Entwicklung hängt deshalb eng mit Reflexion, Hinterfragung, Selbstthematisierung, Werten oder einfach *Lernen* zusammen. Die Grundstrukturen zu verändern und neue Fähigkeiten zu erfinden heisst lernen. Und immer schneller neue Potentiale schaffen und sich anpassen oder verändern zu können, kann mit *Lernen zu lernen* gleichgesetzt werden. Entwicklung ist damit etwas, das von niemand anderem gemacht oder realisiert werden kann als dem System selbst. Entwicklung ist ein Resultat und Phänomen des Systems selbst.

Entwicklung kommt nur im sich selbstorganisierenden System vor. Maschinen werden weitgehend von aussen gestaltet und geregelt, und bei ihnen kann nur in einem sehr beschränkten Rahmen von Lernen gesprochen werden. Biologische Systeme dagegen passen sich selbsttätig an und sind selbstorganisierend.

Soziale Systeme sind mehrstufig selbstorganisierende Systeme und in höchstem Masse entwicklungsfähig. Sie lernen nicht nur, weniger verletzlich zu werden, sondern finden häufig immer schneller neuartige Wege und Lösungen, stellen ihre Handlungen und Funktionen in Frage usw. Entwicklung erfordert daher nicht einfach einen Veränderungsprozess im Sinne eines Versuch-Irrtum-Prozesses. Entwicklung ist klar mit einem qualitativen Aspekt verbunden, mit Erweiterung und/oder Vertiefung.

Systeme können lernen, wenn entsprechende *Kontexte* vorhanden sind. Dafür müssen viele Wirklichkeiten geschaffen werden können, Offenheit bestehen, Reflexion gefördert werden, Konflikte und Experimente erlaubt und ausgetragen werden, Informationen diffundieren, Innovation unterstützt werden usw. Bevor oder damit gelernt werden kann, muss aber auch die Fähigkeit vorhanden sein, zu *«verlernen»*. Systeme dürfen also nicht für immer starr bleiben und am Bestehenden festhalten, sondern sie müssen bereit sein, zu verlernen. Konstanz und Veränderung sind komplementäre Voraussetzungen für Lebensfähigkeit und Entwicklung eines Systems (vgl. Abb. 44).

Häufig wird aber in sozialen Systemen genau das Gegenteil vorgekehrt oder auf Umweltveränderungen sehr einseitig reagiert. Gerade in turbulenten Zeiten werden dann etwa Konflikte unterdrückt, Innovationen ausgeschlossen, Veränderungen vermieden, Wahlmöglichkeiten verhindert, Probleme negiert oder verniedlicht usw. Damit wird Entwicklung verhindert.

Negativ ausgedrückt fehlt in sozialen Institutionen die Entwicklungsfähigkeit, wenn

- sehr eingeengte, eindimensionale Wahrnehmungen vorherrschen (Ideologien, Zielsetzungen, Wertstrukturen)
- positive Wechselwirkungen zu einem unabwendbaren Aufschaukeln oder einem Abschaukeln führen («Mehr desselben» als Lösungsansatz)
- Risiken vermieden, Konflikte unterdrückt, Probleme verschwiegen werden

Abb. 44: Konstanz und Veränderung im natürlichen System

- Probleme ausserhalb des Systems lokalisiert werden (Markt- oder Strukturproblem als Ausrede; Sündenbocktheorie)
- Wahlmöglichkeiten ausgeschlossen und Veränderungen vermieden werden.

In solchen Fällen meint man denn etwa, dass noch mehr Wachstum die Lösung aller Probleme sei, die Handlungsmöglichkeiten (Freiheiten) in Krisenzeiten stark zu reduzieren seien, Investitionen und Innovationen zurückgestellt werden müssten usw.

Für die Entwicklung und die Förderung der Entwicklungsfähigkeit müssen Institutionen also lernen und lernen zu lernen. *Lernen* umfasst alle interaktiven Prozesse, die

- ein System innerhalb seiner gegebenen Regelsysteme möglichst schnell auf einen gewünschten Zustand zurück- oder hinführen oder durch eine Erhöhung der Verhaltensmöglichkeiten ein Potential der Anpassung schaffen;
- ein System dazu führen, die Normen, Werte, Regeln usw. zu verändern, um neue, innovative Muster zu bilden oder das Potential für derartige Veränderungen zu vergrössern.

Lernen zu lernen beschreibt den *Prozess,* der eine Verbesserung im Lernen, eine Erleichterung im Verlernen, ein kritisches Reflektieren usw. bedeutet. Es stellt sich ja häufig nicht einfach die Frage, ob ein System überhaupt lernen kann, sondern ob es schnell genug lernt.

Nun ist Lernen nicht übertragbar oder machbar. Jeder muss selbst lernen und damit sich selbst entwickeln. Wie schon Galileo Galilei sagte:

> «Man kann einen Menschen nichts lehren. Man kann ihm nur helfen, es in sich selbst zu entdecken.»

Bisher haben wir das Lernen vorwiegend auf Individuen bezogen oder nicht spezifiziert. Und es ist uns klar, dass sich einzelne Menschen entwickeln können. Aber können dies wirklich auch Institutionen? Und ist Lernen nicht auf die Summe dessen zu beschränken, was die Mitglieder des Systems gelernt haben?

Auch Institutionen lernen oder lernen gerade nicht. Und dieses Lernen ist etwas anderes als die Summe des Lernens ihrer Teile. Dabei geht es keineswegs darum, dass Institutionen immer mehr gelernt haben, mehr Wissen speichern können als Individuen. Institutionen wissen oft auch weniger als die individuellen Beteiligten im System. Manchmal scheint es, als ob eine Institution das nicht lernt, was jedes Mitglied weiss.

Wenn Lernen nicht gemacht werden kann, dann stellt sich die Frage, wie wir als Gestalter und Lenker in sozialen Systemen einen Kontext schaffen können, der Entwicklung erlaubt und fördert. Dazu gehört sicher in grundlegender Weise ein ganzheitliches Denken. Zu den Faktoren eines positiven Feldes für die Entwicklung gehören:

- eine Vielzahl an Perspektiven oder Wahrnehmungsstandpunkten
- Offenheit des Systems
- Förderung von Interaktionen in quantitativer und qualitativer Hinsicht
- Erkennen und Denken in Chancen und Möglichkeiten
- kontinuierliches Reflektieren über die materiellen und geistigen Strukturen und Funktionen.

Merksätze:

Soziale Systeme können sich entwickeln, d. h. sich nach veränderten Werten ausrichten und ihr Verhalten qualitativ verbessern.

Entwicklungsprozesse sind Lernprozesse.

Soziale Institutionen können als Ganze lernen und sich entwickeln.

Literaturauswahl zur Entwicklung

Boulding, K. E., Ecodynamics – A new theory of societal evolution, Sage, Beverly Hills 1981

Hampden-Turner, C., Modelle des Menschen, Beltz, Weinheim 1983

Kirsch, W., Esser, W. M., Gabele, E., Das Management des geplanten Wandels von Organisationen, Poeschel, Stuttgart 1979

Probst, G. J. B., Siegwart, H. (Hrsg.), Integriertes Management, Haupt, Bern 1985

Probst, G. J. B., Selbstorganisation, Ordnungsprozesse in sozialen Systemen aus ganzheitlicher Sicht, Parey, Berlin 1987

ders., Biokybernetik und Mitarbeiterführung, in: A. Kieser, G. Reber, R. Wunderer, Hrsg., Handwörterbuch der Führung, Poeschel, Stuttgart 1987

Probst, G. J. B., Dyllick, T., Kybernetische Führungstheorie, in: A. Kieser, G. Reber, R. Wunderer, Hrsg., Handwörterbuch der Führung, Poeschel, Stuttgart 1987

Watzlawick, P., Wie wirklich ist die Wirklichkeit? Piper, München 1978

Watzlawick, P. (Hrsg.), Die erfundene Wirklichkeit, Piper, München 1981

Weick, K. E., The social psychology of organizing, Addison-Wesley, Reading 1979

3. Zusammenfassung

Die Art und Weise, wie wir denken und handeln, hängt davon ab, wie wir die Welt wahrnehmen, die wir verstehen und in die wir eingreifen wollen. Ganzheitliches Denken beruht deshalb auf einer spezifischen Art und Weise, unsere Umwelt und uns selbst in ihr wahrzunehmen. In diesem Kapitel haben wir eine Reihe von Grundvorstellungen entwickelt, die insgesamt eine ganzheitliche Sichtweise oder *Perspektive* ergeben. Damit wollen wir nicht behaupten, dass dies die einzig mögliche oder einzig vernünftige Art sei, die Welt zu erfassen, wohl aber, dass es sich um eine Perspektive handelt, die geeignet ist, in jenen Situationen sinnvoll zu handeln, die uns erfahrungsgemäss besondere Schwierigkeiten verursachen.

Die ganzheitliche Perspektive beruht auf dem Grundgedanken, dass die Welt, in die wir hineingestellt sind, aus einer Vielzahl von vielfältig miteinander verknüpften Ganzheiten oder *Systemen* besteht. Wir gehen also davon aus, dass man solche Ganzheiten, die ihrerseits nur Teile eines jeweils grösseren Ganzen sind, von andern unterscheiden kann. Die Vernetztheit der Welt lässt aber viele *Systemabgrenzungen* zu; was wir als System erfassen, hängt also weitgehend vom Betrachter ab.

Mit dem Begriff «System» heben wir den Tatbestand hervor, dass die meisten «Dinge» und Geschehnisse auf dieser Welt nicht etwas für sich allein Existierendes und Isolierbares sind, sondern dass sie mit vielen andern Dingen und Vorgängen verknüpft sind. Grundlegend für ein Denken mit Hilfe von Systemvorstellungen ist daher die Vermutung, dass einzelne beobachtete Phänomene nicht isoliert existieren, sondern jeweils Teile einer grösseren Ganzheit sind. Damit wird die Aufmerksamkeit auf grössere Zusammenhänge gerichtet und die Frage aufgeworfen, mit welchen andern Phänomenen ein Zusammenhang besteht. Es ist daher ein *Denken in Zusammenhängen,* das ermöglicht, Dinge durch Einordnung in einen Kontext, in ein grösseres Ganzes, zu verstehen.

In der Folge haben wir uns mit den Merkmalen von dynamischen Systemen befasst, d. h. von Ganzheiten, die nicht einfach da sind und gleich bleiben, sondern in denen sich Prozesse abspielen und die sich verändern. In bezug auf diese *Dynamik von Systemen* ist die Vorstellung grundlegend, dass dynamische Systeme als Ganzes ein Verhalten zeigen, das nicht einfach als Summe des Verhaltens ihrer Teile verstanden werden kann. Die Wahrnehmung und Beeinflussung des Verhaltens ganzer Systeme steht daher im Zentrum eines ganzheitlichen Denkens und Handelns.

Um verstehen zu lernen, wie sich dynamische Systeme verhalten, haben wir eine Reihe von *Merkmalen* erörtert, die Eigenschaften und Fähigkeiten solcher Ganzheiten kennzeichnen. Wir haben festgestellt, dass die Art und Weise, wie sich solche Systeme verhalten, bereits in ihrem *Aufbau* begründet liegt, d. h. in der Art und Weise, wie ihre Teile zu einem Ganzen verknüpft sind. Der Aufbau eines Systems aus Elementen und Beziehungen zwischen ihnen kann einfacher oder komplizierter sein. Insbesondere kann das Beziehungsgefüge so geartet sein, dass es viele Elemente kreisförmig miteinander verbindet. Das Verhalten des dynamischen Systems hängt aber entscheidend davon ab, wie die Elemente zusammenwirken, d. h. welche *Wirkungsverläufe* sich in diesem Beziehungsgefüge tatsächlich abspielen. Als grundlegendes Merkmal der uns besonders interessierenden natürlichen und sozialen Systeme haben wir ihre *dynamische Vernetztheit zu zirkulären Wirkungsverläufen* kennengelernt, die zu bestimmten Verhaltensweisen von Komponenten oder des ganzen Systems führt. Die Vernetztheit einzelner Wirkungsverläufe zu zirkulären, sich selbst regulierenden Prozessen bewirkt Wachstum oder Schrumpfung von Systemen oder aber das Verbleiben in einem dynamischen Gleichgewicht.

Wir haben aber auch festgestellt, dass in Systemen, die Lebewesen als Elemente umfassen, weder das Beziehungsgefüge noch die einzelnen Wirkungsverläufe immer gleich bleiben, sondern sich verändern können. Dies führt dazu, dass solche Ganzheiten nicht einfache Input-Output-Systeme mit einer unveränderlichen Transformationsfunktion sind, die auf denselben Input immer mit dem gleichen Output reagieren. Ihr Verhalten ist vielmehr abhängig von ihrem jeweiligen «Eigenzustand», der seinerseits von früheren Vorgängen abhängig ist. Es sind also Systeme mit Geschichte, die sich zu unterschiedlichen Zeitpunkten verschieden verhalten.

Die *Offenheit* von Systemen gegenüber ihrer Umwelt bewirkt, dass vielfältige Wechselwirkungen nicht nur zwischen den Elementen innerhalb der gewählten Systemabgrenzung bestehen, sondern auch zwischen dem System und seiner Umwelt. Die Offenheit bewirkt auch, dass kein System völlig unabhängig ist und sich völlig eigenbestimmt verhalten kann, sondern von der Umwelt beeinflusst wird, diese aber auch seinerseits beeinflusst. Das System muss sich einpassen in seine Umwelt, um existieren zu können.

Je grösser und vielfältiger die Verhaltensmöglichkeiten der einzelnen Elemente in einem System sind und je mehr Wechselwirkungen mit seiner Umwelt bestehen, um so veränderlicher ist das System, um so grösser und vielfältiger ist also seine Dynamik. Wir haben diese Eigenschaft, im Zeitablauf eine sehr grosse Zahl verschiedener Zustände annehmen zu können, als *Komplexität* bezeichnet und gezeigt, dass schon Systeme, die nur aus einigen wenigen Menschen bestehen, eine sehr hohe Komplexität aufweisen können. Das Merkmal der Komplexität ist insofern grundlegend, als es diese ständige Veränderung des Systemsverhaltens ist, die uns vor die grössten Probleme des gedanklichen Erfassens und des faktischen Beeinflussens solcher Ganzheiten stellt. Es ist diese sich aus dem Aufbau des Systems und seiner Dynamik ergebende Eigenschaft, welche uns die prinzipiellen Grenzen des exakten Wissen-könnens, des Prognostizierens zukünftiger Zustände und des «Machens» vor Augen führt.

Wir haben aber auch feststellen können, dass trotz hoher Komplexität solche Systeme sich nicht beliebig verhalten, sondern dass wir in der Vielfalt eine *Ordnung* oder ein Verhaltensmuster entdecken können. Ordnung beruht darauf, dass im System Regeln wirksam sind, welche die Verhaltensmöglichkeiten seiner Elemente und die Art und Weise ihres Zusammenwirkens beschränken und Regelmässigkeiten im Verhalten des Ganzen entstehen lassen. Erst Ordnung lässt uns die Welt als nicht chaotisch und unverständlich erscheinen und ermöglicht dem Menschen, von seiner Umwelt eine bestimmte Bandbreite des Verhaltens erwarten zu können.

Auf der Geordnetheit auch in dynamischer Sicht im Sinne von erkennbaren Verhaltensmustern beruht die Fähigkeit von Systemen, sich selbst unter Kontrolle halten zu können, bestimmte Zustände und Prozesse andern vorzuziehen, die wir als *Lenkung* bezeichnet haben. Wir haben festgestellt, dass Lenkungsfunktionen im System selbst stattfinden und in der verschiedensten Weise ausgestaltet sein können. «Lenkungsmechanismen» können in einem dynamischen System im Laufe des Zusammenwirkens der Teile «von selbst» entstehen, aber auch von Menschen bewusst geschaffen werden. Mit Steuerung und Regelung haben wir zwei verschiedene Arten der Systemlenkung kennen gelernt. Insbesondere haben wir die Bedeutung von Regelkreisen als zirkuläre Prozessverläufe für die Fähigkeit eines Systems erkannt, sich selbst unter Kontrolle zu halten.

Im Lauf der Erörterungen haben wir immer wieder auf *Gleichartigkeiten und Unterschiede zwischen technischen, natürlichen und sozialen Systemen* hingewiesen. Insgesamt haben wir festgestellt, dass Ökosysteme und soziale Systeme in bezug auf viele Merkmale vergleichbar sind und sich andererseits beide von technischen Systemen deutlich unterscheiden. Der Hauptgrund dafür liegt darin, dass ökologische und soziale Systeme Lebewesen umfassen, die selbst ein mehr oder weniger grosses Verhaltensrepertoire aufweisen, was diese Systeme äusserst komplex macht. Technische Systeme, die aus toter Materie bestehen, sind bewusst für den repetitiven Vollzug einer beschränkten Auswahl von Prozessen zur Erzeugung eines genau definierten Outputs entworfen und geschaffen worden; das Verhaltensrepertoire sowohl ihrer Elemente wie des ganzen Systems ist vorausbestimmt und bewusst kleingehalten, und ihr Aufbau kann kompliziert sein, bleibt aber unveränderlich. Ihr Verhalten ist vorausbestimmt, steuerbar und prognostizierbar, ganz einfach weil wir nur Maschinen brauchen können, die diese Eigenschaften aufweisen. Wir haben aber auch gesehen, dass die moderne Technik in hohem

Masse darauf zielt, in technische Systeme Lenkungsmechanismen in Form von Regelkreisen einzubauen, die den Maschinen Fähigkeiten der Selbstregelung komplizierter Prozesse verleihen und damit den Menschen von steuernden Eingriffe entlasten.

Andererseits unterscheiden sich technische und soziale Systeme dadurch von Ökosystemen, dass sie nicht Ergebnisse der natürlichen Evolution sind, sondern Produkte menschlicher Kultur und damit menschlicher Absichten und Handlungen. Während Maschinen eindeutig auf die Erfüllung vorausbestimmter, von Menschen gesetzten Zwecken hin bewusst geschaffen werden, ist die Zweckgerichtetheit gesellschaftlicher Institutionen nicht derart eindeutig feststellbar, da sich ihre Zwecke und Ziele im Laufe des Zusammenwirkens von Menschen und in Wechselwirkung zu einer aus Menschen bestehenden Umwelt verändern können. Soziale Systeme weisen daher eine werthafte, sinngebende Dimension auf und haben die Fähigkeit, sich selbst in Frage zu stellen, indem sie ihre eigenen Ziele, Strukturen und Verhaltensweisen beurteilen und verändern. Wir haben dieses Merkmal sozialer Systeme als Fähigkeit zur *Entwicklung* bezeichnet und diese von der Veränderung natürlicher Systeme im Laufe der Evolution unterschieden.

Zwischen allen drei Arten von Systemen bestehen jedoch auch unlösbare Verknüpfungen. Technische Systeme machen nur Sinn, wenn sie als Element in soziale Systeme eingegliedert sind. Ihre Funktion ist es, im sozialen System bestimmte Operationen auszuführen und damit Menschen von diesen Tätigkeiten zu entlasten. Da Menschen natürliche Lebewesen und damit Teile von Ökosystemen sind, bestehen aber auch zwischen allen kulturellen Systemen und der Natur unlösbare Wechselwirkungen. Von einem ganzheitlichen Denken kann nur gesprochen werden, wenn diese Vernetztheit aller menschlichen Veranstaltungen mit dem natürlichen Geschehen bewusst akzeptiert und nicht einfach «weggedacht» wird.

Diese Überlegungen zu Gleichartigkeiten, Verschiedenheiten und Verknüpfungen von natürlichen, technischen und sozialen Systemen sind deshalb wichtig, weil wir sehr oft in Analogien denken und bei der Gestaltung oder Lenkung von sozialen Systemen Vorbilder aus anderen Erfahrungsbereichen verwenden. Der wissenschaftlich-technische Zeitgeist hat dazu geführt, dass oft bewusst, aber mehr noch unbewusst, die so präzis funktionierenden und erstaunliche Leistungen vollbringenden technischen Systeme als Vorbild auch für Menschen umfassende soziale Systeme verwendet werden. Namentlich aufgrund der Überlegungen zur Komplexität haben wir jedoch gesehen, dass soziale Systeme eine wesentlich andere Charakteristik aufweisen und deshalb nicht so «gemacht» und gesteuert werden können oder sollten wie technische Apparate.

Eine Vorbildfunktion für die Gestaltung und Lenkung gesellschaftlicher Institutionen kommt viel eher den natürlichen Ökosystemen zu. Ökologen und Biokybernetiker zeigen uns, dass Ökosysteme, auch wenn wir sie von menschlichen

Zwecken aus beurteilen, in mancher Hinsicht überaus erfolgreich funktionieren, so insbesondere in bezug auf die Kriterien von Effizienz und Effektivität. Sie sind in der Lage, den Energieverbrauch zu minimieren und weisen einen weit höheren Wirkungsgrad auf als menschengemachte Maschinen, sie betreiben Recycling und regulieren sich selbst, ohne auf explizite Steuerorgane angewiesen zu sein. Es ist daher naheliegend und sinnvoll, Erkenntnisse der Ökologie als der Wissenschaft von der Funktionsweise der lebendigen Natur daraufhin zu prüfen, ob sie als Gestaltungs- und Lenkungskonzepte und -prinzipien für soziale Systeme verwendet werden können. Diese praktische Auswertung ökologischer Erkenntnisse ist allerdings nur *ein* Aspekt. Grundlegender ist die Erkenntnis, dass der Natur als Umweltfaktor und Existenzgrundlage sozialer Systeme ein eigener *Wert* zukommt, der nicht länger negiert oder spezifischeren Zwecksetzungen menschlichen Handelns untergeordnet werden darf.

In Abbildung 45 haben wir Ökosysteme, soziale und technische Systeme nebeneinandergestellt und drei Problemebenen – eine materielle, eine funktionale und eine Sinn-Ebene-unterschieden. Die ausgefüllten Felder deuten die Unterschiede zwischen diesen drei Systemarten an, die sich auf diesen drei Ebenen ergeben. In diesem Schema sind die *drei Grundfragen:* Woraus besteht das System? Wie funktioniert es? Welchen Sinn hat es? als Fragen nach einem bestehenden Tatbestand oder «Istzustand» formuliert. Im Hinblick auf Handlungsabsichten kann man sie aber auch als Fragen nach einem anzustrebenden *Sollzustand* formulieren: Woraus soll ein zu gestaltendes oder zu beeinflussendes System bestehen? Wie soll es funktionieren? Welchen Sinn soll es haben?. Wenn wir technische Systeme konstruieren oder in soziale Systeme gestaltend und lenkend eingreifen wollen, sind diese drei Fragen nach dem «Sollzustand» zu beantworten, bevor wir handeln, jedoch in umgekehrter Reihenfolge: Entscheide über die Ausstattung des Systems mit Komponenten und Elementen hängen davon ab, welche Funktionen diese im Zusammenwirken für das ganze System ausüben sollen, und diese Funktionsweise kann nur beurteilt und gestaltet werden vom Zweck aus, den das System erfüllen soll.

Unsere vergleichenden Betrachtungen zu den drei ausgewählten Arten von dynamischen Systemen sind stark beeinflusst vom *Konzept des lebensfähigen Systems,* in welchem Analogien zwischen ökologischen und sozialen Systemen gebildet, aber auch Unterschiede aufgezeigt werden. In dieser «Philosophie» spielt die *Natur als Vorbild* für absichtsvolles menschliches Gestalten von Systemen eine wesentliche Rolle. In dem Masse, wie wir erkennen, welchen Schaden wir der Natur durch unsere Zivilisation zufügen, gewinnt auch die Vorstellung an Gewicht, dass wir durch sinnvolle, gezielte Übertragungen der Erkenntnisse über die Funktionsweise der Natur unsere zweckgerichteten sozialen Systeme erfolgreicher gestalten und entwickeln können, als wenn wir sie nach dem Vorbild von Maschinen entwerfen und konstruieren wollen.

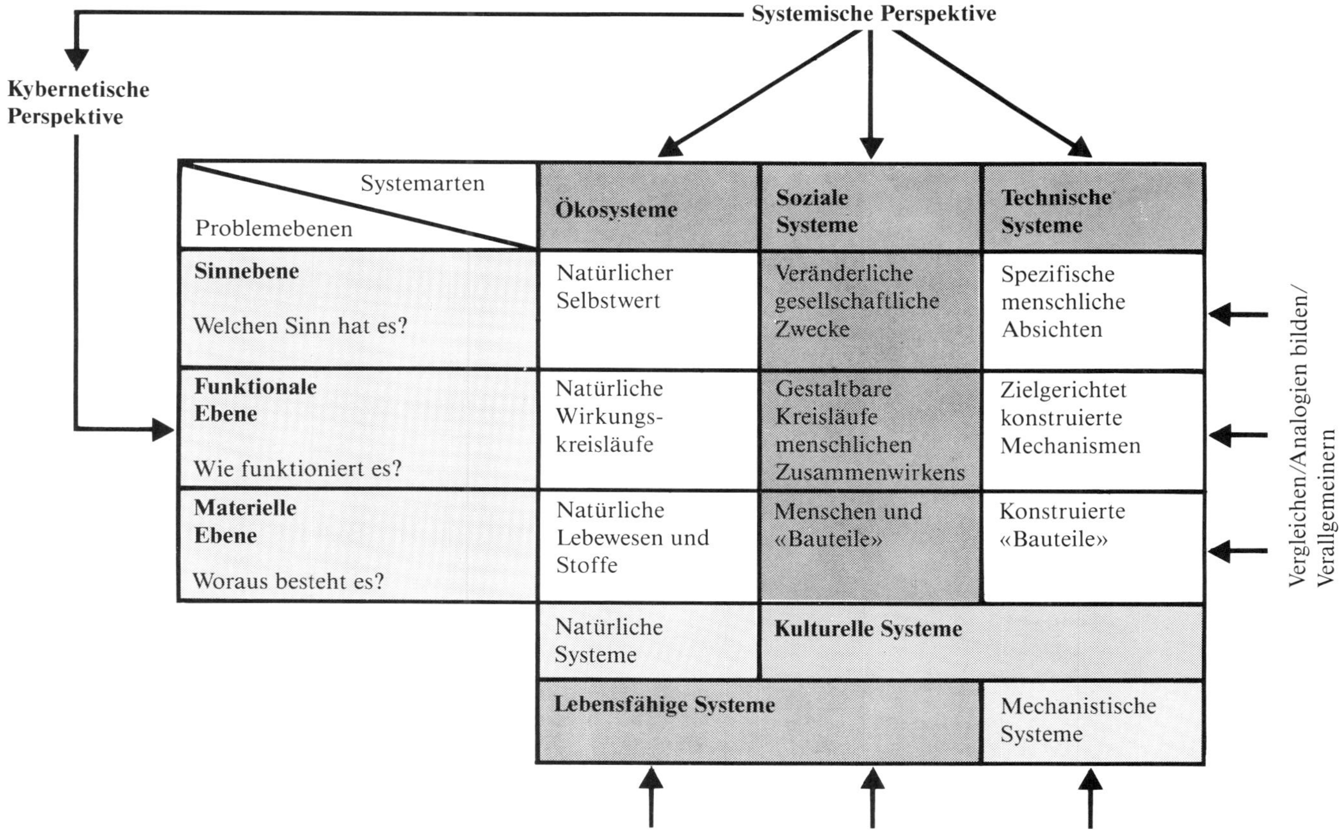

Abb. 45: Systemarten und Problemebenen

Zusammenfassend kann man sagen, dass die diskutierten Merkmale von Systemen, zusammengefügt und als Struktur des Wahrnehmens verstanden, folgende *Grundannahmen einer ganzheitlichen Perspektive* ergeben:

Die Welt . . .

- ○ ist dynamisch, komplex, zirkulär vernetzt, sich selbst organisierend und lenkend
- ○ weist Ordnungsmuster auf
- ○ besteht aus miteinander verknüpften Ganzheiten verschiedener Ordnung.

Der Mensch . . .

- ○ ist selbst eine Ganzheit
- ○ ist Teil der Natur und von kulturellen Ganzheiten
- ○ ist «das Wesen auf der Suche nach Sinn» (V. Frankl).

Gesellschaftliche Institutionen . . .

- ○ sind kulturelle Ganzheiten höherer Ordnung
- ○ sind Teil von Natur und Gesellschaft
- ○ sind unvollkommene Nachbildungen natürlicher, lebensfähiger Systeme
- ○ weisen eine werthafte, sinngebende Dimension auf.

Diese Grundvorstellungen charakterisieren zwar mehr oder weniger plastisch eine ganzheitliche Art und Weise, Dinge wahrzunehmen und die Aussenwelt zu verstehen, stellen aber noch keine bestimmte Art und Weise dar, wie mit einer so erfassten Welt gedanklich und faktisch handelnd umzugehen ist. Um dies zu lernen, ist eine explizit ausgearbeitete *Methodik des Denkens und Handelns* notwendig, die immer dann mit Erfolg angewendet werden kann, wenn es um das Eingreifen in Situationen geht, die durch die erwähnten Merkmale sozialer Institutionen charakterisiert sind. Einer solchen Methodik zur Lösung komplexer Probleme wollen wir uns nun im dritten Teil zuwenden.

Teil III

Eine ganzheitliche Problemlösungsmethodik

1. Einführung

Der Mensch als Problemlöser

Jeder Mensch ist ein Problemlöser. Ständig befindet er sich in der Situation, entscheiden zu müssen, wie er sich verhalten, was er tun soll. Immer wenn mehrere Alternativen offen stehen, kann und muss er entscheiden, welche Alternative er wählen soll – auch der Entscheid, gar nichts zu tun, ist ein Entscheid! Wir müssen also, ob wir wollen oder nicht, ständig auswählen, Entscheide treffen.

Solche Situationen, in denen wir zwischen verschiedenen Möglichkeiten des Verhaltens entscheiden müssen, nennen wir *Problemsituationen.*

Probleme sind nicht natürliche Gegebenheiten, die wir «entdecken» können, sondern Ergebnisse des menschlichen Wahrnehmens und Urteilens. Probleme werden von Menschen «erfunden», indem sie Situationen aufgrund menschlicher Wertvorstellungen beurteilen. Bei einer solchen «Situation» kann es sich um einen aktuellen Zustand von etwas handeln, mit dem wir nicht zufrieden sind und den wir ändern möchten. Es kann sich aber auch um einen zukünftigen Zustand handeln, dessen Eintreten wir befürchten und verhindern möchten. Weil es sich um ein menschliches Wahrnehmen und Bewerten von Situationen handelt, kommt es bekanntlich oft vor, dass verschiedene Menschen eine Situation ganz verschieden wahrnehmen und beurteilen. In diesem Fall sind sie sich gar nicht einig, was überhaupt das Problem sei, geschweige denn, was nun getan werden sollte.

Das Problemlösen beginnt deshalb mit dem Wahrnehmen und Problematisieren einer bestimmten Situation. Und es endet nicht damit, dass wir das Problem logisch, auf dem Papier oder im Kopf gelöst haben, sondern erst wenn wir erreicht haben, dass die Situation sich unseren Wertvorstellungen entsprechend tatsächlich verändert hat oder die befürchtete Änderung abgewehrt werden konnte.

Die natürliche Methode, Probleme zu lösen, ist das Lernen an der Realität, die sogenannte *«Versuch-Irrtum-Methode».* Jedes Lebewesen versucht von Natur aus zu überleben, indem es sich seiner Umwelt anpasst. Es versucht zum Beispiel, zu seiner Nahrungsquelle zu gelangen; stösst es auf seinem Weg auf Hindernisse, so probiert es andere Wege aus, bis es die Nahrung findet; es lernt also aus begangenen Irrtümern, diese in Zukunft zu vermeiden –, falls es seine Fehler überlebt.

Ganze Arten von Lebewesen haben gewissermassen kollektiv gelernt, in einer gegebenen natürlichen Umwelt zu überleben, indem sie sich «instinktiv» angepasst verhalten, also Fehler von vornherein vermeiden. Die Evolution hat dafür gesorgt, dass überlebende Arten über «geschlossene Programme» verfügen, wie dies Konrad Lorenz nennt, Automatismen, die unbewusst und zwangsläufig funktionieren.

Die Menschen sind jedoch eine besondere Art von Lebewesen. Sie verfügen über «offene Programme», d. h. über die Fähigkeit, in weitem Ausmass ihr Verhalten selbst zu bestimmen. Sie sind deshalb nicht auf Gedeih und Verderben auf angeborene Automatismen angewiesen. Dank den besonderen Fähigkeiten ihres Gehirns sind sie auch nicht auf das Lernen durch Versuchen und Irren beim realen Handeln beschränkt, sondern können diesen Versuch-Irrtum-Prozess in Gedanken durchspielen, bevor sie handeln.

Man kann deshalb den Vorgang des menschlichen, gedanklichen Problemlösens als einen *Versuch-Irrtum-Prozess am Modell* bezeichnen. Der denkende, vernünftig handelnde Mensch manipuliert zunächst nicht die wirkliche Situation, die er verändern möchte, sondern nur das gedankliche Bild, das er sich von dieser Situation macht. Er *simuliert* mögliche Handlungsalternativen und stellt sich die dadurch vermutlich entstehenden Wirkungen in Gedanken vor, bevor er sich zum Handeln entschliesst. Stets stellt er sich die Frage «Was wäre wenn ...» dies oder jenes geschehen, ich dies oder jenes tun würde?

Dieses gedankliche Simulieren von möglichen Handlungen anhand eines Modells der Wirklichkeit ist alltäglich und keineswegs auf ein wissenschaftliches Denken beschränkt. Nur dass diese Modelle des Alltages oft nicht bewusst entwickelt und festgehalten werden, sondern mehr oder weniger diffuse Bilder sind, die wir uns aufgrund von Vor-Urteilen und gerade verfügbaren Informationen über die Wirklichkeit machen. Oft glauben wir auch, dass unser Bild ganz ohne Zweifel ein zutreffendes Abbild der Wirklichkeit sei. Fehlentscheide, die nicht zum gewünschten Erfolg führen, beruhen deshalb häufig auf einer Modellierung, die für das Handeln wesentliche Elemente und Beziehungen der Problemsituation nicht enthält.

Einfache, komplizierte und komplexe Problemsituationen

Viele Problemsituationen des Alltags sind so einfach, dass uns kaum bewusst wird, dass wir einen Entscheid treffen und danach handeln. Das Problem, das wir gelöst haben, war sehr einfach. Ein solches einfaches Problem liegt vor, wenn wir ohne langes Überlegen wissen, wie wir uns verhalten müssen, damit das Problem gelöst ist – und wenn wir uns auch ohne grössere Schwierigkeit so verhalten können. Dies ist immer dann der Fall, wenn wir einer gleichartigen Situation schon häufig begegnet sind und gelernt haben, uns richtig zu verhalten. Für zahlreiche alltägliche Vorgänge haben wir uns eine «Routine» angeeignet, ein Vorgehen, das wir ohne Nachdenken einschlagen, weil wir wissen, dass es zum erwarteten Ergebnis führt.

Dies ist vor allem der Fall, wenn wir es mit einer Situation zu tun haben, die im wesentlichen immer gleich bleibt, wenn sie also eine bleibende Struktur aufweist und sich nach gleichbleibenden Regeln in von uns vorhersehbarer Weise verändert. So wissen wir, wann die Strassenbahn an der nächsten Haltestelle abfährt und wo wir umsteigen müssen, um ins Büro zu gelangen, und wir wissen demzufolge auch, wann wir aufstehen müssen am Morgen, um nicht zu spät zu kommen. Ganz anders ist es, wenn wir uns in einer fremden Stadt befinden, weder das Strassenbahnnetz noch den Fahrplan kennen und nicht wissen, wann wir uns auf den Weg machen müssen, um rechtzeitig zum Bahnhof zu gelangen, für den Einheimischen ein ganz einfaches Problem. Wir sehen also: ob ein Problem einfach oder schwierig zu lösen ist, hängt von unserem *Wissen über die Situation* ab. Im Fall unseres Fremdlings ist es für ihn im allgemeinen nicht schwierig, sich dieses Wissen zu beschaffen; jeder Einheimische kann ihm den besten Weg zum Bahnhof angeben.

Schon dieses einfache Beispiel einer alltäglichen Problemsituation zeigt, dass sich das für einen vernünftigen, erfolgreichen Entscheid erforderliche Wissen stets auf *zukünftige Zustände* bezieht. Wenn wir im Februar für den August eine Ferienreise planen, nützt uns der jetzt noch geltende Winterflugplan nichts. Wir brauchen also heute Informationen über den Zustand der Situation, die wir später, wenn wir den Entscheid verwirklichen, antreffen werden.

Nun ist es oft nicht so leicht, die für einen rationalen Entscheid notwendigen Informationen zu gewinnen; wir stehen dann vor einem «schwierigen Problem». Die Gründe dafür können verschieden sein: Die Situation ist für uns neu, und wir wissen zum vornherein gar nicht, wie sie sich zusammensetzt und worauf wir achten müssen. Es kann sein, dass die Situation an sich kompliziert ist, d. h. dass sie zahlreiche verschiedene Elemente enthält, die wir berücksichtigen sollten. Auch ist uns nicht klar, wie die einzelnen Elemente miteinander verknüpft sind und welche Wirkungen durch unser Handeln entstehen werden. Möglicherweise kommen uns auch sehr viele alternative Handlungsmöglichkeiten in den Sinn, wir haben aber Mühe zu erkennen, welche dieser Alternativen die «beste» ist. Vielleicht besteht aber in Wirklichkeit trotzdem eine recht stabile Ordnung mit festen, gleichbleibenden Wirkungsbeziehungen zwischen den einzelnen Faktoren, z. B. wenn es sich um naturgesetzlich determinierte, chemische oder physikalische Vorgänge handelt. Vielleicht fehlt uns also nur das Wissen um diese Gesetzmässigkeiten, weil wir nicht entsprechend ausgebildet worden sind. Wir können uns dann dieses uns persönlich fehlende, aber in der Gesellschaft vorhandene Wissen aneignen oder einen «Experten» beiziehen. In solchen komplizierten Situationen besteht die Schwierigkeit also darin, dass wir «noch nicht» über das notwendige Wissen verfügen, obwohl dieses irgendwo verfügbar ist. Es handelt sich also um ein grundsätzlich – wenn auch vielleicht nur mit viel Mühe und Zeitaufwand – lösbares Informationsproblem.

Es gibt jedoch auch Situationen, in denen es unmöglich ist, alles für einen mit Sicherheit «richtigen» Entscheid notwendige Wissen zu beschaffen, auch wenn wir uns noch so sehr bemühen. Es sind dies, wie wir bereits gesehen haben, *komplexe* Situationen.

Sie zeichnen sich dadurch aus, dass sie nicht nur in ihrem Aufbau kompliziert sind, sondern sich auch rasch und in vielfältiger Weise im Zeitablauf verändern, also eine hohe Dynamik aufweisen. In diesem Fall liegt es in der Charakteristik der Situation begründet, dass wir im Zeitpunkt, in dem wir entscheiden sollten, nie all das wissen können, was wir zu einem sicheren Entscheid brauchen würden, denn morgen wird sich die Situation bereits wieder verändert haben. Das Problem, genügend Informationen zu erhalten, ist also in solchen Situationen nie vollständig lösbar.

Diese Überlegungen führen uns zu den «Bausteinen» eines ganzheitlichen Denkens zurück, die wir im zweiten Teil dieses Buches dargestellt haben: Wir können diese systemtheoretischen Grundvorstellungen nun anwenden zur Unterscheidung von verschiedenen Entscheidungssituationen. Das heisst, dass wir eine solche Problemsituation als ein System mit bestimmten Eigenschaften wie Vernetztheit, Komplexität usw. abbilden, um herauszufinden, wie wir vernünftig in dieses System eingreifen können.

Vorerst führt uns die Unterscheidung von Kompliziertheit und Komplexität (vgl. Seite 57 ff.) zur Unterscheidung von *einfachen, komplizierten, komplexen und äusserst komplexen Systemen und Situationen* (vgl. Abb. 46).

Gemäss unseren Überlegungen zur Komplexität handelt es sich bei einfachen und komplizierten Situationen um triviale Systeme, während komplexe Situationen nicht-triviale Systeme sind. Dies tönt zwar nach Wortklauberei, ist aber entscheidend wichtig zur Beantwortung der Frage, wie wir vorgehen sollten beim Problemlösen. Ist die Situation einfach oder bloss kompliziert in ihrem Aufbau, dann tun wir gut daran, sie ganz genau zu analysieren, die Wirkungsbeziehungen zwischen allen Elementen genau zu erfassen und die einzelnen Faktoren so präzis als möglich zu quantifizieren. Weil das System sich nach festen Regeln verhält, können wir auch hinreichend sichere Prognosen über zu erwartende Veränderungen der Situation machen.

Ganz anders ist es jedoch, wenn wir es mit einer komplexen Situation, d. h. mit einem nicht-trivialen System zu tun haben. Infolge der grossen Veränderlichkeit im Zeitablauf wird es uns nie gelingen, die Situation exakt zu erfassen und zukünftige Zustände zu einem bestimmten späteren Zeitpunkt genau vorhersagen zu können.

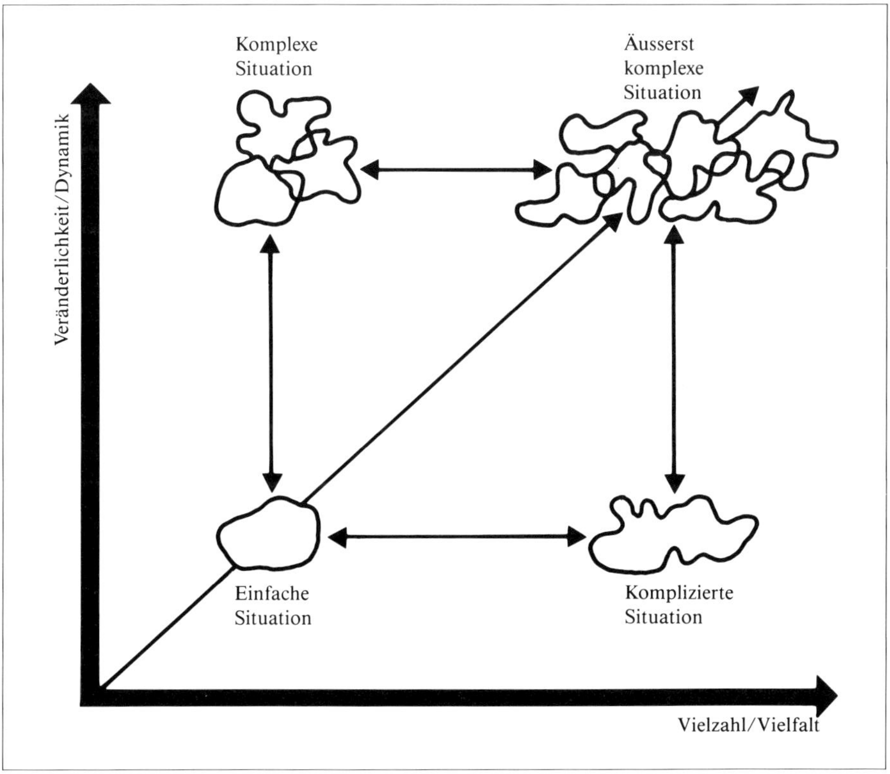

Abb. 46: Lokalisierung der Problemsituation

Und trotzdem müssen wir uns entscheiden, wenn wir nicht handlungsunfähig werden wollen. Wenn wir es mit solchen Situationen zu tun haben, stellt sich also ganz allgemein die Frage, wie wir gedanklich und faktisch mit Komplexität umgehen sollten. Die Antwort darauf möchten wir mit einer ganzheitlichen Problemlösungsmethodik geben, die in diesem dritten Teil Schritt für Schritt entwickelt wird.

Vom Umgehen mit komplexen Problemsituationen

Viel mehr Problemsituationen als uns bewusst ist sind hochkomplexe Situationen. Sehr oft verdrängen wir diesen Tatbestand, weil die Anerkennung der Komplexität so unbequem ist und uns unsicher macht. Sehr oft «tun wir so als ob» es sich eigentlich um eine einfache Situation handeln würde, die wir doch als logische Denker gedanklich voll beherrschen können sollten. Aber diese Vereinfachungsstrategie ist nur selten erfolgreich, weil sich die Wirklichkeit davon nicht beeinflussen

	Einfache Situation	Komplexe Situation
Charakteristik	wenige, gleichartige Elemente geringe Vernetztheit wenig Verhaltensmöglichkeiten der Elemente determinierte, stabile Wirkungsverläufe	viele, verschiedene Elemente starke Vernetztheit viele verschiedene Verhaltensmöglichkeiten der Elemente viele veränderliche Wirkungsverläufe
Erfassbarkeit	vollständig analysierbar quantifizierbar Verhalten prognostizierbar = analytisch erklärbar = Sicherheit erreichbar	beschränkt analysierbar beschränkt quantifizierbar Verhaltensmuster erkennbar =synthetisch verstehbar = Unsicherheit reduzierbar
Geeigneter Modellierungsansatz	Vorbild: «Maschine» Systemtyp: Triviales System	Vorbild: «Ökosystem» Systemtyp: Nicht-triviales System
Geeignete Denkweise	Kausalanalytisches Denken	Ganzheitliches Denken
Geeignete Problemlösungsmethoden	«Exakte, quantitative Methoden» Algorithmen	«Unexakte, qualitative Methoden» Heuristiken
Faktische Beeinflussbarkeit	konstruierbar beherrschbar mit «Restrisiko»	beschränkt gestaltbar beschränkt lenkbar «kultivierbar»

Abb. 47: Einfache und komplexe Problemsituationen im Überblick

lässt. Meist lösen wir dann gedanklich exakt nur ein Problem, das sich so gar nicht stellt. Auch die Vorstellung, dass wir zuerst ein ganz einfaches Modell entwickeln und mit seiner Hilfe das Problem «grundsätzlich» oder «theoretisch» lösen und dann durch Hinzufügen von einigen zusätzlichen Schikanen die erforderliche «Wirklichkeitsnähe» erreichen könnten, ist irreführend. Nicht-triviale Systeme haben, wie wir gesehen haben, eine ganz andere Charakteristik als triviale Systeme, es handelt sich um etwas qualitativ anderes (vgl. Abb. 47).

Sehr viele Problemsituationen sind deshalb komplex, weil es sich dabei um kleinere oder grössere *soziale Systeme* handelt, die eine Mehrzahl von Menschen umfassen. Selbst im privaten Bereich entscheiden und handeln wir ja nicht isoliert für uns allein, sondern unsere Entscheide und Handlungen beeinflussen andere Menschen - z. B. unsere Familie - und werden von diesen beeinflusst. In ausgeprägtem Masse ist dies der Fall, wenn wir im Berufsleben für bestimmte gesellschaftliche Institutionen - als Mitarbeiter für eine Unternehmung, als Beamte für den Staat, als Lehrer für eine Schule usw. - entscheiden und handeln. Besonders deutlich ist dies bei Führungskräften, die ja ausdrücklich damit beauftragt sind, für solche Institutionen zu entscheiden. Je höher eine Führungskraft in der Hierarchie der betreffenden Organisation steht, um so breiter ist im allgemeinen sein Kompetenz- und Wirkungsbereich, um so mehr Menschen umfasst das System, das er führen soll, um so komplexer sind demgemäss auch die Situationen, in denen er zu entscheiden hat. Umgekehrt sind die Situationen, in denen untere Führungskräfte und ausführende Mitarbeiter zu entscheiden und zu handeln haben, deshalb einfacher, weil sie bereits weitgehend strukturiert worden sind durch Entscheide, die auf höherer Stufe gefallen sind. Dabei kann es sich durchaus um komplizierte Aufgaben handeln, die ein umfangreiches Wissen und Können erfordern. Trotzdem handelt es sich nicht um komplexe Situationen; man kann sie gedanklich voll beherrschen, durch Üben eine Routine entwickeln und mit grosser Wahrscheinlichkeit erfolgreich handeln. Solche Probleme können deshalb auch delegiert und in zunehmendem Masse auch Computern und Automaten zur Lösung übertragen werden. Diese Aufgaben verschwinden damit auch aus dem eigentlichen Aufgabenbereich des höheren Chefs, der ja bekanntlich so viel als möglich delegieren soll; was übrigbleibt, ist eben das Treffen von Entscheidungen in komplexen Situationen, das nicht in gleicher Weise und mit gleichem Erfolg routinisierbar ist.

Die ständige Veränderung komplexer Situationen im Zeitablauf führt auch dazu, dass die konkrete Ausprägung einer solchen Problemsituation immer *einmalig* ist. Selbst wenn es in abstrakter Formulierung um ein Problem geht, mit dem wir schon mehrfach konfrontiert waren - z. B. das Eintreten von Lieferverzögerungen in einem bestimmten Betriebsbereich - ist es durchaus nicht sicher, dass eine früher erfolgreiche Lösung auch diesmal erfolgreich sein wird. Es kann sein, dass diesmal die Störung auf andere Ursachen zurückzuführen ist, weil sich eben die ganze Situation - vielleicht gerade unter dem Einfluss unserer früheren Massnahmen - anders als gewollt verändert hat. Wir tun deshalb gut daran, unser Modell der Problemsituation neu zu überprüfen und gegebenenfalls nach neuen Lösungen zu suchen. In komplexen Situationen gibt es daher keine Standardlösung, die wir ohne weiteres in die Tat umsetzen können.

Das bedeutet nicht, dass die Erfahrung keine Rolle spielt. Wer schon öfters mit einem gleichartigen Problem, wenn auch in konkret unterschiedlichen Situationen, konfrontiert war, hat - hoffentlich - dabei eine Menge gelernt. Vor allem kann man aus eigenen - oder von andern begangenen - Fehlern lernen, was offenbar *kei-*

nen Erfolg verspricht. Dieses sozusagen negative Lernen – das Lernen, wie man Irrtümer vermeidet – stellt vielleicht den grössten Wissensschatz erfahrener Menschen dar.

Das wichtigste aber, was man durch Erfahrung lernen kann, ist, wie man mit einer bestimmten Art von Problemsituationen gedanklich umgehen sollte. Es geht also nicht primär um das Gewinnen von Wissen über die beste Problemlösung, sondern um das Erlernen einer bestimmten, situationsgerechten Vorgehensweise oder Problemlösungsmethodik.

Unsere Fähigkeit, komplexe Situationen zu erfassen und dann erfolgreich zu handeln, ist nicht besonders gut entwickelt. Viele Experimente zeigen, dass auch sehr intelligente Menschen rasch überfordert sind, wenn Entscheide getroffen werden müssen, die einen Eingriff in ein vernetztes, dynamisches System bedeuten. Immer wieder kommt es vor, dass scheinbar auf der Hand liegende, logisch abgeleitete Massnahmen nicht zum gewünschten Erfolg führen, sondern ganz andere als die erwünschten Wirkungen erzeugen. Oft ist es auch so, dass der unmittelbar angestrebte Effekt zwar eintritt, dass aber gleichzeitig oder anschliessend unerwartete und unerwünschte sogenannte «Nebenwirkungen» entstehen, die dann mit weiteren Eingriffen wieder beseitigt werden müssen, die dann wiederum unerwünschte «Nebenwirkungen» erzeugen und so fort. Man denke etwa an staatliche Eingriffe in die Marktwirtschaft, die sozusagen nie nur die gerade gewünschten Wirkungen zur Folge haben. Unsere Gesellschaft ist geradezu gekennzeichnet dadurch, dass wir um so mehr Probleme schaffen, je mehr Probleme wir zu lösen versuchen.

Dieses mangelhafte Problemlösen ist vor allem darauf zurückzuführen, dass wir gewohnt sind, in kurzen linearen Wirkungsketten zu denken und nicht in zirkulären Netzwerken. Damit konstruieren wir uns bereits ein Bild der Situation, das den realen Gegebenheiten nicht angepasst ist; ein noch so grosser Aufwand an exakter logischer Analyse dieses unpassenden Modells kann dann nicht zu wirklich erfolgreichen Handlungsanleitungen führen. Eine Problemlösungsmethodik, die zu einem erfolgreichen Handeln in komplexen Situationen führen soll, muss daher schon im Ansatz von andern Annahmen über die Charakteristik der Realität ausgehen.

Die im folgenden dargestellte ganzheitliche Problemlösungsmethodik beruht auf den im ersten Teil erläuterten systemtheoretischen Grundvorstellungen und den daraus abgeleiteten Merkmalen sozialer Systeme. Wir gehen davon aus, dass Problemsituationen, wie sie im menschlichen Zusammenleben und -wirken entstehen, dieselbe Charakteristik aufweisen wie soziale Systeme überhaupt. Damit soll nicht gesagt sein, dass es nicht auch viele einfachere Problemsituationen gibt, die auf einfacherem Weg oder mit andern Methoden gelöst werden können. Wie erwähnt sind wir aber der Meinung, dass sehr viel mehr Probleme als üblicherweise angenommen aus solchen komplexen Situationen entstehen, für deren Lösung weder der übliche gesunde Menschenverstand allein noch exakte algorithmische Entscheidungsmethoden geeignet sind.

Aus der Charakteristik solcher Situationen ergibt sich, dass es sich bei der hier vorgestellten Methodik nicht um eine exakte Entscheidungsmethode im Sinne eines vollständigen Programms handeln kann, das nur strikte befolgt werden muss, um die beste Lösung zu finden. Es handelt sich vielmehr um eine sogenannte *Heuristik,* d. h. um eine Reihe von Vorgehensregeln, die die Wahrscheinlichkeit des Findens einer «guten» Lösung erhöhen, aber nicht garantieren. Es ist auch ein unvollständiges Programm in dem Sinne, dass es vom Problemlöser nicht nur ein stures Befolgen von Vorschriften, sondern ein ständiges Interpretieren und gedankliches Ausfüllen des vorgeschlagenen Rasters verlangt. Seit langem weiss man, dass wirklich schöpferische gedankliche Leistungen nicht durch die blosse Abwicklung von vorgegebenen Denkoperationen erbracht werden können, sondern in hohem Masse auch ein eigenständiges, nicht an feste Regeln gebundenes Denken erfordern. Heuristiken sind daher Stützen für ein eigenes rationales Denken, nicht ein Ersatz dafür.

2. Die 6 Schritte des Problemlösungsprozesses

Probleme sind nur selten so einfach, dass wir sie auf Anhieb, in einem Zug, lösen können. Alle Problemlösungsmethoden beruhen darauf, dass sie den gedanklichen Vorgang des Problemlösens logisch in Phasen oder Schritte unterteilen. Auch unsere ganzheitliche Problemlösungsmethodik kommt nicht ohne eine solche logische Aufgliederung aus.

Wir unterscheiden in unserem, auf komplexe Situationen ausgerichteten Problemlösungsprozess *6 Schritte:*

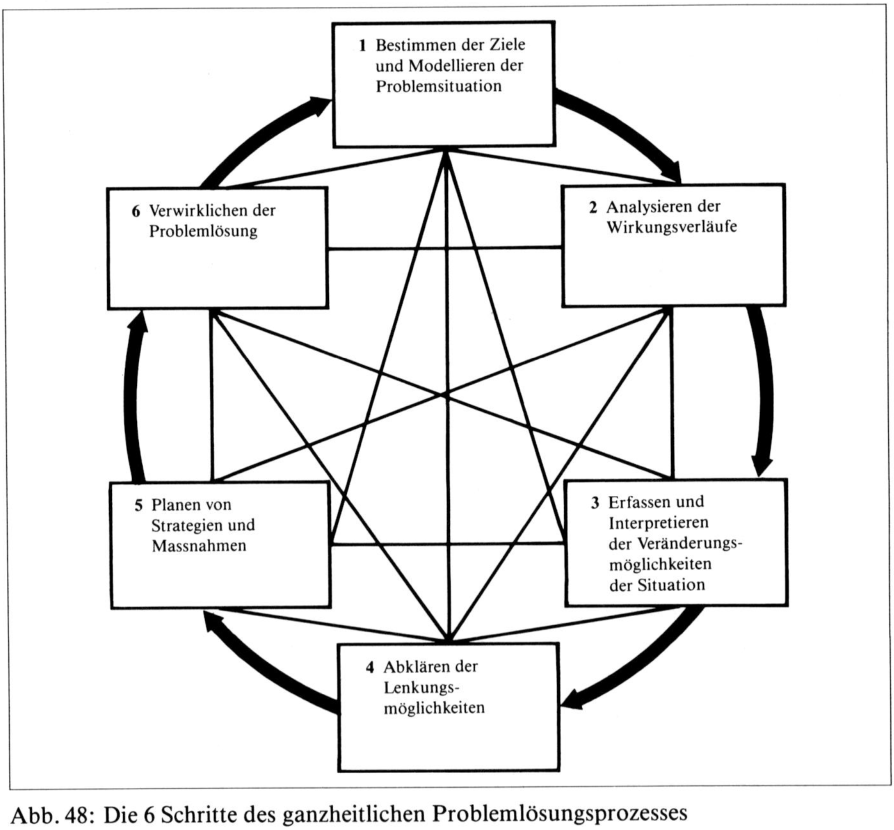

Abb. 48: Die 6 Schritte des ganzheitlichen Problemlösungsprozesses

Aber aufgepasst: Wenn wir nicht in ein lineares Kausaldenken zurückfallen wollen, dann dürfen wir diese logische Gliederung nicht unbedingt auch als eine Schritt-Folge im Zeitablauf auffassen in dem Sinne, dass der erste Schritt endgültig getan werden muss, bevor der zweite erfolgen darf usw. Komplexe Problemsituationen erfordern vielmehr in aller Regel ein mehrfaches Durchlaufen dieser Schritte. Man nennt einen solchen Vorgang einen *iterativen Prozess,* der sich mehrfach wiederholt. Sehr oft zeigt sich, dass man aufgrund der Erkenntnisse, die man im Laufe des Prozesses gewinnt, zu einer Korrektur dessen kommt, was man in einem bereits einmal zurückgelegten Schritt als richtig angenommen hat. Die Schritt für Schritt gewonnenen Einsichten sind zunächst immer nur vorläufig, sie müssen korrigierbar sein, bis wir den Prozess definitiv abbrechen. Natürlich macht dieses mehrfache Durchspielen nur Sinn, wenn es zu neuen, besseren Erkenntnissen führt. In diesem Sinn kann man sich den iterativen Prozessablauf vorstellen als eine *Wissensspirale,* die sukzessive zu einer guten Problemlösung führen soll.

Wichtig ist deshalb, dass wir in diesem Prozess nicht nur in einer Richtung vorwärtsschreiten können, sondern auch immer den Weg zurück zu einem bereits einmal zurückgelegten Schritt gehen können. Wir haben deshalb die 6 Schritte in unserer Abbildung kreisförmig angeordnet und als Vollstruktur dargestellt, in der jeder Schritt mit jedem andern verbunden ist.

Der erste Schritt: Bestimmen der Ziele und Modellieren der Problemsituation

Die Aufgabe

Wunsch und Wirklichkeit

Wie wir festgestellt haben ist ein Problem nicht etwas unabhängig von uns in der Aussenwelt Existierendes, sondern das Ergebnis unserer Beurteilung einer Situation. Der Ausgangspunkt eines Problemlösungsprozesses besteht oft nur in einem vagen Gefühl, etwas sei nicht in Ordnung, oder es bahne sich eine ungünstige Entwicklung an, der wir entgegenwirken sollten. Manchmal wird dieses Unbehagen hervorgerufen durch eine Beobachtung, die eine Abweichung der tatsächlichen von einer erwarteten oder erhofften Entwicklung anzeigt: Bäume sterben in ungewohntem Ausmass ab; Bestellungen für ein bestimmtes Produkt treffen in unserer Unternehmung nur noch spärlich ein; mehrere Mitarbeiter kündigen fast zu gleicher Zeit. Solche Beobachtungen sind *Signale,* die uns anzeigen, dass etwas geschah oder geschehen wird, das für uns von Bedeutung ist. Aber solche Indizien stellen noch keine eigentliche Problemstellung dar, solange wir sie nur als isolierte Erscheinung erfassen und ihre Bedeutung nicht in einem grösseren Kontext verstehen können. Manchmal ist uns nicht einmal klar, ob es sich dabei um ein Signal über eine für uns günstige oder ungünstige Entwicklung handelt.

Nicht immer sind es jedoch solche Veränderungen in der Aussenwelt, die den Ausgangspunkt bilden. Manchmal wäre nach unseren bisherigen Vorstellungen eigentlich alles in Ordnung, alles läuft wie gewünscht. Aber inzwischen haben wir unsere Absichten geändert, uns etwas Neues vorgenommen. Nicht die äussere Wirklichkeit hat sich also verändert, sondern unsere Wunschvorstellungen darüber, wie sie sein sollte. Zum Beispiel funktioniert die Maschine durchaus so, wie es der Absicht des Konstrukteurs entsprach. Aber inzwischen ist ihm die Idee für eine neue, bessere Maschine gekommen, und um diese neue Absicht in die Tat umsetzen zu können, setzt er einen entsprechenden Problemlösungsprozess in Gang.

Ob also der Ausgangspunkt in einer Veränderung der Wirklichkeit liegt oder aber in der Änderung unserer Absichten, immer liegt der Ursprung eines Problems in einer *Differenz zwischen Wunsch und Wirklichkeit* oder – wie dies in der Literatur oft formuliert wird – in einer Abweichung des «Ist» von einem «Soll». Beide aber, Wunsch und Wirklichkeit, Soll und Ist, sind veränderlich, und nur in ihrer Wechselwirkung, d. h. in der geistigen Auseinandersetzung zwischen beiden, entsteht eine Problemstellung.

Wir können es auch so ausdrücken: Wir leben in einer sich ständig ändernden Wirklichkeit, die wir von unseren Wertvorstellungen und Absichten aus, die sich möglicherweise im Zeitablauf auch ändern, beurteilen. Fällt dieser Vergleich zu unserer Zufriedenheit aus, stehen Wunsch und Wirklichkeit in Einklang, und empfangen wir auch keine Signale, dass sich das ändern könnte, dann sind wir in der glücklichen Lage, «kein Problem zu haben». Besteht oder droht aber eine Diskrepanz, dann ist dies der Anlass, die Situation zu problematisieren. Wir sprechen dann von einer *Problemsituation.*

Ganz allgemein gesagt ist der ganze Problemlösungsprozess darauf gerichtet, die wahrgenommenen Diskrepanzen zwischen Wunsch und Wirklichkeit zum Verschwinden zu bringen. In diesem ersten Schritt unserer Problemlösungsmethodik geht es darum, die anfänglichen Vorstellungen über diese beiden Komponenten zu klären, kritisch zu prüfen und zu konkretisieren. Wie angedeutet handelt es sich dabei um zwei parallele, miteinander verknüpfte Denkvorgänge: Wir müssen einerseits unsere Wertvorstellungen, Absichten oder bisherigen Ziele durchdenken und neue, hinreichend klare Ziele setzen, und wir müssen uns andererseits ein zu-

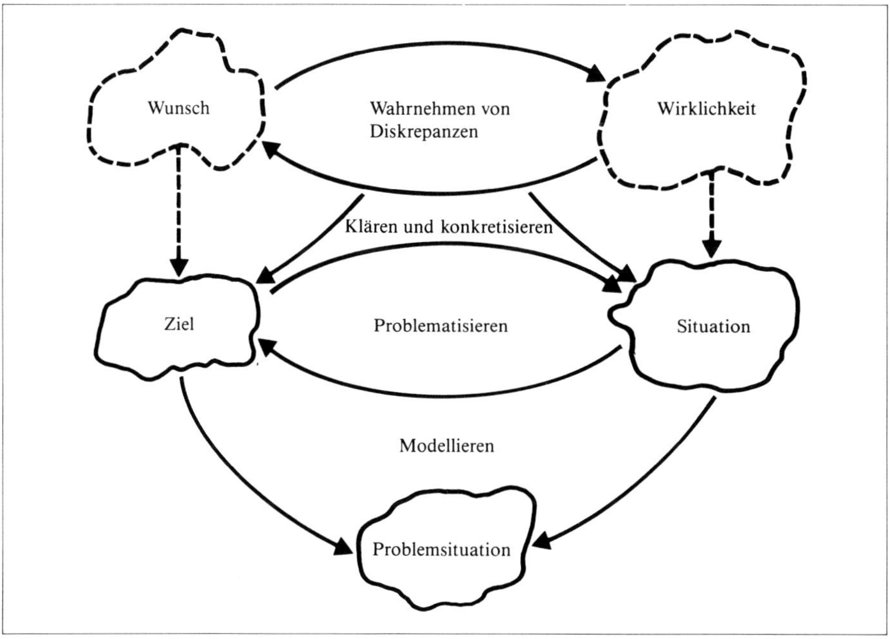

Abb. 49: Das Entstehen eines Problems

treffendes Bild erarbeiten von der realen Situation, in die wir zielgerichtet handelnd eingreifen wollen. Beide Komponenten - eine klare Zielvorstellung und ein zutreffendes Bild der realen Problemsituation - sind unabdingbare Voraussetzungen für alles weitere Vorgehen: Wenn wir kein Ziel haben, werden wir uns richtungslos in der realen Welt bewegen, und wenn wir kein Bild der Wirklichkeit besitzen, das der realen Situation entspricht, können wir diese nicht vernünftig und erfolgversprechend beeinflussen.

Da so viel davon abhängt, dass wir nicht schon in diesem ersten Schritt in die Irre gehen, wollen wir diese beiden «Denkstränge» noch etwas näher betrachten (vgl. Abb. 49).

Bestimmen der Ziele

Wir gehen im folgenden von Situationen aus, in die Führungskräfte in sozialen Institutionen hineingestellt sind. Man kann mit Recht sagen, dass ihre zentrale Funktion darin besteht, Problemsituationen zu erkennen, Problemlösungen zu finden, zu entscheiden, was zu tun ist, und diese Vorgänge einzuleiten und zu überwachen. Aber diese Problemlösungsprozesse fangen praktisch nie bei Null an, sondern setzen irgendwann ein in einem kontinuierlichen Vorgang der Führung der Institution. So sind auch Zielvorstellungen bereits da, je nachdem eher in einer verschwommenen Form oder aber sehr präzis formuliert. Nehmen wir zuerst ein Beispiel für eine präzise Zielsetzung: Bei der Budgetierung für das laufende Geschäftsjahr haben wir in unserer Unternehmung ein bestimmtes wertmässiges Umsatzziel gesetzt. Nun zeigt unsere laufende Budgetkontrolle – also der Vergleich von «Soll» und «Ist» –, dass der tatsächliche Umsatz hinter dem geplanten zurückbleibt. Wenn wir am früher gesetzten Ziel festhalten, kommen uns einige Massnahmen in den Sinn, die wir ergreifen könnten, um das Umsatzbudget doch noch zu erfüllen: Die Tätigkeit des Aussendienstes intensivieren, die Werbung verstärken, den Verkaufspreis senken ... Aber werden diese Massnahmen tatsächlich in der gewünschten Weise wirksam sein? Können wir bei einer Preisreduktion tatsächlich mehr umsetzen? Oder entstehen etwa durch solche Massnahmen unerwünschte Nebenwirkungen, zum Beispiel erhöhte Kosten oder verminderte Erträge, die unsere Rendite radikal zusammenschrumpfen lassen? Oder sollten wir vielleicht unsere Zielsetzungen revidieren, etwa das Umsatzziel nach unten dem bisherigen Verlauf anpassen? Und welche Massnahmen müssten wir dann treffen, um den Schaden zu begrenzen? War es falsch, überhaupt eine bestimmte Umsatzzahl als absolute Zielgrösse festzulegen; sollten wir nicht viel eher nach einem bestimmten Gewinn oder einem bestimmten Cash-flow streben?

Wir sehen: Selbst in diesem Fall einer eindeutigen, quantifizierten Zielsetzung ergeben sich beim Eintreten einer unerwünschten Abweichung des «Ist» vom vorgegebenen «Soll» zahllose Fragen, die wir beantworten sollten, bevor wir wissen, was zu tun ist – und vielleicht besteht dieses erforderliche «Tun» darin, dass wir uns ein anderes Ziel setzen. Dies können wir aber erst entscheiden, wenn wir uns ein umfassendes Bild der gesamten Situation machen, damit wir alle relevanten Zusammenhänge berücksichtigen können.

Nehmen wir als zweites Beispiel das Gebiet der sogenannten strategischen Entscheidungen. Hier sind uns keine genau definierten Ziele vorgegeben, sondern es geht darum, allgemeine Zielrichtungen festzulegen, welche das Verhalten der Unternehmung längerfristig bestimmen sollen. Aber auch hier fangen wir nicht auf der grünen Wiese an, sondern wir haben schon bisher eine mehr oder weniger bestimmte Politik verfolgt; vielleicht verfügen wir über ein schriftlich festgelegtes «Leitbild» oder über «Geschäftsgrundsätze», die in grossen Zügen den Produkte- oder Dienstleistungsbereich bestimmen, in dem wir tätig sein wollen, und festlegen, dass wir qualitativ führend sein, den Aktionären eine angemessene Dividende zahlen, die Mitarbeiter partizipativ führen und Sorge zur natürlichen Umwelt tragen wollen. Aber was bedeutet dies konkret für die Strategie der nächsten Jahre?

Wir müssen diese allgemeinen Aussagen nun interpretieren und konkretisieren, und zwar im Hinblick auf die gegenwärtige Situation von Unternehmung und Umwelt und deren zukünftige Entwicklungen. Hier sehen wir auch besonders deutlich, dass wir es nicht mit einer einzigen Zielsetzung zu tun haben, sondern mit einem ganzen Bündel von Zielrichtungen, die aber miteinander verknüpft sind. Welches Gewicht soll ihnen im einzelnen zukommen? Welches Ziel ist wichtiger als das andere? Worauf können wir notfalls verzichten? Und welches sind eigentlich die Kriterien, die uns zu einem bestimmten Entscheid in solchen Fragen führen? Letztlich müssen wir in unsern Überlegungen noch weiter zurückgehen und uns fragen: Was sind eigentlich unsere grundlegenden Wertvorstellungen, die unserer Unternehmungsführung zugrundeliegen? Und dies wiederum führt uns – wenn wir das Unternehmen als ein offenes, in die Gesellschaft eingegliedertes System betrachten – zur Frage: Was sind eigentlich die Zwecke unseres Unternehmens, die Funktionen, die sie in ihrer Umwelt ausüben soll?

Beide Beispiele zeigen uns: Wir können Probleme weder bestimmen noch lösen, wenn wir nicht Klarheit gewinnen über das, was wir *wollen.* Solche Willensakte stellen selbst schon Entscheide oder Wertungen dar, ohne die eine Situation gar nicht problematisiert werden kann. Dabei handelt es sich nicht um objektive Tatsachen, die unabhängig von uns existieren, sondern um menschliche Werturteile, die kritikfähig und kritikbedürftig sind. Führen wir diesen Gedankengang weiter, dann erkennen wir aber auch, dass die Basis der Wertungen, die wir bei der Zielsetzung vornehmen, übergeordnete, allgemeinere Werte sind, die erst erlauben, unsere Zielsetzungen zu begründen. Wenn wir wie im Beispiel der strategischen Führung fragen, was eigentlich die Funktionen der Unternehmung in der Gesellschaft sein sollen, so suchen wir nach gesellschaftlichen Werten, um daraus eine gesellschaftlich sinnvolle Zielsetzung für die Unternehmung ableiten zu können. Wir fragen uns dann nicht nur, was wir tun wollen, sondern, was wir von einem übergeordneten Wertesystem aus tun *sollen.* Die Notwendigkeit, nach dem «Sollen» zu fragen, ist, systemtheoretisch ausgedrückt, eine Folge der Offenheit des Systems, für das wir handeln, und seiner Eigenschaft als Element anderer, umfassenderer Systeme. Weniger formal ausgedrückt geht es um den Tatbestand, dass wir mit unserem Entscheiden über Ziele und dem nachfolgenden zielgerichteten Handeln stets auf andere Menschen, soziale und natürliche Systeme einwirken und für die entstehenden Folgen die Verantwortung tragen. Verantwortungsbewusstes Handeln ist aber nur möglich, wenn wir es aufgrund übergeordneter Normen begründen können. Deshalb hat unser Entscheiden und Handeln unverzichtbar auch eine moralische oder ethische Komponente.

Mit diesem Hinweis auf die werthafte Dimension der Zielbildung soll vor allem der Tendenz entgegengewirkt werden, so zu tun als ob es in diesem Prozess nur um

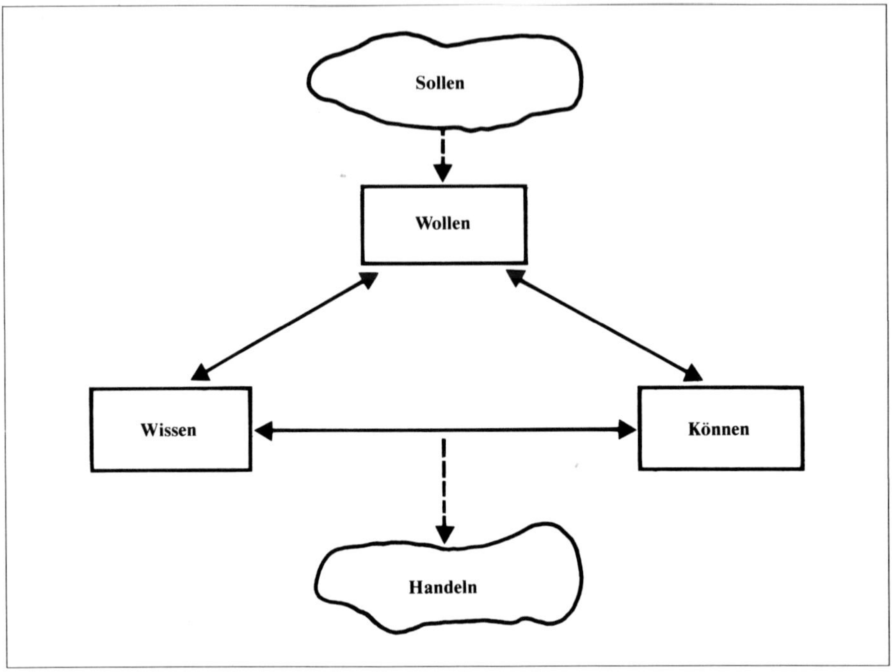

Abb. 50: Grundlegende Komponenten für den Problemlösungsprozess

das Feststellen von objektiven Tatsachen gehe; dass das richtige Ziel eigentlich gegeben sei und wir es nur erkennen und genau formulieren müssten. Diese scheinbare Objektivierung führt nicht nur zu einer oberflächlichen Rechtfertigung egoistischer Zielsetzungen, sondern hindert uns grundsätzlich daran, Möglichkeiten und Grenzen unserer Entscheidungsfreiheit vorurteilsfrei abzuklären. Natürlich benötigen wir, um Probleme lösen zu können, in der Regel einen erheblichen Sachverstand; mit diesem Wissen und Können bewegen wir uns aber in einem geistigen Raum, der durch menschliche Werte begrenzt ist, die im Sollen und Wollen ihren Ausdruck finden (vgl. Abb. 50).

Modellieren der Problemsituation

Wir wir mehrfach festgestellt haben, kann diese Klärung der Zielsetzungen gar nicht erfolgen, wenn wir uns nicht parallel dazu ein Bild machen von der Wirklichkeit, in die wir schliesslich zielgerichtet eingreifen wollen. Aber wie wirklich ist die Wirklichkeit? Erinnern wir uns an das früher Gesagte: Was wir als Wirklichkeit wahrnehmen, ist von uns selbst abhängig, stellt immer nur ein Bild, eine Vorstellung oder ein Modell der Wirklichkeit dar. Besonders bei komplexen Situationen ist es klar: Wir können sie gar nicht wahrnehmen und abbilden, wie sie wirklich sind. Auch wenn wir darüber ein Buch schreiben würden: immer gäbe es noch etwas, was auch noch zu sagen wäre. Jede Wahrnehmung ist selektiv und erfasst nur bestimmte Eigenschaften der Wirklichkeit. Es wäre deshalb sinnlos und würde uns handlungsunfähig machen, nach Vollständigkeit zu streben. Was wir erfassen müssen, sind diejenigen Eigenschaften der Wirklichkeit, die im Hinblick auf unsere Zielsetzungen und unsere Absicht, handelnd in die Wirklichkeit einzugreifen, wesentlich sind. Deshalb ist eben schon für eine vernünftige, problemorientierte Modellierung einer Situation die Klärung unserer Zielsetzungen notwendig.

Wie wir früher gesehen haben, gibt es jedoch einige Grundeigenschaften, welche Situationen eines bestimmten Typs generell aufweisen. Für die uns interessierenden Situationen in sozialen Systemen sind es die im ersten Teil beschriebenen «Bausteine»: Ganzheitlichkeit, Vernetztheit, Offenheit zur Umwelt, Komplexität, Geordnetheit, Lenkfähigkeit und Entwicklungsfähigkeit. Für eine ganzheitliche Problemlösungsmethodik ist es deshalb grundlegend, dass wir die zu problematisierende Situation als ein System mit diesen Eigenschaften abbilden.

Zusammenfassend kann man sagen: Unsere Absichten und Zielsetzungen geben uns die Kriterien an die Hand, die uns sagen, was an der Situation für uns wesentlich ist; die Systemeigenschaften leiten uns an, wie wir dieses Wesentliche erfassen und modellieren sollten.

Das Vorgehen

Fehler vermeiden!

Wichtig ist, dass wir uns gleich zu Beginn vornehmen, bereits in diesem ersten wichtigen Schritt Fehler zu vermeiden, die erfahrungsgemäss immer wieder begangen werden, wenn es sich um schwierige Probleme in komplexen Situationen handelt:

Wir sollten nicht so tun, als ob . . .

. . . ein Symptom für eine Unstimmigkeit bereits das zu lösende Problem sei

. . . Probleme gegebene «objektive Tatsachen» seien

. . . unsere Absichten und Ziele klar, unveränderlich und die einzig richtigen seien

. . . ein starker Wille genüge, um aus jeder Situation das beste zu machen

. . . die Problemsituation doch «eigentlich ganz einfach» sei

. . . wir nur *die* Ursache der Schwierigkeiten finden müssten, um zu wissen, was zu tun sei

. . . wir gar nicht genug Zeit hätten für eine sorgfältige Modellierung der Problemsituation.

1) *Zielvorstellungen prüfen und konkretisieren*

Wenn wir Signale über Abweichungen des «Ist» von unserem «Soll» erhalten, geht es zunächst oft um die Frage: *«Was ist eigentlich genau unser Ziel?»*. Vielleicht haben wir uns damit begnügt, das zu erreichende Ziel nur sehr allgemein und interpretationsbedürftig zu umschreiben. Vielleicht war es ursprünglich durchaus richtig, nur eine allgemeine Zielsetzung festzulegen, nur wurde dann im Laufe des Handlungsvollzugs versäumt, diese sukzessive zu konkretisieren und klare Teilziele zu bestimmen. Fehlinterpretationen, sich widersprechende Handlungen und Meinungsverschiedenheiten darüber, ob das Ziel erreicht worden ist oder nicht, können die Folge sein. Es geht also darum, solche unvollständigen Ziele zu präzisieren und zu konkretisieren.

Die zweite zu stellende Frage ist: *«Verfolgen wir das richtige Ziel?»*. «Richtig» kann ein Ziel in zweifacher Hinsicht sein: Es steht in Einklang mit übergeordneten Werthaltungen und Normen, und es ist der Situation angemessen, d. h. nicht von vornherein unrealistisch. Beide Aspekte sind kritisch zu prüfen, wobei folgende Fragen zu stellen sind:

- Stimmt das zur Diskussion stehende Ziel mit übergeordneten Zielvorstellungen (Wertvorstellungen, Leitbild der Institution, allgemeine Verhaltensnormen) überein? Würden diese auch eine andere Zielsetzung zulassen?

- Ist es überhaupt möglich, in der heutigen oder zukünftig zu erwartenden Situation das gesetzte Ziel zu erreichen? Erfordert die Situation eine Änderung unserer Zielsetzung?

Diese Fragen sind unbequem und werden deshalb auch häufig verdrängt. Viele Führungskräfte befinden sich oft in einer verzwickten Lage: Sollen sie unbekümmert um Schwierigkeiten am einmal festgesetzten Ziel festhalten mit dem Risiko, den sich abzeichnenden Misserfolg noch zu vergrössern? Oder sollen sie «die Übung vorzeitig abbrechen» mit dem Risiko, dass ihnen mangelndes Durchstehvermögen vorgeworfen wird? Beide Entscheide können richtig oder falsch sein, nur stellt sich das eben meist erst viel später heraus. Es gibt kein exaktes Verfahren, das die Führungskraft in dieser Lage anwenden und damit Sicherheit gewinnen kann. Man kann nur sagen: Je offener und je intensiver man sich mit den hier gestellten Fragen befasst, um so grösser ist die Wahrscheinlichkeit, dass man einen richtigen Entscheid trifft.

«Offen» bedeutet, dass wir uns auch unserer eigenen Vor-Urteile bewusst werden und akzeptieren, dass es auch andere Menschen mit andern Werthaltungen gibt, dass wir nicht alles wissen und auch andere Wertvolles zur Willensbildung beitragen können.

2) *Problemsituation aus verschiedenen Perspektiven abgrenzen*

Komplexe Situationen sind ihrer Natur nach schwer zu durchschauen, und wenn sie uns nicht besondere Schwierigkeiten verursachen, begnügen wir uns meist mit einem recht oberflächlichen Bild. Wenn es sich aber um eine Problemsituation handelt, die von uns Entscheide erfordert, dürfen wir uns nicht mit diesem Bild begnügen, sondern wir müssen nun bewusst ein *Modell* der Situation bilden, das uns ermöglicht, das wirkliche Problem zu erkennen und Eingriffsmöglichkeiten in die Situation herauszufinden.

Komplexe Situationen können nie «an sich» und vollständig abgebildet werden, sondern nur so, dass das in bezug auf bestimmte Fragestellungen Wesentliche herausgegriffen wird. Bei dieser *Reduktion auf das Wesentliche* besteht die grosse Gefahr, dass wir die Situation zu rasch auf einige wenige Faktoren reduzieren, die uns aufgrund unserer Erfahrung gerade wesentlich erscheinen. Ein weiterer Grund für diese zu radikale und zu rasche Reduktion ist oft unbewusst das Bestreben, ein Modell zu erhalten, das wir gedanklich einfach handhaben können, so dass wir eine einfache Entscheidungsmethodik oder unsern gesunden Menschenverstand anwenden können, um das Problem zu lösen. Wichtig ist also, dass wir dieser Tendenz zur radikalen Vereinfachung, die sich aus einer möglicherweise einseitigen

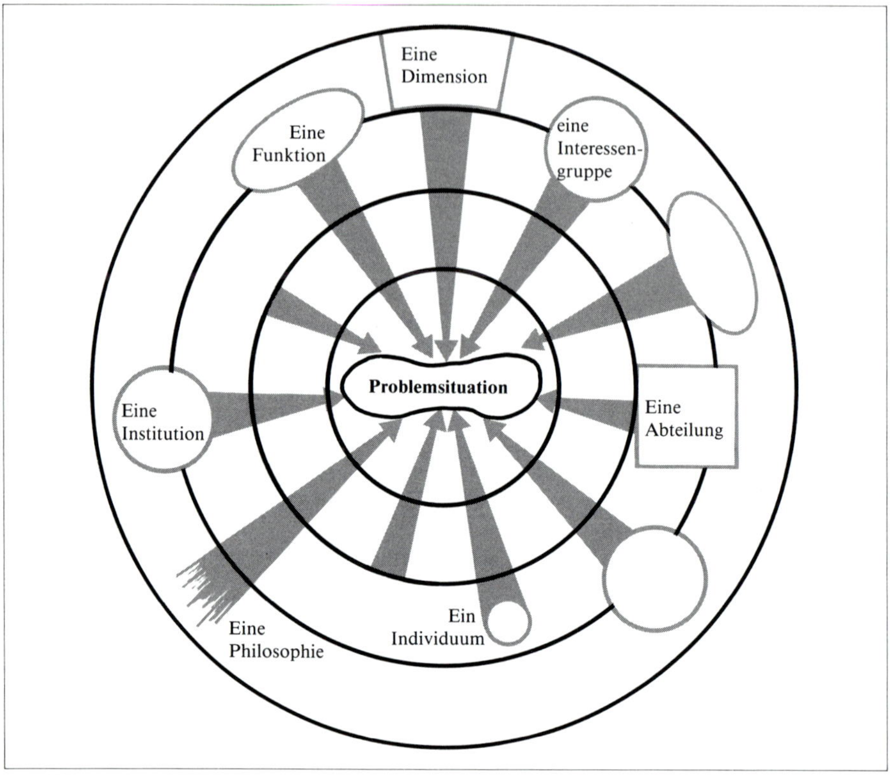

Abb. 51: Die Abgrenzung der Situation aus verschiedenen «Sichtweisen»

Sichtweise, aus dem Streben nach raschem Entscheiden und nach der Anwendung möglichst einfacher Entscheidungsmethoden ergibt, nicht nachgeben.

Um dieser Falle zu entgehen, ist es daher notwendig, zunächst von einem weiten Horizont auszugehen und die Situation bewusst von verschiedenen Gesichtspunkten aus zu betrachten (vgl. Abb. 51). In sozialen Systemen kann das am besten so geschehen, dass diese Modellierung der Situation in einem kleinen *Team* erfolgt, das aus verschiedenen «Spezialisten» zusammengesetzt ist, die von ihren spezifischen Aufgabengebieten her bestimmte Aspekte der Situation besonders gut kennen. Solche «Aspekte» sind in einem industriellen Unternehmen z. B. die verschiedenen Funktionsbereiche wie Marketing, Einkauf, Fertigung, Forschung und Entwicklung, Finanzen, Personalwesen usw.; es können aber auch verschiedene Produktsparten, Marktsegmente usw. sein. Nehmen wir als Beispiel den erwähnten Fall, dass wir mit dem Zurückbleiben des effektiven gegenüber dem geplanten Umsatz ein deutliches Signal für eine ungünstige Entwicklung erhalten haben. Diesen Tatbestand müssen wir nun in einen grösseren Zusammenhang stellen und uns überlegen, welche andere Faktoren damit in Zusammenhang stehen. Dabei handelt es sich um «Einflussfaktoren» im doppelten Sinn: Faktoren, die auf den Umsatz einwirken, aber auch solche, die von Veränderungen im Umsatz ihrerseits beeinflusst werden. Es ist wichtig, dass wir nicht nur nach den «Ursachen» des Umsatzrückgangs suchen, sondern auch nach den «Wirkungen», die davon ausgehen (vgl. Abb. 52).

3) *Zielgrössen bestimmen*

Bei unserer Suche nach den wesentlichen Faktoren oder Elementen der Problemsituation legen wir in der Regel zuerst jene Faktoren fest, die wir gemäss unserer Zielsetzung in einer bestimmten Richtung verändern wollen. Diese Faktoren bezeichnen wir als *Zielgrössen.* Es kann sich dabei um einen einzigen Faktor handeln, z. B. den Umsatz, den wir vergrössern wollen, oder die Qualität unserer Leistungen, die wir als ungenügend beurteilen usw. Es kann aber auch sein, dass wir von vornherein erkennen, dass es mehrere Zielgrössen sind, auf die unsere Problemlösung gerichtet sein soll.

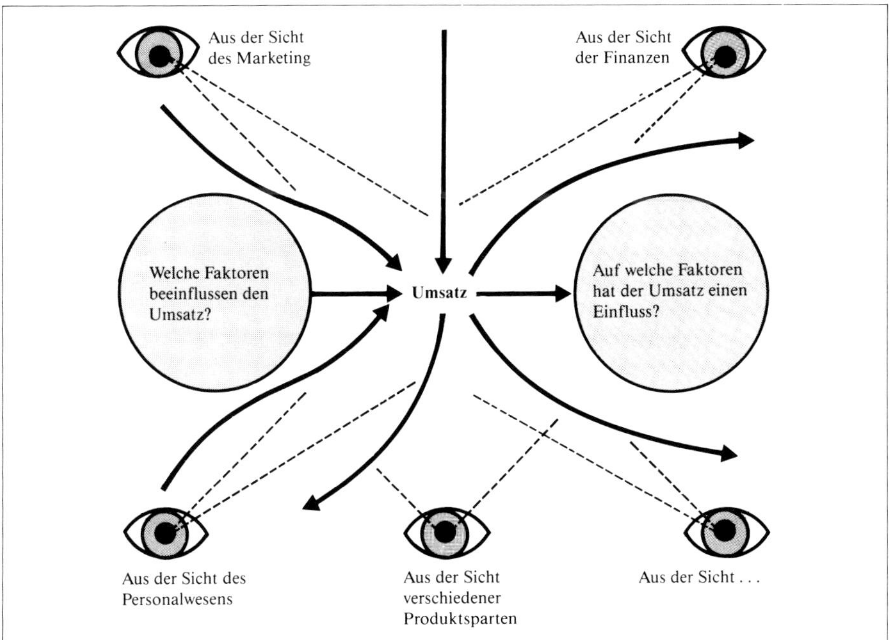

Abb. 52: Beispiel für die Erfassung relevanter Elemente und Beziehungen

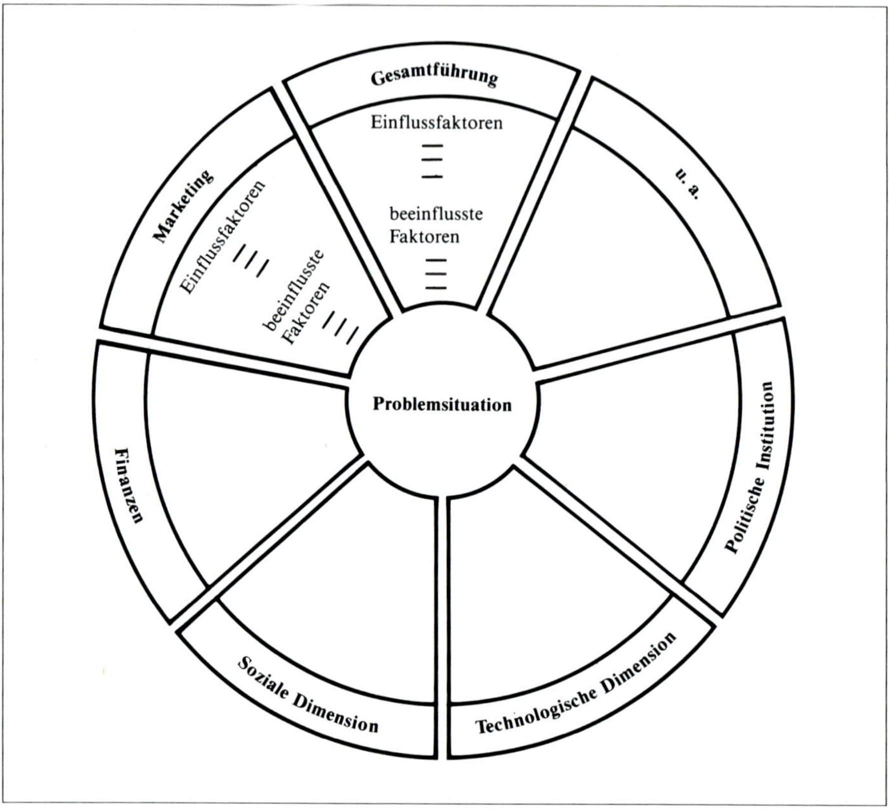

Abb. 53: Integration der Sichtweisen und relevanten Faktoren (Elemente)

4) *Listen von Einflussfaktoren erstellen*

Fordern wir nun jeden unserer «Spezialisten» auf, eine *Liste weiterer Einflussfaktoren* aufzustellen, so werden sich in aller Regel ziemlich verschiedene Listen ergeben. Der Marketingleiter wird wohl vor allem den Zusammenhang des Umsatzes mit dem ihm zur Verfügung stehenden sogenannten «Marketinginstrumentarium» sehen, aber auch mit der Lieferbereitschaft und Termineinhaltung der Fertigung, vielleicht auch mit der Qualität des Produktes; ferner wird er die Verhältnisse auf den Absatzmärkten und das Verhalten der Konkurrenz als wichtige Einflussfaktoren erkennen. Der Finanzmann dagegen wird vor allem geldmässige Zusammenhänge wie etwa die Beziehungen zwischen Umsatz, Kosten, Gewinn, Finanzbedarf usw. hervorheben. Es ist müssig, nun darüber zu streiten, welche dieser Listen «richtig» oder «falsch» sei, denn offensichtlich handelt es sich um Faktoren, die wenigstens aus einer bestimmten Sichtweise wesentlich scheinen und einen Aspekt der ganzen Situation beleuchten.

Es geht also nicht darum, nun sozusagen eine Konkurrenz zwischen diesen verschiedenen Bildern zu veranstalten, sondern darum, sie zu einem Gesamtbild zu integrieren (vgl. Abb. 53).

Es kann aber auch sein, dass wir mit unserem Team nicht alle relevanten Faktoren erfassen, weil gewisse Aspekte von keinem Teammitglied vertreten werden. Es kann ja sein, dass alle etwas betriebsblind sind und wichtige Zusammenhänge übersehen. Es kann daher notwendig sein, bewusst die Situation zu «verfremden», sie aus einer ganz anderen, nicht üblichen Sichtweise zu betrachten. Dies wird deutlich bei unserem zweiten Beispiel, in dem es um das Treffen unternehmungspolitischer oder «strategischer» Entscheide geht. Wie erwähnt geht es in dieser äusserst komplexen Situation letztlich - um mit Peter Drucker zu sprechen - um die Frage: «Was ist unser Unternehmen und was sollte es sein?» und damit um die Frage nach den Funktionen, die es in seiner ganzen Umwelt ausüben soll (vgl. Abb. 54). Hier kann es hilfreich sein, diese Frage nach den Zwecken und Funktionen des ganzen Systems aus der Sicht verschiedener sogenannter «Anspruchsträger» in der Aussenwelt - also etwa von Kunden, Banken, Aktionären, Lieferanten usw. - zu beantworten und aus der jeweiligen Sichtweise ein Bild der Unternehmung zu entwickeln. Umfassender wird der Vorgang noch, wenn wir nicht von solchen Personengruppen oder Organisationen ausgehen, sondern verschiedene Di-

Zwecksetzung aus dem Unternehmungsbereich	Zwecksetzung aus dem öffentlichen Bereich
Der Zweck der Unternehmung ist: ● Produkte und Dienstleistungen folgender Art.... den Ansprüchen der Kunden entsprechend anzubieten. ● Produkte und Dienstleistungen mit bedarfsgerechten und ertragsgarantierendem Beitrag zu erstellen. ● Die Erstellung wirtschaftlicher, geistiger und sozialer Beiträge an die Gesellschaft.	Der Zweck des Spitals ist: ● Die Befriedigung von medizinischen Befürfnissen in der Region X. ● Alles medizinisch Machbare zu tun und mit der Entwicklung Schritt zu halten, unabhängig von den entstehenden Kosten für Einrichtungen und deren Nutzungsintensität. ● Eine vorbeugende Medizin anzubieten; Gesundheitserziehung und Erhaltung der Gesundheit. ● Die Behebung von Gesundheitsschäden, die eingetreten sind.

Abb. 54: Beispiele von Zweckdefinitionen in einer privaten und öffentlichen Institution

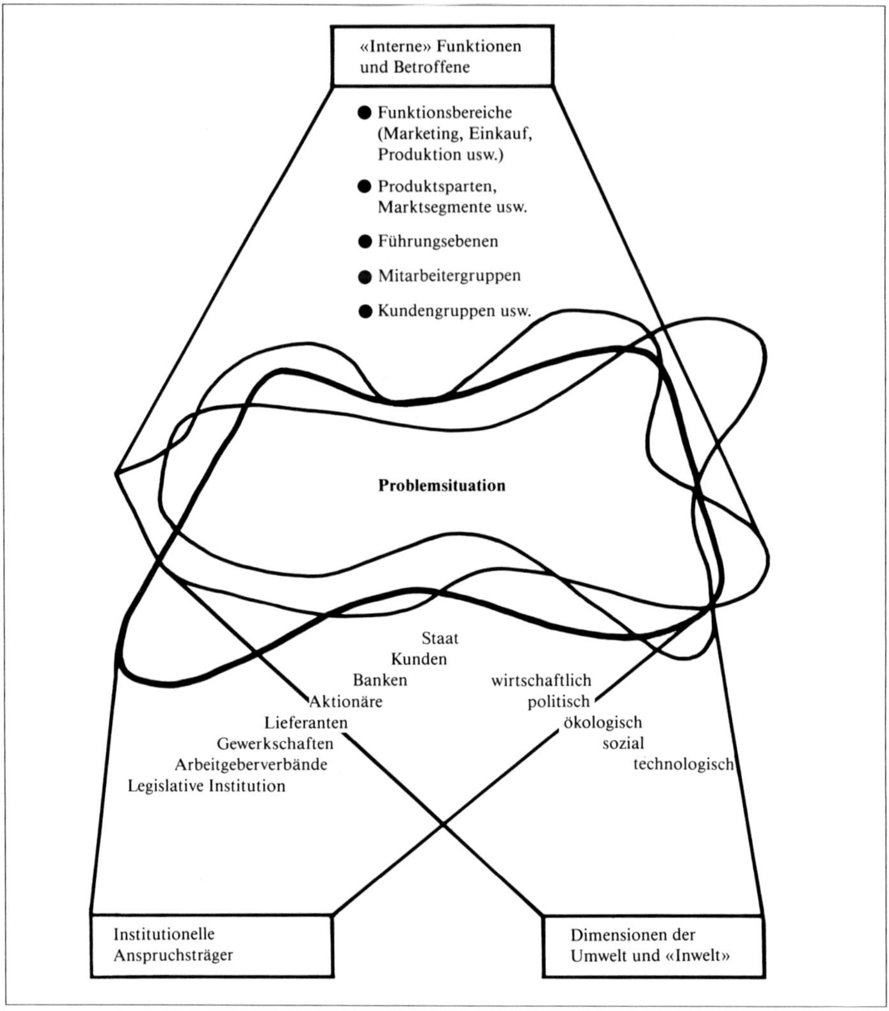

Abb. 55: Funktionen, Institutionen und Dimensionen für die Abgrenzung der Problemsituation

mensionen der Umwelt unterscheiden und das System Unternehmung z. B. in einer wirtschaftlichen, einer politischen, einer ökologischen Sichtweise zu erfassen suchen (vgl. Abb. 55). Dies kann aber auch in konkreteren Situationen angebracht sein, zum Beispiel wenn das Unternehmen in einen Fall von Umweltverschmutzung verwickelt ist. Die zu stellenden Fragen lauten dann etwa: Wie sieht die Situation in einer ökologischen, politischen oder juristischen Sicht aus? Wie erscheint sie der öffentlichen Meinung?

Zusammenfassend können wir festhalten, dass wir, zunächst vom Ansatzpunkt für eine Problemstellung ausgehend, die Situation bewusst aus verschiedenen Sichtweisen erfassen und nach Einflussfaktoren suchen sollten, um nicht zu rasch und einseitig die Problemsituation zu definieren.

5) *Netzwerk erstellen*

Solche Listen möglicher Faktoren ergeben jedoch noch kein brauchbares Bild der Situation, denn sie stehen ja in Wirklichkeit nicht isoliert im Raum oder schön geordnet in einer Reihe, sondern sind, wie wir wissen, vielfältig miteinander verknüpft. Es geht nun darum, die Zusammenhänge zwischen den Faktoren zu erfassen, also um die Anwendung unseres Bausteins «Vernetztheit» als Grundlage des ganzheitlichen Denkens. Es geht um die Frage: *«Wie hängen die Dinge zusammen?»*, d. h. um das Erfassen des Netzwerkes, von dem unser Ansatzpunkt nur ein Element ist.

Folgende Fragen sind dabei zu beantworten:

- Welche der aufgelisteten Faktoren wirken direkt auf unsere (angenommenen) Zielgrössen ein? Von welchen andern Faktoren werden sie ihrerseits beeinflusst?
- Auf welche Faktoren wirken unsere Zielgrössen ihrerseits ein? Bewirkt dies Einflüsse auf weitere Faktoren?

Wie zu sehen ist: Wir stellen im ersten Schritt die Verbindungen her zwischen den einzelnen Faktoren und entwickeln so das Bild eines Wirkungsgefüges oder eines vernetzten Ganzen (vgl. Abb. 56). Sehr rasch merken wir nämlich, dass dieses Beziehungsnetz keineswegs einfach ist; oft entdecken wir im Zuge dieser Arbeit zusätzliche Verbindungen, die wir zunächst nicht bemerkt hatten. Sehr schnell erkennen wir Wechselwirkungen und kreisförmige Verbindungen zwischen mehreren Faktoren, die wir als Regelkreise interpretieren können.

Aufgrund unserer Listen von Faktoren zeichnen wir also ein *Netzwerk,* das diese miteinander in Beziehung setzt. Aufgrund der vorher erwähnten Fragen nach «Ursachen» und «Wirkungen» weisen die Verbindungen zwischen den einzelnen Faktoren jeweils eine bestimmte *Richtung* der Beeinflussung auf, die wir mit Pfeilen andeuten (vgl. Abb. 56).

Die so entstehende Zeichnung enthält somit das Beziehungsgefüge zwischen den uns wesentlich scheinenden Faktoren der Problemsituation, oder – systemisch ausgedrückt – die aus Elementen und Beziehungen bestehende *Struktur* des Systems, mit dem wir es zu tun haben.

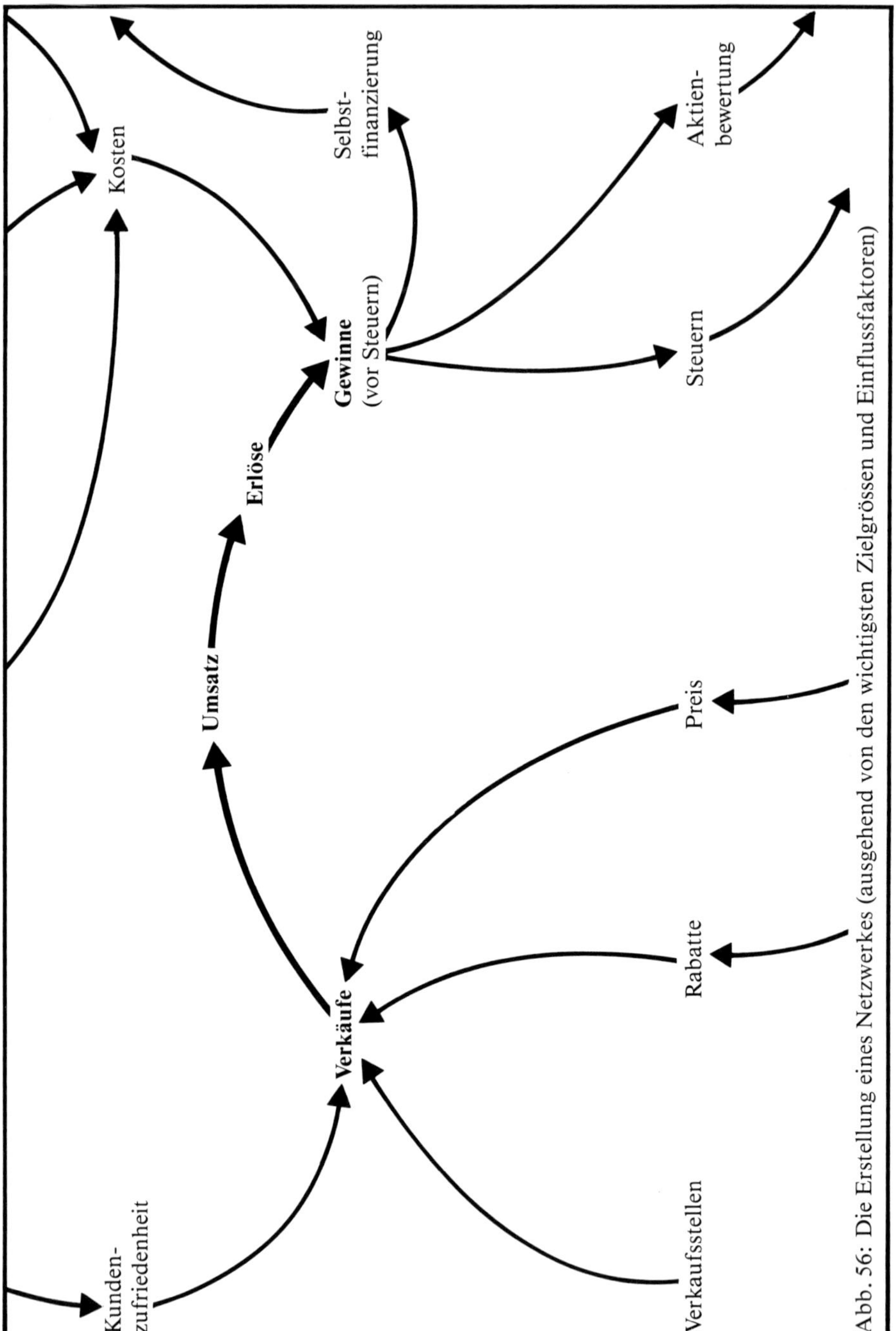

Abb. 56: Die Erstellung eines Netzwerkes (ausgehend von den wichtigsten Zielgrössen und Einflussfaktoren)

Trotz der sehr einfachen Technik ist die Entwicklung eines solchen Netzwerkes der Problemsituation oft gar nicht so einfach. Es zeigt sich immer wieder, dass der einzelne, auch wenn er glaubt, mit der Situation vertraut zu sein, bestimmte Wirkungsbeziehungen recht gut kennt, andere aber übersieht (vgl. Abb. 57). Deshalb ist es so wichtig, dass das Wissen verschiedener «Spezialisten» genützt und die Situation bewusst aus verschiedenen Perspektiven betrachtet wird. Bei einem solchen Teamwork entstehen erfahrungsgemäss viele Aha-Erlebnisse: Dem einzelnen wird plötzlich klar, dass da noch Beziehungen bestehen, an die er gar nie gedacht hatte, meist auch, dass er die Situation bisher zu einfach angesehen hatte. Die Diskussion um zahlreiche Fragen, die sich aus dem Bemühen um eine plausible Darstellung der Situation ergeben, führt zu zahlreichen Einsichten in grössere Zusammenhänge, die man bisher «nicht so gesehen» hat. Die sukzessive entstehende Darstellung eines Netzwerkes enthält bereits auf knappstem Raum eine Fülle von Informationen, auf die man immer wieder zurückgreifen kann (vgl. Beispiel in Abb. 58).

Das *Ergebnis* des ersten Schrittes soll darin bestehen, dass wir ...

- Klarheit über die zu erreichenden Ziele gewonnen und sie vernünftig formuliert haben;
- ein erstes, noch statisches Modell der Problemsituation dargestellt haben, das die wesentlichen Zielgrössen und Einflussfaktoren enthält und aufzeigt, wie diese miteinander verknüpft sind.

Ob Zielbestimmung und Modell der Problemsituation definitiv sind in dem Sinn, dass wir sie im Laufe der weiteren gedanklichen Schritte nicht mehr ändern werden, wird sich erst im weiteren Verlauf des Problemlösungsprozesses herausstellen. Es kann sein – und dies ist in schwierigen Problemsituationen eher die Regel als die Ausnahme –, dass wir in den folgenden Schritten Erkenntnisse gewinnen, die zu Veränderungen in der Zielsetzung oder in unserem Modell führen, beispielsweise indem wir erst später merken, dass wir wichtige Einflussfaktoren oder Beziehungen übersehen haben und das Modell noch ergänzen müssen. Damit wir vorwärtsschreiten können, ist es notwendig, dass wir uns auf eine Zielsetzung und ein erstes Situationsmodell festlegen, aber es ist auch wichtig, dass wir uns die Freiheit bewahren, diese ersten Festlegungen aufgrund besserer Einsichten wieder in Frage zu stellen und zu ändern. Deshalb sollten wir die Ergebnisse dieses ersten Schrittes als *Zielformulierung* und *Netzwerkdarstellung der Problemsituation* auf dem Papier festhalten, um jederzeit überprüfen zu können, ob sie noch dem aktuellen Stand unserer Erkenntnisse entsprechen.

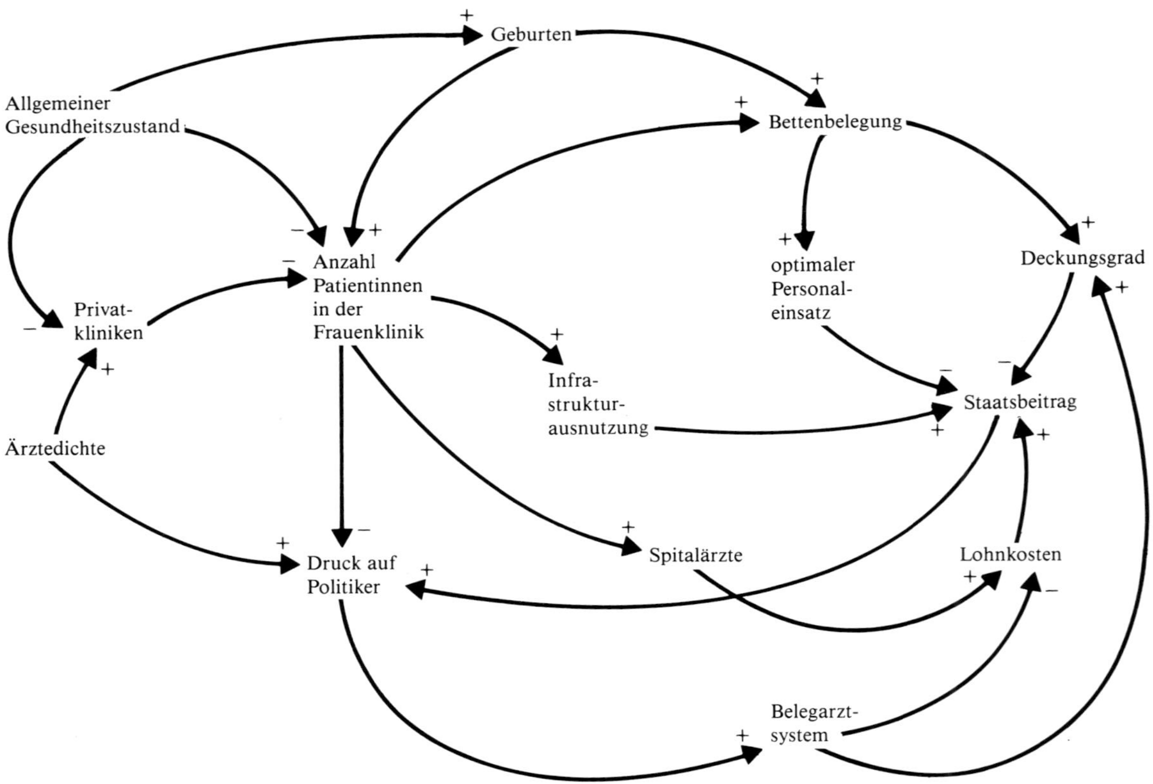

Abb. 57: Beispiel für ein Teilnetzwerk: «Belegärzte im öffentlichen Spital» aus der Sicht des Politikers (nach Gomez/Probst 1986)

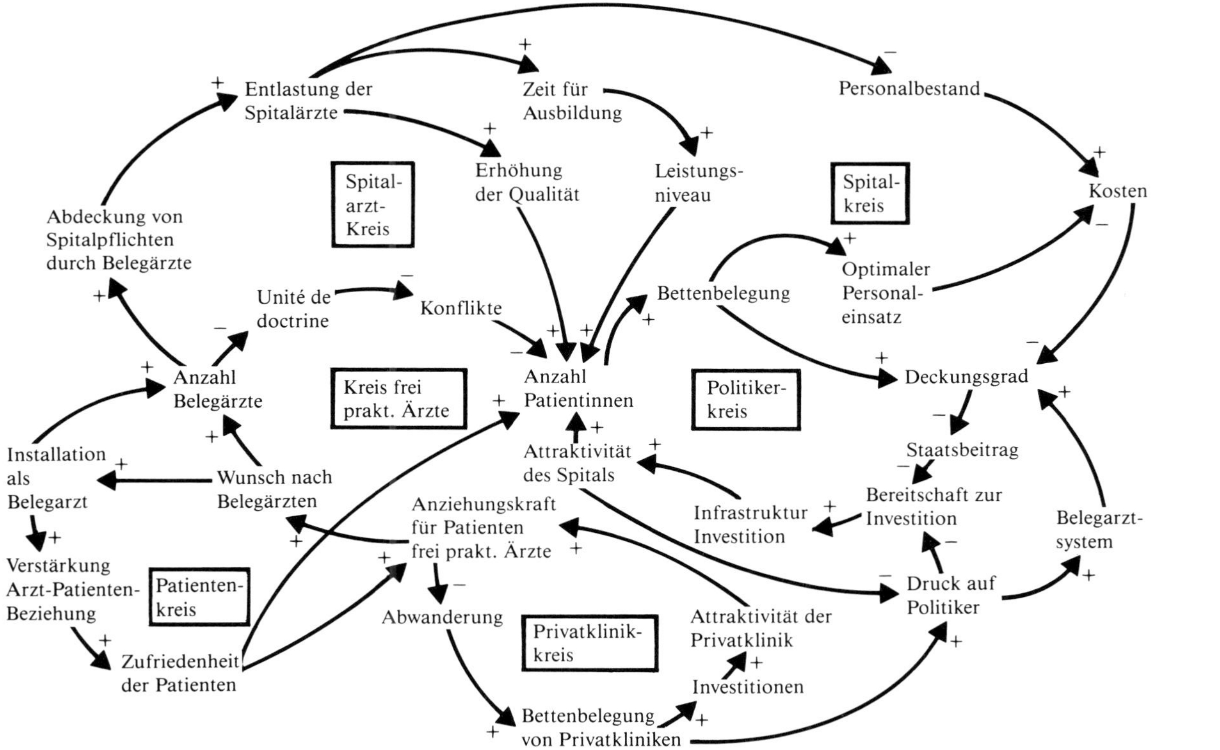

Abb. 58: «Belegärzte im öffentlichen Spital»: Verschiedene Sichtweisen führen zu einer umfassenderen Problembeschreibung (nach Gomez/Probst 1986)

Zusammenfassung

In diesem ersten Schritt geht es um die Klärung der Zielsetzung und die Modellierung der Situation, auf die sich unsere Zielsetzung bezieht. Die dafür notwendigen Überlegungen können wir kurz in folgender Liste zusammenfassen:

1. Zielvorstellung prüfen und konkretisieren

Fragen:	Was ist unser Ziel?
	Verfolgen wir das richtige Ziel?
Vorgehen:	Bisherige Zielsetzungen festhalten und problematisieren
	Verschiedene mögliche Zielsetzungen entwickeln und beurteilen
	Übergeordnete Wertvorstellungen klären und Zielsetzungen danach beurteilen

2. Problemsituation bestimmen und modellieren

Fragen:	Wie ist die Problemsituation aus verschiedenen Perspektiven zu beschreiben?
	Wie definieren wir die Situation in einer integrierenden Sicht?
	Welches sind die wesentlichen Zielgrössen?
	Welches sind die wesentlichen Einflussfaktoren?
	Wie sind Zielgrössen und Einflussfaktoren miteinander verknüpft?
Vorgehen:	Problemlösungsteam aus verschiedenen Betroffenen und Fachkundigen bilden
	Situation aus verschiedenen Perspektiven erfassen und abgrenzen
	Listen von Zielgrössen und Einflussfaktoren erstellen und integrieren
	Beziehungen zwischen den Faktoren ermitteln und Netzwerk aufzeichnen.

Ausgewählte Literatur zum Modellieren der Problemsituation

Ackoff, R. L. / Emery, F. E., On purposeful systems, Aldine-Atherton, Chicago 1972
Berger, P. L. / Luckmann, T., Die gesellschaftliche Konstruktion der Wirklichkeit, S. Fischer, Frankfurt 1980 (5. Aufl.)
Bretzke, W. R., Der Problembezug von Entscheidungsmodellen, Mohr, Tübingen 1980
Checkland, P., Systems Thinking, System Practice, Wiley, Chichester 1981
Drucker, P., Neue Management-Praxis, Econ, Düsseldorf 1976
Gomez, P. / Probst, G., Vernetztes Denken im Management, Die Orientierung, Nr. 89, Schweiz. Volksbank, Bern 1987
Morgan, G., Images of Organization, Sage, Beverly Hills 1987
Ulrich, H., Management, Haupt, Bern 1985
Watzlawick, P., Wie wirklich ist die Wirklichkeit?, Piper, München 1978
ders., Die erfundene Wirklichkeit, Piper, München 1981

Der zweite Schritt: Analysieren der Wirkungsverläufe

Die Aufgabe

Wir müssen uns bewusst sein, dass die Netzwerkdarstellung nur ein statisches Bild der Problemsituation gibt. Nun wissen wir aber, dass es sich in Wirklichkeit um ein *dynamisches System* handelt, in welchem sich die einzelnen Elemente ständig ändern und sich in ihrem Verhalten wechselseitig beeinflussen können. Es wäre ausserordentlich gefährlich, bei diesem statischen Bild stehen zu bleiben, denn wenn wir nach Massnahmen suchen, um die Situation zu ver*ändern*, müssen wir nicht nur wissen, wie die Dinge zusammenhängen, sondern auch, wie sie aufeinander *einwirken.* Wir müssen also nun die aufgezeichneten Verbindungen als *Wirkungsverläufe* interpretieren und näher untersuchen.

Aus den Einsichten, die wir früher ganz allgemein über die Dynamik vernetzter Systeme gewonnen haben, ergeben sich drei Fragen, die wir in bezug auf jede einzelne Wirkungsbeziehung zu stellen haben:

- Welcher *Art* ist der Einfluss, der von einem Element auf ein anderes ausgeübt wird?
- Welche *Intensität* weist die Wirkung auf?
- Wie ist der *Zeitverlauf* zwischen «Ursache» und «Wirkung»?

Das Vorgehen

1) *Ermitteln der Art des Einflusses*

Als erstes werden wir untersuchen, welcher Art die Einflussnahmen der Elemente aufeinander sind. Es geht hier um die Unterscheidung von *gleichgerichteten* und *entgegengerichteten Wirkungen,* wie wir sie im Baustein «Vernetztheit» grundsätzlich dargestellt haben. Wenn wir in unserem Netzwerk eine Wirkungsbeziehung festgehalten haben, die von A zu B führt, so geht es um die Frage: In welcher Richtung wird sich B verändern, wenn A sich in einer bestimmten Richtung verändert? Wenn wir eine einzelne Wirkungsbeziehung isoliert betrachten, wissen wir die Antwort manchmal sofort; zum Beispiel: Wenn die Menge der abgesetzten Produkte steigt, steigt auch der wertmässige Umsatz; oder: Wenn die Kosten pro Stück steigen, vermindert sich der Gewinn pro Stück. Im ersten Fall haben wir also eine gleichgerichtete oder «positive» Wirkung, die wir in unserem Bild mit einem Plus versehen - je mehr A, desto mehr B -, im zweiten Fall eine entgegengerichtete Wirkung, die abschwächend wirkt und die wir mit einem Minus versehen - je mehr A, desto weniger B (vgl. Abb. 59).

Manchmal ist jedoch die Art der Wirkung nicht so offensichtlich, und es braucht längere Überlegungen oder sogar Untersuchungen, um die grundsätzliche Wirkungsart zu erkennen. Manchmal stellen wir dabei auch fest, dass wir ein Element zu wenig präzis definiert haben, um eine klare Aussage machen zu können, so dass wir in diesem Sinn unser Netzwerk präzisieren müssen. Manchmal liegt die Schwierigkeit aber auch darin begründet, dass wir im Laufe der Überlegungen

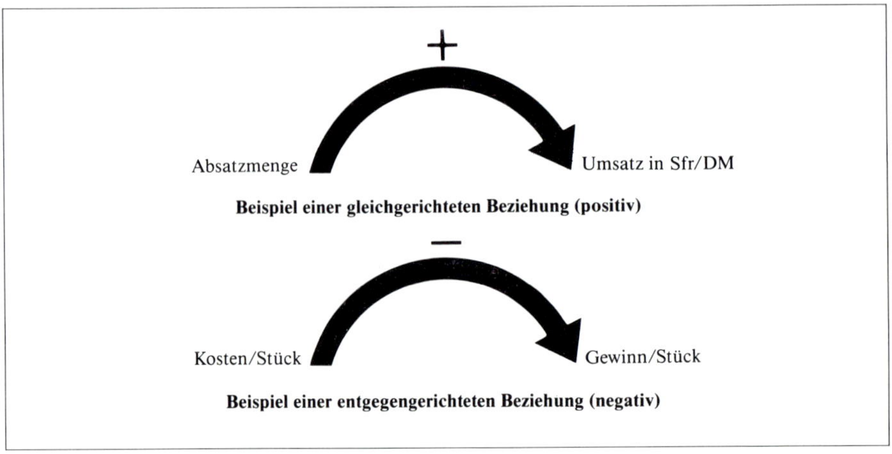

Abb. 59: Arten von Beziehungen

merken, dass sich auch die Wirkungsrichtung im Zeitablauf ändern kann, dass also auch ein «Umkippen» von gleichgerichtet zu entgegengerichtet (und umgekehrt) erfolgen kann. Heben wir uns diese Frage für später auf.

Wenn wir auf diese Weise isolierend eine einzelne Wirkungsbeziehung betrachten, beschleicht uns manchmal nicht zu Unrecht ein unbehagliches Gefühl. Oft möchten wir auf die Frage nach der Wirkungsart am liebsten antworten: Es kommt darauf an! Zum Beispiel bei unserer so einfachen Frage nach der Wirkung steigender Stückkosten auf den Gewinn: Wenn wir gleichzeitig die Verkaufspreise erhöhen können, wird möglicherweise der Gewinn trotz höherer Kosten zunehmen. Dies bedeutet aber nichts anderes, als dass noch ein anderes Element den Gewinn beeinflusst: Der erzielbare Stückpreis. Haben wir in unserem Netzwerk diese Wirkungsbeziehung nicht eingezeichnet, so müssen wir dies nun nachholen. Hier handelt es sich offensichtlich um eine gleichgerichtete, positive Wirkung: Je höher der Stückpreis, desto grösser der Gewinn. Es ist also durchaus zulässig, bei der Analyse der einzelnen Wirkungsbeziehung zwischen zwei Elementen nur die grundsätzliche, tendenzielle Wirkungsart zu erfassen – sofern wir nicht bei dieser einzelnen Beziehung stehen bleiben, sondern sukzessiv alle Wirkungsverläufe im ganzen Netzwerk charakterisieren.

Haben wir unsere Netzwerkdarstellung mit diesen Kennzeichen für die Wirkungsarten der einzelnen Beziehungen ergänzt, so können wir nun unser Augenmerk auf ganze *Wirkungskreisläufe* richten und diese näher untersuchen. Es geht also jetzt darum, dieselben Überlegungen auch anzustellen in bezug auf das Zusammenwirken mehrerer Elemente, die gemäss Netzwerk kreisförmig miteinander verknüpft sind. Wie früher dargestellt, geht es um das Entdecken und Charakterisieren von Regelkreisen, die *«positiv»* im Sinne von aufschaukelnd, wachsend oder *«negativ»* im Sinne von sich stabilisierend sein können.

Die «positive» oder «negative» Charakteristik eines Regelkreises ergibt sich unmittelbar aus dem Produkt der einzelnen Wirkungsarten. Wie wir in der Schule beim Multiplizieren gelernt haben, ergibt eine gerade Zahl von Minuszeichen immer ein Plus, eine ungerade Zahl dagegen ein Minus. Dies ist eben der Grund dafür, dass – wie wir früher gesehen haben – aufgrund einer einzigen entgegengerichteten Wirkung in einem Kreislauf, der sonst aus lauter gleichgerichteten, verstärkend wirkenden Wirkungsbeziehungen besteht, dieser zu einem negativen, zur Stabilisierung tendierenden Regelkreis wird (vgl. Abb. 60).

Dieser Schritt von der Analyse einzelner Wirkungsläufe zur Analyse ganzer Prozesse ist ausserordentlich wichtig, sehen wir nun doch die Dinge auch dynamisch in ihrem Zusammenhang. Hier wird uns nun eindringlich bewusst, dass es ein Gesamtverhalten und eine Eigendynamik von Systemen gibt und dass das Ganze nicht nur die Summe seiner Teile ist (vgl. Abb. 61). Das «Ganze» ist in unserem Fall zunächst ein Teilsystem der ganzen Problemsituation.

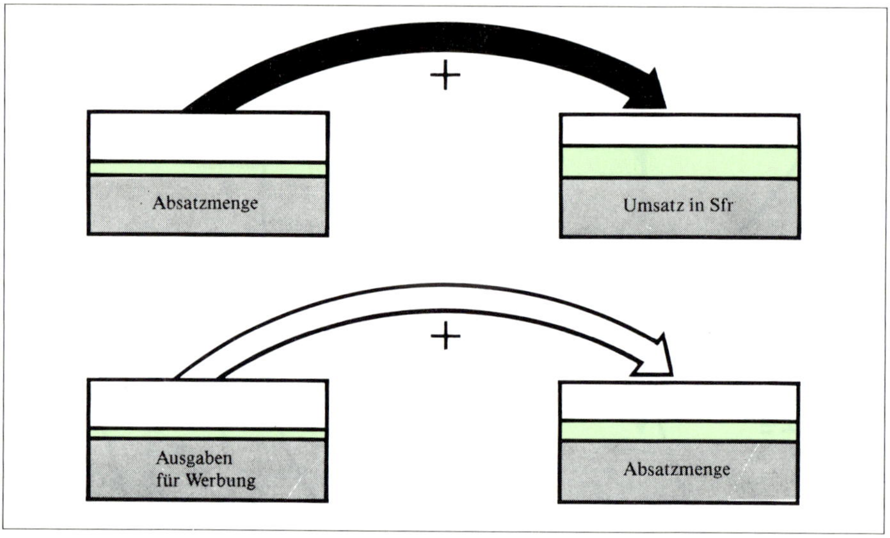

Abb. 62: Unterschiedliche Intensitäten in den Beziehungen

eine gleichgerichtete Beziehung festgestellt haben, also: Je grösser A, desto grösser B, so stellt sich jetzt die Frage: Um *wieviel* grösser? Es ist klar, dass es für uns wichtig ist zu wissen, ob z. B. die Einwirkung von A auf B nur sehr gering ist, also eine starke Vergrösserung von A nur eine bescheidene Vergrösserung von B bewirkt, oder ob das Gegenteil der Fall ist: Auch wenn sich A nur sehr wenig erhöht, bewirkt dies eine sehr starke Steigerung von B (vgl. Abb. 62).

Wenn die Elemente exakt definiert sind und ihr Zustand quantifizierbar ist, können wir diese Grössen und ihre Veränderungen in Zahlen abschätzen, messen oder beurteilen. Dies ist zum Beispiel der Fall bei Elementen, die im Rechnungswesen der Unternehmung erfasst werden, wie Kosten, Aufwand, wertmässiger Umsatz, Gewinn, Cash-flow usw., oder auch bei Produktions-, Lager- und Einkaufsmengen, ferner bei von den Naturwissenschaften messbar gemachten Phänomenen wie z. B. der Temperatur. In sozialen Systemen haben wir es jedoch oft mit Elementen zu tun, die nur schwer oder gar nicht quantifizierbar sind, wie z. B. Betriebsklima, Arbeitszufriedenheit, Unternehmungskultur, das «Image» der Unternehmung, der Führungsstil usw. Weil es sehr viel einfacher wäre, wenn wir mit Quanten operieren könnten, wird sehr oft versucht, auch solche «qualitative» Elemente in Zahlen auszudrücken und zu messen. Hier ist jedoch grosse Vorsicht am Platz, denn es kann leicht geschehen, dass wir das eigentlich gemeinte Phänomen auf einen einzelnen quantifizierbaren Teilaspekt reduzieren, also nicht mehr das messen und ausdrücken, das wir meinen. Dieser Gefahr der «Reduktion auf das Messbare» sollten wir uns bewusst sein; oft ist es besser, die «Unexaktheit» von qualitativen Bezeichnungen in Kauf zu nehmen und Abstufungen der Wirkungsintensität verbal auszudrücken. Zunächst ist bei einem «quantifizierten» Ausdruck immer wieder zu überprüfen, was wir damit ausdrücken wollen (Definition der Begriffe).

Wir können solchen Aussagen über die Intensität einer Wirkung wie «keine feststellbare Wirkung», «geringe Wirkung», «starke Wirkung» usw. Zahlen zuordnen, um mit ihnen gedanklich einfacher operieren zu können. Dabei müssen wir uns aber bewusst sein, dass es sich bei diesen Zahlen nicht um Messgrössen handelt, sondern lediglich um symbolische Bezeichnungen für einen verbal formulierten Sachverhalt.

Grobanalyse

Ein einfaches Hilfsmittel, um einen Überblick über die geschätzten Wirkungsintensitäten in unserem Netzwerk zu erhalten, stellt der von *Frederic Vester* entwickelte sogenannte *Papiercomputer* dar (vgl. Literaturhinweise). Es handelt sich um eine zweidimensionale Matrix, in der in beiden Dimensionen je alle Elemente

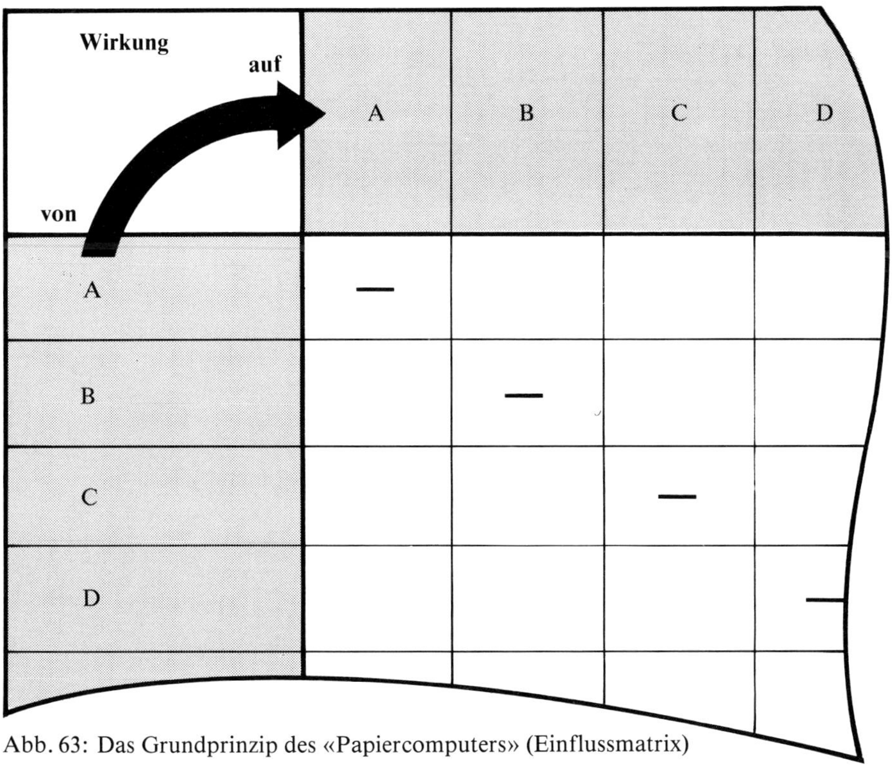

Abb. 63: Das Grundprinzip des «Papiercomputers» (Einflussmatrix)

Wirkung auf von	Verkäufe	Lager	Produktion	Markt- sättigung
Verkäufe	–	3	2	3
Lager	2	–	2	1
Produktion	2	3	–	
Markt- sättigung	3	2	2	
			1	0

Abb. 64: Festhalten der Wirkungsintensitäten im «Papiercomputer»

der Problemsituation aufgelistet werden (vgl. Abb. 63). (Die gleiche Darstellungsweise wird in den bekannten Distanztabellen zwischen Städten verwendet, wie sie etwa in einem Autoatlas zu finden sind.)

Als erstes legen wir nun Zahlen als symbolische Zeichen für unterschiedliche *Wirkungsintensitäten* fest, z. B.:

0 = keine oder äusserst geringe Intensität
1 = geringe Intensität
2 = starke Intensität
3 = sehr starke Intensität

Nun können wir die Intensitäten zwischen je 2 Elementen schätzen und mit der entsprechenden Zahl in die Tabelle eintragen. Dabei gehen wir Zeile für Zeile vor, tragen also die Intensität der Wirkung des zuoberst aufgeführten Elementes auf alle andern in die erste Zeile ein usw.

Jede Zeile enthält also die Intensität der Wirkungen, die vom links aufgeführten Element auf alle anderen Elemente ausgehen. Jede Kolonne dagegen zeigt auf, wie intensiv das oben angeschriebene Element selbst von allen andern Elementen beeinflusst wird (vgl. Abb. 64).

Aufgrund dieser Tabelle können wir nun bei unserer Analyse der Wirkungsintensitäten einige weitere Überlegungen anstellen. Im Hinblick darauf, dass wir ja in einem späteren Schritt nach zielorientierten Eingriffsmöglichkeiten in die Situation suchen werden, interessiert uns die Frage, welche «Rolle» die einzelnen Elemente insgesamt in der Problemsituation, also im Verhältnis zu allen andern Elementen zusammengenommen, spielen. Wie stark ist der Einfluss, den ein Element insgesamt ausübt, und wie stark wird es seinerseits beeinflusst? Zur Abschätzung dieser «Gesamtstärken» summieren wir alle eingetragenen Zahlen zeilen- und kolonnenweise und erhalten dabei für die einzelnen Elemente unterschiedliche Summenwerte. Der Summenwert pro Zeile zeigt an, wie stark das betreffende Element

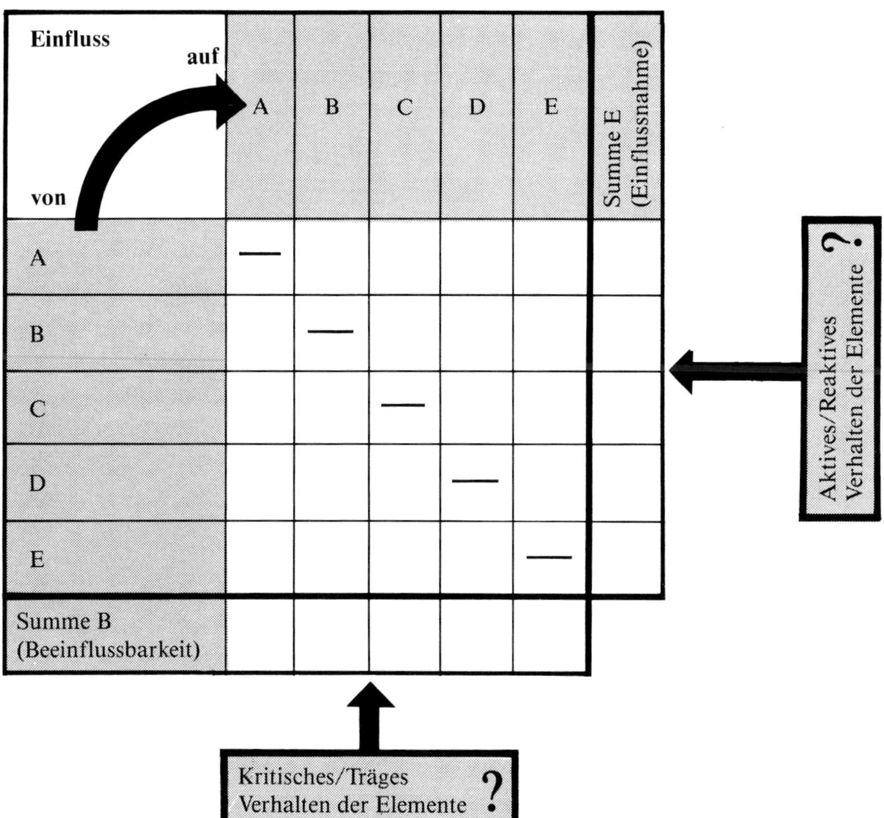

Abb. 65: Die Bestimmung der Beeinflussbarkeit und der Einflussnahme

alle andern Elemente insgesamt beeinflusst, der Summenwert pro Kolonne dagegen, wie stark es insgesamt von allen andern Elementen beeinflusst wird (vgl. Abb. 65).

Was uns aber besonders interessiert ist die *Kombination* von Beeinflussungsmöglichkeit und Beeinflussbarkeit der einzelnen Elemente. Wir unterscheiden in dieser Beziehung vier verschiedene Typen von Elementen:

a) Elemente, welche andere stark beeinflussen, selbst aber von andern wenig beeinflusst werden. Wir können sie als *aktive Elemente* bezeichnen.

b) Elemente, die andere nur schwach beeinflussen, selbst aber von andern stark beeinflusst werden. Wir können sie als passive oder *reaktive Elemente* bezeichnen.

c) Elemente, die andere stark beeinflussen, selbst aber von andern ebenfalls stark beeinflusst werden. Wir bezeichnen sie als *kritische Elemente.*

d) Elemente, die andere nur schwach beeinflussen und von andern ebenfalls nur schwach beeinflusst werden. Wir nennen sie *träge Elemente.*

Die Bedeutung dieser Charakterisierung für unsere spätere Suche nach wirksamen Eingriffsmöglichkeiten in die Situation liegt auf der Hand: Wenn wir aktive Elemente verändern, verursachen wir damit zahlreiche Änderungen im ganzen System; wenn wir dagegen ein reaktives oder ein träges Element verändern, erzeugen wir damit im Gesamtsystem kaum merkbare Wirkungen. Wenn wir bei einem kritischen Element eingreifen, verändern wir zwar damit auch viele andere Elemente, aber wir müssen auch mit starken Rückwirkungen auf das Element selbst rechnen usw. Darauf werden wir in einem späteren Schritt zurückkommen.

Einflussnahme / Beeinflussbarkeit	geringer Einfluss (niedriges E)	starker Einfluss (hohes E)
starke Beeinflussung (hohes B)	reaktive Elemente	kritische Elemente
geringe Beeinflussung (niedriges B)	träge Elemente	aktive Elemente

Abb. 66: Typisieren der Elemente nach Intensitätseigenschaften

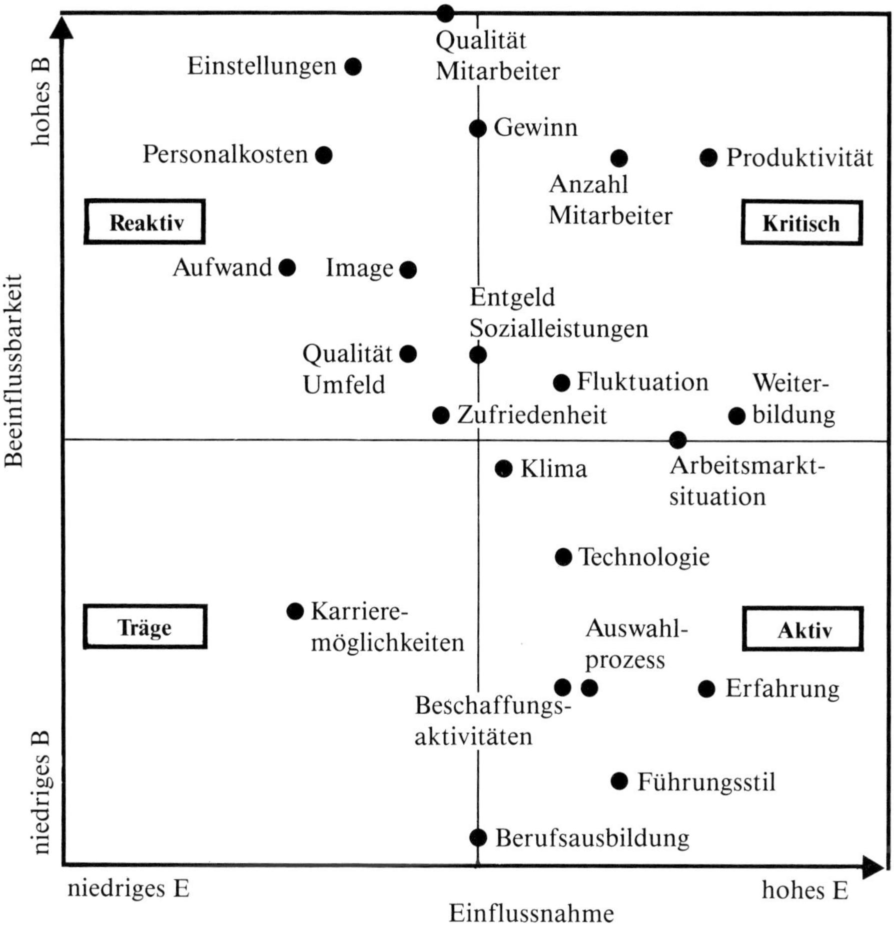

Abb. 68: Die Intensitätseigenschaften im Überblick (vgl. mit Abb. 67)

Je nach Grösse der Summenwerte E (für Einflussnahme) und B (für Beeinflussbarkeit) können wir nun die einzelnen Elemente als aktiv, reaktiv, kritisch oder träge charakterisieren, was am einfachsten in Form einer Vierfeldermatrix gemäss Abb. 66 erfolgen kann.

Abbildung 67 enthält ein Beispiel eines Papiercomputers mit 22 Elementen, die hier lediglich stichwortartig gekennzeichnet sind. In Abb. 68 sind die Elemente gemäss ihren Summenwerten E und B in die erwähnte Vierfeldermatrix eingetragen, wodurch sich ein guter Überblick über die Intensitätseigenschaften aller Elemente ergibt.

Wirkung von / auf	Produktivität	Personalkosten	Führungsstil	Klima	Entgelt/Sozialleistung	Qualität des Umfeldes	Weiterbildung	Berufsausbildung	Erfahrung	Auswahlprozess	Zufriedenheit	Anzahl Mitarbeiter	Qualität Mitarbeiter	Image der Unternehmung	Beschaffungsaktivitäten	Arbeitsmarktsituation	Gewinn	Einstellungen	Aufwand	Karrieremöglichkeiten	Fluktuation	Technologie	Summe E
Produktivität	0	1	0	2	2	0	2	0	0	0	1	1	0	2	0	1	2	0	3	2	2	2	23
Personalkosten	0	0	0	0	0	0	0	0	0	0	0	2	0	0	0	0	3	2	3	0	0	0	10
Führungsstil	2	0	0	2	0	3	1	0	1	0	2	0	2	2	1	1	1	0	1	0	1	0	20
Klima	1	0	1	0	0	3	0	0	0	0	3	0	3	2	0	1	1	0	1	0	0	0	16
Entgeld Sozialleistung	0	3	0	0	0	2	0	0	0	0	1	1	1	0	0	1	2	1	2	0	1	0	15
Qualität Umfeld	2	0	0	0	0	0	0	0	0	0	3	0	2	1	0	1	1	0	0	0	3	0	13
Weiterbildung	2	2	0	2	2	2	0	0	1	0	2	0	2	1	0	1	1	0	1	1	1	3	24
Brufsausbildung	1	2	0	0	2	0	3	0	1	0	0	0	2	0	0	0	1	0	1	0	0	2	15
Erfahrung	3	2	0	0	3	0	0	0	0	0	0	1	3	1	0	0	1	0	1	3	2	3	23
Auswahlprozess	1	2	0	1	0	0	1	0	0	0	1	3	3	2	0	2	0	3	0	0	0	0	19
Zufriedenheit	3	0	0	2	0	3	0	0	0	0	0	0	3	0	0	0	0	0	0	0	3	0	14
Anzahl Mitarbeiter	2	3	1	1	3	1	1	0	1	0	0	0	0	0	0	0	2	3	2	0	0	0	20

Qualität Mitarbeiter	2	2	0	0	2	0	2	0	0	0	0	1	0	1	0	0	1	1	1	1	0	0	14
Image	1	0	0	0	0	0	0	0	0	0	0	2	3	0	0	2	2	3	0	0	0	0	13
Beschaffungsaktivitäten	0	2	0	0	0	0	0	0	0	3	0	2	2	3	0	2	0	3	1	0	0	0	18
Arbeitsmarktsituation	0	2	0	0	2	0	3	0	1	3	0	2	1	0	3	0	1	2	1	0	1	0	22
Gewinn	0	0	1	1	0	1	0	0	0	0	0	3	0	2	0	1	0	3	0	1	1	1	15
Einstellungen	1	2	0	1	2	0	0	0	0	0	0	2	0	1	0	0	1	0	1	0	0	0	11
Aufwand	0	0	0	0	0	0	0	0	0	0	0	2	0	0	0	0	3	3	0	0	0	0	8
Karrieremöglichkeiten	0	0	0	0	0	2	0	0	0	0	2	0	1	1	0	1	0	0	0	0	2	0	9
Fluktuation	1	2	0	1	0	1	0	0	0	0	1	0	1	2	2	1	2	2	1	1	0	0	18
Technologie	3	0	0	1	0	0	3	1	1	0	1	3	1	0	0	0	1	2	1	0	0	0	18
Summe B	25	25	3	14	18	18	16	1	6	6	17	25	30	21	6	15	26	28	21	9	17	11	358

Abb. 67: Beispiel eines «Papiercomputers» (Projektausschnitt)

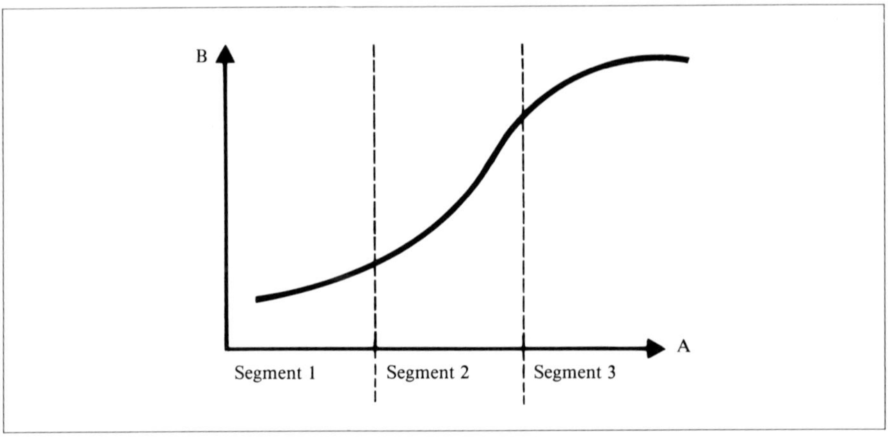

Abb. 69: Unterschiedliche Wirkungsstärken des Einflusses von A auf B

Der Papiercomputer lässt sich gut von Hand oder, noch einfacher, mit Hilfe eines einfachen Programms (Tabellenkalkulation) auf jedem Personalcomputer erstellen und auswerten. Es sei jedoch nochmals hervorgehoben, dass die dabei verwendeten Zahlen nur Symbole für Schätzungen sind und keine Messresultate. Wir müssen also unbedingt der Versuchung widerstehen, die einzelnen Zahlen und Summen als exakte Fakten zu interpretieren. Sie sind nichts anderes als grobe Schätzungen der *relativen Rolle,* die die verschiedenen Elemente im ganzen System der wechselseitigen Beeinflussung spielen.

Feinanalyse

Die Grobanalyse der Wirkungsintensitäten ist ausserordentlich nützlich, weil zur Kennzeichnung der Stärke von Einflussnahmen und Beeinflussungen zahlreiche Überlegungen angestellt werden müssen, die uns sukzessive die in einer vernetzten Problemsituation steckende Dynamik erkennen lassen. Es besteht aber auch die Gefahr von Fehlschlüssen, was darauf zurückzuführen ist, dass wir dabei den Verlauf zwischen zwei Elementen zu wenig genau erfasst haben. Meist gehen wir in unseren Überlegungen vom gegenwärtigen Zustand der Situation aus oder von Erfahrungen, die wir in der Vergangenheit gemacht haben, und vergessen dabei, dass der Wirkungsverlauf einer bestimmten *Funktion* oder *«Kurve»* folgt, wobei die Wirkungsstärke im Ablauf zu- oder abnehmen kann. Wenn zum Beispiel der Einfluss von A auf B der in Abbildung 69 dargestellten Kurve folgt, so kommt es für unser Urteil sehr darauf an, an welches Segment im Ablauf wir gerade denken. Stützt sich unsere Erfahrung auf Segment 1 oder 3, so werden wir die Wirkungsstärke als gering einschätzen. Ganz anders jedoch, wenn wir uns im Segment 2 befinden: dann schätzen wir den Einfluss von A auf B sehr hoch ein.

Eine grosse Gefahr besteht darin, dass wir ohne längere Überlegung annehmen, es handle sich zwischen A und B um eine *lineare Beziehung,* der Wirkungsverlauf folge einer Geraden, gleichgültig, ob es sich nun um eine über-proportionale oder unter-proportionale Zunahme handelt. Diese Annahme ist ein Ergebnis unseres Denkens in linearen Kausalketten, und es zeigt sich immer wieder, dass wir in diese Linearitäts-Falle tappen. Nun wissen wir aber aus Erfahrung und auch aufgrund zahlreicher empirischer Untersuchungen, dass viele Wirkungsverläufe *nichtlinearer Art* sind. Der Verlauf kann vielmehr ganz verschiedenen Kurven folgen, für deren abstrakte Erfassung uns die Mathematik entsprechende Formeln zur Verfügung stellt. Insbesondere wissen wir, dass in der Natur wie in der Wirtschaft viele Wirkungsverläufe die Form eines exponentiellen Wachstums aufweisen (vgl. Abb. 70). In unserem einfachen Fall der Einwirkung von A auf B bedeutet ein solcher Wirkungsverlauf, dass eine mengenmässige Vergrösserung von A um jeweils zum Beispiel 5 Einheiten pro Monat oder Jahr nicht zu einer gleichbleibenden Zunahme von 3, 5 oder 7 Einheiten von B (je nach Steigungsgrad der Geraden) führt, sondern zu einer ständig *zunehmenden Vergrösserung* von B pro Zeitperiode.

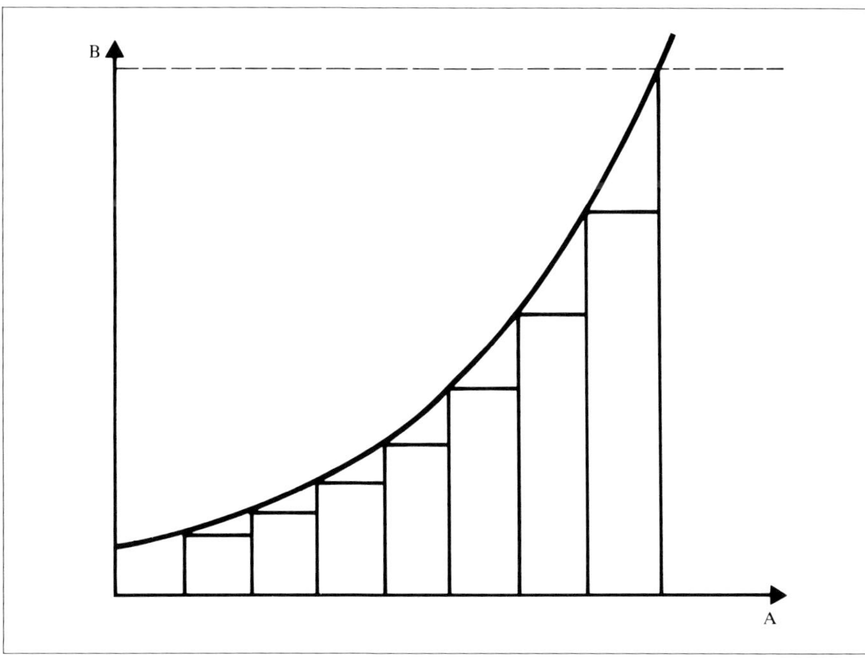

Abb. 70: Wirkungsverlauf mit exponentiellem Wachstum

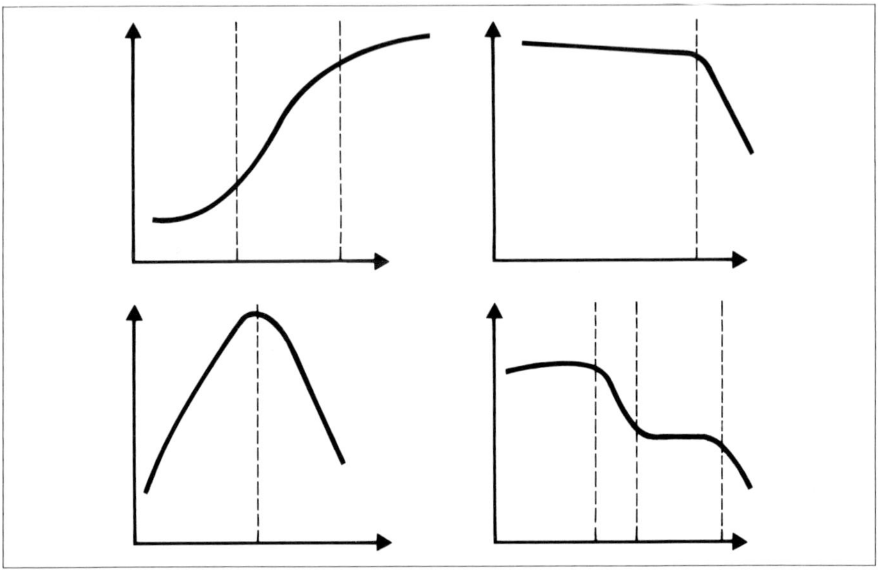

Abb. 71: Typische Kurvenverläufe mit Schwell- oder Umkippeffekten (Sättigung, Zusammenbruch usw.)

Wir haben offensichtlich Mühe, die Konsequenzen solcher exponentieller Verläufe abzuschätzen, dies um so mehr, als wir meist mit prozentualen Wachstumsraten pro Zeiteinheit rechnen. So erscheint uns ein jährliches Wachstum des Bruttosozialproduktes um 2 Prozent recht bescheiden, aber wir denken kaum daran, dass diese auf das jeweilige Vorjahr bezogenen 2 Prozent absolut gesehen immer mehr werden und dass sich das Bruttosozialprodukt immerhin in 35 Jahren gegenüber heute verdoppelt haben wird. Dramatisch sind die Konsequenzen höherer Wachstumsraten: Nimmt die Einwohnerzahl einer Grossstadt, die heute schon 5 Millionen beträgt, jährlich um 10 Prozent zu, so wird sie bereits in rund 7 Jahren 10 Millionen betragen.

Halten wir uns eine solche Exponentialkurve vor Augen, so drängt sich notwendigerweise die Frage auf, wie das weitergehen soll, denn offensichtlich können die Bäume nicht in den Himmel wachsen – und das Bruttosozialprodukt und eine Stadt auch nicht – und auch nicht der Umsatz oder Gewinn einer Unternehmung. Vielfach stellen wir uns vor, dass sich die Wachstumskurve irgendwann sukzessive abflachen und in eine Gerade übergehen wird. Die Annahme einer solchen Sättigungskurve kann durchaus zutreffen, muss aber nicht. Spätestens nach dem Weltmodell des Club of Rome wissen wir, dass fortgesetztes Wachstum auch in einen Zusammenbruch münden kann; die Kurve fällt dann steil ab, und zwar gerade dadurch, dass wir sie weiter nach oben treiben wollen.

Wir müssen also davon ausgehen, dass die Wirkungsverläufe zwischen den Elementen einer Problemsituation keineswegs linear sein müssen, sondern die verschiedensten Funktionen aufweisen können. Es ist daher bei der Planung von Massnahmen wichtig, zu erkennen, was für ein Verlauf tatsächlich vorliegt und auf welche Segmente sich unsere Problemstellung bezieht. Von besonderer Bedeutung ist, dass wir die Punkte erkennen, in denen sich die Charakteristik des Verlaufs wesentlich ändert, also Beginn und Ende von *«Schwellen»,* die am Anfang oder Ende von Wachstumsvorgängen stehen, oder *Umkehrpunkte* oder «Grenzwerte», bei denen Zunahmen in Abnahmen übergehen oder umgekehrt (vgl. Abb. 71).

Eine solche Feinanalyse der einzelnen Wirkungsverläufe und auch der Regelkreise kann ausserordentlich schwierig und zeitraubend sein. Wir werden sie deshalb nicht unbedingt für alle einzelnen Verläufe in unserem Netzwerk bereits in diesem Stadium des Problemlösungsprozesses vornehmen, sondern in einem späteren Schritt gezielt für jene Beziehungen, die für in Betracht gezogene Eingriffe in die Situation besonders wichtig sind. Wichtig ist aber, dass wir uns bereits in diesem Schritt überlegen, ob ein bestimmter Wirkungsverlauf einer typischen Funktion folgt, und dies provisorisch festhalten. Das kann dadurch geschehen, dass wir in unserem Netzwerk dem Wirkungspfeil jeweils eine Skizze dieses vermuteten Verlaufs beifügen (Abb. 72).

Die Analyse der Wechselbeziehungen kann durchaus noch erweitert und verfeinert werden. Es ist zu beachten, dass die Eigenschaften der Beeinflussung und Beeinflussbarkeit *temporär* sein können. In einem veränderten Kontext, durch gestaltende Eingriffe, neue Standorte im Netzwerk usw. können andere Zusammenhänge und Intensitäten entstehen. Davon aber später.

Wir können neben der Frage der Beeinflussungsstärke aber auch folgende Fragen aufnehmen:

- wie müssten die Beziehungen und Wechselwirkungen sein, damit gewisse Elemente aktiv oder kritisch werden?
- welche Elemente fehlen oder könnten ergänzt werden, damit gewisse Einflüsse wirksam werden können?
- über welche Elemente und Beziehungen müssen wir detaillierte Informationen gewinnen, um ihre Einflussnahme und die Beeinflussbarkeit beurteilen zu können?

Es ist nicht sinnvoll, von zu wenigen Elementen und Beziehungen auszugehen, da wir hierbei meist nur zu offensichtlichen und leicht erkennbaren Resultaten gelangen. Andererseits wird ein umfangreicher «Papiercomputer» zeitaufwendig und kompliziert. Es ist jedoch zu beachten, dass die Beteiligten gezwungen werden, die Beziehungen zu analysieren, zu hinterfragen, zu reflektieren und auszudiskutie-

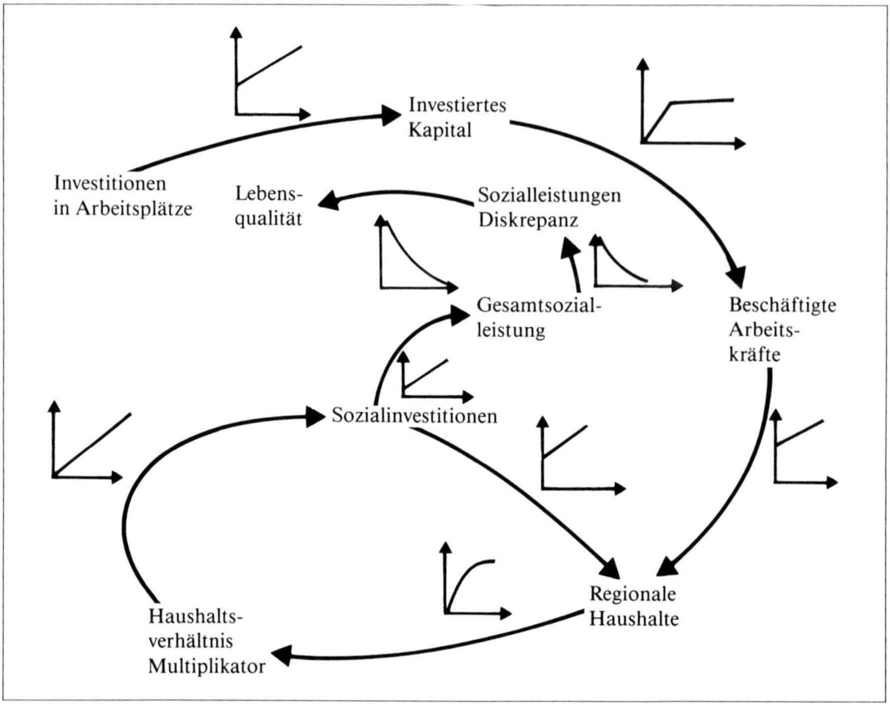

Abb. 72: Ausschnitt aus einem Netzwerk mit «variablen» Kurvenverläufen

ren. Unterschiedliche individuelle oder gruppenbezogene Beurteilungen sind manchmal auf ungenügende Informationen oder fehlendes Beurteilungsvermögen (Kenntnisse, Erfahrungen usw.) zurückzuführen. Weit häufiger liegt die Schwierigkeit aber darin, dass gewisse Elemente des Netzwerkes ungenau oder inadäquat definiert worden sind. Wir nehmen uns häufig nicht die notwendige Zeit, die Elemente bei der Erstellung des Netzwerkes genau zu interpretieren und einen Konsens zu erreichen. Hier bietet sich daher die Gelegenheit, auf die Problemdefinition bzw. das Netzwerk zurückzukommen und Elemente, d. h. ihre *Begriffe, präzise zu umschreiben.* Dabei zeigt sich etwa, dass einzelne Elemente zu präzisieren oder zu ersetzen sind. Statt von Gewinn ist zum Beispiel von «Gewinn vor Steuern», statt von Einrichtungen von «technischen Einrichtungen» zu sprechen.

Es ist möglichst von mehreren aktiven, reaktiven, kritischen oder trägen Elementen auszugehen und nicht einfach vom aktivsten, reaktivsten usw. Elemente repräsentieren diese Charakteristiken jeweils mehr oder weniger (vgl. Abb. 68).

Ein letzter wichtiger Punkt: Wir gehen von *direkten* Wirkungen aus. Indirekte Wirkungen sind nur dann aufzuzeichnen, wenn die «Zwischenelemente» nicht notwendiger Bestandteil des Netzwerkes sind. Jedoch dürfen wir nicht *dieselbe*

Wirkung direkt und indirekt in die Analyse aufnehmen, da so falsche Beurteilungsgrundlagen entstehen.

3) *Ermitteln des Zeitverlaufs*

Wirkungsverläufe benötigen *Zeit.* Es ist offensichtlich wichtig zu wissen, ob Wirkungen rasch oder aber erst sukzessive eintreten. Gerade dieses Denken in Zeitabläufen und das Abschätzen des Zeitbedarfs einer Einwirkung machen uns erfahrungsgemäss Schwierigkeiten. Oft werden wir dadurch überrascht, dass an sich erwartete Ereignisse schneller oder aber erst viel später eintreten. Häufig führen solche Fehleinschätzungen in zeitlicher Hinsicht dazu, dass unsere Eingriffe in die Situation zum falschen Zeitpunkt erfolgen oder dass wir aus einem nicht vorauserkannten langsamen Ablauf fälschlicherweise schliessen, unsere Massnahme habe überhaupt keine Wirkung.

Der *Zeitaspekt* ist für den Problemlöser in zweifacher Beziehung von Bedeutung: Einmal als Merkmal der Eigendynamik der Situation, die sich im Gesamten wie in einzelnen Wirkungsverläufen schneller oder langsamer verändern kann, und sodann bei der Planung der Massnahmen, mit denen wir selbst die Situation gezielt verändern wollen. Die beiden Aspekte stehen in enger Beziehung miteinander: Bei der Planung und Realisierung von Massnahmen müssen wir vom zeitlichen Verhalten der Situation ausgehen, wie sie nun einmal ist, und gegebenenfalls untersuchen, ob wir dieses zeitliche Eigenverhalten je nach Zielsetzung beschleunigen oder verlangsamen können. Dabei ergibt sich oft die Notwendigkeit einer Umgestaltung oder «Umstrukturierung» der Situation, d. h. einer bewussten Veränderung von Elementen und Beziehungen, um erwünschte Beschleunigungs- oder Verlangsamungseffekte zu erzielen. Grundlage dieser späteren Überlegungen muss aber das Verstehen der situationsimmanenten Zeitverläufe sein, die ja den Ausgangspunkt für unsere Eingriffe bilden. Erst aufgrund der Einsichten in dieses Eigenverhalten der Situation in zeitlicher Hinsicht kann erfasst werden, welche Zeiträume zur gewollten Veränderung, d. h. zur Zielerreichung notwendig sind. Wir können auch umgekehrt sagen, dass die Wirkungen, die wir erzeugen können, von der zur Verfügung stehenden Zeit abhängig sind: Gewisse Effekte können wir in kurzer, andere nur in längerer Zeit bewirken.

Nun sind «schnell» und «langsam» relative Begriffe, und schon dadurch, dass verschiedene Teammitglieder in verschiedenen Zeiträumen denken, können sich erhebliche Missverständnisse und Differenzen in der Beurteilung möglicher Massnahmen ergeben. Es ist daher bei dieser Analyse der Problemsituation dringend nötig, sich zuerst Gedanken zu machen über den *Zeitraum,* den man der Betrachtung zugrunde legen will, und diesen festzulegen.

Jedes Problemlösen, d. h. jedes Eingreifen in eine Problemsituation, benötigt Zeit. Wir müssen also *zukünftige Zeitperioden festlegen,* in denen Massnahmen getroffen und wirksam werden sollen. Diese zeitliche Fixierung ist ein Bestandteil der Problemdefinition. Offensichtlich sieht unser Problem wesentlich anders aus, wenn wir beabsichtigen, ein Ergebnis im nächsten Monat zu erzielen, als wenn wir daran denken, unserem Unternehmen im Laufe der nächsten fünf Jahre ein anderes Gesicht zu geben.

Bei dieser Bestimmung der zeitlichen Dimension unseres Problems können wir von der in der Planungspraxis üblichen Unterscheidung von *kurzfristig, mittelfristig* und *langfristig* ausgehen. Wichtig ist, dass wir diesen Ausdrücken *bestimmte zukünftige Zeitperioden* zuordnen, z. B. 1 Jahr, 3 Jahre und mehr als 3 Jahre. (Dies ist jedoch nur ein Beispiel; für eine Bank z. B. bedeutet «kurzfristig» meist eine wesentlich kürzere Zeitperiode als für eine Unternehmung der Investitionsgüterindustrie.) Je nach Problemstellung kann die gewählte Zeitperiode ganz unterschiedlich sein. So kann sie aus zwingenden Gründen, z. B. rechtlicher Natur, von vornherein feststehen, etwa der Art, dass bis zu einem bestimmten Termin das Problem gelöst sein muss, andernfalls es eben nicht mehr gelöst werden kann. Es kann aber auch sein, dass wir vorerst die Zeitdimension in dem Sinne offen lassen, als wir verschiedene Zeitperioden festlegen und erst später bestimmen, für welche Zeiträume wir welche Massnahmen planen.

Wesentlich ist, dass wir auch beim Denken in der zeitlichen Dimension nicht einzelne Zeitperioden isolierend betrachten, sondern vom *Bild eines kontinuierlichen Zeitflusses* ausgehen, in welchem bestimmte Perioden nur von uns unterschiedene Etappen sind. Ganzheitliches Denken heisst deshalb in zeitlicher Beziehung auch langfristiges Denken. Selbst wenn wir unser Problem zeitgerecht in einer bestimmten Etappe gelöst haben, hört die Situation nicht auf zu existieren, sie wird sich weiterhin verändern und vermutlich zu weiteren Problemen führen. Auf diesen Aspekt der Weiterentwicklung einer realisierten Problemlösung werden wir im letzten Schritt zurückkommen.

Wir gehen im folgenden davon aus, dass wir die Situation nach kurz-, mittel- und langfristig stattfindenden Wirkungen analysieren wollen und dass wir diesen verbalen Bezeichnungen bestimmte Zeitperioden zugeordnet haben. Wir können nun die einzelnen Wirkungsverläufe und damit auch die festgestellten Regelkreise nach dieser Fristigkeit der Wirkungen untersuchen und in unserem aufgezeichneten Netzwerk diese drei zeitlichen Merkmale z. B. durch unterschiedliche Farben oder Symbole kennzeichnen (vgl. Abb. 73). Bei dieser Schätzung der in bestimmten Zeitperioden zu erwartenden Wirkungen spielen natürlich die im letzten Abschnitt behandelten Kurvenverläufe und die Bestimmung des Segmentes, in welches die betreffende Periode fällt, eine wichtige Rolle. Im Beispiel in Abbildung 74 wird etwa angenommen, dass sich ein veränderter Preis rasch auf die erzielbare

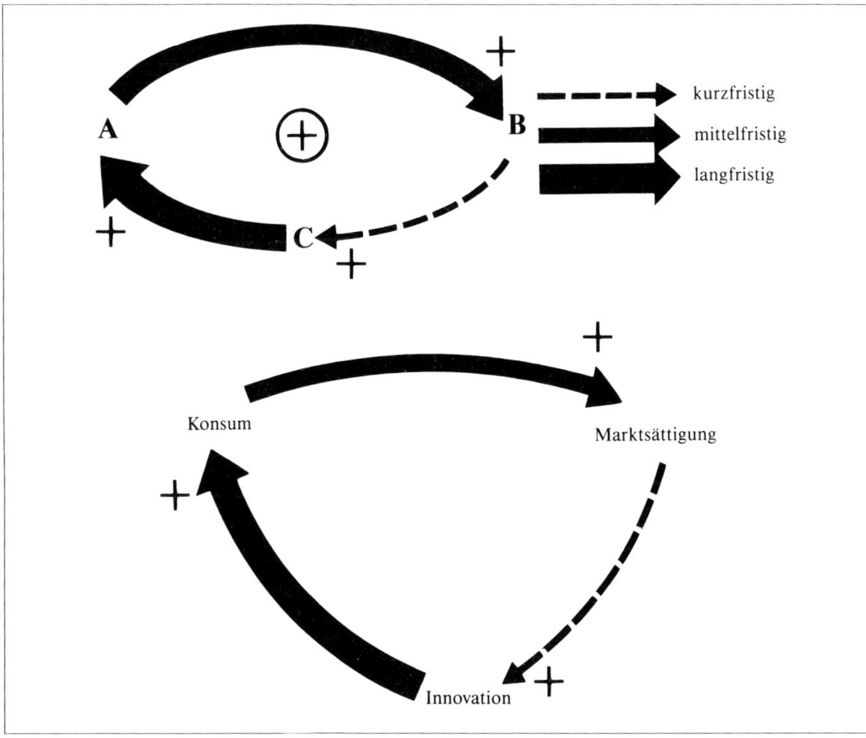

Abb. 73: Analyse des Zeitverhaltens

Absatzmenge auswirkt, eine Verbesserung des sogenannten «Sortimentmixes» dagegen eine längere Zeit braucht, bis er von Kunden erkannt und geschätzt wird. Wie man weiss können durch solche Unterschiede im Zeitverlauf Kosten und Erträge in ihrem zeitlichen Anfall auseinanderklaffen, indem Massnahmen mit Investitionscharakter rasch zusätzliche Kosten verursachen, während die angestrebten höheren Erträge erst später anfallen werden. Es liegt auf der Hand, dass bei der Planung von Massnahmen solche zeitlichen Diskrepanzen unbedingt beachtet werden müssen.

Es ist jedoch nicht immer so einfach wie im Beispiel von Investitionen, solche Diskrepanzen in den Zeitverläufen zu erkennen. Oft führt die zeitliche Analyse zu Ergebnissen, die unseren intuitiven Annahmen widersprechen und eine Verunsicherung verursachen. Dies ist auch ein Indiz dafür, dass wir meist viel zu wenig in der Zeitdimension denken und oft das zeitliche Eigenverhalten von komplexen Systemen nicht durchschauen. Dies ist insbesondere der Fall, wenn wir nur einzelne, uns bekannte Wirkungsverläufe in Betracht ziehen, aber übersehen, dass bestimmte *Kreisläufe* sich sehr rasch, andere aber sich nur langsam abspielen.

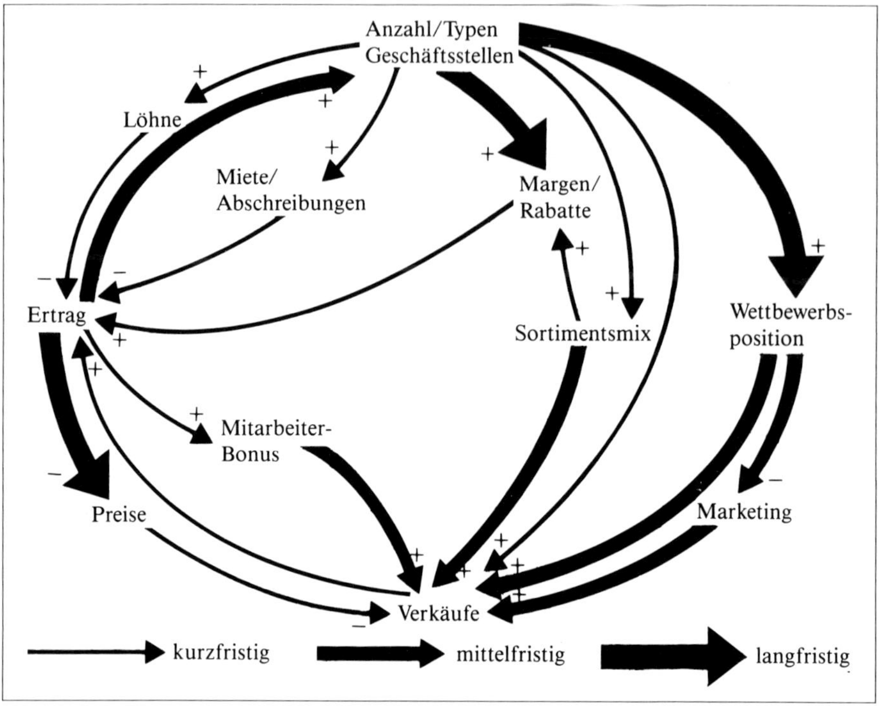

Abb. 74: Verschiedene zeitliche Wirkungsbeziehungen in einem Netzwerk (nach Gomez/Probst 1987)

Zusammenfassend können wir feststellen, dass uns die hier geschilderten Überlegungen zu zahlreichen, oft «neuen» Einsichten in die Dynamik der Situation führen. So kann sich z. B. zeigen, dass ein aktives Element nicht nur stark, sondern auch rasch auf andere Elemente einwirkt, oder dass ein anderes Element zwar ebenfalls starke Wirkungen erzeugt, aber nur auf längere Frist. Von solchen Einsichten hängt die Planung von Massnahmen in zeitlicher Hinsicht ab. So gehört die Beeinflussung eines aktiven Elementes im ersten Fall zur kurzfristigen Planung, während im zweiten Fall die entsprechenden Massnahmen Gegenstand der langfristigen oder strategischen Planung sein müssen.

Zusammenfassung

In diesem zweiten Schritt geht es um die Analyse der Wirkungsverläufe in der Problemsituation und damit um die Dynamisierung unseres Modells. Die dabei notwendigen Überlegungen können wir kurz wie folgt zusammenfassen:

1. Ermitteln der Art der Einflussnahmen

Frage: Welche Wirkungsverläufe zwischen den einzelnen Elementen sind gleichgerichtet? Welche entgegengerichtet?

Welche zirkulären Wirkungsverläufe mit mehreren Elementen (Regelkreise) sind positiver, welche negativer Art?

Vorgehen: Art der einzelnen Wirkungsverläufe und der Regelkreise im Netzwerk mit + und - kennzeichnen

2. Ermitteln der Einflussintensitäten

Frage: Wie stark wirken die Faktoren in der Problemsituation aufeinander ein?

Vorgehen: Matrix («Papiercomputer») erstellen und Faktoren in beiden Dimensionen auflisten

Stärke der Einflussnahme und der Beeinflussbarkeit für jedes Element zahlenmässig bewerten und alle Elemente als aktiv, reaktiv, kritisch und träge charakterisieren und in einer Übersicht darstellen

Funktionen der Wirkungsverläufe schätzen und in das Netzwerk einzeichnen

Allenfalls fehlende Faktoren im Netzwerk ergänzen und Faktoren genauer definieren

3. Ermitteln des Zeitverlaufs

Fragen: Wieviel Zeit benötigen die Wirkungsverläufe zwischen einzelnen Faktoren? Wieviel ganze kreisförmige Prozesse (Regelkreise)?

Vorgehen: Verschiedene zukünftige Zeitperioden unterscheiden und definieren (kurz-, mittel-, langfristig)

Wirkungszeiten der einzelnen Verläufe schätzen, den Zukunftsperioden zuordnen und im Netzwerk kennzeichnen.

Spiel bringen, denn wir möchten ja gerade wissen, welches die zukünftigen *Rahmenbedingungen* sein könnten, damit wir sie bei der Planung unserer eigenen Handlungen berücksichtigen können.

Wenn wir als Führungskräfte für eine soziale Institution denken und handeln, wäre es natürlich völlig unrealistisch, wenn wir annehmen würden, wir, unsere Mitarbeiter und unsere Vorgesetzten würden nun überhaupt nicht mehr handeln, bis wir uns für neue Massnahmen entschieden hätten. Wir werden daher vernünftigerweise die Annahme treffen, dass die Institution weiter handeln wird «wie bisher». Da uns die eigenen bisherigen Ziele und Verhaltensweisen einigermassen bekannt sein sollten, beziehen sich unsere Überlegungen vor allem auf jene Elemente und Beziehungen in unserem Netzwerk, die sich unabhängig von unserem eigenen Verhalten verändern können, auf die wir also keinen oder nur einen geringen Einfluss haben. Denken wir an eine ganze Institution, z. B. eine Unternehmung, so handelt es sich dabei vor allem um Elemente der sogenannten *«Umwelt»*, die auf die Unternehmung einwirken, die wir aber kaum beeinflussen können, wie z. B. die konjunkturelle oder die politische Entwicklung in einem Land, die Geldentwertung, die Veränderung der Währungsrelationen usw. Offensichtlich handelt es sich dabei für die Unternehmung um Rahmenbedingungen, die wir bei der Planung unseres eigenen Handelns berücksichtigen sollten, und nicht um Faktoren, auf die sich unsere Massnahmen unmittelbar beziehen könnten.

Bei diesem dritten Schritt geht es also um die Beantwortung der Frage:

Wie wird sich unsere Problemsituation in Zukunft aufgrund ihrer Eigendynamik verändern unter der Annahme, dass wir nicht eingreifen und unser eigenes bisheriges Verhalten nicht ändern?

Das Vorgehen

1) *Festlegen des Zeithorizontes*

Voraussetzung für ein vernünftiges gedankliches Umgehen mit der Zukunft ist die Festlegung der zukünftigen Zeitperiode, in welcher wir mögliche Veränderungen erfassen wollen. Bereits bei der Zielbestimmung im ersten Schritt und bei der Analyse der einzelnen Wirkungsverläufe im zweiten Schritt haben wir gesehen, dass wir ohne zeitliche Fixierung unser Problem nicht vernünftig definieren können, denn sowohl unsere Handlungsmöglichkeiten wie auch die Wirkungsverläufe im Netzwerk können sehr unterschiedlich sein, je nachdem ob wir in kurzen oder langen Zeiträumen denken. Genau gleich ist es, wenn wir zukünftige Veränderungen aufgrund der Eigendynamik der Situation abschätzen wollen: es kommt darauf an, ob wir beispielsweise an das nächste Jahr oder an die nächsten 10 Jahre denken.

Wir müssen also als erstes auf den bei der Problemstellung gewählten zeitlichen Rahmen zurückgreifen und diesen bewusst auch als Zeithorizont unseren Szenarien zugrunde legen.

Bei der Erstellung von Prognosen und Szenarien wird öfters ein bestimmter zukünftiger Zeit*punkt* gewählt – beispielsweise das Jahr 2010. Ein Szenario wird dann aufgefasst als Beschreibung eines möglichen *Zustandes* in einem bestimmten zukünftigen Zeitpunkt. Was wir brauchen ist jedoch nicht eine Momentaufnahme in einem bestimmten zukünftigen Zeitpunkt, sondern eine Beschreibung der Dynamik des Systems, also der zu erwartenden Veränderungen in einem Zeitraum. Ein zweckmässiges Szenario beschreibt also nicht statisch einen möglichen Zustand im Jahre X, sondern die *Entwicklungstendenzen* der Situation, die während der gewählten Zeitperiode wirksam sein könnten und die sukzessive den Verhaltensraum verändern.

2) *Bestimmen der Einflussfaktoren und Schlüsselgrössen*

Nachdem der Zeithorizont festgelegt ist, geht es nun darum, diejenigen Teile der Problemsituation herauszugreifen, die für uns als Problemlöser *Rahmenbedingungen* darstellen. Es sind dies wie erwähnt jene Elemente und Beziehungen in unserem Netzwerk, auf deren Veränderung wir keinen bestimmenden Einfluss haben. Wir bezeichnen sie als «*Einflussfaktoren*» und unterscheiden sie von «Handlungsfaktoren», die wir selbst durch Massnahmen verändern können.

> *Einflussfaktoren* sind jene Elemente und Beziehungen, auf die wir als Problemlöser keinen oder nur einen sehr geringen Einfluss ausüben können, die sich also von uns aus gesehen «von selbst» ändern können.
>
> *Handlungsfaktoren* sind jene Elemente und Beziehungen, die wir selbst durch Massnahmen verändern können.

Wir greifen dafür auf das in Schritt 1 erstellte Netzwerk der Problemsituation zurück und kennzeichnen darin die Einflussfaktoren oder erstellen eine Liste derselben.

Wenn wir im Schritt 1 die Problemsituation zweckmässig abgegrenzt haben, enthält das Netzwerk auch Elemente, die zur *Umwelt* unserer Institution gehören, auf die sich die Problemsituation bezieht. Es sind dies Elemente übergeordneter Systeme – Gesamtwirtschaft, Natur, Gesellschaft – die auf unsere Problemsituation einwirken, und solche anderer zweckgerichteter sozialer Systeme wie z. B. von Konkurrenten und Kunden, mit denen wir in Wechselwirkung stehen. Es lohnt sich, unser Netzwerk daraufhin zu prüfen, ob wir unmittelbar auf unsere Situation einwirkende *Umweltfaktoren* vergessen und das Modell zu eng abgegrenzt haben, um das Netzwerk nötigenfalls entsprechend zu ergänzen.

Wenn wir im ersten Schritt bei der Modellierung der Problemsituation einen relativ hohen Detaillierungsgrad gewählt haben, ist es möglich, dass das Netzwerk eine grössere Zahl solcher Einflussfaktoren aufweist. Es ist dann nützlich, wenn wir uns auf jene Umweltfaktoren beschränken, die *für unsere Problemstellung besonders wesentlich* sind. Für diese Auswahl ist uns die im zweiten Schritt vorgenommene *Analyse der Einflussstärken* der verschiedenen Elemente von Nutzen. Wir gehen also auf die dort erstellte Tabelle zurück und suchen diejenigen Einflussfaktoren heraus, welche stark *aktiv* sind (vgl. S. 142 ff.). War unsere Analyse mit Hilfe dieser Tabelle «richtig» bzw. sinnvoll, so sind dies ja jene Faktoren, welche einen starken Einfluss auf unsere Problemsituation ausüben, deren Veränderung also eine wesentliche Veränderung der Problemsituation bewirken wird. Diese starken Einflussfaktoren bezeichnen wir als *Schlüsselgrössen.*

3) *Bestimmen des Szenariobereichs*

Wenn wir die Liste der Umweltfaktoren bzw. der ausgewählten Schlüsselgrössen näher betrachten, stellen wir fest, dass es sich um Elemente komplexer Umweltsysteme handelt, die gewissermassen «ausserhalb» unseres Modells der Problemsituation liegen. Wenn es beispielsweise bei unserem Problem um die Bestimmung der zukünftigen Produkt- und Marktstrategie einer Unternehmung geht, können Veränderungen in der Nachfrage nach bestimmten Produktarten, die Entwicklung neuer Produkte aufgrund neuer Technologien, die zukünftige Umweltschutzgesetzgebung usw. von grosser Bedeutung sein. Fragen wir uns, wie sich ein solcher Faktor in Zukunft verändern wird, so sehen wir sofort, dass er selbst nur ein Element in einem viel umfassenderen, vernetzten System ist, das von vielen andern Elementen beeinflusst wird. Wenn wir begründete Annahmen über die Entwicklung solcher uns direkt interessierender Umweltfaktoren treffen wollen, dürfen wir uns also nicht auf deren isolierte Betrachtung beschränken, sondern müssen ihre Entwicklung im Rahmen viel weiterer Zusammenhänge zu erfassen suchen. Dies bedeutet, dass wir uns bei der Szenariobildung vorübergehend von unserer bisherigen, auf unsere Problemsituation beschränkte Betrachtungsebene lösen und uns gedanklich auf die Ebene umfassenderer «Systeme höherer Ordnung» begeben müssen.

Ausgehend von unsern Schlüsselgrössen geht es also darum, Umweltbereiche zu definieren, für die wir Szenarien benötigen (vgl. Abb. 75). Je nach Problemstellung und Problemsituation kann die Abgrenzung der für uns relevanten Umweltbereiche relativ einfach oder auch sehr schwierig sein. Vor allem spielt dabei der gewähl-

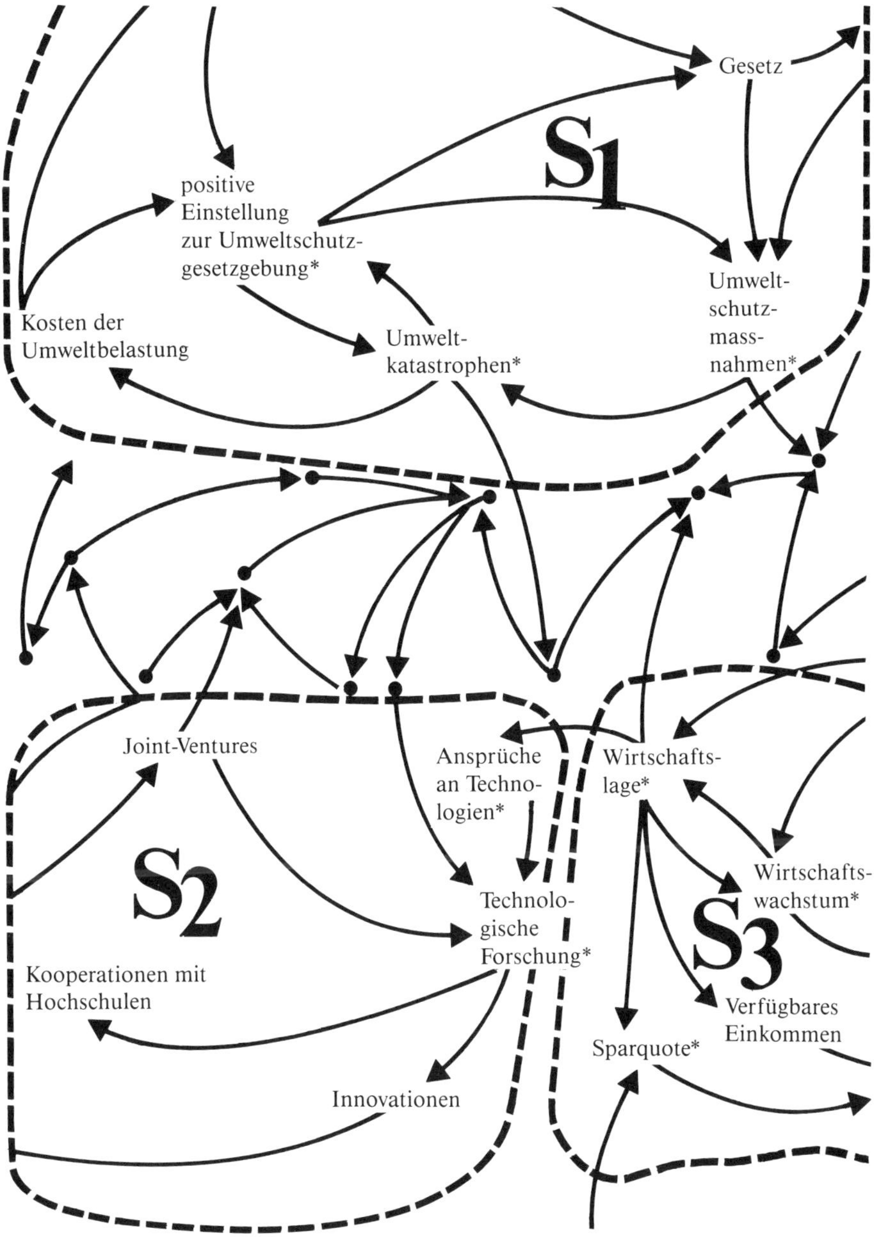

*** = Umweltschlüsselgrössen** **S = zu erstellende Szenarien (Bereiche)**

Abb. 75: Die Bestimmung der Szenariobereiche

te *Zeithorizont* eine Rolle. Handelt es sich um eine sehr kurze Zukunftsperiode, so kann es sein, dass es sich bei einer Schlüsselgrösse um einen Faktor handelt, der sich in nächster Zukunft mit grosser Wahrscheinlichkeit in einer bestimmten Richtung oder überhaupt nicht verändern wird. Dies kann deshalb der Fall sein, weil die Ursachen, welche die Entwicklung dieses Faktors in der nächsten Zukunft bestimmen, bereits als Tatbestand feststehen, oder weil die Schlüsselgrösse erfahrungsgemäss einem langfristigen Trend folgt, ohne dass Anzeichen für einen Trendbruch vorliegen. So kann zum Beispiel die Zahl der im nächsten Jahr in einer bestimmten Region wohnenden erwachsenen Personen recht gut geschätzt werden, da sie bereits geboren sind und die kurzfristig zu erwartenden Veränderungen durch Tod, Zu- und Abwanderung usw. vermutlich einem bereits in den Vorjahren bekannten Trend folgen werden. Für wichtige volkswirtschaftliche Grössen wie Bruttosozialprodukt, Inflationsrate usw. liegen von Wirtschaftsforschungsinstituten auch relativ zuverlässige Prognosen für die kurzfristige Entwicklung vor, die wir übernehmen können. Auch hier ist zwar keine absolute Genauigkeit zu erreichen, die aber in den meisten Fällen auch nicht erforderlich ist. Meistens können wir uns mit der Schätzung einer *Bandbreite* des normalerweise zu erwartenden Verhaltens der Grösse begnügen. In solchen Fällen werden wir auf die Erarbeitung eines eigentlichen Szenarios verzichten und uns mit einfachen Prognosen begnügen.

Die Schwierigkeit liegt allerdings darin, solche Faktoren von jenen zu unterscheiden, die viel weniger träge sind, weil sie auf Änderungen in einem umfassenderen System viel stärker und rascher reagieren, so dass sie sich selbst auch in allernächster Zukunft wesentlich verändern könnten. Solche Faktoren sollten Bestandteil eines zu erarbeitenden Umweltszenarios sein.

Anders ist die Situation, wenn es sich um ein Problem mit einem weit in die Zukunft reichenden Zeithorizont handelt, in den Unternehmungen also um Probleme der strategischen Führung bzw. der langfristigen Planung. Hier könnte es sehr gefährlich sein, vergangene oder heutige Trends einfach in die Zukunft zu verlängern. Zwar kann man im nachhinein in bezug auf die Entwicklung z. B. wichtiger volkswirtschaftlicher Grössen Trends feststellen, die während vieler Jahre eine bestimmte Entwicklungsrichtung charakterisiert haben – aber oft haben eben auch Trendbrüche und andere wesentliche Veränderungen im Kurvenverlauf stattgefunden. Hier können uns nur umfassendere Analysen über die «Verhaltensmuster» ganzer Umweltsysteme Anhaltspunkte für mögliche zukünftige Veränderungen liefern, und für solche langfristige Analysen ist auch die Szenariotechnik entwickelt worden.

Weil in unserer heutigen Welt so vieles mit vielem verknüpft ist, stossen wir bei der Abgrenzung der Umwelt, die wir bei solchen Problemen mit weitem Zeithorizont untersuchen sollten, auf grosse Schwierigkeiten. So ist zum Beispiel die schweizerische Volkswirtschaft ein Teil der Weltwirtschaft, und wirtschaftliche

Entwicklungen irgendwo auf der Welt können diejenigen in der Schweiz wesentlich beeinflussen. Die Wirtschaft ihrerseits ist aber nicht ein geschlossenes System, sondern wird beeinflusst durch politische, technologische, kulturelle, militärische Entwicklungen und Ereignisse usw., und dies ebenfalls in weltweitem Rahmen. Auch «der Markt», der für eine Unternehmung - wirtschaftlich gesehen - die unmittelbar relevante Umwelt darstellt, ist kein geschlossenes System, sondern Bestandteil der Gesellschaft und kann daher beeinflusst werden durch Entwicklungen in ganz anderen Bereichen, die für uns keine «Marktfaktoren» sind. Beim Versuch, diese überaus vielfältige Umwelt in den Griff zu bekommen, stossen wir bald einmal auf eine derartige Zahl unterschiedlicher Elemente, dass wir hoffnungslos überfordert sind, wenn wir versuchen, ihre zukünftige Entwicklung zu prognostizieren - insbesondere weil wir im allgemeinen die Vernetzung solcher Supersysteme nicht kennen.

Wenn wir bei der Umweltanalyse nicht vom Hundertsten ins Tausendste geraten wollen, bleibt uns nichts anderes übrig, als auf eine derartige Analytik zu verzichten und uns auf ein grobes Modell der Umwelt zu beschränken, das viele einzelne Elemente jeweils zu einer grossen «Umweltkomponente» zusammenfasst.

Diese «Vereinfachung durch Abstraktion» erfolgt in der Weise, dass wir die Umwelt in grober Weise strukturieren, indem wir einige wenige Umweltbereiche festlegen und diesen die verschiedenen Umweltfaktoren unserer Problemsituation zuordnen. In bezug auf eine ganze Unternehmung können als solche «Umwelt-Komponenten» z. B. bestimmt werden:

Absatz- und Beschaffungsmärkte

Gesamtwirtschaft

Gesellschaft und Staat

Natur.

Solchen Umwelt-Segmenten können wir nun die in unserem Netzwerk der Problemsituation enthaltenen Umweltelemente bzw. Schlüsselgrössen zuordnen, so dass wir bei der folgenden Szenariobildung jeweils darauf achten können, dass diesen für uns besonders wichtigen Faktoren genügend Aufmerksamkeit geschenkt wird.

4) *Erarbeitung eines «überraschungsfreien» Grundszenarios*

Als erstes werden wir nun - zunächst nach Umweltsegmenten aufgeteilt, nachher integrierend für die ganze Umwelt - ein Bild einer zukünftigen Entwicklung entwerfen, das uns nach heutigem Stand des Wissens als «normal» und «wahrscheinlich» erscheint. Ein solches Szenario ist «überraschungsfrei» in dem Sinne, dass es keine Veränderungen enthält, die wir momentan als «nicht wahrscheinlich» betrachten. Ein solches Grundszenario orientiert sich in der Regel an langfristigen Trends, die wir in der Vergangenheit feststellen konnten, aber auch an Indizien, die wir bei der Analyse des betreffenden Umweltsegmentes herausfinden und die bevorstehende Änderungen wie Abweichungen vom Trend, Trendbrüche usw. anzeigen. Es ist also keineswegs so, dass wir einfach die Vergangenheit in die Zukunft verlängern, sofern wir eben heute schon erkennen können, dass Veränderungen der Trends und auch bestimmte «Störereignisse» in der zugrundeliegenden Zeitperiode zu erwarten sind.

5) *Erarbeitung von Alternativszenarien*

Nun lassen wir die Annahme eines überraschungsfreien Verlaufs fallen und suchen bewusst nach möglichen Änderungen, die wir zwar nicht unbedingt erwarten, die aber durchaus eintreten könnten. Solche Szenarien enthalten also «Überraschungen» oder - gemessen am Grundszenario - «Störungen», die zwar nicht mit grosser, aber doch einer gewissen Wahrscheinlichkeit eintreten könnten. Da es eine unbegrenzte Zahl von möglichen zukünftigen Veränderungen gibt, werden wir uns in der Regel auf zwei «Extremvarianten» beschränken, d. h. auf zwei Zukunftsbilder, die beide vom Grundszenario deutlich abweichen, aber im Vergleich zueinander sehr unterschiedliche mögliche Entwicklungen beinhalten. Der Zweck solcher Extrem-Szenarien besteht darin, uns zum Durchdenken möglicher Zukunftsentwicklungen, die wesentlich vom bisherigen Verlauf der Dinge abweichen, zu veranlassen, damit wir uns wappnen können gegen «Überraschungen», die von uns ein ganz anderes Verhalten verlangen werden als das Grundszenario.

Ansatzpunkte für solche Alternativszenarien bilden wiederum die *Umweltschlüsselgrössen,* die in unserem Netzwerk der Problemsituation enthalten sind, denn diese sind es ja, die unsere ganze Problemsituation wesentlich verändern können. Nehmen wir z. B. an, eine solche Schlüsselgrösse mit starkem Einfluss auf unsere zukünftige Situation sei der Konjunkturverlauf, so können wir nun - in bewusster Abweichung vom Grundszenario - von einem extremen, «nicht normalen» zukünftigen Verlauf ausgehen, also als eine Alternative von einer starken Rezession, als andere von einem unerwarteten, starken konjunkturellen Aufschwung. Solche Annahmen sind jedoch nur sinnvoll, wenn sie aufgrund der Erarbeitung eines umfassenderen Umwelt-Szenarios sich tatsächlich als möglich erweisen, die angenommene wesentliche Veränderung der Schlüsselgrösse also die Konsequenz eines möglichen, in sich plausiblen Gesamtverhaltens der Volkswirtschaft ist.

Beim Durchdenken eines solchen Alternativszenarios kann es sich ergeben, dass eine bestimmte alternative Entwicklung gar nicht so unwahrscheinlich ist, wie wir vielleicht zunächst angenommen hatten. Möglicherweise stossen wir dabei auf im Gang befindliche Veränderungen an andern Stellen des Netzwerkes des Umweltsystems, die sich erst mit Verzögerung, dann aber möglicherweise massiv auf unsere Schlüsselgrössen auswirken können. Die Umweltanalyse kann also zu erheblichen Korrekturen an unsern Erwartungen in bezug auf wahrscheinliche oder unwahrscheinliche Zukunftsentwicklungen führen. Es kann sein, dass dies dazu führt, dass wir unsere Strategien und Massnahmen aufgrund dieser Änderungen in der Wahrscheinlichkeitsbeurteilung nun nicht auf das überraschungsfreie Gundszenario ausrichten werden, sondern auf eines der Extremszenarien. Solche Alternativszenarien werden öfters von vornherein als «positiv» und «negativ» etikettiert. Es empfiehlt sich aber, eine solche Bewertung einer möglichen Zukunft von unseren Zielsetzungen und Möglichkeiten aus erst vorzunehmen, wenn die Szenarien tatsächlich vorliegen, denn es kann durchaus sein, dass eine auf den ersten Blick für uns positiv scheinende Entwicklung durchaus nicht so erwünscht ist - oder umgekehrt.

6) *Interpretieren der zukünftigen Veränderungsmöglichkeiten der Problemsituation*

Mit der Bildung von Szenarien haben wir unsere Analyse über die Problemsituation hinaus ausgeweitet, um mögliche zukünftige Veränderungen der Umwelt zu erfassen. Wir haben damit Erwartungen gebildet über Art und Ausmass der Veränderungen, die die in unserem Modell der Problemsituation enthaltenen *Umwelt-Schlüsselgrössen* in der gewählten Zukunftsperiode erfahren könnten. Jetzt geht es noch darum, die ganze Problemsituation im Lichte dieser möglichen *Änderungen in den Rahmenbedingungen* für unser zukunftsgerichtetes Denken und Handeln zu betrachten. Wir gehen demgemäss zurück auf unser Modell der Problemsituation und analysieren nun die *Wirkungen*, welche von angenommenen, sich aus den Szenarien ergebenden Änderungen der Umwelt-Schlüsselgrössen ausgehen können. Wir stellen also die Frage: Wie wird sich die Problemsituation in der angenommenen Zukunftsperiode verändern, wenn sich die Umwelt-Schlüsselgrössen in der Weise verändern werden, wie sie im Grundszenario beziehungsweise in den beiden Alternativszenarien als Möglichkeiten ermittelt worden sind?

Basis für diese Überlegungen bildet die Analyse der Wirkungsverläufe, wie wir sie im Schritt 2 vorgenommen haben. Wie erwähnt schliessen wir dabei ein eigenes Eingreifen als Problemlöser noch aus, geht es doch darum, die aufgrund äusserer Einflüsse zu erwartenden Veränderungen in den Rahmenbedingungen zu erfassen.

Anders ausgedrückt geht es in dieser Phase um die *Simulation* des Systemverhaltens bei bestimmten Veränderungen in den Rahmenbedingungen. «Was wäre, wenn ohne unser Zutun dies oder jenes geschieht?» ist die hier interessierende Frage. Man kann auch sagen, dass wir nun unser Netzwerk der Problemsituation als *Simulationsmodell* verwenden, das aufzeigen soll, welche Zustände bei der Veränderung bestimmter Elemente, die wir selbst nicht oder nur geringfügig beeinflussen können, eintreten würden.

Für solche Simulationen von Veränderungen ganzer Systeme aufgrund veränderter Einflussfaktoren stellt der *Computer* an sich das ideale Hilfsmittel dar. Die Frage ist nur, ob wir die Voraussetzungen für die Computeranwendung herstellen können, ohne eine der Problemstellung nicht mehr adäquate Reduktion auf das Messbare vorzunehmen. Dabei ist weniger die erforderliche Mathematisierung als die *Quantifizierung* das kritische Problem, sofern es sich eben bei wesentlichen Elementen der Problemsituation um qualitative Faktoren handelt, die nur um den Preis der Reduktion auf einen gut messbaren Teilaspekt quantifiziert werden können. Auf diese Frage der Computerisierung kann jedoch hier nicht näher eingegangen werden.

Selbst wenn wir aus diesen oder anderen Gründen auf das Hilfsmittel Computer verzichten müssen, können wir durch eine gedankliche Analyse unseres Netzwerkes unter der Annahme bestimmter Veränderungen von Einflussfaktoren doch wesentliche Einsichten in mögliche Entwicklungen der ganzen Situation gewinnen und erkennen, welche Elemente sich unter dem Einfluss veränderter Rahmenbedingungen wesentlich verändern werden. Der Vorteil unserer Netzwerkdarstellung liegt darin, dass wir nun nicht nur einzelne Einwirkungen auf ein anderes Element isoliert erfassen, sondern über ganze Ketten und Kreise von miteinander verknüpften Elementen hinweg die weiteren Folgen einer veränderten Umweltsituation verfolgen können. Auch wenn wir weit entfernt von exakten Schätzungen solcher Folgen sind, gibt uns eine solche Analyse doch oft gänzlich neue Einblicke in überraschende Konsequenzen veränderter Rahmenbedingungen an Stellen, die wir vorher als unbeeinflusst von «äusserlichen» Entwicklungen angesehen haben. Auch das «überraschungsfreie» Grundszenario kann solche Überraschungen in unserem Netzwerk bereithalten.

Es ist wichtig, dass wir vor allem die Konsequenzen der gemäss den *Alternativ-Szenarien* möglichen Veränderungen der Umweltbedingungen gründlich durchdenken. Auch wenn wir das Eintreten der dort angenommenen «Überraschungen» nicht als sehr wahrscheinlich beurteilen, könnten sie eben doch eintreten und uns vor eine wesentlich veränderte Situation stellen. Eine solche Simulation möglicher Veränderungen der Situation aufgrund der Annahmen von Extremszenarien gibt uns vor allem einen Einblick in mögliche *Gefahren,* die in der Situation für uns stecken, und damit Ansatzpunkte zum Durchdenken alternativer Strategien und

Grund-Szenario	Beurteilung			Chancen		Gefahren	
	Wahr-scheinlich	Opti-mistisch	Pessi-mistisch	Branche	eigene Institution	Branche	eigene Institution
Einflussfaktoren Entwicklungsmög-lichkeiten / Verhal-tensmuster (verbal)							
Alternativ-Szenario 1							
Einflussfaktoren Entwicklungsmög-lichkeiten / Verhal-tensmuster							
Alternativ-Szenario 2							
Einflussfaktoren Entwicklungsmög-lichkeiten							

Abb. 76: Schema für die Beurteilung von Szenarien

Handlungsnotwendigkeiten in solchen kritischen Fällen. Ebenso erlaubt sie uns, frühzeitig *Chancen* zu erkennen, die sich für uns möglicherweise aus zukünftigen Entwicklungen ergeben werden (vgl. Abb. 76).

Dieses Durchdenken und Interpretieren möglicher Zukünfte ist ein schöpferischer Prozess, der mehr erfordert als das Befolgen methodischer Regeln, geht es doch darum, eine Vielzahl von Informationen aus verschiedenen Quellen aufzunehmen und zu beurteilen, sie mit eigenen Vorstellungen zu verbinden und auf die Problemsituation zu beziehen, das Wesentliche herauszuarbeiten und mögliche Verhaltensmuster ganzer vernetzter Systeme zu erkennen.

Gesamthaft betrachtet ergeben sich aus dieser abschliessenden Phase unserer zukunftsorientierten Analyse des Netzwerkes *Zukunftsbilder* über mögliche Entwicklungen der Situation, die wir ebenfalls als «Szenarien» bezeichnen können, nur dass sie sich jetzt nicht auf Umweltsysteme, sondern spezifisch auf unsere eigene Situation beziehen.

Zusammenfassung

Im dritten Schritt der ganzheitlichen Problemlösungsmethodik geht es darum, die Eigendynamik der Problemsituation zu erfassen und zukunfts- und problemgerichtet zu analysieren:

1. Festlegen des Zeithorizontes

Frage: Auf welche zukünftige Zeitperiode bezieht sich unsere Analyse?

Vorgehen: Zeitperiode in Übereinstimmung mit dem im zweiten Schritt festgelegten Zeitraum festlegen

Als Grundinformation allenfalls allgemeine Szenarien über längere Zukunftsperioden zuziehen

2. Bestimmen der Einflussfaktoren und Schlüsselgrössen

Fragen: Welche Elemente im Netzwerk gehören zu den «Rahmenbedingungen», die wir selbst nicht oder nur geringfügig beeinflussen können?

Welche davon sind Schlüsselgrössen, die einen starken Einfluss auf die Problemsituation ausüben?

Vorgehen: In der Netzwerkdarstellung jene Einflussfaktoren bestimmen, welche für uns nicht oder nur geringfügig beeinflussbar sind

Gemäss Papiercomputer stark wirkende Einflussfaktoren auswählen und als Umwelt-Schlüsselgrössen im Netzwerk kennzeichnen

3. Bestimmen des Szenariobereichs

Frage: Zu welchen Umweltsystemen gehören die Schlüsselgrössen?

Vorgehen: Gesamte Umwelt in grosse Bereiche aufgliedern

Umwelt-Schlüsselgrössen den Bereichen zuordnen

4. Erstellen eines überraschungsfreien Grundszenarios

Fragen: Wie werden sich die Umweltsysteme nach unseren heutigen Annahmen in der festgelegten Zukunftsperiode vermutlich verändern?

Welche Veränderungen der Umwelt-Schlüsselgrössen unserer Problemsituation sind in diesem Fall zu erwarten?

Vorgehen:	Gewählte Umweltbereiche gemäss der ganzheitlichen Problemlösungsmethodik modellieren und analysieren (lassen) Wahrscheinliche Veränderungen der Umwelt-Schlüsselgrössen erfassen und interpretieren

5. Erstellen von Alternativszenarien «mit Überraschungen»

Fragen:	In welch extremer Weise könnten sich die Umweltsysteme in Zukunft verändern? Welche Veränderungen der Umwelt-Schlüsselgrössen wären in diesen Fällen zu erwarten?
Vorgehen:	Gleich wie beim Erstellen des Grundszenarios, jedoch unter der Annahme von überraschenden Ereignissen und Entwicklungen

6. Interpretieren der zukünftigen Veränderungsmöglichkeiten der Problemsituation

Fragen:	Wie wird sich die Problemsituation insgesamt in Zukunft verändern unter der Annahme, dass die Szenarien Wirklichkeit werden? Welche Elemente im Netzwerk werden durch die jeweils angenommenen Veränderungen der Umweltsysteme besonders stark beeinflusst? Wie beurteilen wir die sich daraus ergebenden zukünftigen Entwicklungen der Situation?
Vorgehen:	Aufgrund der Ergebnisse der bisherigen Analysen die Wirkungen von Veränderungen der Umwelt-Schlüsselgrössen auf die andern Elemente nach Wirkungsart, -intensität und -zeitverlauf untersuchen und Ergebnisse festhalten Zu erwartende Veränderungen aufgrund der Zielsetzung beurteilen und Chancen und Gefahren für die Zielerreichung ableiten.

Ausgewählte Literatur zum Erfassen und Interpretieren der zukünftigen Veränderungsmöglichkeiten der Situation

Geschka, H. / Hammer, R., Die Szenario-Technik in der strategischen Unternehmungsplanung. In: D. Hahn, B. Taylor (Hrsg.), Strategische Unternehmungsplanung, 4. Aufl. Physica, Heidelberg 1986

Lutz, C., Was sagen uns die Weltmodelle und -szenarien der letzten 15 Jahre?, GDI-Schrift, Nr. 24, Rüschlikon 1983

ders., Die Kommunikationsgesellschaft – Ein Leitbild für die Politik und Wirtschaft Westeuropas, GDI-Schrift, Nr. 45, Rüschlikon 1986

Wack, P., Szenarien: Unbekannte Gewässer voraus, in: Harvard Manager, Nr. 2, 1986, S. 60–77

Der vierte Schritt: Abklären der Lenkungsmöglichkeiten

Die Aufgabe

Mit dem dritten Schritt haben wir den ersten Teil des Problemlösungsprozesses abgeschlossen. In den ersten drei Schritten haben wir uns intensiv mit der Situation befasst, die uns vor Probleme stellt, und herausgefunden, welches die für unsere Problemstellung wesentlichen Faktoren sind und wie sie im Netzwerk aufeinander einwirken. Schliesslich haben wir uns ein Bild gemacht über die möglichen zukünftigen Veränderungen, welche ohne unser Zutun eintreten könnten und für unser Handeln eine Veränderung der Rahmenbedingungen bedeuten würden. Aufgrund der dabei gewonnenen Einsichten in die «Ausgangslage» und ihre möglichen zukünftigen Veränderungen können wir nun daran gehen, unser eigenes Handeln zu planen und in die Tat umzusetzen. Das Entwickeln und Verwirklichen einer Problemlösung tritt nun also ins Zentrum unserer weiteren Überlegungen.

Als erstes geht es nun darum, unsere eigenen Möglichkeiten des Eingreifens in die bestehende Situation zu klären. Haben wir im dritten Schritt die Eigendynamik des Systems, d. h. die Selbstlenkung des untersuchten Systems erfasst, so wollen wir nun unsere eigenen *Lenkungsmöglichkeiten als Problemlöser* näher untersuchen, damit wir anschliessend erfolgsversprechende Massnahmen planen können.

Wie wir aus unseren grundsätzlichen Überlegungen zu den Eigenschaften und Verhaltensweisen komplexer Systeme wissen, zeitigen Eingriffe, die wir durchaus zielbewusst vornehmen, oft nicht die gewünschten Ergebnisse oder erzeugen unerwartete und unerwünschte Nebenwirkungen. Dies entspricht auch der Erfahrung von Führungskräften, die in komplexen Situationen entscheiden und handeln müssen und immer wieder solche Überraschungen erleben. Dadurch können unter Umständen nicht mehr korrigierbare Schäden entstehen. Es ist daher ein Gebot der Vernunft, solche Fehlentscheidungen wenn irgend möglich zu verhüten. Auch wenn die negativen Folgen nicht so dramatisch sind, so bedeuten sie doch zumindest einen unnötigen Umweg mit Verlust von Zeit und Geld.

Sobald wir es nicht mit einem einmaligen Problem zu tun haben, das ein für allemal gelöst und dann abgehakt werden kann, sondern mit einem Ziel, das wir auf die Dauer erreichen wollen, wie das bei der Führung sozialer Institutionen sehr oft der Fall ist – man denke etwa an die Aufrechterhaltung einer hohen Produktqualität im Industriebetrieb oder einer ausreichenden Leistungsbereitschaft im Notfalldienst eines Krankenhauses – dann geht es in der Tat für uns darum, die Situation *«unter Kontrolle zu halten»*, solange wir unsere Zielrichtung beibehalten. Wir müssen also unseren Zeithorizont ausdehnen auf die ganze zukünftige Zeitperiode, die unserer Problemstellung zugrunde liegt, und nach Möglichkeit dafür sorgen, dass wir *auf die Dauer* «im Ziel bleiben» können. Infolge der Eigendynamik und Störungsanfälligkeit der Situation können wir in dieser Beziehung jedoch nie sicher sein, aber wir können zumindest dafür sorgen, dass wir rechtzeitig Informationen erhalten werden, die uns ein «Fehlverhalten» der Situation, d. h. eine voraussichtliche Abweichung vom Ziel, anzeigen.

Die in diesem vierten Schritt zu lösende Aufgabe lautet also: *Welche grundsätzlichen Lenkungsmöglichkeiten haben wir in der bestehenden Problemsituation? Welche Informationen werden wir benötigen, um die Situation auch in Zukunft unter Kontrolle halten zu können?*

Das Vorgehen

1) *Verschiedene Lenkungsebenen definieren*

Zunächst müssen wir uns klar sein darüber, wer der Problemlöser ist und über welche Kompetenzen oder welche «Macht» er verfügt, um in die Problemsituation einzugreifen. Was in einer Situation lenkbar ist und was nicht, hängt nicht nur von der Situation selbst ab, sondern auch von den Möglichkeiten des Eingreifens, die beim Problemlöser selbst liegen und öfters von vornherein begrenzt sind. Es geht also um die Beantwortung der Frage: *Wer ist der Problemlöser, für den wir nach Lenkungsmöglichkeiten suchen?* Handelt es sich um eine Problemsituation im Rahmen einer hierarchisch strukturierten sozialen Institution, so müssen wir ver-

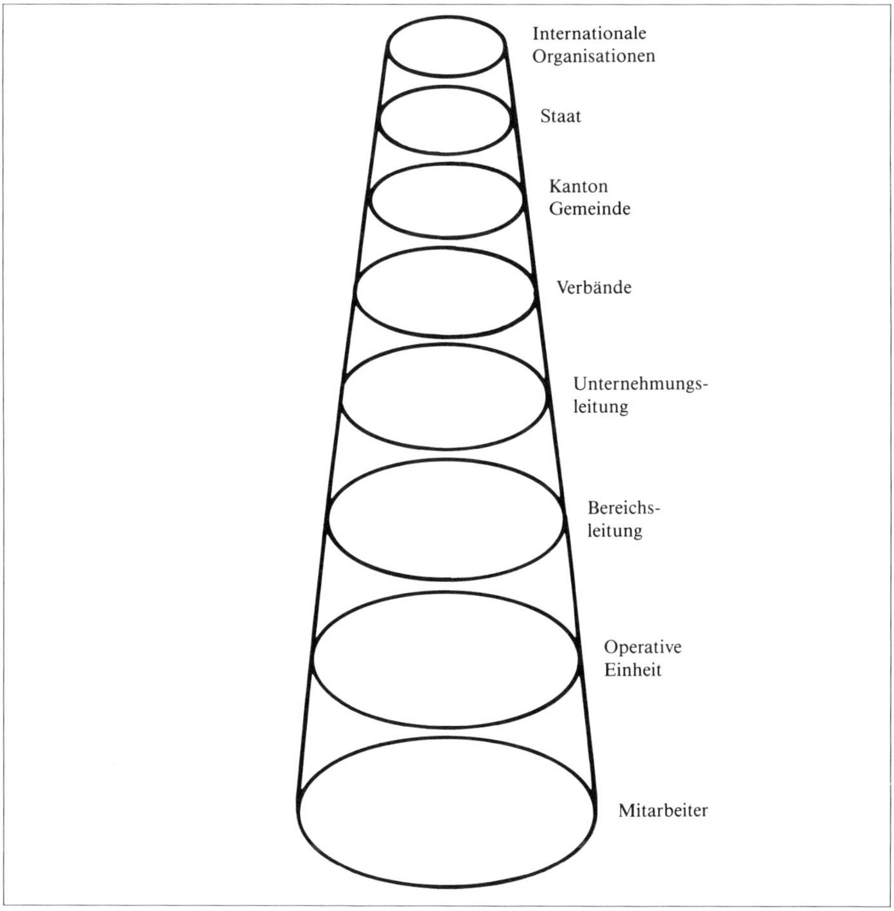

Abb. 77: Unterscheidung von verschiedenen Lenkungsebenen

schiedene «*Entscheidungsebenen*» mit unterschiedlich festgelegten Kompetenzgrenzen unterscheiden. Beispielsweise kann in einer Unternehmung ein Abteilungsleiter meist nur in einer mehr oder weniger klar begrenzten Weise in einer Situation eingreifen, ist aber für andere, weiterreichende oder tiefergehende Eingriffe nicht zuständig, sondern muss diese einer «höheren Instanz», z. B. der Geschäftsleitung, überlassen. Sehr deutlich sind auch die unterschiedlichen Entscheidungsebenen im Staat, insbesondere in einer föderalistischen Demokratie wie der Schweiz. Viele politische Vorstösse sind daher schon deshalb zum Scheitern verurteilt, weil sie sich an den falschen Adressaten wenden oder die Allmacht einer Instanz voraussetzen, die bei der gewollten breiten Machtverteilung im demokratischen Staat nicht gegeben ist (vgl. Abb. 77).

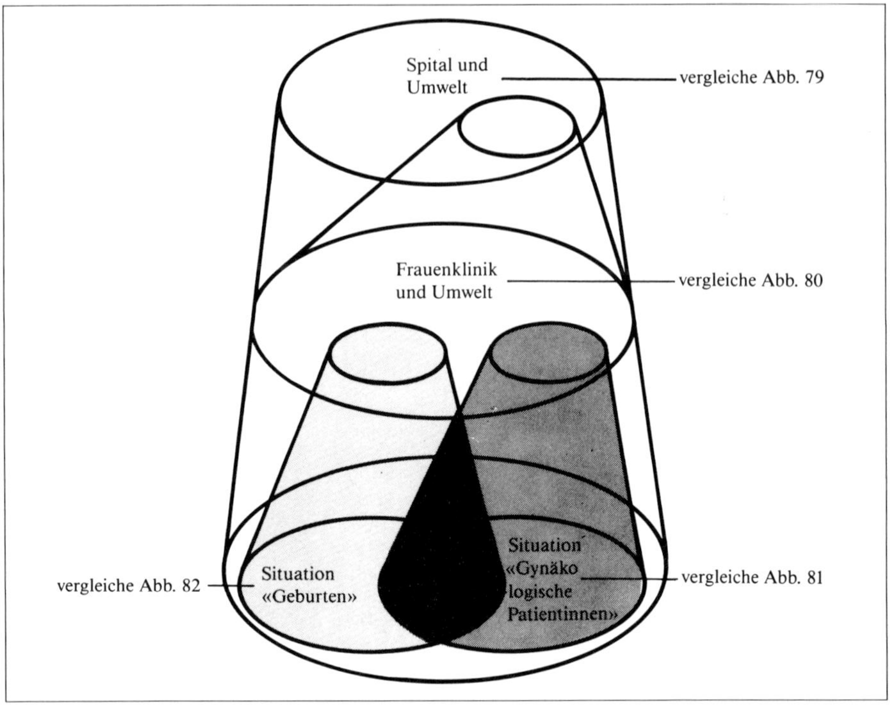

Abb. 78: Ein Beispiel von Netzwerken und Lenkungsmechanismen verschiedener Ebenen

Dies bedeutet, dass wir in solchen mehrstufig organisierten Systemen die Lenkungsmöglichkeiten nur ermitteln können, wenn wir von einer bestimmten Lenkungsebene ausgehen. Dies bedeutet nicht zwangsläufig, dass wir uns in unseren Überlegungen auf eine einzige Ebene beschränken müssen, sondern nur, dass wir verschiedene Ebenen klar unterscheiden sollten. Die Untersuchung kann z. B. zeigen, dass das Problem auf der Ebene, von der wir ausgegangen sind, nicht lösbar ist, wohl aber auf einer höheren, mit mehr Kompetenzen ausgestatteten Ebene, oder auch, dass das Problem eigentlich durchaus auf einer tieferen Ebene gelöst werden kann. Ferner ist es möglich, dass wir dabei auf unzweckmässige Kompetenzabgrenzungen stossen und die hierarchische Struktur des Systems verändern sollten.

Es ist daher zweckmässig, vom sogenannten «*Auflösungskegel*» auszugehen und verschiedene «Systemebenen» zu unterscheiden, um bewusst die auf verschiedenen Ebenen bestehenden Lenkungsmöglichkeiten erfassen zu können. In den Abbildungen 78–82 ist diese Modellierung auf verschiedenen Ebenen am Beispiel der Frauenklinik eines grossen Spitals angedeutet.

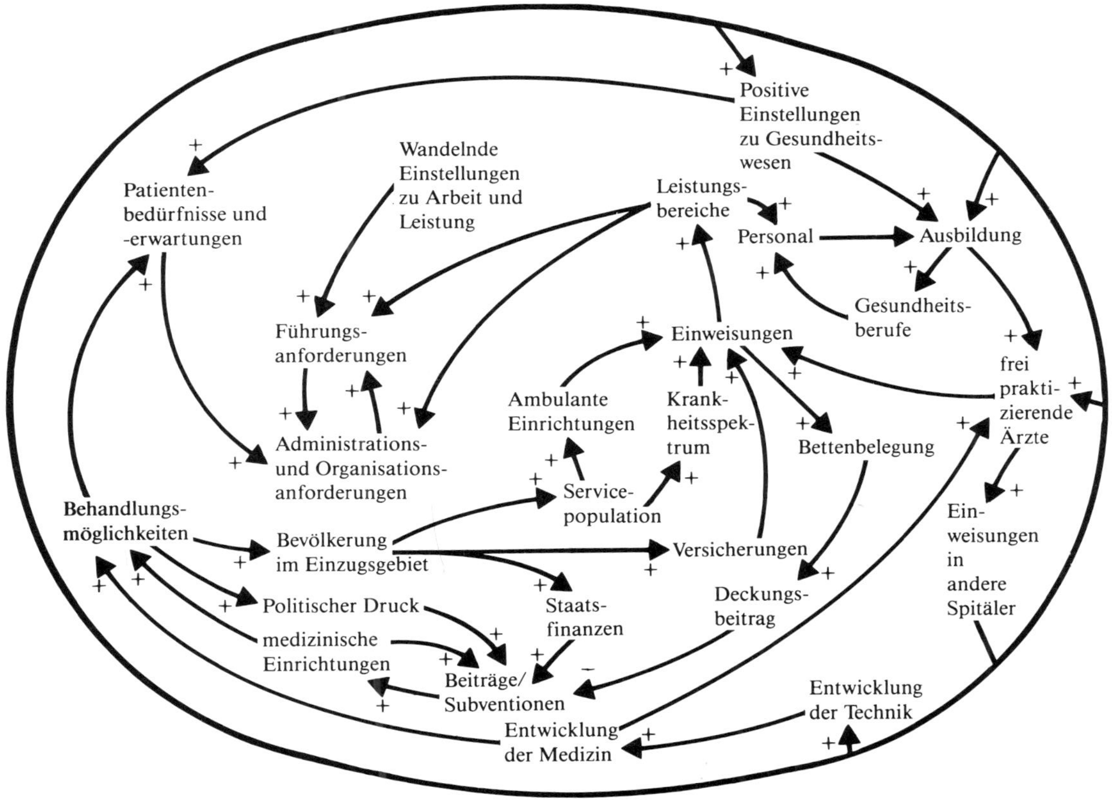

Abb. 79: Ausschnitt der Ebene «Spital und Umwelt»

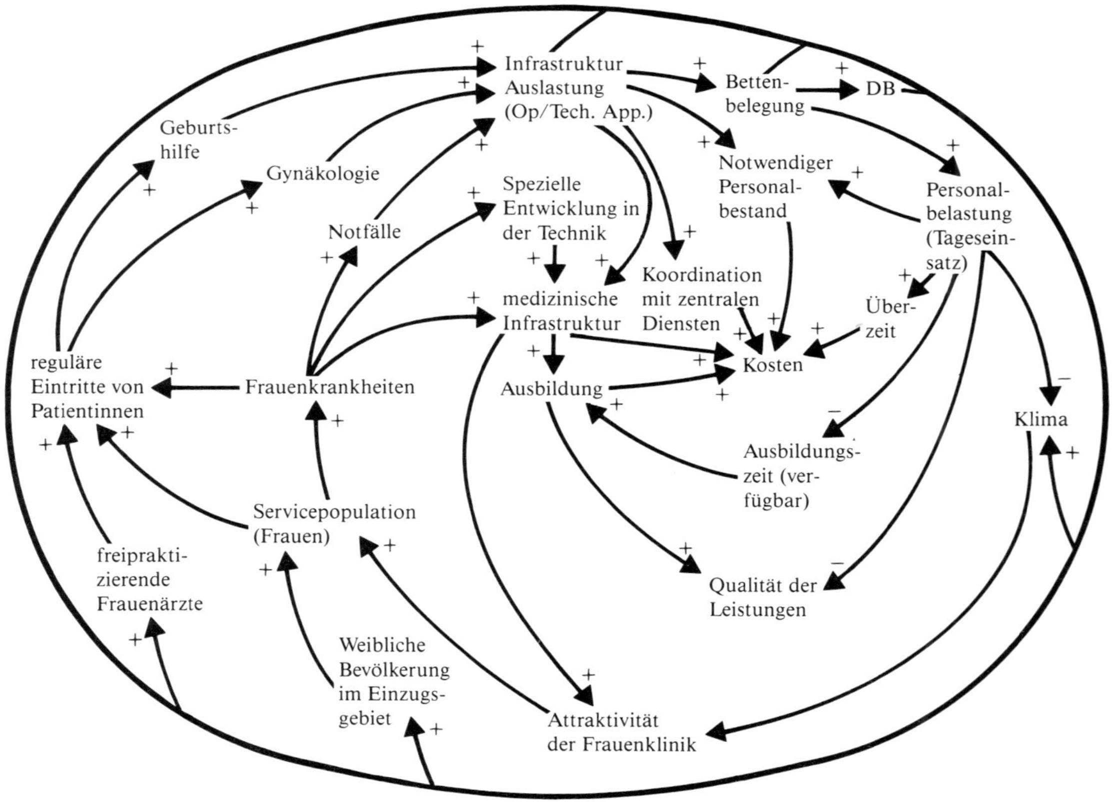

Abb. 80: Ausschnitt der Ebene «Frauenklinik und Umwelt»

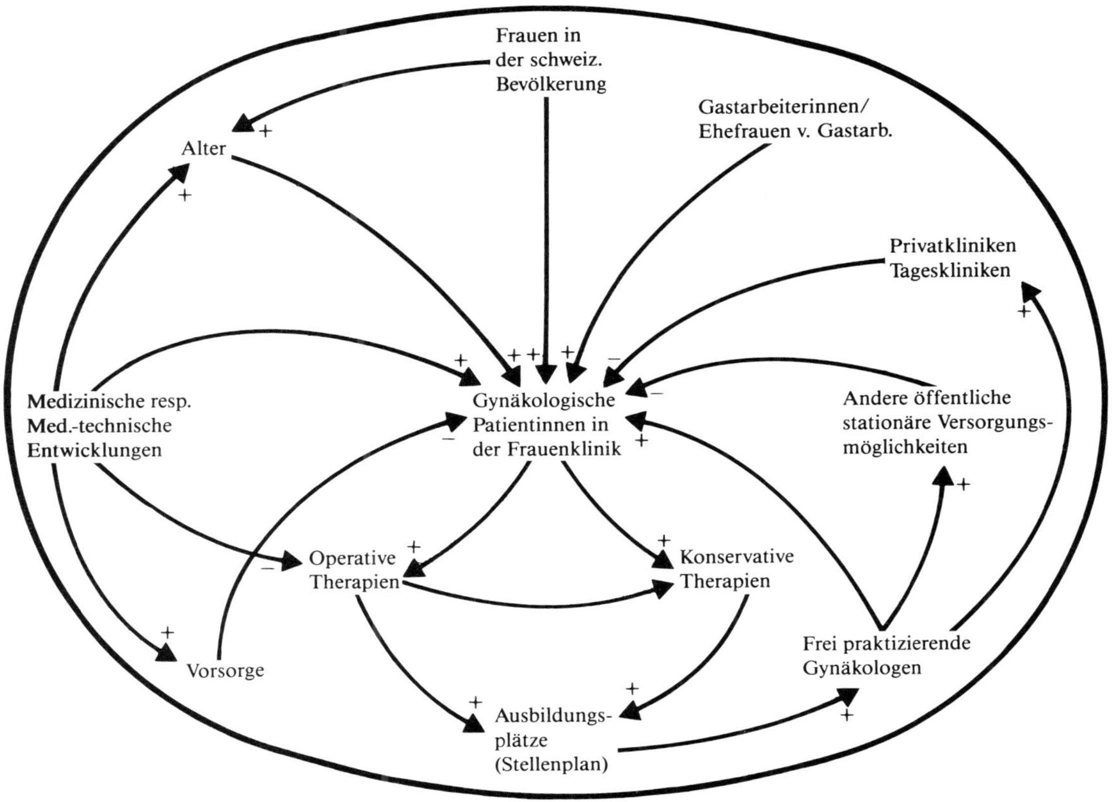

Abb. 81: Ausschnitt der Problemsituation «Gynäkologie» in der Frauenklinik

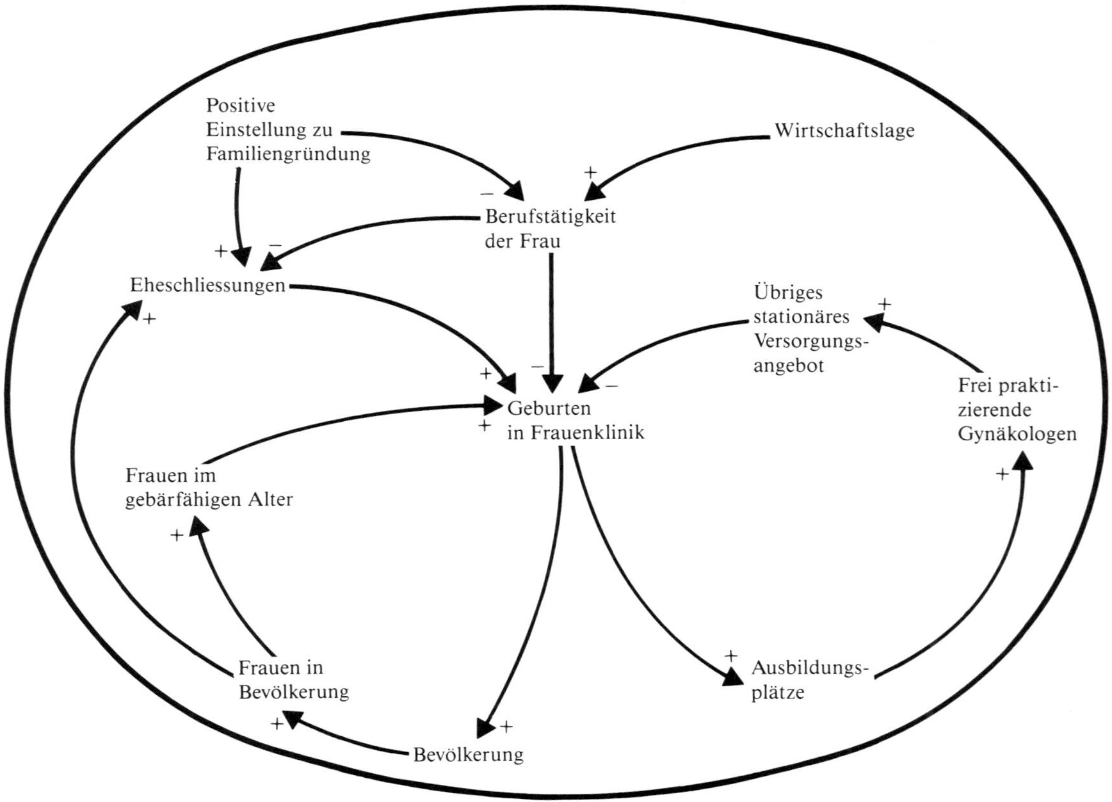

Abb. 82: Ausschnitt der Problemsituation «Geburtshilfe» in der Frauenklinik

2) *Lenkbare und nicht lenkbare Faktoren unterscheiden*

Im folgenden gehen wir davon aus, dass wir eine bestimmte Lenkungsebene festgelegt haben. Die Überlegungen können aber nach Bedarf in bezug auf verschiedene Ebenen angestellt werden.

In diesem Teilschritt geht es darum, in unserem Netzwerk der Problemsituation diejenigen Faktoren zu erkennen, die wir als Problemlöser verändern können, und von jenen zu unterscheiden, die ausserhalb unserer Beeinflussungsmöglichkeit liegen. Bereits bei der Untersuchung der «Selbstlenkung» im dritten Schritt haben wir zwischen «Einflussfaktoren», die wir nicht verändern können, und «Handlungsfaktoren» unterschieden. Hier müssen wir nun dieselben Überlegungen in bezug auf unsere *eigenen Lenkungsmöglichkeiten* als Problemlöser anstellen. Wir unterscheiden somit zwischen lenkbaren und nicht lenkbaren Faktoren.

> *Lenkbare Faktoren* sind jene Elemente und Beziehungen in unserem Modell der Problemsituation, die wir selbst wesentlich beeinflussen können.
>
> *Nicht lenkbare Faktoren* sind jene Elemente und Beziehungen, die wir nicht oder nur unwesentlich beeinflussen können.

Wir bilden also zwei Kategorien von Faktoren, indem wir diese gewissermassen aus dem Netzwerk «ausziehen» und auflisten (vgl. Abb. 83). Im allgemeinen zeigt sich dabei, dass die im dritten Schritt ermittelten Umweltfaktoren zu den (von uns) nicht lenkbaren Faktoren gehören, da ihre Veränderungen das Ergebnis des Verhaltens umfassenderer Umweltsysteme sind. Weiter werden wir aber feststellen, dass nicht alle dort erfassten «Handlungsfaktoren» auf der gewählten Lenkungsebene tatsächlich auch lenkbar sind – dies aus den früher erwähnten Gründen der begrenzten Kompetenz. Die mit dieser Analyse gewonnene Erkenntnis, dass zahlreiche Elemente und Beziehungen von *uns* als Problemlöser gar nicht beeinflusst werden können, so dass sie auf unserer Ebene keine Ansatzpunkte für Eingriffe in die Situation darstellen, ist ein sehr wichtiger Schritt in Richtung auf die Planung von *realisierbaren* Strategien und Massnahmen und einer Beschränkung auf das *uns* Mögliche.

3) *Indikatoren zur Überwachung der Problemsituation festlegen*

Aufgrund der früher erwähnten Notwendigkeit, die Situation auch in Zukunft trotz ihrer Eigendynamik unter Kontrolle zu halten, müssen wir schliesslich jene Faktoren bestimmen, die uns möglichst rasch den jeweiligen Zustand der Situation anzeigen werden. Wir können ja nicht jederzeit eine umfangreiche Detailanalyse

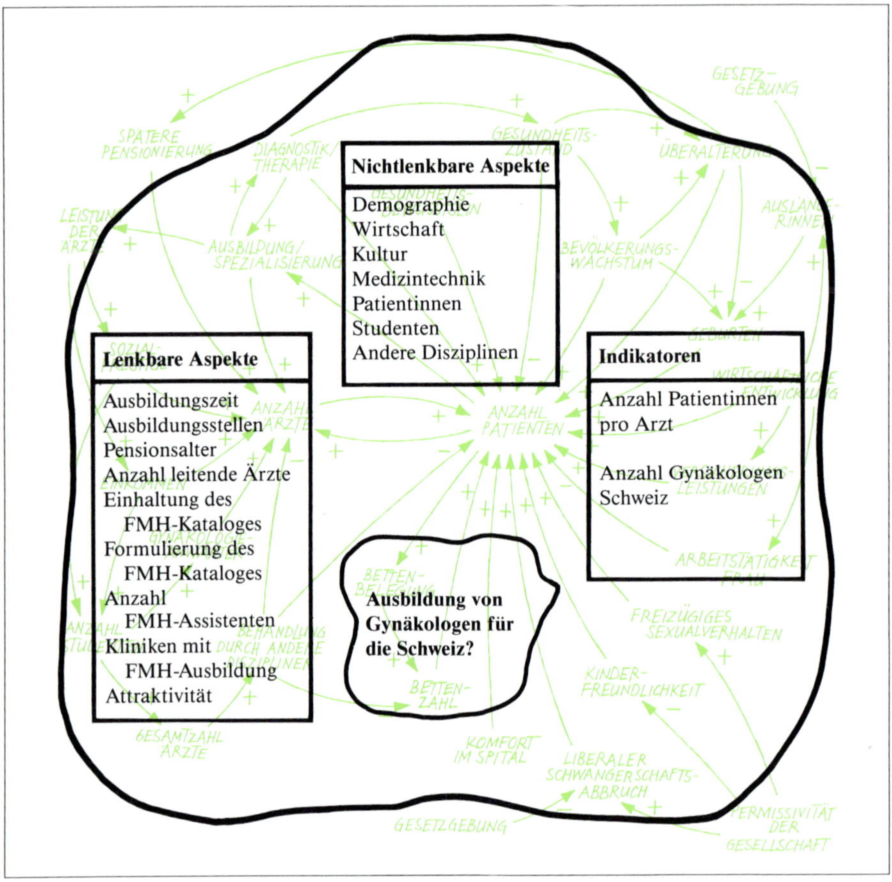

Abb. 83: Die Lenkbarkeit einzelner Elemente im Netzwerk einer bestimmten Ebene (nach Gomez/Probst 1987)

der jeweiligen Situation vornehmen, sondern suchen nach möglichst wenigen Faktoren, deren Veränderung auf für uns wesentliche Veränderungen der Gesamtsituation hinweist. Solche Faktoren nennen wir *Indikatoren.*

> *Indikatoren* sind jene Elemente und Beziehungen, deren Veränderung für uns wesentliche Veränderungen der Gesamtsituation anzeigen.

Ein naheliegender Indikator ist jener Faktor, der am eindeutigsten den *angestrebten Erfolg* ausdrückt. Diese Messgrösse für den Erfolg kann – muss aber nicht – eine geldmässige Grösse sein. Der Nachteil der Zielgrösse als Indikator liegt aber oft darin, dass er durchaus nicht immer den aktuellen Zustand des Gesamtsystems anzeigt, sondern häufig als heutiges Ergebnis von Entwicklungen in der Vergangenheit interpretiert werden muss. Dies ist besonders dann gefährlich, wenn wir langfristige Ziele verfolgen, wie dies bei sogenannt strategischen Entscheidungen der Fall ist. Bekanntlich ist es so, dass kurzfristig erzielbare Erfolge oft nur auf Kosten einer stetigen, langfristigen Zielerreichung erzielbar sind, indem wir z. B. unsere Ressourcen aufbrauchen, auf Investitionen in eine längere Zukunft verzichten und damit Kosten sparen, den Markt auspressen usw. So ist z. B. der jeweils momentane Gewinn kein Indikator für eine langfristig gewinngünstige Entwicklung.

Wonach wir also in erster Linie suchen müssen sind Indikatoren, deren Veränderung *frühzeitig* eine wesentliche Veränderung der Problemsituation anzeigt, so dass wir Zeit haben, darauf mit Massnahmen zu reagieren, bevor unerwünschte Entwicklungen eingetreten sind. Wir können solche Faktoren als *Frühwarnindikatoren* bezeichnen.

Als Frühwarnindikatoren können jene Elemente dienen, die gemäss unserer Analyse *aktiv* auf andere Elemente der Problemsituation einwirken, wobei aber die Wirkungsverläufe *Zeitverzögerungen* aufweisen. Wenn sich ein solcher Faktor verändert, so wird sich zwar kurzfristig an unserer Situation wenig ändern, aber wir müssen erwarten, dass nach einiger Zeit diese Veränderung «durchschlägt» im Netzwerk und – vielleicht auf Umwegen – auch unsere Zielgrössen verändern wird. Derartig wirkende Faktoren können vor allem *Einflussfaktoren aus der Umwelt* sein, die eine kommende Veränderung unserer «Rahmenbedingungen» frühzeitig anzeigen. Wir haben diese für unsere Situation wichtigen Umweltfaktoren bereits im dritten Schritt herausgegriffen und ihre zukünftigen Veränderungsmöglichkeiten als Elemente von umfassenderen Umweltsystemen zu erfassen versucht. Die Erkenntnisse, die wir aus den Umweltszenarien gewonnen haben, werden wir später aufgreifen, um alternative Strategien und Massnahmen zu entwickeln. Hier geht es vorerst darum, diese Einflussfaktoren als Indikatoren festzulegen, damit wir sie in Zukunft unter Kontrolle halten können. Unser Abtasten des Netzwerkes nach Faktoren mit ähnlicher Charakteristik wird aber auch weitere Elemente zu Tage fördern, die als Frühwarnindikatoren dienen können. Dabei kann es sich durchaus auch um an sich lenkbare Elemente handeln, aber solche, die erst nach einiger Zeit auf die entscheidenden Erfolgsgrössen unserer Situation einwirken.

Öfters zeigt sich bei der Suche nach Indikatoren, dass wir solche Elemente zusätzlich konstruieren und in unsere Problemsituation einfügen müssen. Geeignete Indikatoren sind oftmals *Kennziffern,* die Relationen zwischen verschiedenen Grössen bilden und die mehr aussagen als absolute Grössen einzelner Faktoren.

Welche Faktoren im konkreten Fall als Indikatoren dienen können, kann nicht generell gesagt werden. Bei der Suche nach geeigneten Indikatoren spielen nicht nur die hier erwähnten, eher abstrakten Überlegungen zur Charakteristik der einzelnen Elemente im Netzwerk eine Rolle, sondern ebenso sehr das Fachwissen und die Erfahrungen der beteiligten Personen.

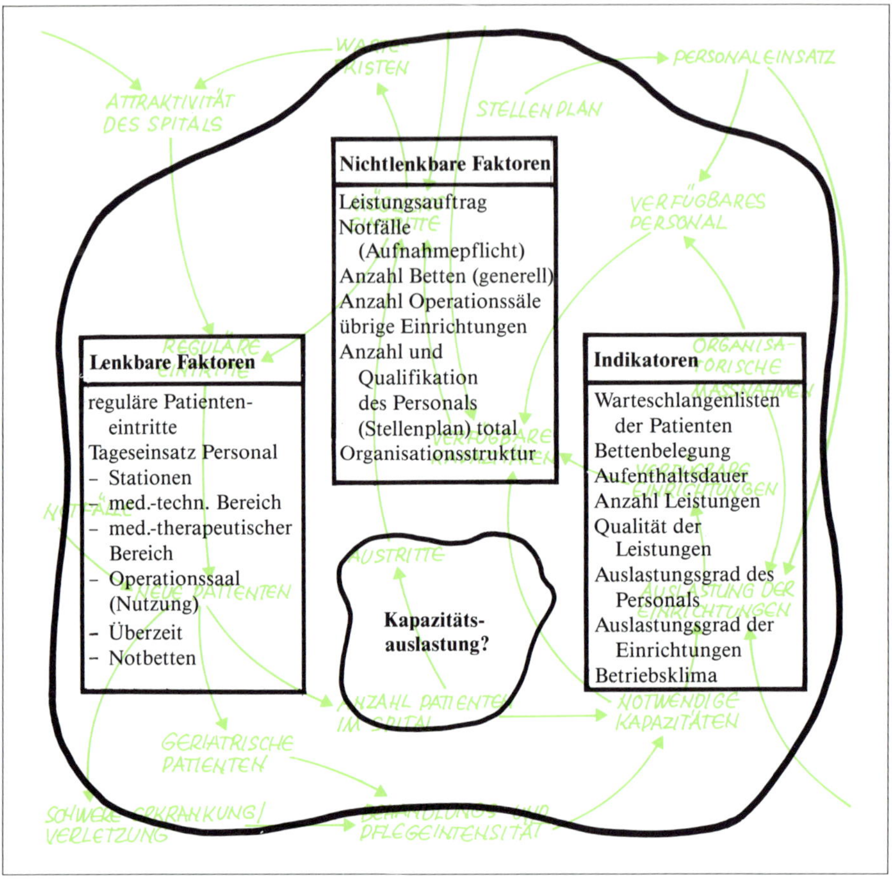

Abb. 84: Lenkbare und nichtlenkbare Faktoren und Indikatoren einer Problemsituation im operationellen Führungsbereich eines Krankenhauses

Die Ergebnisse unserer Überlegungen werden wir ebenfalls in einer *Liste von Indikatoren* festhalten. Sie wird uns dazu dienen, ein «Frühwarnsystem» einzurichten, das uns die Informationen liefern soll, um die Situation in Zukunft unter Kontrolle halten zu können (vgl. Abb. 83 und 84).

4) *Wirkungen möglicher Lenkungsmassnahmen untersuchen*

Zum Abschluss dieses Schrittes wollen wir nun untersuchen, wie *wirksam* allfällige Lenkungsmassnahmen sein werden. Die erstellte Liste der lenkbaren Faktoren zeigt uns, wo überhaupt Eingriffsmöglichkeiten in die Situation bestehen, sagt aber noch nichts darüber aus, welche Wirkungen entsprechende Lenkungsmassnahmen auf die Situation haben werden. Es geht jetzt also darum, eine *Wirkungsanalyse* solcher möglicher Eingriffe in die Situation vorzunehmen. Dabei interessiert uns natürlich in erster Linie, ob und in welchem Masse solche Eingriffe tatsächlich geeignet sind, die *Erfolgsgrössen* positiv zu beeinflussen, also jene Faktoren, welche die mit der Problemlösung angestrebten Ziele ausdrücken. Wie wir jedoch wissen, liegt die Besonderheit stark vernetzter Problemsituationen darin, dass sich Veränderungen eines Elementes in vielfältiger und nicht ohne weiteres durchschaubarer Weise auf zahlreiche andere Elemente auswirken können, so dass sogenannte «*Nebenwirkungen*» entstehen, die oft unerwünscht sind. Wir dürfen uns also nicht auf die Auswirkungen auf einige ausgewählte Faktoren beschränken, sondern müssen die potentiellen Wirkungen von Lenkungseingriffen *auf die ganze Problemsituation* untersuchen. Es geht also wiederum um die *Simulation des Systemverhaltens,* nun nicht mehr wie im dritten Schritt unter der Annahme von Veränderungen in den Rahmenbedingungen, sondern bei bewusst vorgenommenen eigenen Lenkungsmassnahmen.

Zu diesem Zweck greifen wir auf die bereits im zweiten Schritt vorgenommene Untersuchung über die «Rolle» der einzelnen Elemente im Netzwerk zurück. Wir haben dort zwischen aktiven und reaktiven, kritischen und trägen Elementen unterschieden, und wir haben auch die Wirkungsverläufe zwischen den Elementen näher untersucht. Diese Analyse des Netzwerkes nützen wir nun zur Beurteilung der Wirkungen, die wir mit Veränderungen der einzelnen Lenkungsfaktoren voraussichtlich erzeugen werden.

Für Lenkungseingriffe besonders geeignet sind offensichtlich *aktive Elemente,* d. h. solche, die andere Faktoren stark beeinflussen. Ebenfalls wirksam können Eingriffe bei *kritischen Elementen* sein, d. h. solchen, die ebenfalls auf andere Elemente einwirken; da sie sich dann aber auch «von selbst», d. h. aufgrund der Veränderungen anderer Elemente, in möglicherweise unerwünschter Weise verändern können, ist hier besondere Vorsicht am Platz. Wenig wirksam werden dagegen Eingriffe bei passiven und trägen Elementen sein, denn diese üben ja nur einen geringen Einfluss auf andere Elemente aus. Dies ist zwar banal, aber es ist erstaunlich, wie oft versucht wird, in Unkenntnis der unterschiedlichen Wirkungsstärken der Elemente Erfolge dadurch zu erzielen, dass man mit Massnahmen an Punkten einsetzt, die in grösserem Zusammenhang betrachtet gar keine wesentliche Änderung der Gesamtsituation bewirken können.

Wir ziehen also aus unserer Liste der lenkbaren Faktoren die aktiven und kritischen Faktoren aus und untersuchen nun die Änderungen, die bei bestimmten Lenkungseingriffen an diesen Stellen im ganzen Netzwerk eintreten werden. Dabei greifen wir auch zurück auf die Ergebnisse unserer Untersuchungen über den «Kurvenverlauf» der Einwirkungen eines Elementes auf ein anderes und namentlich des zeitlichen Ablaufs dieser Prozesse. Bei der Verfolgung ganzer Wirkungsketten über viele Stationen hinweg ergeben sich oft überraschende Resultate: Gewollte Wirkungen werden im Laufe des Prozesses durch entgegengerichtete Wirkungen anderer Elemente abgeschwächt oder «umgekehrt»; die Wirkung bei den Erfolgsgrössen tritt infolge des langsamen Verlaufs in einzelnen «Etappen» erst viel später als erwartet ein, oder es entstehen «Nebenwirkungen» an Stellen, wo wir sie nicht erwartet haben usw. Dabei erkennen wir oft im Nachhinein, warum wir mit früheren Massnahmen nicht den gewünschten Erfolg erzielten oder gleichzeitig an anderer Stelle die Situation so verschlechtert haben, dass wir erneut in die Situation eingreifen mussten. Es ist deshalb auch ein wichtiges Ergebnis unserer Suche nach erfolgsversprechenden Lenkungseingriffen, dass wir solche an sich möglichen, aber voraussichtlich wenig wirksamen Lenkungsmassnahmen erkennen und nicht weiter verfolgen.

Weist unsere Problemsituation viele Elemente auf und ist stark vernetzt, so ist es ausserordentlich mühsam und zeitraubend, eine solche Wirkungsanalyse von Eingriffen «von Hand» vorzunehmen. Verfügen wir dagegen über ein entsprechendes *Computerprogramm,* so können wir Eingriffe verschiedener Art und unterschiedlichen Ausmasses sehr rasch «durchspielen». Die Entwicklung geht daher eindeutig in Richtung auf computerfähige Simulationsmodelle, auch wenn wir dabei die schon früher erwähnte Reduktion auf quantifizierte Grössen in Kauf nehmen müssen. Andernfalls müssen wir uns oft mit einer relativ groben Analyse unter Hervorhebung der wichtigsten Prozessverläufe begnügen.

Das Durchdenken der Konsequenzen möglicher Eingriffe in die bestehende Situation führt vor allem dazu, dass wir verschiedene Massnahmen, die auf den ersten Blick erfolgsversprechend aussehen, als wenig oder gar nicht wirksam erkennen und demgemäss entsprechende Fehler nicht begehen. Je grösser und irreversibler die negativen Folgen von Fehlhandlungen sind, um so zwingender ist es, den Versuch-Irrtum-Prozess nicht in der realen Problemsituation abzuwickeln, sondern lediglich als gedankliche Simulation der Konsequenzen möglicher Massnahmen; um so grössere Bedeutung kommt demgemäss dieser Phase zu, und um so mehr ist ein entsprechender Aufwand gerechtfertigt.

Positiv kann das Durchdenken der Konsequenzen möglicher Eingriffe in die Situation dazu führen, dass wir eine Eingriffsmöglichkeit finden, die nach bestem verfügbaren Wissen zu einer befriedigenden Problemlösung führen wird – möglicherweise ergänzt durch einige weitere Massnahmen, welche unerwünschte Nebenwirkungen verhindern oder minimieren sollen. In diesem Fall können wir unmittelbar zur konkreten Planung entsprechender Massnahmen übergehen. Leider ist dies nicht immer der Fall. In sehr komplexen Problemsituationen – insbesondere bei Problemen, die uns schon lange beschäftigen und die wir nie «richtig» lösen konnten – führen die Simulationen oft zu keinen befriedigenden Ergebnissen: Die in Betracht gezogenen Eingriffe führen voraussichtlich nur in beschränktem Masse oder erst nach längerer Zeit zu einer Verbesserung der Zielgrössen, oder sie bewirken eine Verschlechterung anderer Faktoren, die wir stabil halten möchten. Damit müssen wir uns aber nicht einfach abfinden, sondern oft können wir *gestaltend* in die Situation eingreifen, indem wir das Netzwerk verändern, z. B. dadurch, dass wir zusätzliche Beziehungen schaffen oder andere unterbrechen, bestehende Regelkreise bewusst unterbrechen oder neue schaffen usw. Unsere Überlegungen sind also keineswegs nur auf die Gewinnung einer Prognose über die Wirksamkeit unserer Handlungen gerichtet, sondern auch auf das Erkennen von *Gestaltungsmöglichkeiten,* welche die Struktur und das Eigenverhalten der Situation wesentlich verändern können. Auf diese gestalterischen Eingriffe kommen wir weiter unten zurück.

Insgesamt lernen wir durch diese Untersuchung der Wirkungen möglicher Lenkungseingriffe verstehen, wie das System auf unsere Massnahmen zur Problemlösung voraussichtlich reagieren wird. Das Ergebnis dieser Wirkungsanalyse besteht vor allem darin, dass wir wenig erfolgversprechende Eingriffsmöglichkeiten erkennen und ausschalten, uns also auf jene konzentrieren, die diesen Test bestanden haben.

Zusammenfassung

Im vierten Schritt unserer Problemlösungsmethodik geht es um die Frage, welche grundsätzlichen Eingriffsmöglichkeiten in die Problemsituation wir haben und welche Informationen wir benötigen werden, um die Situation auch in Zukunft unter Kontrolle halten zu können. Das erläuterte Vorgehen können wir kurz wie folgt zusammenfassen:

1. Verschiedene Lenkungsebenen definieren

Frage:	Auf welcher Kompetenzebene kann/soll das Problem gelöst werden?
Vorgehen:	Verschiedene Lenkungsebenen in einem «Auflösungskegel» unterscheiden Problemlösungsebene bestimmen

2. Lenkbare und nicht lenkbare Faktoren unterscheiden

Frage:	Welche Elemente und Beziehungen der Problemsituation sind lenkbar, welche nicht lenkbar?
Vorgehen:	Aus dem Netzwerk lenkbare und nicht lenkbare Faktoren ausziehen und auflisten

3. Indikatoren zur Überwachung der Problemsituation festlegen

Frage:	Welche Elemente und Beziehungen zeigen uns frühzeitig wesentliche Veränderungen der Problemsituation an?
Vorgehen:	Netzwerk nach Indikatoren absuchen, diese ausziehen und auflisten

4. Wirkungen möglicher Lenkungseingriffe untersuchen

Frage:	Welche Wirkungen haben mögliche Eingriffe bei den lenkbaren Faktoren auf die Problemsituation?
Vorgehen:	Mögliche Wirkungen von Veränderungen der einzelnen lenkbaren Faktoren aufgrund der Analysen im zweiten Schritt («Papiercomputer») untersuchen, Verhalten der ganzen Situation bei gezielten Eingriffen simulieren

Ausgewählte Literatur zum Abklären der Lenkungsmöglichkeiten

Beer, S., Kybernetik und Management, S. Fischer, Frankfurt 1970
ders., Decision and Control, Wiley, London 1966
Gomez, P., Die kybernetische Gestaltung des Operations Management, Haupt, Bern 1978
ders., Modelle und Methoden des systemorientierten Managements, Haupt, Bern 1981

Der fünfte Schritt: Planen von Strategien und Massnahmen

Die Aufgabe

Die bisher angestellten, vielfältigen Überlegungen haben uns eine Vielzahl von Einsichten in Struktur und Verhalten der Situation vermittelt. Im vierten Schritt haben wir auch die Situation abgetastet nach «Eingriffspunkten», bei denen wir mit unserem Handeln erfolgversprechend ansetzen könnten, und auch ein Bild darüber erhalten, wie wir die Weiterentwicklung der Situation zukünftig gedanklich unter Kontrolle halten können. Jetzt geht es darum – dieses erworbene Wissen zusammenfügend – Schlüsse in bezug auf unser eigenes Handeln zu ziehen, alternative Handlungsmöglichkeiten zu durchdenken und bestimmte Handlungen auszuwählen. Wir treten damit ein in die Phase der eigentlichen *Entscheidungsfindung.*

Jede Problemsituation eröffnet *verschiedene Handlungsmöglichkeiten;* andernfalls handelt es sich überhaupt nicht um ein Problem, sondern um einen Tatbestand, den wir einfach hinnehmen müssen. In einer sehr komplexen Situation gibt es eine grössere, nicht bekannte Zahl von Handlungsalternativen, unter denen wir wählen müssen. Es geht also darum, solche Handlungsalternativen zunächst überhaupt zu erkennen, sie miteinander zu vergleichen und daraus «die beste» auszuwählen, also diejenige, die von allen die grösste Wahrscheinlichkeit dafür aufweist, dass damit das Problem gelöst wird. Demgemäss handelt es sich zuerst um einen Prozess des Suchens, dann des Beurteilens der Konsequenzen verschiedener Handlungsmöglichkeiten und schliesslich der Entscheidung. Diese Charakteristik bedeutet, dass unser fünfter Schritt erhebliche und im Ablauf wechselnde Anforderungen an die beteiligten Personen stellt: Das *Suchen nach Alternativen* stellt einen eminent schöpferischen Prozess dar, der ein «kreatives Denken» und ein bewusstes Beiseiteschieben von «Scheuklappen» und Gewohnheiten verlangt; die *Beurteilung* möglicher Handlungsalternativen setzt ein hohes Integrationsvermögen in bezug auf ein vielfältiges Wissen und ein Sichlösen von Vorurteilen voraus, während die *Entscheidung* schliesslich Entschlusskraft und den Mut erfordert, trotz verbleibender Ungewissheit in einer bestimmten Weise zu handeln.

Dieses Vorbereiten und Bestimmen des Handelns, das auf die Lösung des Problems gerichtet ist, kann man als *«Planen»* bezeichnen. Wenn wir nicht beim Denken stehen bleiben wollen, muss das Planen einmünden in ein konkretes Tun, das heisst in ein bewusstes, zielgerichtetes Eingreifen in die Problemsituation. Man kann von konkreten *Massnahmen* sprechen, die wir planen müssen und die unmittelbar die reale Situation in einer gewollten Richtung verändern. Je grösser jedoch

	Problemtyp I	Problemtyp II
Charakteristiken	Problemsituation einfach durchschaubar mit kurzem Zeithorizont	Problemsituation komplex Vielfältige Einfluss- und Handlungsfaktoren langfristiger Zeithorizont
Grundausrichtung	Beseitigung kurzfristiger Störungen	Beseitigung/Schaffen langfristiger Entwicklungen
Führungsebenen (betroffen/verantwortlich)	Schwerpunkt unteres/ mittleres Kader	Schwerpunkt oberes Kader
Typische Management-aufgabe	Krisenmanagement Operatives Management	Strategisches und normatives Management

Abb. 85: Problemtypen

die Varietät des Verhaltens – also die Eigendynamik des Systems, das wir lenken wollen – ist, um so grösser ist die Gefahr, dass wir mit einzelnen Massnahmen nicht nur die gewollte Wirkung erzeugen, sondern ungewollt auch andere Elemente verändern oder, anders gesagt, zahlreiche Wirkungsverläufe im Netzwerk über den gewollten Bereich hinaus beeinflussen. Es liegt auch im Wesen sehr komplexer Situationen begründet, dass die Erreichung von umfassenden Zielen und das längerfristige «Bleiben im Ziel» nicht mit einzelnen konkreten Massnahmen erreicht werden kann, sondern eine Vielzahl solcher konkreter Handlungen erfordert, die auch zu verschiedenen Zeitpunkten erfolgen sollten, also sowohl inhaltlich wie auch zeitlich aufeinander abgestimmt sein müssen. In solchen Situationen geht es somit darum, zunächst grundsätzliche Handlungswege oder «*Strategien*» zu entwickeln, aus denen dann die notwendige Vielzahl von aufeinander abgestimmten konkreten Massnahmen abgeleitet werden kann.

Diese Unterscheidung von Massnahmen und Strategien wollen wir an der Unterscheidung von zwei unterschiedlichen Problemtypen verdeutlichen (vgl. Abb. 85). Der *Problemtyp I* kann so charakterisiert werden, dass die Problemsituation *relativ* einfach und durchschaubar und der in Betracht gezogene zukünftige Zeithorizont kurz ist. In dieser Situation können wir ohne grosse Umschweife konkrete *Massnahmen* planen, die unmittelbar erfolgswirksam sein sollen. Dieser erste Typ von Problemsituationen ist dann gegeben, wenn es um die Beseitigung kurzfristiger Störungen geht, ohne dass wir Anlass für die Annahme haben, dass eine grundlegendere, langfristig wirksame Änderung der Gesamtsituation eintreten wird. Eine Vielzahl von Situationen, in denen untere und mittlere Führungskräfte von Unternehmungen zu entscheiden haben, ist dieser Art: Es liegen längerfristige Zielsetzungen und Pläne vor, die weiterhin eingehalten werden sollen; das Problem beschränkt sich darauf, befürchteten oder bereits eingetretenen Abweichungen entgegenzuwirken. Die Kompetenz von Führungskräften im «Operativen Bereich» der Unternehmung ist oft auf derartige Probleme beschränkt; für sie sind andere Handlungsfaktoren gewissermassen blockiert. Bekanntlich liegt aber die Schwierigkeit solcher Situationen darin, zu erkennen, ob es sich tatsächlich um einen solchen lokalisierbaren und vorübergehenden Störfall handelt oder ob es ein Indiz für das Entstehen eines Problems ist, das mit den zur Verfügung stehenden Eingriffsmöglichkeiten auf dieser Ebene nicht gelöst werden kann. Die Kenntnis der in unserem vierten Schritt ermittelten *Frühwarnindikatoren* erweist sich dann als sehr hilfreich, um das Problem rechtzeitig auf eine höhere Entscheidungsebene anzuheben.

Eine wesentlich andere Situation besteht beim *Problemtyp II.* Hier liegt eine sehr komplexe Situation mit zahlreichen Einfluss- und Handlungsfaktoren vor, und der Zeithorizont erstreckt sich relativ weit in die Zukunft. Zahlreiche Faktoren, die wir auf kurze Sicht gar nicht verändern können, einfach weil die Zeit dafür nicht ausreicht, sind nun in dieser erweiterten Zeitdimension veränderbar, sind also lenkbare Faktoren. Demgemäss steht uns eine viel grössere Zahl von unterschiedlichen Eingriffspunkten und Handlungsalternativen zur Verfügung. Dabei handelt es sich jedoch nicht nur um isolierbare Einzelmassnahmen, sondern um ganze Bündel von solchen, die insgesamt eine sukzessive Verbesserung der Situation bewirken sollen und die meist auch sukzessive über einen grösseren Zeitraum verteilt verwirklicht werden. In einer solchen Situation geht es also zunächst nicht darum, konkrete Einzelmassnahmen zu beschliessen, sondern grosse, prinzipielle Handlungswege oder *Strategien* festzulegen, die sukzessive mit konkreten Massnahmen gewissermassen aufgefüllt werden können.

Wie wir wissen sind Probleme nichts Naturgegebenes, sondern das Ergebnis menschlicher Wahrnehmung und Beurteilung der Wirklichkeit. Es ist deshalb durchaus möglich, dass eine reale Situation zu Problemen beider hier unterschiedener Typen führt. Wir können eine gegebene Wirklichkeit so wahrnehmen, dass sie – von unseren Wertvorstellungen und Zielsetzungen aus beurteilt – ein sofortiges konkretes Eingreifen erfordert, wie auch so, dass sie uns zu Überlegungen über grundsätzlich einzuschlagende Handlungsrichtungen führt. Je dringlicher rasches Handeln ist, um kurzfristig drohende Schäden zu vermeiden, um so mehr sind wir geneigt, die Situation ausschliesslich im Sinne des Problemtyps I wahrzunehmen und nach sofort realisierbaren Massnahmen zu suchen. Im Bereich der Unternehmungsführung spricht man dann von *«Krisenmanagement»*. Jede Führungskraft, die jemals in solchen Krisensituationen handeln musste, kennt aber den Konflikt, der sich hier eröffnet: Rasch getroffene konkrete Massnahmen können zwar vielleicht die aktuellen Schwierigkeiten beseitigen oder abschwächen, aber öfters behindern sie eine längerfristige und dauerhafte, grundsätzliche Lösung des Problems. Solche Situationen können zu einem bestimmten Zeitpunkt einfach gegeben sein, und oft müssen zur Sicherung des kurzfristigen Überlebens der Institution Massnahmen getroffen werden, die man nicht treffen würde, wenn man sich ausschliesslich auf eine langfristig wirksame Strategie konzentrieren könnte. Sie sind, wie man im Rückblick feststellen kann, meist das Ergebnis von früher begangenen Fehlern. Aber es nützt nichts, nach den Sündenböcken zu suchen; der Blick zurück ist nur dann hilfreich, wenn er uns dazu führt, dass wir in Zukunft solche Fehler vermeiden werden.

Der meistbegangene Fehler, der in zunehmendem Masse zu Konfliktsituationen in zahlreichen Gesellschaftsbereichen geführt hat, liegt zweifellos darin, dass wir gewohnt sind, Situationen so wahrzunehmen, dass wir gemäss Problemtyp I mit konkreten Massnahmen rasch und wirksam in sie eingreifen können. Man kann auch sagen, dass es der Mangel an langfristigem, strategischem Denken ist, der ein rasches, aber an einem kurzfristigen Zeithorizont ausgerichtetes Handeln bewirkt, welches seinerseits etwas später oft zu fast ausweglosen Situationen führt. Nach wie vor wird ein geduldiges, auf langfristig sinnvolles Handeln ausgerichtetes Denken von tatkräftigen Machern als weltfremd, theoretisch und philosophisch etikettiert. Auch das Argument, dass keine Zeit mehr bleibe, um sich die Sache grundsätzlich zu überlegen, ist rasch zur Hand. Wenn wir jedoch das in diesem Buch über Vernetztheit, Dynamik und Komplexität Gesagte ernst nehmen, so müssen wir zum Schluss kommen, dass wir ohne das Erfassen wichtiger Problemsituationen auf strategischer Ebene uns nur immer mehr in Sackgassen verirren werden. Dass dies nicht nur Theorie ist, sondern eine notwendige Konsequenz der komplexen Wirklichkeit, zeigen die zahlreichen Unternehmungen, welche die *strategische Planung* zur Kernaufgabe der höheren Führungsorgane gemacht haben.

Dies ist der Grund dafür, dass wir im folgenden nicht auf den Problemtyp I abstellen, sondern von Situationen ausgehen, die nach einem Vorgehen zur Lösung von Problemen gemäss Typ II verlangen. Einfacher ausgedrückt: Wir beschränken uns nicht auf das unmittelbare Planen konkreter Massnahmen, sondern beginnen mit der Frage, wie langfristig wirksame, zielgerichtete Strategien entwickelt werden können.

Zusammenfassend können wir festhalten, dass die in diesem Schritt zu lösende Aufgabe aus der Beantwortung folgender Fragen besteht: *Welche grundsätzlichen Handlungsalternativen oder Strategien bestehen in der gegebenen Situation, und wie beurteilen wir die verschiedenen Alternativen? Welche davon wollen wir verwirklichen, und wie können wir sie in konkrete Massnahmen umsetzen?*

Das Vorgehen

1) *Alternative Strategien suchen*

Die Suche nach möglichen, erfolgversprechenden Handlungsalternativen ist weitgehend ein schöpferischer Vorgang, für dessen Abwicklung nur in beschränktem Masse eine methodische Hilfe gegeben werden kann. Der Rückgriff auf die Erfahrung reicht aber in der Regel nicht aus. Es kann sich um eine für uns völlig neue Situation handeln, in welcher wir noch nie steckten, also auch um ein neues, bisher nicht bestehendes Problem, das wir erstmals lösen müssen. Aber auch wenn es sich um eine Problemsituation handelt, die uns aus beruflicher Erfahrung an sich vertraut ist, weil wir in diesem Aufgabenbereich dauerhaft mit Führungsaufgaben beauftragt sind, bezieht sich unsere Erfahrung doch immer nur auf das, was wir bisher gemacht haben, und wir haben keine Erfahrung mit möglicherweise bestehenden andern Handlungsweisen. Es ist aber in der Charakteristik komplexer Problemsituationen begründet, dass es auf längere Sicht gesehen eine Vielzahl von Eingriffsmöglichkeiten gibt, von denen die meisten für uns in dem Sinne neu sind, dass wir keine Erfahrungen über deren Konsequenzen besitzen. Man kann deshalb auch sagen, dass es sich um einen innovativen Prozess, eine Suche nach Neuem handelt - und dazu braucht es auch Phantasie. Das heisst allerdings nicht, dass wir auf systematisch erworbenes Wissen über den gegenwärtigen Zustand der Situation und ihre zukünftigen Veränderungsmöglichkeiten verzichten sollen, sondern nur, dass dieses allein nicht ausreicht, um mögliche neue Strategien zu entwickeln.

Psychologisch gesehen setzt eine solche «Suche nach Neuem» zunächst voraus, dass wir bestehende «Denkbarrieren» beseitigen, die uns daran hindern, den Bereich des bereits Bekannten zu verlassen. Die sogenannten *«Kreativitätsmethoden»* legen mit Recht grosses Gewicht auf diese erste Phase der Öffnung des Geistes für bisher Unbekanntes und stellen dafür einige «Techniken» zur Verfügung. Auch hier kommt der Vorteil eines Arbeitens im Team beim Lösen komplexer Probleme zum Zuge, da möglichst viele verschiedene Sichtweisen und Ideen entwickelt werden sollten. Grundsätzlich geht es darum, solche Gedanken spontan produzieren und äussern zu können ohne Rücksicht darauf, dass sie möglicherweise einer näheren Prüfung nicht standhalten und als «Unsinn» zu qualifizieren sind. Das sogenannte «Brainstorming» ist eine bekannte Technik, um in einer Gruppe eine solche möglichst freie Ideenproduktion in Gang zu bringen.

Ein solches bewusst «unkontrolliertes» Waltenlassen der Phantasie muss allerdings gefolgt sein von einem rationalen Prüfen der vorgeschlagenen Ideen. Auch hier sollten wir nicht sofort klein beigeben, wenn eine Idee auf ersten Anhieb als nicht realisierbar erscheint. Andererseits ist eine Beschränkung der ernsthaft und im Detail zu untersuchenden Alternativen auf einige wenige notwendig, wenn wir nicht jede Entscheidungsfähigkeit verlieren wollen.

Bei dieser Auswahl von sinnvoll scheinenden Ideen muss nun das «*Fachwissen*» der Beteiligten und allenfalls zuzuziehender Experten zum Zuge kommen. Viele Ideen erweisen sich bei sachlicher Beurteilung als nicht weiter verwendbar: Sie verfehlen das Ziel, entsprechen also nicht unseren Anforderungen an die Problemlösung; sie widersprechen Gegebenheiten wie z. B. Naturgesetzen oder auch staatlichen Gesetzen, die wir nicht ändern können; das zur Umsetzung in die Realität erforderliche Wissen ist auf absehbare Zeit nicht verfügbar usw. Um welches Wissen es geht, das hier möglichst umfassend eingesetzt werden sollte, ist nur im konkreten Einzelfall einer bestimmten Problemsituation definierbar. Es kann sich um Erkenntnisse über die grundsätzliche Eignung bestimmter Strategien in bestimmten Situationen handeln, die in Wissenschaft oder Praxis erarbeitet worden sind und auf die wir zurückgreifen können, auch wenn wir selbst nicht über die entsprechende eigene Erfahrung verfügen. Beispielsweise bietet die umfangreiche Literatur über strategische Unternehmungsführung eine Vielzahl von grundsätzlichen Strategien an, um die Position einer Unternehmung gegenüber der Konkurrenz langfristig zu verbessern. Es kann sich ergeben, dass bestimmte Ideen, wenn sie präzisiert werden, einer an sich bekannten Grundstrategie entsprechen. Aber auch Ideen, die aufgrund dieser Prüfung keine realisierbare Problemlösung versprechen, können in einem andern Problemzusammenhang erfolgversprechend sein, z. B. eine Forschungsrichtung auf längere Sicht eröffnen usw. Andere Ideen erweisen sich als anderswo längst bekannt und erfolglos auf ihre Realisierbarkeit getestet, und wenn wir uns nicht einmalige Fähigkeiten zubilligen, werden wir sie zumindest als fragwürdig etikettieren und nicht in erster Linie weiterverfolgen.

In dieser Phase der Konfrontation von Ideen mit Wissen spielen bekanntlich unterschiedliche Grundhaltungen der beteiligten Menschen eine erhebliche Rolle. Während die einen alles Neue und Unerprobte rasch als «nicht machbar» abqualifizieren, lassen sich andere von neuen Ideen dazu verführen, die Schwierigkeiten der Umsetzung in die Tat völlig beiseite zu schieben und die eigenen Problemlösungsfähigkeiten gewaltig zu überschätzen. Im ersten Fall werden alle innovativen Ideen bereits in dieser ersten Phase ausgeschieden, was dazu führt, dass man sich kaum vom bisher Bekannten wegbewegt; im zweiten Fall konzentriert man sich auf «Superlösungen», ohne das eigene, immer beschränkte Know-how auf unbekannten Gebieten zu berücksichtigen. Abgesehen von Persönlichkeitsmerkmalen spielen in beiden Fällen bestehende *Wissenslücken* eine negative Rolle: Es fehlt das Wissen über andere als die aus dem eigenen Erfahrungsbereich bekannten Handlungsmöglichkeiten und über die dabei bestehenden Schwierigkeiten und Erfolgsaussichten. Es handelt sich also auch hier um einen Suchprozess – in dieser Phase um die Suche nach für uns neuem Wissen.

Gesamthaft betrachtet geht es in dieser ersten Phase um das Suchen nach prinzipiellen Handlungsmöglichkeiten, zunächst in freiem Ideenflug unter Ausschaltung gewohnter «Denkbarrieren», anschliessend unter Einschaltung alles verfügbaren Wissens und des kühlen Sachverstandes. Besonders wichtig sind in dieser Phase die Zusammensetzung der Problemlösungsgruppe, die ein möglichst vielfältiges Spektrum an Wissen, Können und Kreativität umfassen sollte, und eine überlegene Führung der Gruppenarbeit, die je nach Stand der Arbeit für «Öffnen» oder «Schliessen» der Diskussionen sorgen kann. Es ist vielfach auch notwendig, die Gruppe durch Sachverständige in bezug auf bestimmte Aspekte zu erweitern, Phasen der Erarbeitung zusätzlichen Wissens durch Experten einzuschalten usw.

Das Ergebnis dieser Phase soll in Form einiger klar formulierbaren, grundsätzlichen Handlungsalternativen vorliegen, die prinzipiell möglich sind, ohne dass aber ihre praktische Umsetzung in einzelne Handlungen und ihre konkrete Erfolgswirksamkeit bereits im Detail abgeklärt worden sind.

2) *Ausgewählte Strategien beurteilen*

Die grundsätzlichen Handlungsmöglichkeiten, die sich in der Suchphase herauskristallisiert haben, sind nun näher zu prüfen. Oft ist es ja so, dass zur Erreichung eines generell formulierten Zieles sehr verschiedene Wege eingeschlagen werden könnten. Wenn es in einer Unternehmung beispielsweise darum geht, die langfristigen Erfolgsaussichten einer bestimmten Geschäftssparte zu sichern oder zu verbessern, bestehen dafür ganz unterschiedliche Möglichkeiten wie z. B. die Entwicklung neuer Produkte, die Minimierung der Kosten bestehender Produkte, die Erschliessung neuer geographischer Märkte, die Wahl anderer Absatzkanäle, die Verbesserung des Kundendienstes, der Aufkauf anderer Firmen usw. Einige dieser Möglichkeiten lassen sich kombinieren, andere wiederum schliessen sich gegenseitig aus. Auch in dieser Prüfungs- und Beurteilungsphase spielen Erfahrung und spezifisches Fachwissen eine zentrale Rolle (vgl. Abb. 86).

Grundsätzlich ist davon auszugehen, dass jede Strategie zu ihrer Verwirklichung einen mehr oder weniger grossen Einsatz von *Mitteln* im weitesten Sinn dieses Wortes erfordert und dass die verfügbaren Mittel in aller Regel beschränkt sind. Oft, aber nicht immer stellen die finanziellen Mittel den «Engpass» dar; oft bilden das erforderliche Know-how, Umfang und Qualität der Mitarbeiter, die technische oder räumliche Kapazität usw. den limitierenden Faktor, der unsere Möglichkeiten einschränkt. Wir müssen deshalb für jede in Betracht gezogene Strategie den voraussichtlichen *Mittelbedarf* abschätzen und dem vorhandenen *eigenen «Leistungspotential»* gegenüberstellen. Aus diesem Vergleich ergibt sich die Frage, ob fehlendes Leistungspotential zeitgerecht überhaupt beschafft werden kann, was wieder-

Ergebnisse kreativer Prozesse	**Handlungs-möglichkeiten**	**Kombinationsmöglich-keiten/Zusammenhänge**
aus Expertengesprächen • Ergebnisse • Grobevaluation • Kommentare	**Beispiele:** Entwicklung neuer Produkte im Bereich . . .	Symbiose zwischen neuem Produkt und . . .
aus Workshops der Projektgruppe • Ergebnisse • Grobevaluation • Kommentare	Minimierung der Kosten durch GWA für bestehende Produkte Erschliessung des Marktes . . .	Mehrfachnutzung von Absatzkanälen für . . . Nutzung der Selbstorganisationsfähigkeit im Bereich . . .
aus Vorschlägen dezentraler Einheiten • • •	Nutzung eines neuen Absatzkanals . . . Verbesserung des Kundendienstes durch . . .	
aus individuellen Entwürfen • • •	Joint Venture oder Akquisition um . . .	

Abb. 86: Grundraster zur Erarbeitung von Strategien

um den Ansatzpunkt bildet für zu planende Massnahmen im Bereich der Mittelbeschaffung.

Ein wesentlicher Aspekt zur Beurteilung alternativer Strategien ergibt sich aus der Frage, wie diese sich unter *verschiedenen Rahmenbedingungen* bewähren werden. Zur Abklärung dieses Aspektes greifen wir auf die *Szenarien* zurück, die wir im dritten Schritt zwecks Erfassung der Auswirkungen möglicher Veränderungen in den Rahmenbedingungen erstellt haben. Wir haben dort zwischen einem «überraschungsfreien» Grundszenario und Extremszenarien bei unterschiedlichen «Ereignissen» unterschieden. Hier haben wir nun zu prüfen, welche Auswirkungen jedes Szenario auf die Wirksamkeit der ausgewählten Strategien voraussichtlich haben wird.

Ein einfaches *Hilfsmittel,* um die Beziehungen zwischen den Rahmenbedingungen und den strategischen Handlungsalternativen gedanklich in den Griff zu bekommen, stellt eine einfache Matrix analog zum «Papiercomputer» dar, den wir im zweiten Schritt zur Ermittlung der Intensität der Einflussnahme bzw. Beeinflussbarkeit der einzelnen Elemente in Netzwerk der Problemsituation entwickelt haben. Hier geht es nun darum, die Einflussstärke der einzelnen Umwelt-Schlüsselfaktoren auf die verschiedenen strategischen Aktionsbereiche herauszufinden, indem wir sie einzeln bewerten und übersichtlich darstellen. Eine solche Tabelle können wir als «*Strategische Umwelt-Einflussmatrix*» bezeichnen (vgl. Abb. 87). In der einen Dimension soll also die Tabelle jene Faktoren enthalten, die für uns unbeeinflussbare Rahmenbedingungen darstellen, und in der zweiten Dimension jene Faktoren, die wir aufgrund der in Betracht zu ziehenden Strategien selbst durch Massnahmen gezielt verändern wollen. Um uns aber nicht in Details zu verstricken, fassen wir diese von uns beeinflussbaren Faktoren zu «Strategischen Aktionsfeldern» zusammen, die auf konkreterer Ebene je ein ganzes Massnahmenbündel darstellen werden.

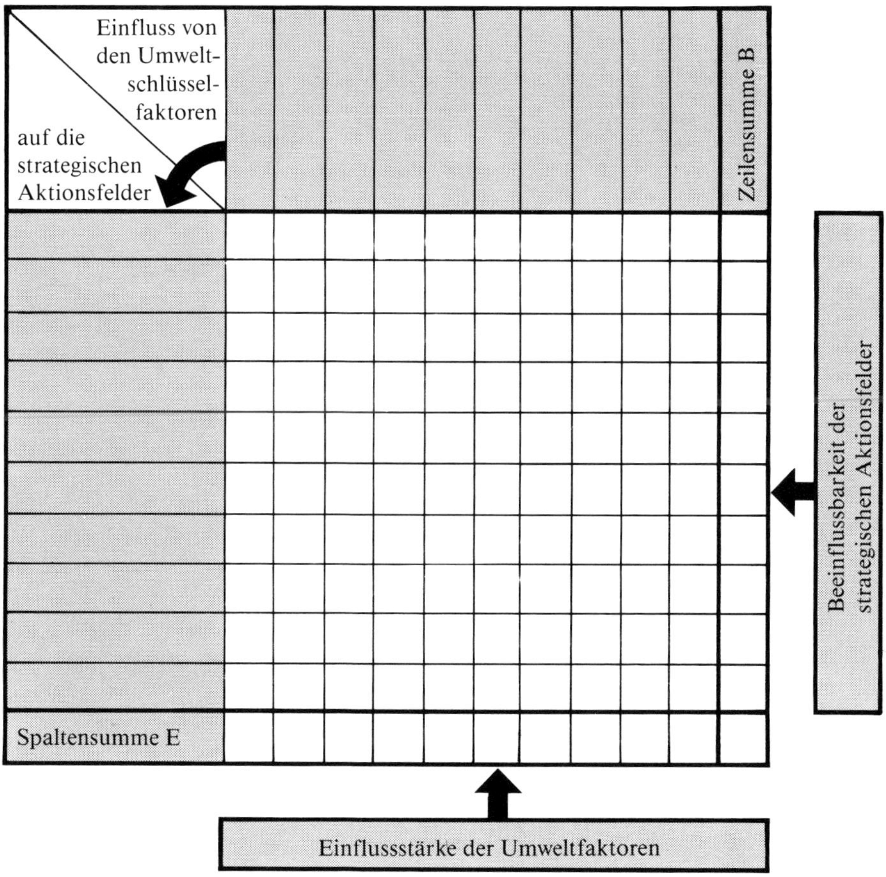

Abb. 87: Strategische Umwelt-Einflussmatrix (nach Geschka/Hammer 1986)

Umweltschlüsselfaktoren / Strategische Aktionsfelder	Konjunktur	Währungsrelationen	Gesetzgebung	Technologische Entwicklung	Wertewandel			
Entwicklung neuer Produkte	1	1	2	3	3			
Firmenkauf	2	3	2	3	1	1		
Fertigungsverfahren	1	1	2	3	2	1		
Erschliessung neuer Märkte	3	3	3	1	1	0		
Finanzierung	2	3	1	0	0	1		
Mitarbeiter-Potential	3	0	1	2	3	2		
Joint-Ventu						3		

Abb. 88: Ausschnitt aus einer Umwelt-Einflussmatrix

Die Unterscheidung solcher *Strategischer Aktionsfelder* geschieht in der Weise, dass wir uns für jede Strategie überlegen, was grundsätzlich zu tun ist, um sie zu verwirklichen. Solche Handlungsbereiche, die möglichst konkret zu formulieren sind, können in einer Unternehmung z. B. sein: Erschliessung südamerikanischer Märkte; Entwicklung neuer Produkte mit der Charakteristik x; Übernahme eines Unternehmens mit Know-how im Bereich y; Senkung der Gemeinkosten, und vieles andere mehr.

Andererseits erstellen wir eine Liste der früher ermittelten *Schlüsselfaktoren der Umwelt,* denen wir bei der Erstellung der Szenarien besondere Aufmerksamkeit geschenkt haben. Als nächstes beurteilen wir die Einflussintensität jedes Schlüsselfaktors auf jeden Strategischen Aktionsbereich mit Hilfe einer einfachen Skala:

0 = kein Einfluss
1 = geringer Einfluss
2 = starker Einfluss
3 = sehr starker Einfluss

und tragen diese Zahlen in unsere Tabelle ein (vgl. Abb. 88).

Die so erstellte Umwelt-Einflussmatrix zeigt uns nun pro Zeile an, wie stark die einzelnen Aktionsfelder sowohl im einzelnen wie auch insgesamt durch die verschiedenen Umweltfaktoren beeinflusst werden, und andererseits pro Spalte, wie stark die einzelnen Umweltfaktoren auf die verschiedenen Aktionsfelder einwirken. Anhand dieser Matrix können wir nun unsere strategischen Alternativen durchdenken und auf ihre Abhängigkeit von Umweltfaktoren, die wir selbst nicht beeinflussen können, überprüfen. Dabei gehen wir von folgenden Grundüberlegungen aus:

- Strategische Aktionsfelder, die stark von Umweltfaktoren beeinflusst werden (hohe Zeilensumme), sind anhand der Szenarien näher zu untersuchen. Insbesondere ist hier näher zu prüfen, inwieweit «Ereignisse», die in den Extremszenarien enthalten sind, die Erfolgschancen einer Strategie beeinträchtigen würden.
- Strategische Aktionsfelder, die von den Umweltfaktoren nur wenig beeinflusst werden (geringe Zeilensumme), können im Rahmen einer Strategie relativ unabhängig von Veränderungen in den Umweltfaktoren zielgerichtet aktiviert werden. Dabei sind allerdings einzelne Umweltfaktoren, die trotz des insgesamt geringen Umwelteinflusses stark auf das Aktionsfeld einwirken, auf ihre Veränderungen im Lichte der Szenarien speziell zu untersuchen.
- Umweltfaktoren, welche die Aktionsfelder stark beeinflussen (hohe Spaltensumme), bewirken, dass der Erfolg einer Strategie stark abhängig ist von der zukünftigen Entwicklung dieses Umweltfaktors. Hier ist aufgrund der Szenarien abzuschätzen, wie gross das dadurch entstehende Risiko eingeschätzt werden muss.
- Umweltfaktoren, welche die Aktionsfelder nur wenig beeinflussen (geringe Spaltensumme), können in der Folge weitgehend vernachlässigt werden, da die Erwartungen über ihre zukünftigen Veränderungen kein Kriterium für die Auswahl einer Strategie darstellen.

Mit solchen Überlegungen anhand der Umwelt-Einflussmatrix wird eine Prüfung der alternativen Strategien auf ihre Auswirkungen und Erfolgschancen in Abhängigkeit von Einflussfaktoren aus der Umwelt eingeleitet, die in mannigfaltiger Weise weitergeführt werden kann. Insbesondere können wir nun verschiedene ausgewählte Strategien miteinander vergleichen, wobei sich z. B. folgendes ergibt:

- Verschiedene Strategien können in bezug auf die davon betroffenen Aktionsfelder eine mehr oder weniger gleichartige bzw. unterschiedliche Charakteristik aufweisen. «Gleichartige» Strategien setzen die Aktivierung der gleichen Aktivitätsfelder in gleicher Richtung voraus und sind deshalb möglicherweise mit-

In solchen schwierigen Situationen gehen wir so vor, dass wir zunächst die Strategie in eine beschränkte Zahl von *Projekten* aufgliedern. Projekte sind gewissermassen Massnahmenpakete, die auf die Lösung eines Teilproblems im Rahmen einer Strategie gerichtet sind. Als Ansatzpunkt dienen uns dabei die strategischen Aktionsfelder, die wir früher unterschieden haben. Beispielsweise können nun die zur Problemlösung zu aktivierenden Aktionsfelder «Erschliessung eines neuen Absatzmarktes», «Entwicklung eines neuen Produktes mit spezifischen Eigenschaften», «Ausbildung der Mitarbeiter für die Anwendung neuer Technologien» usw. zum Gegenstand der Entwicklung und Planung entsprechender Projekte gemacht werden. Da wie erwähnt auch verschiedene Wege zum Ziel führen können, ist es aber auch möglich, dass für dasselbe Aktionsfeld verschiedene alternative Projekte entwickelt werden können, zwischen denen dann eine Wahl zu treffen ist.

Bei der Planung von Projekten spielen zwei mehrfach erwähnte Aspekte eine wesentliche Rolle: Die dafür einzusetzenden Mittel oder «Ressourcen» und die zu ihrer Realisierung notwendige Zeit. Wie erwähnt bilden die verfügbaren finanziellen, technischen, personellen und wissensmässigen *Ressourcen* oft einen limitierenden Faktor, und die Beschaffung der entsprechenden Mittel oder die qualitative Verbesserung bestehender Leistungspotentiale können zur Zielerreichung notwendige Aktionsfelder darstellen, für die Projekte zu planen sind. Dem *Zeitfaktor* kommt in doppelter Beziehung eine grosse Bedeutung zu: Einmal sind die Projekte oft nicht unabhängig voneinander realisierbar, sondern der Beginn des einen kann erst erfolgen, wenn ein anderes bereits realisiert worden ist. Es kann aber auch sein, dass zwischen verschiedenen Projekten Wechselwirkungen bestehen, die im Sinne einer gegenseitigen Unterstützung ausgenutzt werden können, wenn sie parallel zueinander in Gang gesetzt werden. Diese logischen Zusammenhänge müssen wir also erkennen und in der zeitlichen Planung der Projekte berücksichtigen. Es ist aber meist auch so, dass der Zeitfaktor selbst einen limitierenden Faktor darstellt: Wenn ein Projekt oder auch die ganze Strategie nicht innert eines begrenzten Zeitraumes realisiert werden kann, ist möglicherweise die Zielerreichung nicht mehr oder nur in beschränktem Masse möglich. Dies ist vor allem in den vielen Fällen der Fall, in denen wir in Konkurrenz zu andern stehen und es unser Ziel ist, einen Konkurrenzvorteil zu erzielen.

Es geht also oft darum, den notwendigen Zeitbedarf zu minimieren; bekanntlich unterschätzt man ihn häufig, was sich als gravierender Fehler herausstellen kann. Eine zuverlässige Schätzung des Zeitbedarfs kann oft nur erfolgen, wenn die erforderlichen Massnahmen hinreichend konkret definiert sind und eine eigentliche *Ablaufplanung* für die Realisierung des Projektes entwickelt werden kann.

In der Folge sind nun die Projekte in Massnahmen aufzugliedern. Bei dieser *Massnahmenplanung* sind weitgehend dieselben Überlegungen wie in bezug auf die Projekte anzustellen, nunmehr auf konkreterer Ebene. Auch hier müssen ver-

Regel 1:	Passe deine Lenkungseingriffe der Komplexität der Problemsituation an
Regel 2:	Berücksichtige die unterschiedlichen Rollen der Elemente im System
Regel 3:	Vermeide unkontrollierbare Entwicklungen mit Hilfe stabilisierender Rückkoppelungen
Regel 4:	Nutze die Eigendynamik des Systems zur Erzielung von Synergieeffekten
Regel 5:	Finde ein harmonisches Gleichgewicht zwischen Bewahrung und Wandel
Regel 6:	Fördere die Autonomie kleiner Einheiten
Regel 7:	Erhöhe mit jeder Problemlösung die Lern- und Entwicklungsfähigkeiten des Systems

Abb. 89: «Systemregeln» zur Planung von Strategien und Massnahmen

schiedene Alternativen miteinander verglichen werden, und es müssen inhaltliche und zeitliche Prioritäten gesetzt werden.

Beim ganzen Planungsvorgang sollten wir uns stets bewusst sein, dass wir mit der Verwirklichung von Strategien, Projekten und Massnahmen in ein *vernetztes System* eingreifen und dieses verändern werden. Die im ersten Kapitel dargestellten Eigenschaften und Verhaltensweisen dynamischer, komplexer Systeme spielen deshalb in bezug auf den Erfolg unserer geplanten Massnahmen eine ausserordentlich wichtige Rolle. Man kann auch sagen, dass wir bei der Planung von Strategien und Massnahmen nicht nur schöpferische Phantasie, Erfahrung und spezifisches Fachwissen benötigen, sondern auch Erkenntnisse über die *Eigenschaften des Systems,* in das wir eingreifen wollen. Aus dieser Sicht geht es schon bei der Planung darum, «systemwidrige» Massnahmen zu vermeiden und soweit möglich die Eigendynamik des Systems auszunützen. Es ist deshalb sinnvoll, geplante Massnahmen nach diesem Aspekt zu überprüfen. Dazu sind sogenannte *«Systemregeln»* entwickelt worden, die im folgenden kurz erläutert werden (vgl. Abb. 89).

Regel 1:
Passe deine Lenkungseingriffe der Komplexität der Problemsituation an

Wie wir bei der grundsätzlichen Diskussion der Eigenschaften von Systemen in Teil II gesehen haben (vgl. S. 25 ff.), ist Komplexität gleichbedeutend mit einer grossen und schwer durchschaubaren Varietät des Verhaltens des Systems. Wir haben aber auch festgestellt, dass aufgrund der bestehenden Ordnung des Systems seine Verhaltensmöglichkeiten nicht beliebiger Art sind, sondern dass wir Verhaltensmuster erkennen können, in deren Rahmen sich das System bewegt. Die ge-

Normen, die für alle Angehörigen des Systems gelten. Dieses unsichtbare, geistige Normensystem einer ganzen Institution ist äusserst wirksam und macht die sogenannte «Unternehmungskultur» aus. Gelingt es, diese Normen auf veränderte Zielvorstellungen auszurichten, können auf breiter Front veränderte Verhaltensweisen entstehen, die oftmals fast wie ein Wunder erscheinen: Ein neuer Geist scheint in das Unternehmen eingezogen zu sein. Allerdings wäre es völlig verfehlt, solche Normenänderungen so durchführen zu wollen, als gehe es um die blosse Umstellung in der Mechanik maschineller Prozesse.

Änderungen in den Regeln müssen also sowohl auf materieller wie auch auf geistiger Ebene in Betracht gezogen werden. Die Vernachlässigung der geistigen Ebene führt oft zu Misserfolgen, obwohl die Änderungen auf sachlicher Ebene durchaus rational geplant worden sind, weil die beteiligten Menschen sich an die gewohnten Regeln halten möchten, den Sinn der verlangten Änderungen nicht verstehen usw.

Regel 2:
Berücksichtige die unterschiedlichen Rollen der Elemente im System

Bereits in früheren Schritten haben wir bei der Analyse der Problemsituation die unterschiedlichen Rollen der einzelnen Elemente im Gesamtsystem erfasst und als aktiv, reaktiv, kritisch oder träge charakterisiert. Bei der Auswahl erfolgversprechender Strategien und Massnahmen haben wir uns auf aktive und kritische Elemente konzentriert und damit dieser Gestaltungsregel bereits weitgehend entsprochen. Hier geht es noch darum, diese «Rollenbetrachtung» auszuweiten auf Elemente, bei denen wir nicht unmittelbar eingreifen wollen, die wir aber wegen ihres Einflusses auf den Wirkungsverlauf im System berücksichtigen müssen. Es kann sich zum Beispiel um aktive Elemente handeln, die jedoch für uns zur Zielerreichung keine geeigneten Eingriffspunkte bilden. Wir haben bereits darauf hingewiesen, dass solche Einflussfaktoren als Indikatoren zur Warnung vor wesentlichen Änderungen der Situation dienen können. Es kann aber auch sein, dass es sich dabei nicht um unbeeinflussbare Rahmenbedingungen handelt, sondern um Faktoren, die auf einer bestimmten Lenkungsebene verändert werden können. In einem aus vielen Personen bestehenden sozialen System ist es durchaus möglich, dass einige Beteiligte durch eigene Massnahmen die vom Problemlöser geplanten Wirkungen durchkreuzen. Dies kann zum Beispiel durch nicht informierte Mitarbeiter auf unterer Ebene geschehen, die einfach «wie bisher» handeln, aber auch durch ungewollte Fehlleistungen, die infolge des aktiven Charakters des betreffenden Elementes grosse Auswirkungen haben können. Es geht also in erster Linie darum, «kritische Punkte» im Netzwerk zu lokalisieren, deren Verhalten sich negativ auf die Zielerreichung auswirken könnte, und geeignete Vorkehrungen zu treffen, um sie unter Kontrolle halten zu können. Bei dieser Überprüfung der «Rollen» der Elemente im System können wir aber auch auf Möglichkeiten stossen, um die Aktivität von Elementen so zu beeinflussen, dass die Wirkung unserer Lenkungseingriffe im positiven Sinne unterstützt wird oder dass negative Nebenwirkungen verhindert werden. Dabei muss öfters auch gestaltend in das Netzwerk eingegriffen werden. So kann sich zeigen, dass sich Veränderungen in einem Teil des Systems in ungünstiger Weise auf andere Teile auswirken. Es kann dann sinnvoll sein, ein pufferndes Element dazwischen zu schalten, das solche zwangsläufigen Übertragungen verhindert. Ein typisches Beispiel für ein solches Element ist ein Zwischenlager, das die einzelnen Fertigungsbereiche voneinander abkoppelt und eine relativ autonome Steuerung der beiden Bereiche ermöglicht. Umgekehrt kann es aber auch darum gehen, sich als unzweckmässig erweisende «Pufferungen» auszuschalten, um unnötige Zeitverluste usw. zu verhindern.

Regel 3:
Vermeide unkontrollierbare Entwicklungen mit Hilfe stabilisierender Rückkoppelungen

Wie mehrfach betont spielen *Regelkreise* für die Selbstlenkung des Systems eine wichtige Rolle. Insbesondere haben wir gesehen, dass es negative Regelkreise sind, welche es natürlichen Systemen ermöglichen, Störungen auszuregulieren und als ganze zu überleben. Diese stabilisierende Wirkung können wir uns in sozialen Systemen bewusst zu Nutze machen, um unerwünschten Veränderungen in einer bestimmten Richtung entgegenzuwirken, ohne dass wir ständig korrigierend eingreifen müssen.

Bei Eingriffen in stark vernetzte Systeme besteht die Gefahr, dass die Massnahmen nicht nur in der geplanten Weise auf die Zielgrössen einwirken, sondern zahlreiche weitere Bewegungen mit unerwünschten Folgen in Gang setzen. Diese ansteckende Wirkung von Veränderungen einzelner Elemente in einem Netzwerk kann destabilisierend wirken und dazu führen, dass wir die Situation kaum mehr unter Kontrolle halten können. Dies ist insbesondere dann der Fall, wenn wir bestehende negative Regelkreise an einer Stelle aufbrechen und damit die ausgleichende Funktion des betreffenden zirkulären Prozesses zerstören, so dass ein Wachstum zahlreicher Grössen eintritt – auch von solchen, die wir stabil halten möchten. Beispielsweise kann es in einer Unternehmung so sein, dass wir einen bestimmten Umsatz mit einem bestimmten Aufwand erzielen konnten und dabei eine akzeptable Gewinnmarge erzielten. Wenn wir nun einseitig durch verstärkte Werbung und Marktbearbeitung den Umsatz vermehren wollen, kann es sein, dass dadurch überproportional steigende Kosten entstehen, die zu einer Verminderung der Gewinnmarge führen. Wir müssen also prüfen, ob Massnahmen möglich sind wie beispielsweise der Übergang zu einem andern, der grösseren Absatzmenge angepassten Fertigungsverfahren, das die Stückkosten wiederum senkt. Allgemein gesagt müssen wir versuchen, dem unerwünschten Wachstum bestimmter Grössen – beispielsweise der Kosten – durch Einschaltung eines Elementes mit entgegengerichteter Wirkung zu begegnen.

Regel 4:
Nutze die Eigendynamik des Systems zur Erzielung von Synergieeffekten

In jedem dynamischen System sind Kräfte wirksam, die entsprechend der Ordnung des Systems in bestimmten Richtungen wirken und je nach Art, Intensität und Zeitbedarf der Wirkungsverläufe mehrere Elemente in bestimmten Richtungen beeinflussen. Man kann auch sagen, dass ökologische und soziale Systeme im Laufe ihrer Existenz gelernt haben, sich in bestimmten Verhaltensfeldern zu bewegen und andere zu meiden. Lenkungsmassnahmen stellen Eingriffe in diese bestehende Funktionsweise des Systems oder «Störungen» dar, die vom System entweder akzeptiert oder abgelehnt werden können. Wir sollten also unsere geplanten Massnahmen daraufhin überprüfen, ob sie den in der Eigendynamik wirksamen Kräften entgegenwirken und an diesem «Widerstand» des Systems scheitern können, oder ob sie im Gegenteil von ohnehin wirksamen Kräften in ihrer beabsichtigten Wirkung unterstützt werden.

Positiv ausgedrückt geht es darum, solche Massnahmen vorzuziehen, die gewissermassen auf die «Mithilfe» des Systems stossen und dadurch schneller oder mit weniger Aufwand das gesetzte Ziel erreichen können. Als Beispiel kann hier das *Jiu Jitsu* dienen, das darauf basiert, dass der Kraft des Gegners nicht eine noch grössere Gegenkraft entgegengesetzt wird, sondern dass sie selbst mit viel weniger Aufwand ausgenützt wird, um auf den Gegner zurückzuwirken. Man kann auch von der *«Hebelwirkung»* ausgehen, d. h. vom grossen Effekt, den man mit kleinem Aufwand erzielen kann, wenn man mit der eigenen Kraft am richtigen Punkt einsetzt. Auch in Unternehmungen kann man durch gezielte Suche solche Ansatzpunkte entdecken, die wir ausnutzen können.

Unterstützende Wirkungen können auch durch Anwendung des Gedankens des *«Recycling»* erzielt werden, also durch Weiterverwendung von Materie und Energie, die bisher nach einmaliger Nutzung als «Abfall» ausgeschieden und oft mit zusätzlichen Kosten abgeführt oder vernichtet werden mussten. Die Wiedergewinnung von Rohstoffen aus Abfall, die Nutzung von Abwärme usw. sind nicht nur aus Gründen des Schutzes der natürlichen Umwelt höchst erwünscht, sondern können auch Kostensteigerungen, die wir sonst bei geplanten Massnahmen in Kauf nehmen müssten, entgegenwirken. Hier geht es also um die Ausnutzung ohnehin vorhandener Energien im Dienste von Massnahmen zur Zielerreichung.

Wie das Recycling, so stellt auch die *Mehrfachnutzung* ein in der Natur hochentwickeltes Funktionsprinzip dar, worauf namentlich Frederic Vester mehrfach hingewiesen hat (vgl. Literaturverzeichnis). Mehrfachnutzung bedeutet, dass ein bestehendes Potential nicht nur für einen Zweck, sondern für mehrere ausgenutzt wird. Man kann auch sagen, dass ein Element oder ein ganzer Wirkungskreislauf auch noch für andere als die bisherigen Zwecke ausgenutzt werden kann, ohne dass die eine Funktion die andere stört. So können bestehende Leistungspotentiale oft mit geringem Mehraufwand zur Erreichung neuer Ziele benutzt werden. Es entstehen also die so oft angestrebten *Synergieeffekte.*

Diese Synergieüberlegungen sind schon bei der Beurteilung von Strategien in Unternehmungen sehr wichtig. Jedes Unternehmen verfügt aufgrund seiner bisherigen Geschichte über ein Leistungspotential, das nicht in allen Teilen gleich gut geeignet ist, bestimmte Ziele zu erreichen. Sie weist lokalisierbare «Stärken» und «Schwächen» auf, und neue Zielsetzungen können voraussetzen, dass man bestehende Stärken besser nutzt und/oder vorhandene Schwächen ausmerzt. Vorgesehene Strategien sollten daher dahingehend überprüft werden, ob sie bisherige Stärken ausnutzen und ausbauen oder aber die Beseitigung von Schwächen voraussetzen. Im allgemeinen ist es leichter, bestehende Stärken für neue Ziele einzusetzen, weil hier das Prinzip der Mehrfachnutzung wirksam wird. Bei Schwächen, die schon lange bestehen und die wir trotz vieler Bemühungen bisher nicht beseitigen konnten, spricht vieles dafür, dass es sich um Fähigkeiten handelt, die unser System gar nicht aufweisen kann, – es sei denn um den Preis einer sehr umfassenden Umgestaltung.

Neue Zielsetzungen und innovative Strategien haben oft den Aufbau eines neuen Fähigkeitspotentials zur Voraussetzung. Auf die Notwendigkeit, Strategien und Massnahmen auf den erforderlichen Bedarf an Ressourcen hin zu prüfen, haben wir bereits hingewiesen. Wird es notwendig, ein neues Potential aufzubauen, so können wir uns zum voraus überlegen, ob dieses nicht nach dem Prinzip der Mehrfachnutzung so gestaltet werden kann, das es zukünftig die Erreichung weiterer Ziele ermöglichen wird. So kann z. B. eine Ausbildung von vorhandenen oder neueingestellten Mitarbeitern im Hinblick auf die Beherrschung einer neuen Technologie genutzt werden, um die Lernbereitschaft allgemein zu fördern, so dass sie leicht auch auf andere Wissensinhalte ausgedehnt werden kann, oder notwendige Schulungsveranstaltungen können dazu dienen, dass gleichzeitig aktuelle Probleme gelöst statt erfundene «Fälle» diskutiert werden usw. Mit einiger Phantasie lassen sich oft verschiedene Massnahmen finden, mit denen «mehrere Fliegen auf einen Schlag» erwischt werden können.

Regel 5:
Finde ein harmonisches Gleichgewicht zwischen Bewahrung und Wandel

Die Analyse der Problemsituation einer ganzen sozialen Institution kann ergeben, dass auf längere Frist ihre Existenz nur durch eine grundlegende Umgestaltung des Systems gesichert werden kann. Dies kann insbesondere der Fall sein, wenn die Umwelt sich rasch und intensiv verändert und das System zu wenig flexibel ist, um sich rasch solchen veränderten Rahmenbedingungen anzupassen. Die in solchen Situationen notwendigen Strategien weisen dann einen stark innovativen Charakter auf und erfordern zu ihrer Realisierung meist eine Vielzahl verschiedener Massnahmen, d. h. viele, über das ganze System verteilte Lenkungseingriffe. Aus den schon mehrfach dargelegten Gründen besteht dabei die grosse Gefahr, dass dadurch derart massive Störungen im Zusammenwirken der Teile entstehen, dass das System ausser Kontrolle gerät. Es ist deshalb wichtig, dass nicht alles gleichzeitig verändert wird, sondern die erforderlichen Massnahmen über eine längere Zeitperiode verteilt in Gang gesetzt werden. Innovative Strategien sollten also nicht im Stile eines Krisen-Managements realisiert werden. Dazu kommt, dass es ohnehin in solchen Situationen nicht möglich ist, die Konsequenzen der vielen notwendigen Eingriffe konkret und im einzelnen vorauszusehen, so dass von einer Konzeption des sukzessiven Entwickelns statt des abrupten Machens ausgegangen werden sollte.

Regel 6:
Fördere die Autonomie kleiner Einheiten

Grosse komplexe Systeme bestehen nicht aus allseitig miteinander verknüpften Elementen, sondern diese gruppieren sich zu erkennbaren Systemteilen oder Subsystemen. Diese Aufgliederung des Ganzen in Teile, oft auf mehreren hierarchischen Ebenen, ist überall anzutreffen und bildet auch in Unternehmungen die Grundlage der Organisationsstruktur. Sie ist aus zwei Gründen notwendig: Einmal, damit sich irgendwo eintretende Störungen nicht wie eben erwähnt in unkontrollierbarer Weise über das ganze System auswirken, und andererseits, damit das System insgesamt die notwendige Verhaltensvarietät aufweist, um sich in eine vielfältige dynamische Umwelt einpassen zu können (vgl. Regel 1). Beispielsweise können Unternehmungen, die eine Mehrzahl unterschiedlicher Produkte herstellen und verkaufen wollen, sich nicht einfach generell «dem» Markt anpassen, denn dieser besteht aus einer Mehrzahl von Märkten, die sich ganz unterschiedlich verändern können. Dies ist der Grund für die Tendenz, sogenannte «Geschäftseinheiten» innerhalb der Unternehmung zu bilden, die sich je einzeln mit bestimmten

Produkten und Märkten befassen und sich jeweils relativ autonom ihren spezifischen Zielen und Rahmenbedingungen entsprechend verhalten können. Es geht also um das altbekannte Prinzip der Dezentralisierung. Das bedeutet aber, dass nicht nur auf einem Organisationsplan solche Subsysteme unterschieden werden, sondern dass diese auch mit der entsprechenden Lenkungsfähigkeit ausgestattet werden, um selbständig handeln zu können. Im Prinzip müssen solche Einheiten mit derselben Lenkungskapazität ausgestattet werden, wie das Gesamtsystem Unternehmung es auf umfassender Ebene ist.

Es entspricht allgemeiner Erfahrung, dass viele Probleme in kleinen überschaubaren Einheiten viel rascher und besser gelöst werden können, als wenn sie als Problem des ganzen komplizierten Systems aufgefasst werden. Diese Stärke des Kleinen können wir auch in einem grossen System dadurch ausnutzen, dass wir dieses bewusst in möglichst autonom handlungsfähige Teilsysteme aufgliedern. Die Analyse der Problemsituation kann ergeben, dass die bestehende Struktur zu wenig differenziert ist und von dieser Möglichkeit, relativ autonome Subsysteme zu schaffen, zu wenig Gebrauch gemacht wurde. In diesem Falle müssen nicht nur unmittelbare Lenkungsmassnahmen geplant, sondern es muss gestaltend in die Struktur des Systems eingegriffen werden.

Regel 7:
Erhöhe mit jeder Problemlösung die Lern- und Entwicklungsfähigkeiten des Systems

In sehr vielen Fällen wäre es eine Illusion zu glauben, dass ein Problem endgültig durch einen einmaligen Anlauf gelöst werden könne. Es liegt im Wesen dynamischer Systeme in einer dynamischen Umwelt begründet, dass immer wieder «Störungen» entstehen, die das System von dem von uns gewollten Weg abbringen. Viele dieser zukünftigen Veränderungen können wir heute nicht voraussehen, und es wäre verheerend, wenn das System so sehr auf die heute zweckmässig scheinende Problemlösung fixiert wäre, dass es stur daran festhält, wenn sich die Situation wesentlich geändert hat. Unsere Massnahmen sollten also auch darauf gerichtet sein, die Lernfähigkeit des Systems zu verbessern, so dass es sich in Zukunft auch selbst diesen Veränderungen anpassen, ja auch selbst solche produzieren kann. Auf diesen Aspekt werden wir im letzten Schritt der Problemlösungsmethodik noch ausführlicher zu sprechen kommen.

Zusammenfassung

Da es in diesem Schritt um die Planung des konkreten Handelns geht, spielen hier die spezifischen Besonderheiten der Problemsituation eine zentrale Rolle. Für bestimmte Problemtypen bestehen zahlreiche methodische Hilfsmittel, die auf solche Besonderheiten zugeschnitten sind. Namentlich gibt es in der umfangreichen Literatur über strategische Unternehmungsführung zahlreiche Hinweise auf praktische Vorgehensweisen in bestimmten Situationen, z. B. für die Durchführung von Umwelt- und Unternehmungsanalysen, die Analyse der Konkurrenz, die «Positionierung» der eigenen Leistungen im Markt usw. Auf diese vielfältigen, aber nicht allgemein anwendbaren Techniken der Entscheidungsfindung in bestimmten Situationen konnte hier nicht eingegangen werden. Das hier geschilderte allgemeine Vorgehen im Sinne einer übergeordneten Heuristik lässt sich wie folgt zusammenfassen:

1. Alternative Strategien suchen

Frage:	Welche grundsätzlichen Handlungsalternativen bestehen zur Lösung des Problems?
Vorgehen:	Unvoreingenommen nach neuen Ideen suchen, Kreativitätsmethoden anwenden
	Wissenslücken gezielt schliessen

2. Ausgewählte Strategien beurteilen

Fragen:	Stehen Mittel und Zeit zur Realisierung zur Verfügung?
	Entsprechen die Strategien den Rahmenbedingungen gemäss den Szenarien? Benötigen wir eine Krisenstrategie?
	Lassen sich mehrere Strategien miteinander kombinieren?
Vorgehen:	Mittel- und Zeitbedarf für die Realisierung der ausgewählten Strategien abklären
	Umwelt-Einflussmatrix erstellen und die Strategien im Lichte der Szenarien beurteilen
	Nach Kombinationsmöglichkeiten verschiedener Strategien suchen

3. Zu realisierende Strategie bestimmen

Frage: Welche Strategie wollen wir verwirklichen?

Vorgehen: Trotz verbleibender Ungewissheit einen strategischen Entschluss fassen

4. Strategie in Projekte und Massnahmen umsetzen

Fragen: Wie können wir die beschlossene Strategie in Projekte aufgliedern?

Welche Massnahmen sind zur Realisierung der Projekte notwendig?

Welcher zeitliche Verlauf von Projekten und Massnahmen ist vorzusehen? Welche Prioritäten sind zu setzen?

Sind die geplanten Massnahmen systemgerecht?

Vorgehen: Beschlossene Strategie in Aktionsfelder und abgrenzbare Projekte umsetzen

Projekte in konkrete Massnahmen aufgliedern

Ablaufpläne für Projekte und Massnahmen erstellen, Prioritäten setzen

Massnahmen anhand der «Systemregeln» überprüfen

Ausgewählte Literatur zum Planen von Strategien und Massnahmen

Ackoff, R. L., Creating the corporate future, Wiley, New York 1981

Geschka, H. / Hammer, R., Die Szenario-Technik in der strategischen Unternehmungsplanung, in: D. Hahn, B. Taylor (Hrsg.), Strategische Unternehmungsplanung, 4. Aufl., Physica, Heidelberg 1986

Malik, F., Strategie des Managements komplexer Systeme, Haupt, Bern 1984

Porter, M., Wettbewerbsstrategie, Ex Libris, Zürich 1987

Probst, G., Kybernetische Gesetzeshypothesen als Basis für Gestaltungs- und Lenkungsregeln im Management, Haupt, Bern 1981

Ulrich, H., Unternehmungspolitik, Haupt, Bern 1978, Neuauflage 1988

Vester, F., Neuland des Denkens, Piper, München 1980

Der sechste Schritt: Verwirklichen der Problemlösung

Die Aufgabe

Auf die Planung von Strategien und Massnahmen muss nun der *Handlungsvollzug* folgen, d. h. das zielgerichtete Eingreifen in die Wirklichkeit. Erfahrungsgemäss treten dabei zahlreiche Schwierigkeiten auf, die zu überwinden sind. Je komplexer die Problemsituation ist und je grösser die Veränderungen sind, die wir zur Problemlösung vornehmen müssen, um so grösser und vielfältiger sind diese Schwierigkeiten im konkreten Massnahmenvollzug. Zum Teil mag es sich um die Folgen von Fehlüberlegungen handeln, die wir beim Planen begangen haben, aber es ist vor dem Glauben zu warnen, durch eine noch feinere und detailliertere Planung zum voraus könnte man mit Sicherheit einen reibungslosen Ablauf gewährleisten. Zum grossen Teil handelt es sich um Probleme, die in ihrer konkreten Ausprägung gar nicht voraussehbar sind, so dass sie auch nicht gewissermassen «auf Vorrat» gedanklich gelöst werden können. Dies ist insbesondere der Fall, wenn sich der Massnahmenvollzug über eine längere Zeit erstreckt, so dass im Zeitablauf zahllose Ereignisse eintreten können, die nicht voraussehbar sind und die zusätzliche Massnahmen erfordern, die zu gegebener Zeit zu planen sind.

In Unternehmungen und andern sozialen Systemen geht es meist darum, geplante Projekte und Massnahmen in eine Vielzahl von unterschiedlichen Handlungen vieler Mitarbeiter umzusetzen; die Lösung des Problems setzt also ein arbeitsteiliges Zusammenwirken zahlreicher Menschen voraus. Zweifellos spielt dabei das Verständnis und die Motivation der betreffenden Mitarbeiter eine hervorragende Rolle; trotzdem muss der Massnahmenvollzug logisch strukturiert oder *organisiert* werden. Eine wesentliche Schwierigkeit ergibt sich dabei aus dem Tatbestand, dass die auf die Problemlösung gerichteten Handlungsvollzüge nicht einfach bestehende Prozesse ersetzen; das Geschäft muss ja weitergehen. Es entsteht also eine Konfliktsituation zwischen der Notwendigkeit, laufende Aufgaben «wie bisher» zu erfüllen, und der Forderung, eine neue Aufgabe – die Mitwirkung an der Problemlösung – zu übernehmen. Die bestehenden Organisationsstrukturen sind in erster Linie auf die Erfüllung bisheriger Aufgaben ausgerichtet, öfters aber nicht geeignet, um neue Projekte rationell und rasch zu verwirklichen. Die sogenannte *«Projektorganisation»* beruht auf dem Gedanken, für solche Vorhaben eine spezielle, auf die dafür notwendigen Massnahmenvollzüge ausgerichtete

Struktur zu schaffen. Diese Bereitstellung zusätzlicher, problemgerichteter Strukturen hat sich als ausserordentlich erfolgreich erwiesen, kann aber nicht verhindern, dass durch die Doppelbelastung von Mitarbeitern mit zwei verschiedenartigen Aufgaben oft Engpasssituationen entstehen.

Der mehrfach erwähnte, oft erhebliche *Bedarf an zusätzlichen Mitteln* kann nicht nur bewirken, dass der Problemlösungsprozess behindert oder verzögert wird, sondern auch, dass das laufende Geschäft oder die ganze Institution in finanzielle Schwierigkeiten gerät. Es ist daher unbedingt notwendig, diese Auswirkungen der Problemlösungsmassnahmen auf das ganze System unter Kontrolle zu halten, was bedeutet, dass sie in das *umfassende Planungssystem* einbezogen werden müssen. Das heisst, dass die materiellen und finanziellen Konsequenzen des Vorhabens in die Periodenpläne, Investitionsbudgets usw. des Unternehmens integriert werden müssen.

Welche konkreten Schwierigkeiten im Handlungsablauf entstehen können und wie ihnen zu begegnen ist, hängt von vielen konkreten Faktoren ab und kann nicht generell gesagt werden. Aus systemischer Sicht ergeben sich jedoch einige allgemeine Überlegungen, die nicht die Bewältigung konkreter auftretender Schwierigkeiten betreffen, sondern eher die «Philosophie», mit der man an diesen vielfältigen Prozess der Realisierung einer Problemlösung herangehen sollte.

Ausgangspunkt bildet die Erkenntnis, dass sich die Problemsituation in Zukunft weiterhin verändern wird und dass wir die meisten zukünftigen «Ereignisse» konkret nicht voraussehen können. Die geplanten Massnahmen werden daher mit grosser Wahrscheinlichkeit immer wieder veränderten Umständen angepasst werden müssen. Wie wir wissen, können wir jedoch ein komplexes System mit Steuerung «von oben» allein kaum unter Kontrolle halten. Wir wissen aber auch, dass ein lebensfähiges System auch die Fähigkeiten zur Selbstlenkung und Selbstorganisation aufweist, insbesondere wenn es sich um ein aus Menschen bestehendes soziales System handelt – Menschen, die selbst denken, selbst entscheiden und sich selbst veränderten Zuständen anpassen können. Es geht also darum, den Massnahmenvollzug nicht von der Konzeption des Steuerns aus zu gestalten, sondern so zu konzipieren, dass sich das System im vorgegebenen Rahmen selbständig lenkt, so dass zahllose Schwierigkeiten ohne Eingreifen von oben ausreguliert werden können. Dies ist nicht nur zur Entlastung der oberen Entscheidungsorgane notwendig, sondern hat den überaus grossen Vorteil, dass das System lernt, mit Schwierigkeiten umzugehen und diese in Zukunft möglichst zu vermeiden. Wir können also die einzuleitenden Realisierungsprozesse gleichzeitig als *Lernprozesse* auffassen, welche die Fähigkeit des Systems zur selbständigen Behebung von Störungen und zur Anpassung an Veränderungen verbessern. Ein wesentliches Ziel ist erreicht, wenn die Problemlösung realisiert werden kann, ohne dass obere Entscheidungsorgane laufend eingreifen müssen, um akute Schwierigkeiten zu beseitigen. Ein noch erfolgreicherer Lernprozess hat stattgefunden, wenn das Problem endgültig von der Traktandenliste gestrichen werden kann, weil das System fähig ist, das Eintreten einer solchen Problemsituation in Zukunft zu vermeiden.

Da die beteiligten Menschen die Träger dieser Lernprozesse sind, kommt ihrer Bereitschaft und Fähigkeit zum Lernen entscheidende Bedeutung zu. Wie man weiss wird die Bereitschaft, selbst zu lernen und an der qualitativen Weiterentwicklung der Institution aktiv mitzuwirken, durch zahlreiche Faktoren beeinflusst, und es gibt demzufolge auch zahlreiche Ansatzpunkte zu ihrer Förderung.

Das vielfach geforderte «psychologisch richtige Vorgehen» des Chefs im Umgang mit seinen Mitarbeitern stellt nur einen Ausschnitt aus einem solchen Massnahmenkatalog dar. Wesentlich ist, dass in der ganzen Institution ein «Klima» oder eine «*Kultur*» besteht, die individuelles und institutionelles Lernen fördert und zu einem tragenden Merkmal der Institution werden lässt. War die bestehende Unternehmungskultur bisher darauf gerichtet, die Mitarbeiter zu «Disziplin und Ordnung» anzuhalten, keine dummen Fragen zu stellen und vorbestimmte Aufgaben exakt zu vollziehen, so entstehen beim Realisieren innovativer Problemlösungen mit Sicherheit «psychologische Schwierigkeiten» ganz erheblichen Ausmasses. In systemischer Sicht ist es das die Unternehmungskultur ausmachende System von Werten und Verhaltensnormen, das es gar nicht zulässt, dass sich die Mitarbeiter so verhalten, wie es der Problemlösungsprozess erfordern würde. Es ist also ein Aufbrechen und Verändern dieser oft unbewusst befolgten Regeln notwendig, was Zeit und Geduld erfordert.

Ungünstige Voraussetzungen liegen auch vor, wenn gemäss bestehender Führungsphilosophie das Planen und Entscheiden als alleinige Aufgabe des Chefs aufgefasst und den Mitarbeitern lediglich ausführende Handlungen zugeordnet werden. Es ist klar, dass innovative Vorhaben kaum gelingen können, wenn die meisten Beteiligten die vielen Überlegungen, die schliesslich zu einem bestimmten Entscheid geführt haben, überhaupt nicht kennen und lediglich mit einem Schlussresultat konfrontiert werden. Auch aus diesem Grunde ist es so wichtig, dass der gedankliche Problemlösungsprozess, wie wir ihn in den bisherigen fünf Schritten geschildert haben, nicht von einzelnen monopolisiert wird, sondern dass möglichst viele, später an der Realisierung beteiligte Mitarbeiter in diese Vorgänge aktiv einbezogen werden.

Es geht also in dieser Realisierungsphase um wesentlich mehr als nur um ein tatkräftiges Befehlen und Machen. Betrachten wir die Problemsituation nicht isoliert, sondern als aktuellen Ausschnitt aus einem sich ständig verändernden und immer wieder neue Probleme generierenden sozialen System, so müssen wir auch eine erfolgreiche Problemlösung als einen vorläufigen und vorübergehenden Erfolg auffassen. Es wird dann zum übergeordneten langfristigen Ziel, das System so zu gestalten und zu lenken, dass es in der Lage ist, Situationen zu problematisieren und aus beim Problemlösen gemachten Erfahrungen zu lernen, Probleme zu vermeiden und mit unvorhersehbaren Schwierigkeiten fertig zu werden.

Das Vorgehen

1) *Kontrollinformationssystem schaffen und in Gang setzen*

Bevor wir handeln, sollten wir dafür sorgen, dass wir in Zukunft die Situation gedanklich unter Kontrolle halten können, um sowohl die Wirkungen unserer Massnahmen wie auch die sonstigen Änderungen der Situation erfassen und beurteilen zu können. Im Zuge unserer Analysen der Problemsituation haben wir im vierten Schritt bereits *Indikatoren* festgelegt, d. h. Elemente, deren Veränderung eine für uns relevante Veränderung der Situation anzeigen. Diese Indikatorenliste müssen wir nun nochmals im Lichte der inzwischen erfolgten Planung und Entscheidung überprüfen, die Messgrössen für die einzelnen Indikatoren festlegen und sie miteinander zu einem *Kontrollinformationssystem* verknüpfen, das die erfassten Werte den mit der Problemlösung beauftragten Stellen zuleitet. Wie früher erwähnt streben wir mit einem solchen System eine möglichst frühzeitige Warnung über sich anbahnende Änderungen an, um rechtzeitig entsprechende Massnahmen zur Anpassung an die neue Situation einleiten zu können. In diesem Sinn kann man auch von einem zu schaffenden *Frühwarnsystem* sprechen.

Unternehmungen und andere auf Dauer angelegte soziale Systeme verfügen – zumindest in Form des Rechnungswesens – über ein mehr oder weniger ausgebautes derartiges Kontrollinstrument. In diesem Fall geht es darum, das bestehende Kontrollinformationssystem daraufhin zu überprüfen, ob es die festgelegten Indikatoren tatsächlich erfasst und den im Zusammenhang mit den Projekten und Massnahmen zur Problemlösung «richtigen» Stellen übermittelt. Gegebenenfalls sind also Ergänzungen am bestehenden «Controlling» vorzunehmen oder allenfalls für die Dauer der Arbeit an der Problemlösung ein zusätzliches, spezifisches Informationssystem zu etablieren.

2) *Mechanismen zur Selbstlenkung entwerfen und einführen*

Wie wir wissen beruht die Fähigkeit komplexer Systeme, bestimmte Vorzugszustände anzustreben und zu erreichen, vor allem auf der Existenz von positiven und negativen Regelkreisen, die zu sich verstärkenden oder sich stabilisierenden Prozessverläufen führen. In unseren Analysen der Problemsituation haben wir unsern Blick immer wieder auf solche «Mechanismen» der Selbstlenkung gerichtet. Es ist aber durchaus möglich, dass die «Vorzugszustände», welche durch bestehende Regelkreise erreicht werden, keineswegs mit unseren Zielsetzungen übereinstimmen. In diesem Fall wird es sehr schwer sein, unsere Ziele und Massnahmen gegenüber dem «Eigenverhalten» des Systems durchzusetzen. Andererseits stellen Regelkreise, die im Sinne unserer Zielsetzungen wirken, eine ganz erhebliche Unterstützung der Lenkungsmassnahmen von Chefs und Mitarbeitern dar, indem sie ständige Korrekturmassnahmen überflüssig machen.

Es handelt sich also darum, das Modell der Problemsituation im Hinblick auf die beabsichtigten Massnahmen auf Regelkreise zu überprüfen, ungünstig wirkende möglichst auszuschalten und wenn möglich neue zu schaffen, die im Hinblick auf die Problemlösung entweder stabilisierend oder verstärkend wirken. Je nach Beurteilung der Situation kann also gestaltend in die Systemstruktur eingegriffen werden, bevor oder auch während Lenkungsmassnahmen in Gang gesetzt werden.

3) *Lernprozesse gestalten und in Gang setzen*

Problemlösungsprozesse stellen eine hervorragende Gelegenheit zur Weiterentwicklung der Institution im früher dargelegten Sinn einer qualitativen Verbesserung ihres Verhaltens dar. Insbesondere kann damit die Fähigkeit, Probleme zu lösen, ganz allgemein verbessert werden. Für zweckorientierte soziale Systeme wie Unternehmungen, die ständig mit neuen Anforderungen der Umwelt, mit besseren Leistungen der Konkurrenz usw. konfrontiert sind, ist ein kontinuierliches qualitatives Lernen ein zwingendes Gebot zur Aufrechterhaltung ihrer Existenz.

Der einzuleitende Problemlösungsprozess sollte also bewusst als Lernprozess gestaltet und auf die Verbesserung der Problemlösungsfähigkeit der Institution schlechthin ausgerichtet werden. Es geht vor allem darum, ein problemorientiertes, auf die Erreichung bestimmter Ziele ausgerichtetes Zusammenwirken aller Beteiligten zu etablieren, zu sichern und ständig zu unterstützen. Wie erwähnt kann es notwendig sein, die unmittelbar auf die Problemlösung gerichteten Projekte durch ein allgemeineres zu begleiten, das etwa als «Förderung einer innovativen Unternehmungskultur» umschrieben werden kann. Die Schaffung kleiner Projektteams mit klaren Zielsetzungen und möglichst ohne ausgebaute hierarchische Struktur kann nicht nur die Verwirklichung der Problemlösung im aktuellen Fall, sondern das gemeinsame Lernen, wie man erfolgreich Probleme löst, ganz generell wesentlich stützen.

Zusammenfassung

Der sechste Schritt der Problemlösungsmethodik ist auf die Verwirklichung aller zur Problemlösung geplanten Handlungen gerichtet. Das geschilderte Vorgehen kann kurz wie folgt zusammengefasst werden:

1. Kontrollinformationssystem schaffen und in Gang setzen

Frage:	Wie können wir zukünftige Entwicklungen informationell unter Kontrolle halten?
Vorgehen:	Indikatoren gemäss erstellter Liste überprüfen und bereinigen
	Bestehende Kontrollsysteme überprüfen und allenfalls anpassen, allenfalls spezielles problemspezifisches Informationssystem schaffen
	Kontrollinformationsprozesse in Gang setzen

2. Mechanismen zur Selbstlenkung entwerfen und einführen

Frage:	Was können wir vorkehren, damit die geplanten Problemlösungsprozesse möglichst selbsttätig ablaufen und sich Störungen ausregulieren?
Vorgehen:	Bestehende Regelkreise im Netzwerk der Problemsituation im Hinblick auf die geplanten Massnahmen überprüfen, allenfalls bestehende Wirkungsbeziehungen unterbrechen oder neue herstellen
	Regelkreise zur Ausregulierung von Störungen entwerfen und gestalten

3. Lernprozesse gestalten und in Gang setzen

Fragen:	Was können wir vorkehren, damit die Problemlösung kontinuierlich verbessert wird?
	Wie können wir die Problemlösungsfähigkeit der ganzen Institution fördern?

Fragen	Vorgehensweisen
1. *Bestimmen der Ziele und Modellieren der Problemsituation*	
Was sind unsere Ziele?	Zielvorstellungen prüfen und konkretisieren
Welches sind die problemrelevanten Faktoren?	Problemrelevante Elemente der Situation bestimmen
Wie sind die Faktoren miteinander verknüpft?	Netzwerk erstellen
2. *Analysieren der Wirkungsverläufe*	
Wie wirken die Faktoren aufeinander ein?	Wirkungsverläufe im Netzwerk untersuchen
3. *Erfassen und Interpretieren der zukünftigen Veränderungsmöglichkeiten der Situation*	
Welche zukünftigen Veränderungen in den Rahmenbedingungen sind zu erwarten?	Szenarien über mögliche Veränderungen der Rahmenbedingungen erstellen
Welche Veränderungen der Problem-situationen können sich daraus ergeben?	Zukünftige Veränderungsmöglichkeiten der Situation bei unterschiedlichen Rahmenbedingungen erfassen und interpretieren
4. *Abklären der Lenkungsmöglichkeiten*	
Auf welcher Kompetenzebene kann/soll das Problem gelöst werden?	Verschiedene Lenkungsebenen definieren
Welche Eingriffe in die Situation sind möglich?	Lenkbare und nicht lenkbare Faktoren unterscheiden
Welche Faktoren zeigen uns rechtzeitig problemrelevante Änderungen der Situation an?	Indikatoren zur Überwachung der Problemsituation festlegen
Welche Wirkungen gehen von Lenkungs-eingriffen aus?	Wirkungen möglicher Lenkungsmass-nahmen untersuchen

Fragen	Vorgehensweisen
5. *Planen von Strategien und Massnahmen*	
Welche grundsätzlichen Handlungsalternativen bestehen, und was sind ihre Wirkungen?	Alternative Strategien suchen und beurteilen
Welche Strategie wollen wir verwirklichen?	Zu verwirklichende Strategie bestimmen
Wie können die gewählten Strategien in konkretes Handeln umgesetzt werden?	Projekte und Massnahmen bestimmen
6. *Verwirklichen der Problemlösung*	
Wie können wir zukünftige Entwicklungen informationell unter Kontrolle halten?	Kontrollinformationssystem schaffen und in Gang setzen
Was können wir vorkehren, damit sich Störungen ausregulieren?	Mechanismen zur Selbstlenkung entwerfen und einführen
Was können wir vorkehren, damit die Problemlösung kontinuierlich verbessert wird?	Lernprozesse gestalten und in Gang setzen

Abb. 90: Zusammenfassung der 6 Schritte des Problemlösungsprozesses

zu «vergessen». Es kommt daher leicht zu einem ungleichgewichtigen Denken: Dort, wo unser Wissen ohnehin schon erheblich ist, wo wir mit bekannten Erhebungsmethoden, Rechenverfahren usw. vorgehen können, vertiefen wir uns in die Analyse und produzieren erhebliche Mengen von Detailinformationen, vernachlässigen aber andererseits gerade diejenigen Fragen, mit denen wir uns wenig befasst haben und wir unter Informationsmangel leiden. Die lange Liste von Fragen soll ein solches Ungleichgewicht durch das Vernachlässigen unbequemer Fragen verhindern helfen. Aus praktischen Gründen kann man das vorläufige Überspringen von Fragen oftmals nicht vermeiden; die explizit formulierten Fragen sollten also auch als Checklisten dienen, die man verwenden kann, umd die Vollständigkeit der angestellten Überlegungen zu prüfen.

Entsprechend der Betonung von Fragestellungen haben wir in Abbildung 91 die sechs Schritte nicht mit den bisher verwendeten ausführlicheren Bezeichnungen versehen, sondern mit einfachen Fragen, die wenigstens andeutungsweise die Richtung jedes Schrittes angeben. In den äusseren Kreisen deuten wir an, welcher

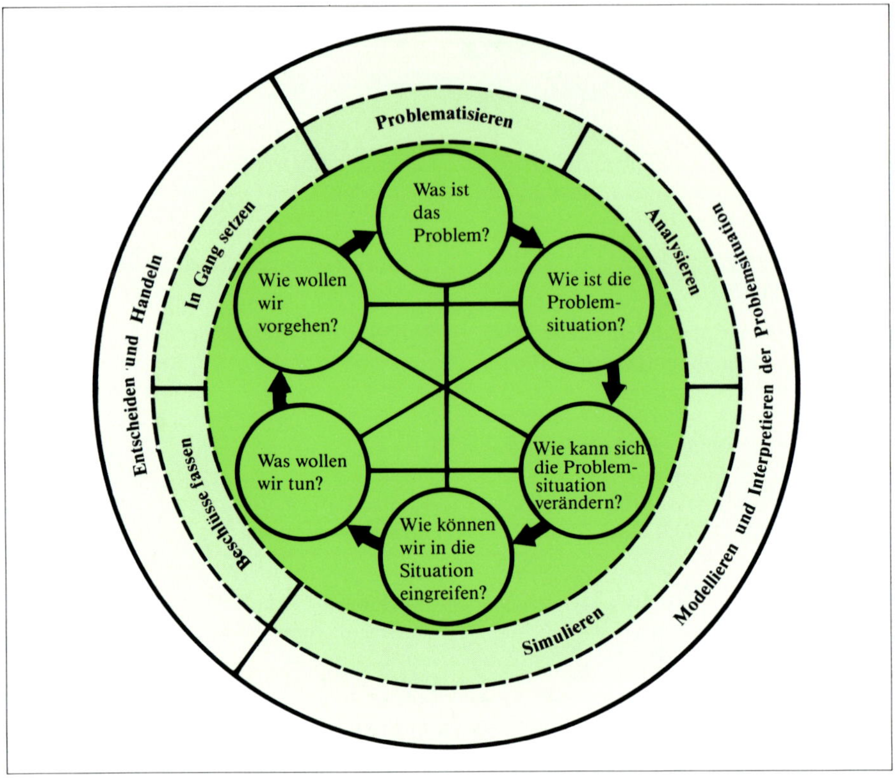

Abb. 91: Problemlösungsprozess im Überblick

Art die Aktivitäten sind, die insgesamt in diesem Prozess zu vollziehen sind. Wir bezeichnen sie als *Problematisieren, Analysieren, Simulieren, Beschlüsse fassen* und *Vollzüge in Gang setzen.*

Problematisieren (Schritt 1) bedeutet, dass wir das zu lösende Problem bestimmen, indem wir eine gegebene oder zu erwartende Situation nicht unkritisch akzeptieren, sondern sie mit unseren Zielsetzungen konfrontieren. Um zu einer klaren – wenn vielleicht auch nur vorläufigen – Problemstellung zu kommen, ist eine Klärung unserer Zielsetzungen und eine erste, wirklichkeitsentsprechende Modellierung der Situation, auf die sich die befürchtete Diskrepanz von Wunsch und Wirklichkeit bezieht, erforderlich.

Analysieren (Schritt 2) bedeutet, die Problemsituation näher zu untersuchen, und zwar – da es sich um eine dynamische Situation handelt – zu erfassen, wie die einzelnen Faktoren aufeinander einwirken.

Simulieren (Schritt 3 und 4) bedeutet, zukünftige Veränderungen der Situation unter bestimmten Annahmen gedanklich durchzuspielen, und zwar in zweifacher Beziehung: einmal unter der Annahme, dass sich bestimmte Faktoren ohne unser Zutun verändern werden, dann unter der Annahme, dass wir als Problemlöser in bestimmter Weise in die Situation eingreifen.

Beschlüsse fassen (Schritt 5) bedeutet, dass wir aufgrund der durchgeführten Analysen und Simulationen nun entscheiden, welche Strategien und Massnahmen wir in die Tat umsetzen wollen.

In Gang setzen (Schritt 6) bedeutet, die Strategien und Massnahmen in die Tat umzusetzen, indem wir entsprechende konkrete Handlungsvollzüge einleiten und überwachen.

Gesamthaft betrachtet sehen wir, dass vier von den sechs Schritten auf das *Modellieren und Interpretieren der Problemsituation* gerichtet sind, während das Entscheiden und Handeln lediglich die Konsequenz aus diesen umfangreichen Analysen und Simulationen zu sein scheint. Diese starke Gewichtung der Analyse und Interpretation der Problemsituation und ihre relativ ausführliche Darstellung in den vorstehenden Abschnitten mag beim eiligen Leser die Vorstellung hervorrufen, hier seien einmal mehr wissenschaftliche Analytiker am Werk gewesen, die überaus lange brauchten, um die Vorstufen des «eigentlichen» Problemlösens, des sich Entscheidens und des tatkräftigen Verwirklichens, zurückzulegen.

Dass wir der Entscheidungs*vorbereitung* grosses Gewicht beimessen, ist jedoch wohlüberlegt und beruht auf Erfahrungen, die auch durch die Ergebnisse wissenschaftlicher Untersuchungen gestützt werden (vgl. Dörner u. a., Literaturverzeichnis). Immer wieder muss nämlich festgestellt werden, dass die Ursachen unbefriedigender Problemlösungen vor allem in Fehlern begründet sind, die in den ersten Phasen der gedanklichen Auseinandersetzung mit unbefriedigenden Situationen begangen werden. Oft wird das Problem als gegeben angenommen, indem man offensichtliche Indizien für einen unbefriedigenden Zustand als Problemstellung auffasst und nicht weiter zur Diskussion stellt. Häufig begnügt man sich auch mit bisherigen oder unklaren Zielvorstellungen und erfasst eine bestimmte Situation ausschliesslich aus einer bestimmten, gewohnten Perspektive. Dahinter steht oft auch der tatsächliche oder auch nur vermeintliche Zeitdruck, aber auch die Ungeduld, endlich konkret werden und zu Taten schreiten zu können, was dem Selbstbild vieler Führungskräfte eher entspricht. Diese Ungeduld führt in der Regel zu einer raschen und zu wenig überlegten Reduktion der Problemsicht auf wenige Faktoren, die man insbesondere dann gedanklich leicht manipulieren kann, wenn man sich mit einfachen, aber der Realität komplexer Situationen nicht entsprechenden Vorstellungen über lineare Kausalbeziehungen zwischen ihnen begnügt. Die Experimente von Dörner und Reither zeigen sehr deutlich, dass diese Reduktion auf das Einfache und scheinbar Plausible später kaum mehr rückgängig gemacht werden kann, selbst wenn sich offensichtlich zeigt, dass die daraus abgeleiteten Massnahmen nur zu Misserfolgen führen. Drohende Misserfolge und der nun oft tatsächlich bestehende Zeitdruck verführen dann in der Planungs- und Realisierungsphase zum Rückfall in ein punktuelles Ursache- und Wirkungsdenken, indem man schon fast verzweifelt nach *dem* alles rettenden Eingriff sucht, zur Politik des «Mehr vom Gleichen» und zum sukzessiven Verlust der Handlungsfreiheit und zum blossen Reagieren auf bereits eingetretene Störungen. Experimente zeigen auch, dass ein Übergehen zu diktatorischem Verhalten, zur Forderung an andere, grosse Opfer zu bringen, um die vermeintlich einzig noch offen bleibende Lösung zu erzwingen, die Folge sein können – entsprechend dem Tagesbericht eines amerikanischen Offiziers im Vietnamkrieg: «Um das Dorf zu retten, mussten wir es zerstören.»

Eine weitere Ursache von mangelhaften Problemlösungen ist ein zu statisches Denken und allgemein ein ungenügendes Berücksichtigen des *Zeitfaktors.* Immer wieder ertappen wir uns dabei, dass wir die Veränderungsmöglichkeiten bestehender Situationen im Zeitablauf falsch einschätzen, die Wirkungen exponentiell verlaufender Wachstumskurven unterschätzen und Zeitverzögerungen im Ablauf nicht rechtzeitig erfassen.

In *Abbildung 92 sind einige der am häufigsten zu beobachtenden «Denkfehler»* beim Problemlösen stichwortartig zusammengefasst. Sie zu vermeiden fällt erfahrungsgemäss nicht leicht, und niemand kann für sich in Anspruch nehmen, auch in komplexen dynamischen Situationen ein perfekter Problemlöser zu sein.

Abschliessend sei nochmals hervorgehoben, dass die hier ausführlich beschriebene Problemlösungsmethodik ein *Denken in Netzwerken* voraussetzt und beinhaltet, also auf der Grundannahme beruht, dass es sich bei der Problemsituation um ein vernetztes System handelt. Wird diese Annahme nicht ernst genommen und nicht bereits im ersten Schritt versucht, die Situation als ein Netzwerk von Faktoren zu erfassen, kann dies später kaum mehr nachgeholt werden. Erfahrungsgemäss verführt das lineare Auflisten von Einflussfaktoren meist dazu, dass man in das gewohnte isolierende Vorgehen verfällt und die ermittelten Faktoren einzeln und ohne Kenntnis der in Wirklichkeit bestehenden vielfältigen Verknüpfungen weiter analysiert. Da uns das Denken in Netzwerken wenig geläufig ist und viele Berufsleute von Anfang an lieber «rechnen» als «zeichnen» würden, entstehen bei diesem Vorgehen gleich am Anfang des Problemlösungsprozesses erhebliche Schwierigkeiten, die bei herkömmlicheren Methoden unterdrückt werden oder erst später auftauchen. Das entstehende Unbehagen ist nicht auf besonders hohe logische oder technische Anforderungen zurückzuführen, sondern auf das Unge-

Ungenügende Problematisierung

Unkritische Übernahme von Werten und Zielen

Unkritische Wahrnehmung der Situation

Unrealistisches Modellieren und Interpretieren der Problemsituation

Statisches Denken

Zu enge Abgrenzung der Situation

Nichterfassen von Wechselwirkungen und Regelkreisen

Nichtberücksichtigung von «Nebenwirkungen»

Reduktives Planen und Entscheiden

Mangelndes kreatives Suchen nach Neuem

Rückfall in punktuelles Ursache-Wirkungs-Denken

Vernachlässigung von Zeitverzögerungen

Unzweckmässiges In Gang setzen und Verwirklichen

«Machen» statt «Entwickeln»

Fehlendes Frühwarnsystem

Reaktives Handeln bei «Störungen»

Abb. 92: Denkfehler im Ablauf des Problemlösungsprozesses

wohnte, das so vielen angelernten Normen eines klaren Denkens zu widersprechen scheint. Das Denken in Netzwerken braucht deshalb Übung und kann nicht durch einmalige Lektüre eines Buches gelernt werden, aber es ist andererseits auch nicht einfach eine Technik, die man sich durch blosses Befolgen eines vorgegebenen Programms aneignen kann. Es stellt, kurz gesagt, den Versuch dar, mit der Dynamik und Komplexität schwieriger Problemsituationen vernünftig umgehen zu lernen, und es kann uns keine Garantie geben, zur besten Problemlösung zu gelangen – aber es erhöht beträchtlich unsere Chance, vernünftig und erfolgreich zu handeln.

Teil IV

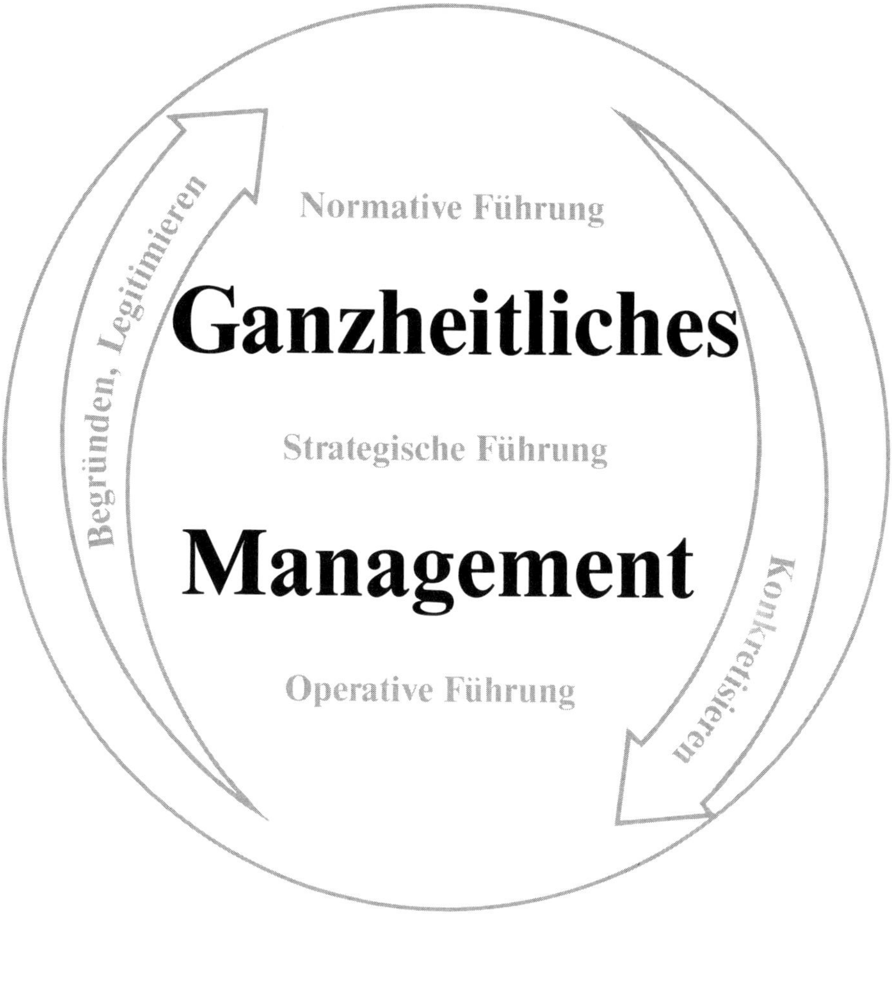
Begründen, Legitimieren
Normative Führung
Ganzheitliches
Strategische Führung
Management
Operative Führung
Konkretisieren

1. Was bedeutet Management?

Im dritten Teil dieses Buches sind wir davon ausgegangen, dass jeder Mensch ein Problemlöser ist, und wir haben festgestellt, dass insbesondere Führungskräfte in gesellschaftlichen Institutionen es dabei oft mit komplexen Situationen zu tun haben. Für das Umgehen mit solchen Problemsituationen haben wir eine Vorgehensweise oder Problemlösungsmethodik entwickelt. Den Ausgangspunkt bildete die Einsicht, dass es sich bei den Problemsituationen, die Führungskräfte zum Entscheiden und Handeln veranlassen, stets um Ausschnitte aus einem sozialen System handelt mit derselben grundlegenden Charakteristik, wie wir sie im zweiten Teil für soziale Systeme ganz allgemein dargestellt haben.

In diesem abschliessenden vierten Teil weiten wir unsere Sichtweise wieder aus von den einzelnen Problemsituationen zum ganzen sozialen System. Die Frage, um die es hier geht, ist: Was bedeutet Führen einer ganzen gesellschaftlichen Institution in ganzheitlicher Sicht? Wie kann man ein solches dynamisches und komplexes System erfolgreich auf die Erfüllung von Zwecken und die Erreichung von Zielen hin gestalten, lenken und weiterentwickeln?

Mit diesen Fragen befasst sich die Managementlehre oder – auf Unternehmungen als wirtschaftliche Institutionen beschränkt – die Unternehmungsführungslehre. Es handelt sich dabei um ein überaus umfangreiches und vielfältiges Wissensgebiet mit einer nicht mehr überblickbaren Literatur. Natürlich kann nicht davon die Rede sein, dass wir dieses kaum mehr unter einen Hut zu bringende und oft sehr konkrete und detaillierte Wissen über die verschiedensten Aspekte und Methoden der Unternehmungsführung hier darstellen könnten. Es geht uns vielmehr darum, ein Bild von Unternehmung und Unternehmungsführung zu entwerfen, das als gedankliche Grundlage für eine ganzheitliche Konzeption der Führung einer solchen Institution dienen kann.

Der Ausdruck «Management» wird oft missverstanden. Viele Leute stellen sich darunter eine Person – den Manager – vor, der als grosser «Macher» das Ziel verfolgt, «Geld zu machen» und der über fremdes Eigentum wie auch über andere Menschen verfügt, die er rücksichtslos für seine Zwecke einsetzt. Aber auch der deutsche Ausdruck «Führung» weckt oft einseitige Vorstellungen. Auch hier denkt man oft in Personen und macht sich ein Bild eines Führers, der über die Macht oder die Fähigkeiten verfügt, andere Menschen zu einem bestimmten Verhalten zu veranlassen. Unbewusst orientiert sich dieses Bild an den grossen Führergestalten der Geschichte, die als Heerführer, Staatengründer, Revolutionäre oder Pionierunternehmer – ganz allein, wie es scheint – die Welt verändert haben.

Ein solcher «personaler Ansatz» ist aber nicht geeignet, das Phänomen «Management» in unserer heutigen Gesellschaft zu erfassen. In der Tat leben wir heute in einer hochorganisierten Gesellschaft, die sich nicht nur aus Individuen, Familien und Stämmen zusammensetzt, sondern aus Tausenden von Organisationen oder Institutionen, die innerhalb der Gesellschaft bestimmte Funktionen erfüllen. Dazu gehören nicht nur privatwirtschaftlich orientierte Unternehmungen jeder Art und Grössenordnung, sondern auch Verbände, Schulen, Spitäler, Kirchgemeinden, staatliche Verwaltungen, Organisationen der Landesverteidigung und vieles andere mehr. Es sind dies also von Menschen geschaffene Institutionen, in denen Menschen zusammenwirken, um bestimmte Zwecke zu erfüllen. Selbst in einem kleinen Land wie der Schweiz gibt es Hunderttausende von solchen sozialen Systemen, und sie alle müssen, damit sie zweckgerichtet handeln können, geführt werden.

Management bedeutet also Führung zweckgerichteter sozialer Systeme, und diese Aufgabe kann, selbst in bezug auf eine kleine, nur wenige Personen umfassende Institution, nicht von einem einzigen Manager erfüllt werden. In der Tat teilen sich in jeder Institution mehrere Menschen – wir nennen sie *Führungskräfte* – in die Führungsaufgaben. Personell gesehen gibt es also in der modernen Gesellschaft, verteilt über Tausende von Institutionen, Hunderttausende von «Managern», und um zu verstehen, was Management bedeutet, ist die Frage, was die wenigen sogenannten «Top Manager» eigentlich tun, nicht von primärem Interesse, wohl aber die Frage, was es denn ist, was alle diese Tausende von Führungskräften insgesamt tun.

Wichtig ist, dass Management nicht etwas Isolierbares ist, sondern immer bezogen ist auf eine Institution, welche das Objekt der Führung darstellt. «Managen an sich» ohne ein solches Objekt wäre eine sinnlose Tätigkeit im luftleeren Raum. Es ist deshalb zwingend notwendig, zunächst das Wesen oder die Charakteristik der zu führenden Institution zu verstehen, denn nur daraus kann man Anforderungen an ihre Führungskräfte ableiten, die Arbeitsteilung und Zusammenarbeit unter den Führungskräften organisieren, Hilfsmittel für ihre Tätigkeiten entwerfen usw.

Bevor wir also auf die Aufgaben des Managements näher eingehen, wollen wir ein Bild der zu führenden Institutionen entwickeln aufgrund unserer ganzheitlichen Perspektive. Um nicht bei allzu abstrakten Formulierungen stehen bleiben zu müssen, konzentrieren wir uns dabei im wesentlichen auf *Unternehmungen* als eine wichtige Klasse gesellschaftlicher Institutionen.

2. Die Unternehmung in ganzheitlicher Sicht

Wir wollen hier nun versuchen, die Unternehmung nach den grundlegenden Eigenschaften und Verhaltensweisen zu charakterisieren, die sich in einer systemischen Perspektive ergeben und die wir aus den im Teil II behandelten «Bausteinen» ableiten können.

Ganzheitlichkeit (Baustein 1)

Eine Unternehmung ist ein dynamisches Ganzes oder ein System im früher umschriebenen Sinn. Sie besteht aus vielen und verschiedenartigen Elementen – Grundstücken, Gebäuden, Maschinen und Einrichtungenn aller Art, aber vor allem aus vielen Menschen, die unter sich sehr verschiedene Eigenschaften aufweisen können. Trotz dieser vielfältigen Zusammensetzung ist sie eine Ganzheit, die in ihrer Umwelt als handlungsfähige Einheit oder als «Subjekt» auftreten kann. So wird sie zum Beispiel von den Juristen als «juristische Person» bezeichnet, für die bestimmte Rechtsnormen gelten, und die Volkswirtschafter fassen sie als «Wirtschaftssubjekt» auf, das als solches relativ selbständig handelt. Obwohl eine Unternehmung offensichtlich nicht eine «natürliche Person», sondern aus vielen Menschen zusammengesetzt ist, wird ihr also bewusst die Handlungsfähigkeit eines «Subjektes» zugebilligt; die Mitarbeiter handeln für die Unternehmung in deren Namen und Auftrag. So ist es jedermann klar, dass der Verkäufer Meier, der mit einem Kunden verhandelt, dies nicht als Privatperson tut, sondern in Vertretung der Unternehmung, die er zur Lieferung eines Produktes verpflichtet. Sein Verhalten ist nur verständlich, wenn man ihn als Teil des umfassenderen Systems Unternehmung erfasst, für das er bestimmte Funktionen ausübt.

Obwohl die Unternehmung nur mittelbar durch ihre Teile handeln kann, gibt es ein Handeln der Unternehmung als ganze, das mehr ist als die Summe der einzelnen Handlungen ihrer Mitarbeiter.

Dies ist auf der wertmässigen Ebene besonders deutlich: Die Unternehmung setzt sich Ziele, die sie erreichen will, und diese Unternehmungsziele sind durchaus etwas anderes als die Summe der persönlichen Ziele der Mitarbeiter, die ihr angehören. Aber gerade hier werden die Wechselwirkungen zwischen den Teilen und

fassen. Wie wir aus den Beispielen im dritten Teil gesehen haben, spielen bei Problemsituationen, mit denen es Führungskräfte zu tun haben, viel abstraktere Sachverhalte als «Elemente» der Situation eine wichtige Rolle. Es geht um so abstrakte Dinge wie z. B. Eigenkapital, Gewinn, Aufwand, Sortimentsbreite, Marktstellung, Investitionsrisiko, Produktequalität, Unternehmungskultur usw., – alles Sachverhalte, die wir zwar zum Teil messen können, die aber nicht in materieller Gestalt sichtbar sind. Nur ein blutiger Laie stellt sich ja vor, dass das Eigenkapital des Unternehmens aus einem Haufen Banknoten bestehe, der im Tresor aufbewahrt wird.

Wie wir aus den früheren Beispielen gesehen haben, sind auch solche abstrakten Dinge durch ein oft kompliziertes Beziehungsgefüge miteinander verknüpft, so dass Veränderungen eines Faktors zwangsläufig auf andere Faktoren einwirken. Auch hier entstehen die auf der zirkulären Vernetzung beruhenden Phänomene der Wechselwirkung, Selbstregelung usw. Viele der einzelnen Wirkungsverläufe zwischen den Elementen bestehen zwingend und können nicht beseitigt werden, nicht weil sie einem «Naturgesetz» entsprechen, sondern weil sie die logische Konsequenz der Definition sind, nach denen wir diese Sachverhalte konstruiert haben. Dies trifft z. B. auf zahlreiche Beziehungen zwischen geldmässig definierten und gemessenen Grössen wie Umsatz, Gewinn, Kosten usw. zu. Hier geht es also nicht darum, das entsprechende Netzwerk zu schaffen, denn es besteht, ob wir das wollen oder nicht. Es geht vielmehr darum, es zu erkennen und keine Abhängigkeiten zu übersehen.

Im ausführenden Bereich der Unternehmung, in dem beispielsweise Ausgangsstoffe zu Produkten umgeformt werden, bestehen auch naturgesetzlich determinierte Ursache-Wirkungsbeziehungen, wie z. B. in chemischen und physikalischen Prozessen, die wir im Prinzip nicht ausser Kraft setzen können. Wohl aber können wir mit Hilfe naturwissenschaftlichen und technischen Wissens solche Prozesse in einer gewünschten Richtung beeinflussen oder mit neu konzipierten Verfahren dasselbe Ziel mit weniger unerwünschten «Nebeneffekten» erreichen. Dank der Fortschritte des Wissens besteht auf diesem technischen Gebiet eine sehr grosse und vielfältige Möglichkeit der Prozessgestaltung, trotzdem wir hier an naturgesetzliche Wirkungsbeziehungen gebunden sind.

Wesentlich schwieriger zu durchschauen sind Vernetzungen zwischen Elementen, wenn wir die Unternehmung in der werthaften, sinngebenden Dimension zu verstehen suchen. Hier geht es bei den Elementen um von Menschen gesetzte Werte und Normen, die bei der Festlegung von Unternehmungszielen, aber auch bei der Entscheidung über grundlegende Verhaltensnormen der Unternehmung oder von Unternehmungsangehörigen als Entscheidungskriterien eine zentrale Rolle spielen. Aufgrund der vielfältigen Anforderungen, die von der Gesellschaft an die Unternehmung und ihr Verhalten gestellt werden, aber auch infolge der Vielfalt von Wertvorstellungen, die jeder einzelne Mensch haben kann, kann ein einziger Wert als alleiniges Entscheidungskriterium der Vielfalt des Systems Unternehmung nicht angemessen sein; es handelt sich also immer um eine Gesamtheit von Werten und Normen. Man spricht deshalb auch von einem «Wertesystem» der Gesellschaft oder auch einer Unternehmung. Zahlreiche empirische Untersuchungen zeigen aber, dass weder die einzelnen Menschen noch die Gesellschaft als ganze über eindeutige und logische Wertesysteme verfügen, sondern dass oft gleichzeitig einander widersprechende Wertvorstellungen bestehen und ihre Beziehungen untereinander oft diffus sind. Überdies sind solche Wertsetzungen weniger stabil als früher, sondern verändern sich im Zuge des sogenannten «Wertewandels».

Obwohl in der aus Menschen bestehenden Institution Unternehmung solche grundlegenden Werte und Überzeugungen bestehen und eine wichtige Rolle spielen, kann doch nicht damit gerechnet werden, dass diese «von selbst» ein in sich abgestimmtes, widerspruchsfreies Wertesystem darstellen. Wie man heute weiss, ist jedoch eine klare «Unternehmungsphilosophie» – die nichts anderes als ein solches System oberster, für die Unternehmung und damit auch für ihre Teile gültiges Wertesystem darstellt und auch die Basis für die Unternehmungskultur bildet – notwendig, damit die Unternehmung als vernünftig handlungsfähiges, nach aussen als Einheit wirkendes «Subjekt» auftreten kann. Es ist deshalb sinnvoll, auch die Unternehmungsphilosophie als ein vernetztes System aufzufassen. Dabei geht es nicht um Wirkungsverläufe, sondern vor allem um logische Beziehungen zwischen verschiedenen Werten, die zu klären sind.

Diese Hinweise auf verschiedenartige Netzwerke, die in einer Unternehmung bestehen, zeigen, dass es nicht möglich ist, *das* Netzwerk der Unternehmung zu erfassen. Die Vielfalt der Anforderungen, die an ihr Verhalten gestellt werden, ihr komplizierter Aufbau und ihre hohe Dynamik machen es unmöglich, das System Unternehmung «an sich» darzustellen. Jede Modellierung eines Netzwerkes der Unternehmung stellt deshalb eine Reduktion dar auf das, was in einem bestimmten Denkzusammenhang wesentlich ist. Zum Verstehen der Unternehmung als ganze sind deshalb mehrere Netzwerkdarstellungen notwendig, die verschiedene Aspekte oder Dimensionen der Unternehmung hervorheben. Man muss sich jedoch davor hüten, solche dimensionalen Netzwerkvorstellungen als nebeneinanderstehende Teilsysteme der Unternehmung zu betrachten; es sind vielmehr Darstellungen, die von unterschiedlichen Gesichtspunkten aus je unterschiedliche Aspekte des Gesamtsystems hervorheben.

Offenheit (Baustein 3)

Die Unternehmung als handlungsfähige Ganzheit ist notwendigerweise mit ihrer Aussenwelt verbunden; die Offenheit zur Umwelt stellt – wie für jedes lebensfähige

System – eine Existenzbedingung dar. Von welcher Sichtweise oder Problemstellung aus wir die Unternehmung auch betrachten, immer stellen wir Beziehungen und Wirkungsverläufe zwischen der Unternehmung und einer «Aussenwelt» fest, die für die Unternehmung existentiell notwendig sind.

Wählen wir eine umfassendere Sichtweise, d. h. bewegen wir uns gedanklich aufwärts in der Hierarchie von Systemen, so stellen wir fest, dass die Unternehmung ein Subsystem oder Element umfassenderer Systeme ist. Dies ist offensichtlich in einer wirtschaftlichen Betrachtungsweise: Im System der *Gesamtwirtschaft* stellt die einzelne Unternehmung ein einzelnes, produktives Element dar, das darin Funktionen der Gütererzeugung und -bereitstellung, aber auch etwa der Schaffung von Arbeitsplätzen usw. erfüllt, selbst aber durch Veränderungen der Gesamtwirtschaft wie z. B. durch Änderungen in der Konjunktur oder der geldmässigen Austauschverhältnisse beeinflusst wird. Es trifft aber auch in anderen Sichtweisen zu: Gehen wir von natürlichen *Ökosystemen* aus, so stellen wir fest, dass ohne Aufnahme von Materie und Energie aus der natürlichen Umwelt die Unternehmung nicht existieren könnte, dass aber die Aktivitäten der Unternehmung ihrerseits ständig die Natur verändern, dass die Unternehmung also, von der Natur aus betrachtet, ein Element eines Ökosystems darstellt. Wählen wir eine kulturelle Perspektive, so sehen wir die Unternehmung als Element der menschlichen *Gesellschaft* und erkennen, dass sie in ein überaus kompliziertes und dynamisches Netz von Normen und Funktionsbeziehungen eingespannt ist, das sie ihrerseits wiederum durch ihre Aktivitäten mitbildet und verändert.

Wie wir wissen, ist das Verhalten eines Teils nicht aus sich selbst erklärbar, sondern nur dadurch, dass wir ihn als Element in einem Netzwerk einer umfassenderen Ganzheit verstehen. Dies trifft auch auf die Unternehmung als ganze zu. Ihr Charakter als Teil umfassenderer Systeme führt ja dazu, dass sie in ihrem Verhalten nicht frei ist, sondern ständig von aussen beeinflusst wird und sich in grössere Systeme einpassen muss, wenn sie nicht ihre Funktionen in diesem umfassenderen Ganzen und damit auch ihre Existenzgrundlage verlieren soll. Dieses Einpassen darf jedoch nicht nur als passives Anpassen an gegebene äussere Bedingungen und Anforderungen verstanden werden. Zwar ist im grossen ganzen gesehen die Unternehmung eher ein reaktives Element, d. h. es wird von Veränderungen verschiedener Faktoren der Umwelt sehr stark beeinflusst, kann aber selbst auf diese oft wenig oder gar nicht aktiv einwirken; man denke beispielsweise an einen starken Inflationsschub, einen politischen Umsturz in einem Abnehmerland oder an einen massiven Konjunktureinbruch – Veränderungen in der Weltwirtschaft, die möglicherweise sehr stark auf eine einzelne Unternehmung einwirken, von dieser aber kaum beeinflusst werden können. Daneben gibt es aber auch viele Umweltfaktoren, auf welche eine Unternehmung durchaus aktiv einwirken kann wie z. B. auf die Beschaffungs- und Absatzmärkte. Darüber hinaus aber ist «die Umwelt» der

Unternehmung nicht eine naturgegebene und unveränderlich abgegrenzte Tatsache, sondern sie kann – wie wir schon früher gesehen haben – in gewissem Masse von der Unternehmung selbst gewählt und verändert werden. Beispielsweise bedeutet eine Ausdehnung des Exports auf ein weiteres Land eine geographische Ausweitung der Umwelt, und eine Veränderung in der Zusammensetzung unseres Sortimentes kann unsere Marktbeziehungen wesentlich verändern. Man kann deshalb durchaus von einer aktiven Gestaltung der Umweltbeziehungen der Unternehmung sprechen, wobei es allerdings ausserordentlich wichtig ist, zu erkennen, welche Umweltfaktoren man überhaupt beeinflussen kann und welche nicht.

Die Umwelt der Unternehmung kann also nur mit Mühe als *ein* System dargestellt werden, in das die Unternehmung als Element eingegliedert ist; sie stellt eher einen überaus vielschichtigen Komplex von Systemen dar, die untereinander mehr oder weniger deutlich verknüpft sind. Ebensowenig wie die verschiedenen Unternehmungen alle gleich sind – es gibt grosse und kleine Unternehmungen, weltweit tätige Konzerne und Unternehmungen, die nur für einen lokalen Markt produzieren, Unternehmungen mit ganz unterschiedlichen Sortimenten usw. –, ebensowenig ist die Umwelt für alle Unternehmungen die gleiche.

Allgemeine Aussagen über den Zustand der Welt oder der Wirtschaft stellen daher mehr nützliches Hintergrundwissen dar, als dass sie die spezifische Umwelt einer bestimmten Unternehmung charakterisieren. Um sich in ihre Umwelt sinnvoll einpassen zu können, muss also die Abgrenzung und Analyse der jeweils *relevanten Umwelt* von der einzelnen Unternehmung selbst vorgenommen werden.

Die Beschränkung der Entscheidungs- und Handlungsfreiheit der Unternehmung infolge ihrer Eingliederung in umfassendere Systeme wird vor allem deutlich, wenn wir den Einfluss gesellschaftlicher Regelungen betrachten, welche diese Freiheit der einzelnen Unternehmung mehr oder weniger eng begrenzen. Denken wir zunächst an die zahllosen vom Staat erlassenen Gesetze und Verordnungen, welche bezwecken, den einzelnen Personen und Organisationen bestimmte Verhaltensweisen vorzuschreiben oder andere zu verbieten. Diese expliziten staatlichen Normen können alle Bürger betreffen, aber auch für bestimmte Organisationen der Gesellschaft oder z. B. auch nur für ganz bestimmte Unternehmungstypen gelten. Die Unternehmung ist also in ein Netz von Tausenden von Paragraphen mit ganz unterschiedlichen Inhalten und Geltungsbereichen eingespannt, die sie beachten muss, wenn sie nicht Sanktionen der Staatsgewalt riskieren will. Hinter diesem geltenden Recht stehen aber Ideen oder Konzeptionen der grundlegenden Gesellschafts- und Wirtschaftsordnung, die bekanntlich von Staat zu Staat unterschiedlich sein können.

Die in den westlichen Staaten geltende *Wirtschaftsordnung* beruht auf der Idee der grösstmöglichen Freiheit aller Bürger vom Staat, und sie ist deshalb auch unlösbar verknüpft mit den Ideen einer liberalen Staatsordnung, welche die Macht staatlicher Organe beschränkt und bewusst den Bürger vor Missbräuchen der Staatsmacht zu schützen sucht. Der Staat verzichtet deshalb auch darauf, die wirtschaftliche Tätigkeit, d. h. das Verhalten von Konsumenten und Produzenten, selbst bestimmen und steuern zu wollen, sondern überlässt dies den unmittelbar Beteiligten selbst. Die marktwirtschaftliche Wirtschaftsordnung beruht daher auf der Idee der Lenkung durch Selbstregelung, und die sogenannten «Marktgesetze» sind nichts anderes als die relativ stabilen Ordnungmuster und Regelmechanismen, die sich herausbilden, wenn man den am Wirtschaftsprozess Beteiligten die Selbstbestimmung ihres Verhaltens überlässt. In dieser Konzeption einer freien Marktwirtschaft kommt daher dem Staat nur die Aufgabe zu, dafür zu sorgen, dass diese Freiheit des Wirtschaftens nicht zerstört wird, beispielsweise durch die Bildung von Monopolen und Kartellen. Die marktwirtschaftliche Ordnung steht daher sowohl in ihren gesellschaftlichen Grundideen, insbesondere über die Rolle des Staates in der Gesellschaft und die Freiheit des Individuums, wie auch in bezug auf die grundlegenden Auffassungen darüber, wie die wirtschaftlichen Aktivitäten gelenkt werden sollen, in einem grundsätzlichen Widerspruch zu denjenigen des Kommunismus, der dem Staat eine viel dominierendere Rolle zuordnet und deshalb staatlichen Organen die direkte Steuerung von Produktion und Konsumtion wirtschaftlicher Güter überträgt.

In ihrer reinen Form stellt die marktwirtschaftliche Ordnung ein Idealmodell dar, das nie mit der Wirklichkeit voll übereinstimmte, einerseits, weil sich die Menschen nicht auf ein ausschliesslich rationales Verhalten im ökonomischen Sinn reduzieren liessen, andererseits aber auch, weil die Selbstregelung zu «Nebeneffekten» führte, die in der Gesellschaft nicht akzeptiert wurden. Dies führte sukzessive zu zahlreichen korrigierenden Eingriffen durch den Staat mit dem Ziel, vor allem Postulate der Gerechtigkeit in der Wirtschaft durchzusetzen. Die heutige *soziale Marktwirtschaft* stellt den Versuch dar, eine marktwirtschaftliche «Grundordnung» aufrechtzuerhalten, aber zusätzliche Werte auf dem Weg der Gesetzgebung im System Wirtschaft wirksam werden zu lassen. Relativ neu dazugekommen sind Werte, die sich aus der Erkenntnis der Zusammenhänge zwischen wirtschaftlicher Tätigkeit und Natur ergeben, so dass sich die angestrebte Wirtschaftsordnung zunehmend als *«soziale und ökologische Marktwirtschaft»* bezeichnen lässt.

Für die Unternehmungen der westlichen Welt bedeutet dies, dass ihre Umwelt wesentlich komplizierter geworden ist – und auch komplexer, weil diese angedeuteten Veränderungen ordnungspolitischer Art im Fluss sind. Trotz der ständig zunehmenden Zahl von Gesetzesnormen, welche die Verhaltensfreiheit der Unternehmungen in irgendeiner Beziehung einschränken, besitzen diese immer noch ein erhebliches Mass von Selbstbestimmung. Dies ist insbesondere weitgehend der Fall in bezug auf die Freiheit, sich selbst Ziele zu setzen und Strategien zu ihrer Erreichung zu entwickeln. Es gibt keine übergeordnete Instanz, welche die Unternehmungsziele festlegt und den Unternehmungen lediglich den Vollzug überträgt. Deshalb trägt auch niemand die Verantwortung für eine «richtige» Zielbestimmung als die Unternehmung selbst. In gesamtwirtschaftlicher Sicht bedeutet «richtig», dass – wie in jedem sozialen System – das einzelne Element Unternehmung für das Gesamtsystem nützlich ist, also eine für dieses notwendige oder erwünschte Funktion erfüllt.

Gesamthaft betrachtet legt die Umwelt für die einzelne Unternehmung *Verhaltensfelder* fest, deren Grenzen jedoch veränderlich und oft diffus sind. Solange und insoweit die marktwirtschaftliche Grundordnung aufrechterhalten wird, gibt es einige gegebene Abgrenzungen, die durch die grundlegenden Ideen oder Prinzipien der Marktwirtschaft bestimmt sind wie freie Konsumwahl der Bürger, freie Preisbildung, Wettbewerb mit andern Anbietern und Zwang zur finanziellen Selbsterhaltung der Unternehmung, was eine ausgeglichene Betriebsrechnung, genügende Liquidität zur zeitgerechten Begleichung finanzieller Verpflichtungen usw. impliziert.

Wir können festhalten: Die einzelne Unternehmung ist Teil einer überaus vielschichtigen, dynamischen und komplexen Umwelt, in denen sie die Funktionen eines Elementes in Systemen höherer Ordnung zu erfüllen hat. Diese Funktionen sind nur zum kleinen Teil durch bestimmte Steuerorgane dieser Systeme definiert und der Unternehmung vorgegeben, sondern müssen von der Unternehmung selbst erfasst und interpretiert werden. Es handelt sich zum Teil um vom Staat gesetzte Rechtsnormen, deren Einhaltung erzwingbar ist, zum grösseren Teil aber um Anforderungen verschiedenster Personen und Gruppierungen, die zu ihrer Durchsetzung nicht über die staatliche Zwangsgewalt verfügen, aber andere Sanktionsmöglichkeiten wie z. B. Boykottierung, Mobilisierung der öffentlichen Meinung usw. haben. Insbesondere diese gesellschaftlichen Ansprüche können sich rasch verändern und sind oft untereinander widersprüchlich; was die Unternehmung auch tut, sie steht nie im Einklang mit allen in der Gesellschaft vertretenen Werthaltungen. Viele Anforderungen werden aber nicht in dieser expliziten Form durch bestimmte «Interessenvertreter» erhoben, sondern ergeben sich in einer bestimmten Situation aus der Selbstorganisation und Selbstlenkung solcher übergeordneter Systeme.

Die Unternehmung ist jedoch nicht einfach das hilflose Opfer ihrer Umwelt. Sie kann diese selbst beeinflussen, sich von unerwünschten Einflüssen abschirmen, selbst Beziehungen zu anderen Elementen anknüpfen, die für sie relevante Umwelt selbst abgrenzen. Alle diese Möglichkeiten beruhen darauf, dass Unternehmungen, von der Gesellschaft gewollt, eine relative Autonomie der Selbstbestimmung ihrer Ziele und Verhaltensweisen besitzen. Dadurch wird die Erfassung und Interpretation der für die Unternehmung relevanten Umwelt, die Anpassung an nicht zu verändernde Bedingungen und ihre aktive Beeinflussung dort, wo dies möglich ist, zu einer bewusst wahrzunehmenden Aufgabe der Unternehmung. Man kann also durchaus, wie dies die moderne Managementlehre tut, von einem «*Management der Umweltbeziehungen*» sprechen. Wir werden darauf noch zurückkommen.

Komplexität (Baustein 4)

Unternehmungen sind potentiell äusserst komplexe Systeme, d. h. sie haben die Fähigkeit, innert kurzer Zeit eine überaus grosse Zahl von Zuständen anzunehmen, sich also im Zeitablauf immer wieder anders zu verhalten. Die Komplexität der Ganzheit Unternehmung beruht darauf, dass sie aus Menschen besteht, die ihr Verhalten ausserordentlich stark variieren können, also selbst komplexe Systeme und überdies durch ein Netzwerk miteinander verbunden sind. Die Unternehmung selbst ist, wie wir gesehen haben, auf höherer Ebene betrachtet ein Element in Systemen, die selbst wiederum äusserst komplex sind.

Wie wir wissen entsteht Komplexität immer dann «von selbst», wenn Lebewesen miteinander in Beziehung treten und Interaktionen oder Wechselwirkungen entstehen. Insofern ist die Komplexität einer Unternehmung etwas Natürliches analog zu dem, was wir in Ökosystemen beobachten können. Die Unternehmung als künstlich geschaffenes System, das nicht durch naturgesetzlich ablaufende Prozesse zusammengehalten wird, würde sich jedoch sehr rasch auflösen und ihren Charakter als handlungsfähige Einheit verlieren, wenn sie einfach beliebige Zustände annehmen würde. Als zweckgerichtetes soziales System muss sie also in der Lage sein, die potentielle, mögliche Komplexität so zu beschränken, dass gewollte, zweckdienliche Verhaltensweisen entstehen.

Eine wesentliche Einschränkung der an sich möglichen Komplexität der Unternehmung entsteht im Zuge des Zusammenwirkens ihrer Mitarbeiter insofern von selbst, als sich diese auf bestimmte Verhaltensweisen beschränken – also von ihrem überaus breiten Verhaltensrepertoire nur sehr begrenzt Gebrauch machen – und dass sich bestimmte ausgewählte Beziehungen herausbilden und andere gar nicht etabliert oder benutzt werden. Man kann auch sagen, dass die Menschen im allgemeinen dazu neigen, sich in ihrem Verhalten Routinen anzueignen und diese beizubehalten, solange eine Änderung nicht zwingend notwendig erscheint. Diese *Routinisierung* erstreckt sich auch auf die Beziehungsaufnahmen und ist keineswegs nur negativ zu beurteilen, ist es doch für den einzelnen wesentlich weniger anstrengend, wenn er sein Verhalten nicht ständig neu bestimmen muss, sondern einer selbstverständlich gewordenen Gewohnheit folgt; ferner erleichtert es das Zusammenwirken mehrerer Menschen ausserordentlich stark, wenn jeder mit grosser Wahrscheinlichkeit eine bestimmte Verhaltensweise der andern erwarten kann.

Leider zeigen aber viele empirische Untersuchungen, dass dieses routinehafte Verhalten in der Regel nicht zu hoher Effektivität und Effizienz des Handelns zwecks Erreichung gemeinsamer Ziele führt; im allgemeinen ergibt sich, dass man sich nach einigem Probieren mit einer Routine begnügt, die einigermassen befriedigt.

Die Selbstreduktion der Komplexität durch die Beteiligten kann sogar so weit führen, dass die Unternehmung nicht mehr die für ihr Funktionieren als zweckgerichtetes System in einer dynamischen Umwelt erforderliche Komplexität aufweist. Gehen wir von der Offenheit der Unternehmung gegenüber einer überaus komplexen Umwelt aus, so sehen wir, dass sie in ihrem Verhalten nach aussen ausserordentlich flexibel sein muss. Sie muss also in der Lage sein, ihr Verhalten immer wieder und oft rasch zu ändern, je länger je mehr auch in einer nicht zum voraus erkennbaren und planbaren Weise. Ein erhebliches Mass an «Verhaltensvarietät» der Unternehmung ist also notwendig, und da diese nur durch eine entsprechende Varietät im Verhalten und Zusammenwirken der Menschen in der Unternehmung erzeugt werden kann, darf also auch die «interne Komplexität» der Unternehmung nicht durch routinehaftes Verhalten der Unternehmungsangehörigen allzustark und bleibend beschränkt werden.

Verwenden wir anstelle des oft statisch interpretierten Ausdrucks «Komplexität» (des Systems) den Ausdruck «Varietät» (des Verhaltens), so können wir also zusammenfassend folgendes sagen: Die Unternehmung verfügt aufgrund ihrer Zusammensetzung aus Menschen mit hoher Verhaltensvarietät auch als Ganze über eine sehr hohe *potentielle Varietät.*

Die *tatsächliche Varietät,* die wir beobachten können, ist aber wesentlich kleiner, weil die Menschen in der Unternehmung nicht ihr gesamtes Verhaltensrepertoire ausnützen und auch nicht ein Beziehungsnetz aufbauen, das der früher erwähnten «Vollstruktur» entspricht. Die sich durch menschliches Verhalten ergebende tatsächliche Varietät der Unternehmung als ganze entspricht aber nicht zwangsläufig der *erforderlichen Varietät,* wie sie zur Funktionserfüllung und Selbstbehauptung der Unternehmung in einer dynamischen Umwelt notwendig ist.

Die erforderliche Varietät kann nicht ein für alle Mal bestimmt werden, sondern sie muss der jeweiligen Dynamik der Umwelt und den angestrebten Unternehmungszielen angepasst sein. Je nach Situation sind Massnahmen zur Reduktion oder solche zur Erhöhung der bestehenden Komplexität der Unternehmung notwendig. Man kann auch sagen, dass die Unternehmung je nach Situation in der Lage sein muss, die Varietät ihres Verhaltens zu vermindern oder zu vergrössern. Dabei müssen wir berücksichtigen, dass Komplexität und Varietät in sozialen Systemen nicht quantifiziert und in Zahlen ausgedrückt werden können, weil es nicht nur – und nicht einmal in erster Linie – auf die Zahl unterschiedlicher Verhaltensweisen ankommt, sondern auf deren Wirkungsweisen und Bedeutungen, die von ganz unterschiedlicher Qualität sein können. Die erforderliche Varietät besteht eben nicht einfach aus einer ausreichenden Zahl von irgendwelchen Verhaltensweisen, sondern aus einem Repertoire von solchen, die geeignet sind, der Unternehmung die Erreichung von Zielen zu ermöglichen, die also von menschlichen Absichten aus Sinn machen und zweckmässig sind.

Es zeigt sich also, dass die Herstellung der erforderlichen Varietät der Unternehmung durch varietätserzeugende oder -vermindernde Massnahmen eine Daueraufgabe darstellt, die bewusst in der Unternehmung selbst gelöst werden muss. Wir können auch sagen, dass sich aus der Komplexität von Unternehmung und Umwelt die Notwendigkeit einer andauernden *Komplexitätsbewältigung* ergibt. Auf diesen wichtigen Aspekt der Aufgaben der Unternehmungsführung werden wir zurückkommen.

Ordnung (Baustein 5)

Wie wir wissen, weisen lebensfähige Systeme trotz ihrer Kompliziertheit und Dynamik eine Ordnung auf, die uns in einer Momentaufnahme als stabile Struktur erscheint, in dynamischer Sicht als ein Verhaltensmuster. Eine bestimmte Struktur ergibt sich aus der spezifischen Art der Vernetzung eines Systems, ein bestimmtes Verhaltensmuster daraus, dass sich die Elemente nicht in beliebiger Weise verhalten und zusammenwirken, sondern dabei bestimmten Regeln folgen. Dies gilt auch für die Unternehmung.

Verbinden wir die Vorstellungen von Ordnung und Komplexität miteinander, so sehen wir, dass Ordnung zur Konsequenz hat, dass durch sie die Komplexität beschränkt wird. Wenn die Unternehmung nicht die ganze potentielle Varietät aufweist, so deshalb, weil sie eine innere Ordnung besitzt, die die tatsächliche Varietät ihres Verhaltens auf ein abgrenzbares Verhaltensrepertoire beschränkt.

Wie wir gesehen haben, entsteht Ordnung dadurch, dass die Elemente sich nicht beliebig und zufällig verhalten, sondern dabei bestimmten Regeln folgen. Ordnungsbildung ist also ein *Mittel zur Komplexitätsbewältigung,* und Ordnungsbildung erfolgt durch die *Entwicklung von Regeln.*

Auch in dieser Beziehung können wir feststellen, dass sich in einer Unternehmung eine gewisse Ordnung bildet einfach dadurch, dass sie existiert: Menschen bedürfen, um sinnvoll zusammenleben zu können, der Ordnung, andernfalls sie ihre Umwelt als chaotisch und unerträglich empfinden würden. Es werden also bewusst oder unbewusst Regeln entwickelt, die zur erwähnten Selbstreduktion der Komplexität führen, sowohl was die Beziehungsstruktur im System wie auch was das individuelle Verhaltensrepertoire der einzelnen Mitarbeiter betrifft. Die erwähnten «Routinen» sind also Regeln, die sich der einzelne Mensch setzt oder die im Zusammenwirken entstehen. Was sich daraus ergibt ist eine durch Ordnung beschränkte *«organisierte Komplexität»*. Das Entstehen von Ordnung einfach aufgrund des Verhaltens und Zusammenwirkens der Menschen ohne das planmässige Erlassen von Regeln durch damit beauftragte Instanzen können wir als *«Selbstorganisation»* bezeichnen. Dass in Unternehmungen durch das Zusammenwirken der Menschen von selbst Strukturen und Verhaltensmuster entstehen, ist seit langem bekannt. Dieses Phänomen wurde in der klassischen Organisationslehre als «informale Organisation» bezeichnet und der «formalen», durch damit beauftragte Organisatoren bewusst geschaffenen Organisation gegenübergestellt. Die Erforschung kleiner Gruppen von Menschen, die unter sich in einem ständigen Kontakt stehen, hat gezeigt, dass sich dabei bestimmte Rollen herausbilden können, die einzelne Gruppenmitglieder wahrnehmen. Man kann also feststellen, dass eine Arbeitsteilung innerhalb der Gruppe in Form einer solchen «Rollendifferenzierung» einem natürlichen Bedürfnis der Menschen nach einem geordneten Zusammenleben und Zusammenwirken entspricht. Bei der Zuordnung bestimmter Rollen zu bestimmten Gruppenmitgliedern sind sicher die individuellen Eigenschaften und Fähigkeiten von Bedeutung. Dass es sich aber um Rollen im Sinne von Funktionen handelt, die für den Zusammenhalt der Gruppe als Ganzheit wichtig sind, zeigen Untersuchungen, nach denen die von einem Mitglied ausgeübte Rolle auch dann einem Nachfolger überbunden wird, wenn er persönlich diese Rolle weder spielen möchte noch kann. Wir können also hier das typische Wechselspiel zwischen Teil und Ganzheit beobachten. So können Diskrepanzen entstehen zwischen Rollenerwartungen, die die Gruppe gegenüber einem Mitglied hegt, und den Vorstellungen, die der einzelne über die Rolle hat, die er in der Gruppe spielen möchte. Die so entstehenden Gruppenstrukturen und Verhaltensmuster sind daher störungsanfällig und können sowohl zu einer hohen Integration der einzelnen Menschen in ein festgefügtes Ganzes führen, das sich von aussen kaum beeinflussen lässt, wie auch zum ständigen Streit innerhalb der Gruppe und zu deren völligem Zerfall.

Die Erkenntnisse über die Selbstorganisationsfähigkeit kleiner Gruppen haben zum Konzept der *«Autonomen Arbeitsgruppen»* geführt, d. h. dem bewussten Schaffen von Gruppen, die im Rahmen vorgegebener Gesamtziele die Art und Weise ihres Zusammenwirkens weitgehend selbst bestimmen können. Die – nicht nur positiven – Erfahrungen mit diesem Konzept haben unter anderem gezeigt, dass nicht alle Mitarbeiter diese Selbstgestaltungsmöglichkeit der Gruppe schätzen und dass erhebliche Änderungen in der technischen Ausstattung notwendig sein können, um das Entstehen einer zweckmässigen Arbeitsteilung in der Gruppe überhaupt zu ermöglichen.

Es ist wichtig zu erkennen, dass diese Art von Selbstorganisationsprozessen an Kleingruppen gebunden ist. Voraussetzung dafür ist eine kontinuierliche Möglich-

bereits eingetreten ist, dass zukünftige Anforderungen konkret nur schwer vorauszusehen sind und dass ganz allgemein die Flexibilität des Unternehmungsverhaltens gesteigert werden muss.

Greifen wir den oben geäusserten Gedanken der Notwendigkeit eines Ordnungsmusters auf, so ergibt sich, dass ein zweckgerichtetes, aber prospektives und vielfältiges Lernen die Schaffung und Vermittlung solcher sinngebender Kontexte auch für das individuelle Lernen in der Unternehmung erfordert. Dies gilt bereits, wenn es nur darum geht, dass ein Mitarbeiter lernt, seine bisher schon ausgeübte Tätigkeit zu verbessern. Schwieriger ist es, ein Ordnungsmuster zu erkennen bzw. zu vermitteln für neues Wissen und Können, das erst in Zukunft erforderlich sein wird – sei es an einem neuen Posten, sei es durch Veränderungen in der bisherigen Stellung. Ein zum Verstehen-lernen geeignetes Muster muss es dem Mitarbeiter ermöglichen, den Sinn seiner heutigen oder zukünftigen Tätigkeit zu erfassen und damit auch den Sinn des Lernens bestimmter Wissensinhalte. Solche sinnvermittelnden Kontexte für den einzelnen Mitarbeiter sind zunächst die umfassenderen Prozesse, in denen seine eigene Tätigkeit ein Element darstellt, dann aber auch übergeordnete Ziele, Wertsetzungen und Verhaltensnormen auf der Ebene der Gesamtunternehmung. Es geht hier also um die vielgeforderte Information aller Unternehmungsangehörigen über die «grösseren Zusammenhänge» und die «Unternehmungsphilosophie».

Trotz grossen Bemühungen in dieser Richtung muss man aber feststellen, dass viele Mitarbeiter oft Mühe haben, ihre eigene Tätigkeit in diesem Kontext zu verstehen. Dies dürfte damit zusammenhängen, dass das Lesen schön gedruckter Dokumente über Unternehmungsziele und Geschäftsgrundsätze weit weniger zum Verstehen beiträgt als das persönliche Erleben eines konkreten Arbeitszusammenhangs.

Die qualitative Verbesserung des Unternehmungsverhaltens beruht zwar auf dem Lernen jedes einzelnen Unternehmungsangehörigen, entsteht aber erst durch die Veränderungen im *Zusammenwirken.* Unternehmungsberater machen oft die Erfahrung, dass über das ganze Unternehmen verteilt viel mehr Wissen und Können vorhanden ist, als im Verhalten der Unternehmung als ganze zum Ausdruck kommt. Offenbar sind viele Prozesse so gestaltet, dass das individuell Gelernte gar nicht zum Zuge kommt, weil dies die geltenden Regeln nicht erlauben. Hier stossen wir gewissermassen auf die Kehrseite von Ordnungsmustern; wie früher dargestellt bewirken sie Komplexitätsreduktion und dienen auch der Routinisierung der Tätigkeiten und Abläufe. Lernen auf der Ebene der Unternehmung bedeutet daher auch das *Ändern der Spielregeln,* nach denen gehandelt wird.

Wie wir bei der Behandlung der Problemlösungsmethodik gesehen haben, sind Problemlösungsprozesse zur Planung und Verwirklichung neuer Strategien auf neue Ziele und Verhaltensweisen der Unternehmung gerichtet. Sie sind also selbst Lernprozesse auf der Unternehmungsebene, stellen das bisherige Verhalten in Frage und erfordern das Aufbrechen gewohnter Denk- und Handlungsstrukturen, d. h. bisheriger Ordnungsmuster. Die Unternehmung muss nicht nur neue Verhaltensweisen lernen, sondern auch bisherige verlernen. Je besser das Befolgen von Regeln eingeübt und zur Gewohnheit geworden ist, um so schwieriger ist das Verlernen. Oft wird die Notwendigkeit des Verlernens nicht erkannt und versucht, neue Ideen und Absichten in bisherigen Strukturen zu verwirklichen, was deshalb kaum möglich ist, weil die geltenden Regeln ein innovatives Verhalten verhindern, dies um so mehr, als viele Regeln den sie Befolgenden gar nicht bewusst sind.

Die Wahrnehmung von Ordnung ist notwendig, um sich in der Welt zurechtzufinden und sinnvoll handeln zu können. Jede Auflösung einer bestehenden Ordnung verunsichert und behindert die Möglichkeit der Orientierung und Sinnbildung. Andererseits führt jede Ordnung zur Beschränkung der Verhaltensmöglichkeiten und zur Ausbildung von Gewohnheiten. In bezug auf das Lernen ergibt sich daraus, dass auch die Unternehmungsentwicklung in diesem Wechselspiel von Konstanz und Wandel, von Bildung und Auflösung von Ordnung verstanden werden muss. Zusammenfassend kann man sagen, dass Lernprozesse *im Rahmen bestehender Ordnungen* im wesentlichen nur darauf gerichtet sein können, bereits festgelegte Ziele besser zu erreichen und bekannte Vorgehensweisen zu verbessern. Dieses Lernen im Sinne von Rationalisieren, Präzisieren und Perfektionieren ist notwendig und kann überaus erfolgreich sein, um in gegebenen Märkten mit bekannten Produkten konkurrenzfähig zu sein. Da es immer etwas zu verbessern gibt, sind auch diese Lernprozesse nie zu Ende. Sie reichen aus in relativ stabilen Umweltverhältnissen ohne grundlegende Veränderungen der Anforderungen an die Unternehmung. Ist diese Voraussetzung nicht gegeben, so bildet die *Veränderung der bisherigen Ordnungen* eine Voraussetzung dafür, dass weiterreichende Lernprozesse stattfinden können, die auf ein wesentlich anderes Verhalten der Unternehmung gerichtet sind. Dieses Lernen orientiert sich nicht am Rationalisieren, sondern an der Schaffung von Neuem und der Aneignung neuer Verhaltensweisen.

Dieses an sich schwierige Sichzurechtfinden im Wechselspiel von Ordnungsbildung und -auflösung, Lernen und Verlernen wird dadurch noch schwieriger, dass sich auch innerhalb einer Unternehmung nicht alle Teilbereiche in derselben Situation befinden. Eine Unternehmung kann durchaus Produktebereiche mit stabilen Bedingungen aufweisen, in denen es um die Bewahrung und Perfektionierung bestehender Ordnungen und Regeln geht, und andere, in denen das Gegenteil der Fall ist. Oft muss auch das «bestehende Geschäft» bis zum letzten Augenblick wirtschaftlich weiterbetrieben werden, bevor man beispielsweise bereit ist, eine neue Produktegeneration einzuführen. Eine optimale Gestaltung und Lenkung der Unternehmungsentwicklung ist daher keineswegs eine einfache Aufgabe und kann nicht durch eine undifferenzierte Aufforderung an alle Unternehmungsangehörigen zu «mehr Flexibilität» und «Ablegen alter Gewohnheiten» gelöst werden.

Entwicklungs- und Lernprozesse sind im wesentlichen geistige Vorgänge. Handelt es sich um die erwähnte erste Ebene des Verbesserns von bereits Bekanntem, so ist es im allgemeinen relativ leicht, die Notwendigkeit des Lernens verständlich zu begründen und bestimmte «Lernziele» zu setzen. Beim Erlernen von etwas Neuem, bisher Unbekanntem ist dies wesentlich schwieriger, da man die Lerninhalte nicht zum Voraus konkret bestimmen kann. Oft lernt man erst im Laufe des Lernprozesses selbst, was man lernen soll. Notwendig sind dafür also nicht perfekte und detaillierte Lernprogramme, sondern es geht um die Einleitung und Abwicklung offener, wenig strukturierter Lernprozesse. Wie wir gesehen haben, weisen höherwertige, auf Innovation gerichtete Problemlösungsprozesse eine solche Charakteristik auf. Die Mitwirkung an ihnen bietet somit die beste Gelegenheit, einen derartigen Lernprozess zu erleben, sich mit den erzielten Ergebnissen zu identifizieren und die daraus zu ziehenden Konsequenzen zu erfassen, aber auch um zu lernen, wie man lernt.

Je stärker die Forderung nach Innovation und Flexibilität in den Vordergrund tritt, um so mehr muss die Unternehmungsentwicklung auf einem derartigen qualifizierten Lernen höherer Stufe beruhen. Generell muss also ein *geistiges Klima des kontinuierlichen und offenen Lernens* geschaffen werden, das einen wesentlichen Aspekt der *Unternehmungskultur* bilden muss. Namentlich Führungskräfte müssen lernen, mit ständigen Veränderungen ohne Verlust innerer Sicherheit zu leben. Zu dieser Art des Lernens gehört zwangsläufig auch, dass dabei Fehler gemacht werden. Wenn es verboten ist, im Laufe solcher komplexer Prozesse Fehler zu begehen, ist ein innovatives Lernklima nicht vorhanden.

Eine auf qualifiziertes Lernen ausgerichtete Unternehmungskultur hat auch den grossen Vorteil, dass sie für lernbereite, geistig bewegliche Menschen attraktiv ist. Unternehmungen mit einer solchen Kultur ziehen daher Mitarbeiter an, welche diese heute oft geforderten und vermissten Eigenschaften aufweisen.

Abschliessend können wir festhalten, dass die Förderung der Entwicklungsfähigkeit der Unternehmung eine vieldimensionale, höchst anspruchsvolle geistige Aufgabe ist, die in der Unternehmung bewusst wahrgenommen werden muss. Obwohl sie beim einzelnen Mitarbeiter einsetzt, muss sie auf die ganze Unternehmung gerichtet werden und zur Verbesserung des Verhaltens der Unternehmung als ganze führen. Förderung der Entwicklungsfähigkeit stellt daher eine *Führungsfunktion* dar, die von Führungskräften in ihrer zunehmenden Bedeutung verstanden und erfüllt werden muss.

3. Ganzheitliche Unternehmungsführung

Die vorstehende Charakterisierung der Unternehmung mit Hilfe unserer «Bausteine» eines ganzheitlichen Denkens führt zur Frage, wie denn ein hochkomplexes, dynamisches System, das überdies in eine Umwelt mit denselben Eigenschaften eingegliedert ist, überhaupt mit Erfolg geführt werden kann. Wie wir gesehen haben kann man aus dem geschilderten «Eigenverhalten» solcher Systeme nicht den Schluss ziehen, die Unternehmung müsse überhaupt nicht bewusst und rational geführt werden. Während wir in bezug auf Ökosysteme immer mehr zur Einsicht gelangen, dass wir soweit möglich Eingriffe in sie unterlassen und sie so funktionieren lassen sollten, wie sie eben aufgrund evolutionär entstandener Lenkungsmechanismen von sich aus funktionieren, trifft dieser Schluss für kulturelle, menschlichen Zwecken dienende Institutionen nicht zu. Leider führen die dargestellten Fähigkeiten der Selbstlenkung und Selbstorganisation nicht von selbst zu einem Verhalten der Unternehmung, das den Bedingungen und Anforderungen an solche Systeme in unserer Kultur entspricht. Wohl aber ergibt sich aus unseren Überlegungen der Schluss, dass wir beim Führen die unverzichtbaren Grundeigenschaften des Systems Unternehmung akzeptieren und die ihm potentiell zukommenden Fähigkeiten sinnvoll nutzen und stärken sollten. Auch in einer systemischen Sicht braucht es also Führungskräfte, aber es ergibt sich daraus eine andere Interpretation ihrer Rolle.

In den folgenden Abschnitten wollen wir einige wesentliche Aspekte der Unternehmungsführung hervorheben, die sich aus einer ganzheitlichen Perspektive ergeben.

Unternehmungsführung als Komplexitätsbewältigung

Die Beeinflussung eines dynamischen Systems durch Lenkungseingriffe kann entweder komplexitätserhöhend oder komplexitätsreduzierend wirken. Im ersten Fall werden Zahl und Vielfalt der Verhaltensmöglichkeiten vergrössert, im zweiten Fall vermindert. Auf den ersten Blick scheint es ausschliesslich die Aufgabe der Führung zu sein, die potentiell riesige Verhaltensvarietät der Unternehmung zu reduzieren, damit sie unter Kontrolle gehalten werden kann, d. h. gewollte Zustände auch tatsächlich erreicht werden und dabei auf eine gewollte, rationelle Weise vorgegangen wird. Diese *Führung durch Komplexitätsreduktion* entspricht der klassischen Vorstellung des Führers, der durch klares Entscheiden, Befehlen und Kontrollieren das Verhalten der Geführten auf das von ihm gewollte reduziert. In dieser Vorstellung wird also die Unternehmung dadurch geführt, dass das Verhalten der einzelnen Mitarbeiter durch Vorgesetzte genau unter Kontrolle gehalten wird, indem das für sie zulässige Verhalten genau festgelegt wird und Abweichungen davon bestraft werden. Diese personale Sicht der Führung hat notwendigerweise zur Folge, dass als Grundlage einer erfolgreichen Unternehmungsführung eine klare hierarchische Ordnung mit eindeutigen Machtpositionen von «Vorgesetzen» und Befolgungspflichten von «Untergebenen» und eine entsprechende Betonung des Dienstweges angesehen wird.

Systemtheoretisch ausgedrückt entspricht diese Art der Führung der *Steuerung,* die, wie wir gesehen haben, ein hohes Mass an Kenntnis über mögliche zukünftige Störungen voraussetzt wie auch ein sehr rasches und jeweils vorausgreifendes Eingreifen erfordert, bevor die Störung tatsächlich eingetreten ist. Diese Anforderung kann jedoch eine Unternehmung als ein offenes System, das in eine äusserst dynamische und komplexe Umwelt eingegliedert ist, nur in sehr begrenztem Masse erfüllen. Eine weitgehende Abschliessung der Unternehmung gegen aussen, um Störungen abzuwehren, ist ebenfalls nur sehr begrenzt möglich, da sonst die Unternehmung ihre Einpassungsfähigkeit in die Umwelt und damit ihre Lebensfähigkeit verliert. Je komplexer also die Umwelt ist, um so weniger erfolgversprechend ist eine Führung, die ihre Funktion in der unmittelbaren Steuerung der einzelnen Elemente sieht. Oft entsteht dadurch ein Teufelskreis: je weniger es einem Chef gelingt, dadurch das Geschehen wirklich zu bestimmen, um so mehr greift er befehlend ein im vergeblichen Bemühen, die Situation endlich ein für alle Mal unter Kontrolle zu bringen. Notwendig ist vielmehr eine Veränderung der Perspektive, in der nicht die einzelnen Tätigkeiten von Elementen, sondern das Verhalten des Gesamtsystems ins Zentrum rückt, und ein Übergang vom Steuern zur *Regelung* als Mittel der Komplexitätsbewältigung.

Aber auch wenn wir dieses traditionelle Bild der Führung nicht akzeptieren, ist es doch klar, dass Varietätsreduktion einen wesentlichen Aspekt der Führung darstellt. In der Tat können wir zahlreiche Führungsinstrumente als Hilfsmittel dazu interpretieren, angefangen bei formulierten Unternehmungsleitbildern und allgemeinen Geschäftsgrundsätzen über generelle Organisationsvorschriften und Pläne bis zu detaillierten Ablaufvorschriften für bestimmte Prozesse. Bei der Einführung solcher Instrumente ist fast immer der Gedanke wegleitend, damit ein ungewolltes Verhalten einzelner Komponenten oder Teile des Ganzen zu verhindern und es auf ein für die Unternehmung nützliches Handeln zu reduzieren. Die ungeordnete Vielfalt, die auch heute noch in vielen Unternehmungen das sogenannte

«Führungsinstrumentarium» kennzeichnet, zeigt auf, dass es ausserordentlich schwierig ist, mit komplexitätsreduzierenden Massnahmen allein die Unternehmung unter Kontrolle zu halten – und dass eine Vorschrift der nächsten ruft.

Allerdings müssen wir davon ausgehen, dass das konkrete Handeln stets eine radikale Reduktion der eigenen Verhaltensvarietät bedeutet, indem von allen denkbaren Verhaltensmöglichkeiten eine einzige ausgewählt und verwirklicht wird. Diese endgültige Reduktion erfolgt im konkreten Beschluss, der dem Handeln unmittelbar vorangeht und der unausweichlich ist, wenn man nicht handlungsunfähig werden will. Je grösser die Eigendynamik sowohl der Unternehmung wie namentlich auch ihrer Umwelt ist, umso mehr wird man diese nicht mehr rückgängig zu machenden Beschlüsse jedoch erst im letztmöglichen Zeitpunkt treffen, um sie in Kenntnis der aktuellen Rahmenbedingungen treffen zu können. Nur auf diese Weise kann eine Unternehmung unmittelbar auf rasche Veränderungen in den konkreten Anforderungen der Umwelt reagieren. Die Fähigkeit zum raschen, konkreten Entscheiden gehört denn auch zu den klassischen Anforderungen an die Führungspersönlichkeit.

Es ist jedoch davon auszugehen, dass es sich bei diesem tatkräftigen Entscheiden und Ingangsetzen ausführender Handlungen, wie wir in der Problemlösungsmethodik gesehen haben, nur um die letzten Phasen viel umfangreicherer Führungsprozesse handelt. Eine Beschränkung auf diese konkrete, kurzfristig wirksame, unmittelbare Lenkung des konkreten Geschehens ist deshalb nicht möglich, weil ein sinnvolles rasches Agieren in kurzfristig sich verändernden Situationen an Voraussetzungen gebunden ist, die zunächst geschaffen werden müssen. Zu diesen Voraussetzungen gehören vor allem das Vorhandensein einer Vielzahl von Menschen mit vielen spezifischen Fähigkeiten, ein ebenso vielfältig zusammengesetztes technisches Leistungspotential und die Verfügbarkeit von Energie, geeigneten Rohstoffen usw. All dies muss zu einem jederzeit leistungsbereiten System gestaltet sein, bevor überhaupt mit Aussicht auf Erfolg die vielen einzelnen Aktivitäten ausgelöst werden können. Diese Gestaltung der Unternehmung zu einem dauerhaft leistungsfähigen Apparat erfordert Zeit und kann überdies nur zweckgerichtet erfolgen, wenn bereits langfristige Zielvorstellungen über Art und Umfang der in Zukunft zu erbringenden Leistungen bestehen. Die Unternehmungsführung umfasst daher notwendigerweise auch das Treffen sogenannt strategischer, langfristig wirksamer Entscheide. Auch durch diese Entscheide wird die eigene zukünftige Verhaltensvarietät massiv reduziert, indem man sich eben auf bestimmte Strategien festlegt, jedoch auf einer wesentlich abstrakteren Ebene als bei den operativen Entscheiden über konkrete Massnahmen. Wie wir gesehen haben, werden auf strategischer Ebene Aktivitäts*felder* bestimmt, die Bandbreiten zukünftigen Verhaltens, aber nicht einzelne konkrete Verhaltensweisen festlegen.

Zusammenfassend können wir also feststellen, dass die Entscheidungsprozesse in der Unternehmung letztlich auf Reduktion der zukünftigen Varietät des Verhaltens gerichtet sind, jedoch in sehr differenzierter Weise. Dynamik und Komplexität der Umwelt fordern von der Unternehmung eine hohe Flexibilität, das heisst die Fähigkeit, kurzfristig rasch auf veränderte Anforderungen zu reagieren. Es wäre deshalb falsch, durch langfristig wirksame Entscheide die Unternehmung derart auf bestimmte Ziele und Verhaltensweisen festzulegen, dass sie diesen kurzfristigen Veränderungen der Umwelt gar nicht entsprechen kann. Andererseits macht es gerade die geforderte Flexibilität notwendig, dass die Unternehmung langfristig so ausgestaltet und ausgerichtet wird, dass sie diese Flexibilität tatsächlich besitzt, was nur durch Beschränkung auf bestimmte Ziel- und Aktivitätsbereiche geschehen kann.

Wie ersichtlich ist für das «Komplexitäts-Management» der Unternehmung das Verhältnis zwischen der Veränderlichkeit der Umwelt und der eigenen Verhaltensvarietät der Unternehmung entscheidend wichtig. Während längerer Zeit stabile Rahmenbedingungen können dazu führen, dass sich eine Unternehmung so stark auf diese fixiert, dass sie bei eintretenden Veränderungen ihr eigenes Verhalten nicht zeitgerecht darauf umstellen kann. Diese Situation bestand während der langen Periode eines kontinuierlichen Wirtschaftswachstums mit ungesättigten Märkten in der Zeit nach dem zweiten Weltkrieg. Unternehmungen, welche sich auch langfristig auf eine Politik des «Mehr vom Gleichen» einrichteten, mussten Mitte der siebziger Jahre plötzlich feststellen, dass sie nicht in der Lage waren, ihr Verhalten rasch auf veränderte Rahmenbedingungen umzustellen. In systemischer Sicht zeigt sich, dass dieser Mangel an Flexibilität vor allem darauf zurückzuführen war, dass die Regeln, welche das Unternehmungsverhalten unter Kontrolle hielten, zu eng und zu detailliert auf als gleichbleibend angenommene Umweltverhältnisse ausgerichtet waren. Die Gefahr einer solchen «Überregulierung» bzw. einer zu starken Reduktion der Verhaltensvarietät der Unternehmung besteht auch aus andern Gründen: Das Streben nach Sicherheit führt, wie ebenfalls bereits erwähnt, zur Routinisierung von Verhaltensweisen, und das Bemühen, alle Mitarbeiter gerecht zu behandeln, zu detaillierten Reglementen, die alle möglicherweise vorkommenden Situationen zum voraus erfassen sollen.

In solchen Situationen ist es also Aufgabe der Unternehmungsführung, die zu sehr eingeschränkte Varietät der Unternehmung wieder zu *erhöhen.* Die vom Staat geforderte «Deregulierung» muss also auch im eigenen Unternehmen stattfinden, indem durch Aufhebung langfristig wirksamer Detailregelungen geschlossene Freiräume des Verhaltens wieder geöffnet werden.

Wie wir bei der Darstellung der ganzheitlichen Problemlösungsmethodik gesehen haben, besteht auch ein einzelner Problemlösungsprozess nicht einfach aus einem linearen, auf sukzessive Komplexitätsreduktion gerichteten Vorgang. Phasen der gedanklichen Reduktion der bestehenden Komplexität der Problemsituation wechseln ab mit solchen, in denen bewusst Komplexität erzeugt wird, um sicher zu gehen, dass nicht zu früh möglicherweise erfolgreiche Handlungsalternativen beiseite geschoben werden. Dieses gedankliche *Wechselspiel von Komplexitätsreduktion und Komplexitätserhöhung* kann auch auf die ganze Unternehmungsführung übertragen werden. In einem gegebenen Zeitpunkt können je nach Zustand der eigenen Unternehmung und Entwicklungen in ihrer Umwelt komplexitätserhöhende oder -vermindernde Massnahmen notwendig sein. Allgemein kann gesagt werden, dass der zunehmenden Komplexität und Dynamik der Umwelt nicht mit einer Reduktion der unternehmungseigenen Komplexität entsprochen werden kann. Das oft zu beobachtende Bestreben, durch Zentralisation, Machtkonzentration an der Spitze und straffe Mitarbeiterführung schwierige Situationen in den Griff zu kriegen, mag zwar bei bestimmten Voraussetzungen und als Vorgehen im Rahmen des Krisenmanagements notwendig und erfolgreich sein, kann aber nicht als langfristig erfolgversprechende «Philosophie» der Unternehmungsführung gelten. Auf lange Sicht ist einer solchen Umweltentwicklung viel eher eine Strategie der Flexibilisierung durch gezielte Erhöhung der Verhaltensvarietät der Unternehmung angemessen.

Gesamthaft betrachtet sind wir der Meinung, dass die Kunst der Unternehmungsführung weitgehend darin besteht, dieses Wechselspiel komplexitätserhöhender und -vermindernder Führungsentscheidungen zu beherrschen, ohne dabei von einem Extrem ins andere zu geraten.

Unternehmungsführung als Gestalten, Lenken und Entwickeln eines sozialen Systems

In der Literatur über Unternehmungsführung werden sehr oft verschiedene Funktionen oder Tätigkeitsarten unterschieden, die jede Führungskraft unabhängig von der Art der Aufgaben, die in ihrem Leitungsbereich zu erfüllen sind, auszuüben habe. Die im einzelnen unterschiedlichen Listen solcher «Cheffunktionen» enthalten in der Regel: Planen, Entscheiden, Mitarbeiter führen, Organisieren und Kontrollieren. Wir wählen in unserer nicht auf einzelne Tätigkeiten von Personen, sondern auf den Charakter der Führung einer ganzen Institution ausgerichteten Sicht eine abstraktere Aufgliederung in Gestalten, Lenken und Entwickeln als Grundfunktionen der Führung.

Gestalten bedeutet, eine Institution überhaupt zu schaffen und als zweckgerichtete handlungsfähige Ganzheit aufrechtzuerhalten. Institutionen entstehen ja wie erwähnt nicht von selbst, sondern müssen von Menschen «ins Leben gerufen» werden für menschliche Zwecke. Die Aufgabe des Gestaltens besteht also darin, bestimmte Menschen und «Dinge» aus der Umwelt auszuwählen und sie zu Komponenten eines Systems zu machen, das die gewünschten Eigenschaften der Lebensfähigkeit aufweist. Die gestalterische Aufgabe erschöpft sich nicht mit der Gründung der Institution; immer wieder muss diese in ihren Teilen neu geschaffen und umgestaltet werden, damit sie als Ganzes erhalten bleibt. Gestalten als Managementfunktion besteht jedoch nicht im Vollzug von Beschaffungshandlungen wie Energiebezug, Materialeinkauf und Personalbeschaffung; diese konkreten ausführenden Tätigkeiten stellen lediglich die Konsequenz von Managementfunktionen auf operationeller Ebene dar. Gestalten als Managementfunktion bedeutet vielmehr das gedankliche Entwerfen eines Modells der Institution, wozu seinerseits das Bestimmen der angestrebten Eigenschaften der Institution notwendig ist. Man kann solche Entwürfe als *«Gestaltungsmodelle»* bezeichnen, die sich deutlich unterscheiden von wissenschaftlichen Erklärungsmodellen, welche eine bestehende Wirklichkeit erklären wollen, und von Entscheidungsmodellen, welche eine spezifische Problemsituation in einem gegebenen System abbilden. Gestaltungsmodelle bilden dagegen, analog zu den Konstruktionszeichnungen der Techniker, eine noch nicht existierende, erst noch zu schaffende Wirklichkeit ab; ihre Entwicklung stellt daher einen eminent schöpferischen Vorgang dar.

Die immensen Schwierigkeiten, die bei der Entwicklung von Gestaltungsmodellen für gesellschaftliche Institutionen zu überwinden sind, hängen mit der äusserst hohen Komplexität zusammen, welche diese Systeme und ihre Umwelten aufweisen. Das Gestalten kann in dieser Sicht als das *Entwerfen von Ordnung* aufgefasst werden, das die potentiell sehr grosse Verhaltensvarietät eines aus vielen selbst komplexen Elementen bestehenden Systems auf zweckgerichtete Verhaltensweisen reduziert. Hier wird auch der Unterschied zwischen dem Gestalten sozialer Systeme und der gestalterischen Aufgabe des technischen Konstrukteurs deutlich: Im Gegensatz zum Konstrukteur hat es der Entwerfer sozialer Systeme mit Menschen als Elemente zu tun, die selbst lebensfähige Systeme mit hoher Verhaltensvarietät sind und überdies einen Selbstwert besitzen, der es nicht zulässt, dass ihre Selbstbestimmung des Verhaltens auf Null reduziert wird.

Fasst man – wie wir dies im letzten Abschnitt getan haben – Unternehmungsführung als einen Vorgang der Komplexitätsbewältigung durch ein ständiges Wechselspiel von Varietätsreduktion und -erhöhung auf, so ergibt sich, dass zukunftsgerichteten Gestaltungsmodellen für eine gesellschaftliche Institution stets ein erhebliches Mass von Unbestimmtheit anhaften muss. Da zukünftige Umweltkonstellationen konkret nicht vorausgesagt werden können, kann ein soziales System auch nicht auf die Erzeugung konkret definierter Verhaltensweisen hin gestaltet werden; möglich dagegen ist es, eine Institution so zu konzipieren, dass sie in der Lage ist, innerhalb abgrenzbarer *Verhaltensfelder* kurzfristig die jeweils erforderlichen konkreten Verhaltensweisen zu erzeugen. Das Ausfüllen dieser Verhaltensfelder letztlich durch konkretes, ausführendes Handeln muss dann bewirkt werden durch einen weiteren Managementprozess, den wir als Lenkung bezeichnen. Ein wesentliches Ziel des Gestaltens besteht darin, der Institution die Eigenschaft der «Lenkfähigkeit» zu verschaffen.

Unternehmungslenkung

Da infolge der Eigendynamik der Umwelt und der Störungsanfälligkeit der Unternehmung gestaltende Massnahmen nicht dazu ausreichen, dass die Unternehmungsaktivität jederzeit den jeweiligen Umweltbedingungen und eigenen Anforderungen angepasst sind, müssen laufend Entscheide getroffen und verwirklicht werden, welche als unmittelbare Lenkung des Unternehmungsgeschehens bezeichnet werden können und die das Bestimmen konkreter Teilziele und das Auslösen und unter Kontrolle halten der zielgerichteten, konkreten Aktivitäten der einzelnen Komponenten und Elemente umfassen. Lenkung ist demgemäss eine Funktion, die notwendigerweise im System erfüllt werden muss, damit dieses seine Zwecke durch konkrete Handlungen unter wechselnden Bedingungen erfüllen kann. Sie bewirkt, dass in einem Verhaltensfeld, das durch die Systemgestaltung bestimmt und abgegrenzt wurde, ganz bestimmte Verhaltensweisen ausgewählt werden. Da das konkrete Handeln der Unternehmung durch die Gesamtheit ihrer Elemente erfolgt, ist das Objekt des Lenkens letztlich das einzelne Element, das zu einem bestimmten, im Unternehmungsinteresse liegenden Verhalten veranlasst werden soll.

Diese unmittelbare Bestimmung des Verhaltens jedes einzelnen Elementes bildet auch die Grundlage der klassischen Vorstellung der Führung jedes Mitarbeiters durch den jeweiligen Vorgesetzten. Geht man jedoch vom Tatbestand aus, dass in einer nicht ganz kleinen Unternehmung täglich Tausende von ausführenden Handlungen in Gang gesetzt und vollzogen werden müssen, so zeigt sich die Unzulänglichkeit dieser Vorstellung. Es müsste dann eine ungeheure Betriebsamkeit von Chefs bestehen, die unaufhörlich mit solchen einzelnen Lenkungsvorgängen beschäftigt wären. Geht man jedoch durch einen modernen Industriebetrieb, so ist von dieser Hektik nichts zu sehen; sehr oft ist gar kein Chef anwesend, obwohl tausende von unterschiedlichen Operationen im Gang sind. Die unmittelbare Lenkung des Geschehens kann gar nicht durch persönliches Führen der Mitarbeiter durch Vorgesetzte erfolgen, sondern nur durch *Lenkungssysteme,* die eine Vielzahl von Handlungen bestimmen, in Gang setzen und überwachen.

Die grosse Zahl dispositiver Lenkungsvorgänge, die notwendig ist, um ein «Produkt», eine von der Institution gewollte Leistung, zu erzeugen, ist eine Folge der hochgradigen Arbeitsteilung und Spezialisierung unter den Arbeitskräften. Damit beispielsweise ein Verkehrsflugzeug nicht nur zur geplanten Zeit abfliegt, sondern auch am Bestimmungsort sicher landet, die richtigen Passagiere und Gepäckstücke befördert und das gewollte Essen serviert wird, sind unzählige Leistungen von Hunderten von Menschen zu erbringen – von Schalterbeamten, Gepäckträgern, Flugzeugmechanikern, Meteorologen, Fluglotsen, Piloten, Hostessen, Stewardessen, Köchen, Buschauffeuren usw. –, die alle beschlossen, ausgelöst und kontrolliert werden müssen. Oder betrachten wir ein Grossunternehmen der Maschinenindustrie, so sehen wir, dass ihre Produkte aus Hunderten von Teilen bestehen, die meist wieder aus verschiedenen Teilen zusammengesetzt sind, die in Tausenden von Operationen hergestellt werden, teils in der Unternehmung, teils bei sogenannten Unterlieferanten. So haben grosse Unternehmungen Tausende von Zulieferern, deren Leistungen in den eigenen Betrieb integriert werden müssen, und diese haben ihrerseits wieder Unterlieferanten, so dass ein sehr kompliziertes Beziehungsgefüge innerhalb des Unternehmens und darüber hinaus nötig ist, damit überhaupt die gewollten Endleistungen entstehen können.

Diese Beispiele sollen zeigen, dass in derartigen Institutionen die Vorgänge der unmittelbaren Lenkung ausführender Aktivitäten nur zeitlich und inhaltlich aufeinander abgestimmt vollzogen werden können, wenn sie Teil eines umfassenderen *Lenkungssystems* sind. Hierzu ist festzustellen, dass in heutigen Betrieben der industriellen Fertigung solche Lenkungssysteme in die technischen Anlagen, welche die ausführenden Operationen vollziehen, bereits eingebaut sind; Automaten und automatische Fertigungsstrassen stellen in einem erheblichen Ausmass selbst lenkende operative Systeme dar, die persönliche Lenkungsmassnahmen von Führungskräften im Normalfall überflüssig machen. Insoweit auf operationeller Ebene menschliches Handeln dominiert, wird dieses in zunehmendem Masse von computerisierten Dispositionssystemen gelenkt, welche mittels elektronischer Datenverarbeitung die erforderlichen ausführenden Handlungen bestimmen und auslösen. Jedem, der eine moderne Fabrik besichtigt, muss diese Entpersönlichung der unmittelbaren Lenkung ausführender Handlungen auffallen; nicht ein Vorgesetzter, sondern der Arbeitsprozess selbst bestimmt das Verhalten der daran beteiligten Mitarbeiter. Die Vorstellung der Führung als Interaktionsprozess zwischen Vorgesetzten und Mitarbeitern trifft also den Kern dieser Lenkungsvorgänge überhaupt nicht, ebensowenig wie die Auffassung, dass es dabei um die Lenkung einer Gruppe gehe. Sogenannte Führungsrichtlinien, die meist auf diesem personellen Begriff der Führung beruhen, zielen daher weitgehend an der eigentlichen Aufgabe unterer Führungskräfte vorbei; diese besteht darin, das Funktionieren des Lenkungssystems unter Kontrolle zu halten, bei Störungen sofort «von Hand» einzugreifen, Sonderfälle zu entscheiden, Lücken im System selbst auszufüllen und dieses mit andern zu verbinden.

Unternehmungsentwicklung

Wenn wir berücksichtigen, dass die Unternehmung als soziales System auf die Erfüllung gesellschaftlicher Zwecke ausgerichtet sein muss und im Zeitablauf ständig veränderten Anforderungen gegenübersteht, denen sie entsprechen muss, wenn sie auf Dauer bestehen soll, kommt ein weiterer Aspekt der Führungsaufgabe ins Spiel, der infolge der zunehmenden Dynamik der unternehmerischen Umwelt immer wichtiger wird: das Weiterentwickeln der Unternehmung im Sinne des ständigen Verbesserns oder des qualitativen Lernens.

Das *Entwickeln* als Führungsfunktion besteht in der Förderung der Lernfähigkeit der Unternehmung in diesem Sinne. Kürzerfristig geht es darum, dass die Unternehmung lernt, bei gegebenen Zielen immer besser zu funktionieren, Mängel sukzessive auszumerzen und begangene Fehler nicht zu wiederholen. Auf längere Sicht geht es um die Förderung der vielgeforderten Innovationsfähigkeit der Unternehmung, des sich Anpassens an neue Anforderungen und des Suchens und Realisierens neuer Ziele und Verhaltensweisen. Die Fähigkeit zum qualitativen Lernen ist eine Eigenschaft von *Menschen* und kann deshalb nicht durch technische Massnahmen erzielt, aber auch nicht durch Befehlen erzeugt werden. Sie beruht zwar auf dem einzelnen Chef und Mitarbeiter, muss sich aber in der Lernfähigkeit der ganzen Institution manifestieren. In systemischer Sicht geht es also beim Entwickeln als Führungsfunktion darum, die Fähigkeit der Selbstentwicklung der Unternehmung zu fördern, im höheren Management insbesondere wiederum dadurch, dass die *Voraussetzungen* dafür geschaffen werden. Dazu gehört auch eine entsprechende Beeinflussung der sogenannten Unternehmungskultur.

Zusammenfassung

Gestalten, Lenken und Entwickeln sind Funktionen, die in der Unternehmung erfüllt werden müssen, wenn diese als zweckgerichtete Institution im Rahmen einer dynamischen Umwelt lebensfähig sein soll. Da Unternehmungen nicht evolutionär entstandene Ökosysteme sind, sondern menschlichen Absichten und Zielen dienen sollen, müssen diese Funktionen auch bewusst von Menschen konzipiert und wahrgenommen werden. Es sind also Funktionen der Unternehmungsführung, auf deren Erfüllung die Tätigkeiten der Führungskräfte ausgerichtet sein müssen.

Allerdings haben wir festgestellt, dass die unmittelbare Lenkung der konkreten Unternehmungsaktivitäten im einzelnen in erheblichem Ausmass «entpersonifiziert» worden ist, indem sie nicht von Führungskräften, sondern von technischen Systemen wahrgenommen wird, sei es, dass die Maschinen, welche die konkreten Operationen ausführen, selbst mit Steuerelementen ausgerüstet sind, sei es, dass den operativen Tätigkeiten übergeordnete, Informationen verarbeitende Lenkungssysteme bestehen, welche den Führungskräften diese unmittelbare Lenkungsfunktion abnehmen. Wir können damit auch feststellen, dass die fortschreitende Automatisierung nicht nur ausführenden Mitarbeitern zahlreiche Tätigkeiten abgenommen hat, sondern auch den Führungskräften notwendige Lenkungstätigkeiten. Aber auch dort, wo diese Technisierung weniger weit fortgeschritten ist, müssen wir davon ausgehen, dass zahlreiche konkrete Lenkungstätigkeiten gar nicht von «Vorgesetzten» ausgeübt werden, sondern von den ausführenden «Mitarbeitern» selbst. Das Ausmass dieser Selbstlenkung ausführender Tätigkeiten durch den betreffenden Mitarbeiter selbst ist aus verschiedenen Gründen im Steigen begriffen: Einmal weil vollständig vorprogrammierbare Tätigkeiten weitgehend Maschinen übertragen werden können, dann infolge der zunehmenden Fähigkeiten von Mitarbeitern zur Ausübung solcher Funktionen aufgrund besserer Aus- und Weiterbildung und schliesslich aufgrund der vielfältigen Bestrebungen zur Demokratisierung der Arbeitswelt. Die Tendenz zur weitergehenden «Technisierung» wie auch diejenige zur «Vermenschlichung» der Unternehmungen haben also beide zu einer weitergehenden Verteilung der Lenkungsfunktionen über den begrenzten Kreis von Führungskräften hinaus beigetragen.

Dies ist aber nur insoweit möglich, als zeitlich vorgängig eine Unternehmungsgestaltung erfolgt, die eine solche verteilte Lenkung der Aktivitäten überhaupt ermöglicht. Erst die bewusste Ausbildung der Gestaltungsfunktion schafft die Voraussetzungen dazu. Dem Abbau von Lenkungsaktivitäten bei den Führungskräften steht also ein zunehmendes Ausmass an Führungsaktivitäten gegenüber, die auf die systemhafte Gestaltung der Unternehmung und ihrer Komponenten gerichtet sind.

Die sich aufgrund veränderter Umweltbedingungen immer deutlicher abzeichnende Notwendigkeit einer inhaltlich innovativen und in zeitlicher Hinsicht flexiblen Unternehmungsführung führt jedoch dazu, dass als Führungsaufgabe auch diejenige der Förderung der Entwicklungsfähigkeit der Unternehmung gesehen wird, also der Fähigkeit, das Unternehmungsverhalten dauernd qualitativ zu verbessern. Die damit verbundene Lernfähigkeit muss bei allen Unternehmungsangehörigen vorhanden, also eine über das ganze System verteilte Fähigkeit sein, aber es ist die spezifische Aufgabe der Führung, die individuelle Bereitschaft und Fähigkeit zum Lernen zu fördern und für die ganze Unternehmung fruchtbar zu machen. Da wie erwähnt Lernprozesse relativ viel Zeit brauchen und überdies inhaltlich sich immer wieder auf veränderte Ziele und Bedingungen richten müssen, stellt die Schaffung der Voraussetzungen dazu wie auch die richtungweisende Lenkung dieser Prozesse eine Führungsaufgabe dar, die bewusst wahrgenommen werden sollte.

Die drei Führungsfunktionen sind nicht unabhängig voneinander und könnten nicht analytisch verschiedenen Führungskräften zugeordnet werden. Man kann vielmehr sagen, dass auf allen Ebenen die zu erbringenden Führungsleistungen alle drei Funktionen erfordern, jedoch in unterschiedlichem Ausmass. Generell kann man festhalten, dass den Funktionen des Entwickelns und Gestaltens bei höheren Führungskräften ein grösseres Gewicht zukommt, da sie längerfristig wirksam sind, weiterreichende Konsequenzen haben und umfassendere Kompetenzen und Fähigkeiten erfordern. In Abbildung 93 ist diese Verteilung der drei Funktionen auf höhere, mittlere und untere Führungskräfte schematisch dargestellt.

Unternehmungsführung auf operativer, strategischer und normativer Ebene

Ging es im letzten Abschnitt um die Unterscheidung verschiedener Führungsfunktionen, die insgesamt in der Unternehmung zu erfüllen sind, so nehmen wir hier eine Unterscheidung auf, die in der Lehre und Praxis der Unternehmungsführung entwickelt worden und auf die Aufgliederung der Führung in grosse Aufgabenbereiche gerichtet ist. Die Unterscheidung von operativer und strategischer Führung liegt vielen konzeptuellen Vorstellungen über Unternehmungsführung zugrunde; wir fügen hier einen dritten Bereich, denjenigen der normativen Führung, hinzu.

Operative Führung

Die Führung auf operativer Ebene ist auf das Bestimmen und unter Kontrolle halten der laufenden, konkreten Aktivitäten der Unternehmung gerichtet. Die zu erreichenden Ziele sind bereits weitgehend vorbestimmt und die einsetzbaren Mittel weitgehend gegeben. Man kann auch von dispositiven Tätigkeiten sprechen, bei denen es um die kurzfristige und konkrete Zuordnung von Aufgaben, Materialien und Aufträgen zu Menschen und Maschinen, um die Auslösung und Überwachung der ausführenden Aktivitäten und das rasche Beseitigen von Störungen geht. Hauptkriterium für das Entscheiden und Handeln ist die grösstmögliche Effizienz der Leistungserstellung. In methodischer Sicht handelt es sich weitgehend

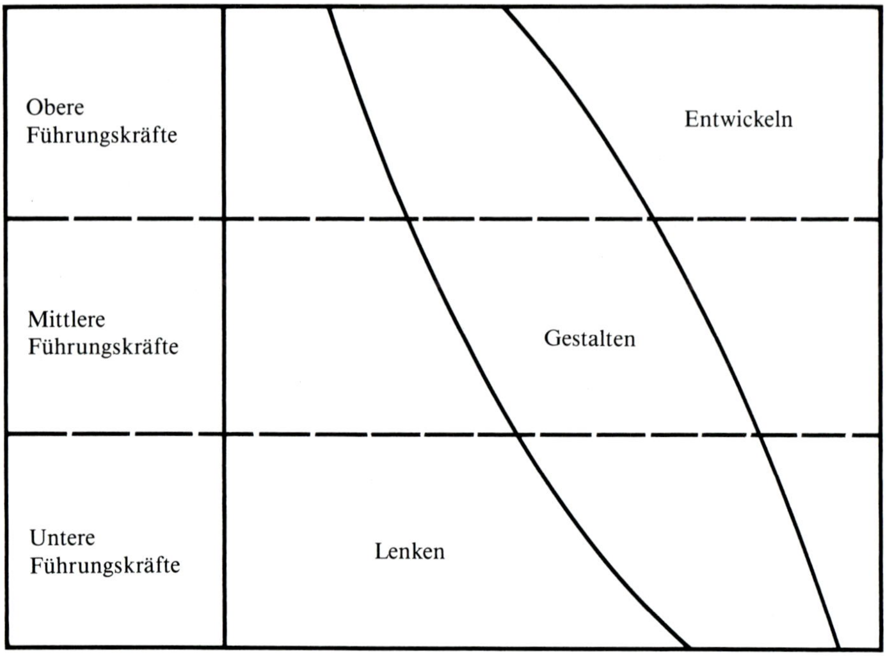

Abb. 93: Führungsfunktionen und Führungsstufen

um Problemsituationen gemäss Typ 1, die wir im fünften Schritt der Problemlösungsmethodik, in der es um das Planen von Strategien und Massnahmen geht (vgl. S. 189 ff.), charakterisiert haben. Es sind Situationen von relativ geringer Komplexität, und es geht vor allem um die Optimierung ausführender Prozesse.

Die Führung auf operationeller Ebene kann weitgehend als unmittelbare Lenkung verstanden werden, wie wir sie im voranstehenden Abschnitt beschrieben haben. Wir haben dort auch darauf hingewiesen, dass diese unmittelbare Lenkungstätigkeit von ausführenden Aktivitäten in zunehmendem Masse Fertigungsautomaten und computerisierten Dispositionssystemen übertragen wird, was allerdings voraussetzt, dass solche technischen Systeme in der Unternehmung vorhanden sind und funktionieren.

Strategische Führung

Mit dem aus dem Militärischen übernommenen Ausdruck «Strategische Führung» bezeichnen wir jenen Komplex von Unternehmungsführungsaufgaben, die auf die grundsätzliche, auf längere Sicht ausgerichtete Zielbestimmung für die ganze Unternehmung oder grosse Teilbereiche davon, die Ausstattung der Unternehmung mit einem zielentsprechend zusammengesetzten und strukturierten Leistungspotential und die Bestimmung grundsätzlicher Aktivitätsfelder und Vorgehensweisen gerichtet sind. Aufgrund des weiter in die Zukunft reichenden Zeithorizontes ist vieles, was in der kürzerfristigen Betrachtungsweise der operativen Führung als gegeben gelten muss, nun veränderbar und Gegenstand des Entscheidens; andererseits müssen dabei zukünftige Veränderungen zahlreicher Rahmenbedingungen berücksichtigt werden, die nicht mit Gewissheit vorausgesehen werden können. In methodischer Sicht geht es um Problemsituationen des Typs II, die wir im fünften Schritt der Problemlösungsmethodik charakterisiert haben, also um die Bewältigung äusserst komplexer und dynamischer Problemsituationen, auf die unsere ganzheitliche Problemlösungsmethodik ausgerichtet ist. Als charakteristische Führungsfunktionen gemäss dem letzten Abschnitt treten in diesem Bereich diejenigen des Gestaltens und Entwickelns in den Vordergrund. Beide Funktionen sind auf strategischer Ebene darauf gerichtet, langfristig die Voraussetzungen dafür zu schaffen, dass die Unternehmungsaktivitäten durch eine effiziente operative Führung jederzeit möglichst störungsfrei und wirtschaftlich ablaufen können.

Vergleichen wir die auf strategischer Ebene zu treffenden Entscheide mit denjenigen der operativen Ebene, so sehen wir, dass hier wesentliche Unterschiede bestehen (vgl. Abb. 94).

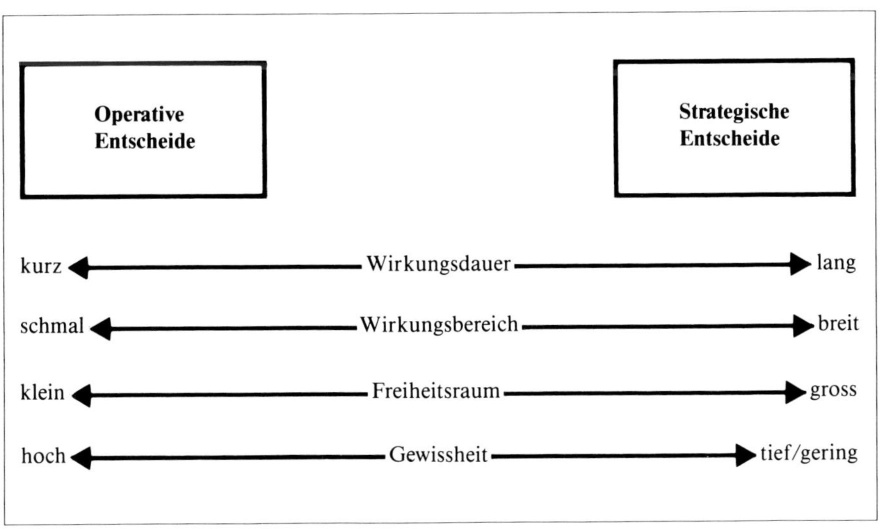

Abb. 94: Merkmale operativer und strategischer Entscheide

Die zum Treffen von Entscheidungen auf operativer Ebene notwendigen Entscheidungskriterien ergeben sich weitgehend – wenn auch nicht vollständig – aus den zuvor getroffenen, übergeordneten strategischen Entscheidungen. Es stellt sich jedoch die Frage, nach welchen Kriterien eigentlich strategische Entscheide getroffen werden sollen. Aus logischen Gründen muss es sich dabei um Wertsetzungen auf einer übergeordneten Ebene handeln, da Ableitungen von Entscheidungskriterien aus den zu treffenden Entscheiden selbst einen Zirkelschluss darstellen würden. Personell gesehen kann es sich dabei zwar durchaus um Werte handeln, die von den Personen, welche die strategischen Entscheide selbst treffen, festgelegt werden, doch müssen sie aus einer den strategischen Entscheidungen übergeordneten Ebene stammen. Dies entspricht auch unserer durchgehend betonten Sicht der Unternehmung als ein offenes System, das sich in umfassendere Systeme, von denen es nur ein Element ist, einpassen muss. Strategische Entscheide können also nur begründet werden durch Interpretation der Anforderungen, welche von einem umfassenderen System an die Unternehmung gestellt werden. Da Unternehmungen nicht lediglich ausführende Organe ohne eigenen Entscheidungsspielraum sind, ist es auch ihre Aufgabe, die ihr in der Gesellschaft zukommende Funktion selbst zu interpretieren und festzulegen.

Auf der normativen Führungsebene geht es also um die Bestimmung übergeordneter Werte, zu deren Verwirklichung die Unternehmung mit ihren eigenen Zielsetzungen und Aktivitäten beitragen soll. Man kann auch sagen, dass auf dieser Ebene die «Unternehmungsmoral» festgelegt wird, die für ihre Verhalten wegleitend sein soll. Solche normativen Entscheidungen sind darauf gerichtet, das Unternehmungsverhalten zu begründen und zu legitimieren, aber natürlich in erster Linie, das tatsächliche Entscheiden und Handeln der Unternehmungsangehörigen auf die festgelegten Normen auszurichten. Sowohl von den Unternehmungsangehörigen aus betrachtet wie auch aus der Sicht der Menschen ausserhalb dieser Institution geht es bei diesen Festlegungen um Prozesse der Sinngebung, denn erst sie erlauben es, einen Kontext zu bilden und den Unternehmungsaktivitäten einen Sinn zuzuordnen.

Wie kommt man zu tragfähigen, sinnmachenden Wertsetzungen auf dieser Ebene? In einer personalen Sicht kann man davon ausgehen, dass es sich um von Menschen gesetzte Werte handelt; es ist dann naheliegend, diese Festlegung übergeordneter Werte darin zu erblicken, dass die Entscheide treffenden Führungskräfte auf ihre persönlichen Werthaltungen und Grundüberzeugungen zurückgreifen und diese auf die Unternehmung übertragen. Gehen wir jedoch in institutionaler Sicht davon aus, dass es um die Festlegung von Werthaltungen der Unternehmung als offene, in die Gesellschaft eingegliederte Institution geht, so sehen wir, dass dieser

Rückgriff auf eine persönliche Moral noch nicht ausreicht, sondern dass sich die Unternehmung ja auch auf dieser wertmässigen Ebene in die Gesellschaft einpassen muss. In dieser Sicht würde es auf den ersten Blick einfach darum gehen, die in der Gesellschaft geltenden Werthaltungen und Verhaltensnormen anzunehmen und auf die Unternehmung zu übertragen. Diese passive Anpassung ist jedoch in der heutigen Gesellschaft kaum mehr möglich, da kein allgemeiner Konsens über die Normen besteht, die für das individuelle und kollektive Handeln gelten sollen; man muss vielmehr von einem vielfältigen Wertepluralismus und einem ständigen Wertewandel in unserer Gesellschaft ausgehen. Die Unternehmungsleitung kann sich daher – mit Ausnahme der Normen des geltenden Rechts – nicht auf vorgegebene gesellschaftliche Werte berufen, sondern muss selbst verschiedene Wertvorstellungen beurteilen, bestimmte auswählen und begründen können. Man kann auch sagen, dass sich die Führungskräfte ein Bild machen müssen von der Gesellschaft, die sie als wünschenswert erachten und zu deren Verwirklichung die Unternehmung beitragen soll.

Die Berufung auf die Wertsetzungen einer einzelnen Persönlichkeit, des Unternehmers, halten wir auch aus einem andern Grund für nicht ausreichend: Die Führungsfunktionen sind, wie wir gesehen haben, im modernen Unternehmen auf eine Vielzahl von Menschen verteilt, die alle einen Selbstwert aufweisen und das Recht auf eigene Werthaltungen besitzen. Auch im Bereich der operativen Führung und des ausführenden Handelns entstehen immer wieder Situationen, in denen zur Bestimmung des konkreten Handelns auf generellere Normen als Kriterien zurückgegriffen werden muss. Auch die auf dieser Führungsebene vorgegebenen Ziele müssen in einer demokratischen Gesellschaft von den Beteiligten und Betroffenen nach ihrem Sinngehalt «hinterfragt» werden dürfen. Es geht nicht an, in einem viele Menschen umfassenden System einer einzigen Person allein eine moralische Macht zuzuordnen. Andererseits kann eine Unternehmung nicht eine zielgerichtete handlungsfähige Ganzheit sein, wenn dabei gänzlich unterschiedliche, individuelle Werthaltungen zum Zuge kommen und sich widersprechende Verhaltensnormen befolgt werden sollen. Daraus ergibt sich die Notwendigkeit der *Konsensbildung* unter vielen Individuen im Bereich der normativen Führung. Diese Klärung und «Harmonisierung» der Werthaltungen ist unseres Erachtens nicht nur notwendig, sondern auch möglich, wenn man nicht versucht, absolute, letzte Werte, wie sie sich etwa aus religiösen und weltanschaulichen Überzeugungen ergeben, zu vereinheitlichen, sondern davon ausgeht, dass es um das Verhalten der Unternehmung in der Gesellschaft geht, also um Wertsetzungen auf der gesellschaftlichen Ebene.

In Abbildung 95 sind die hier diskutierten Aspekte schematisch dargestellt. Zusammenfassend können wir festhalten, dass es in der normative Führung um die Entwicklung und Durchsetzung eines *Wertesystems für die Unternehmung* geht,

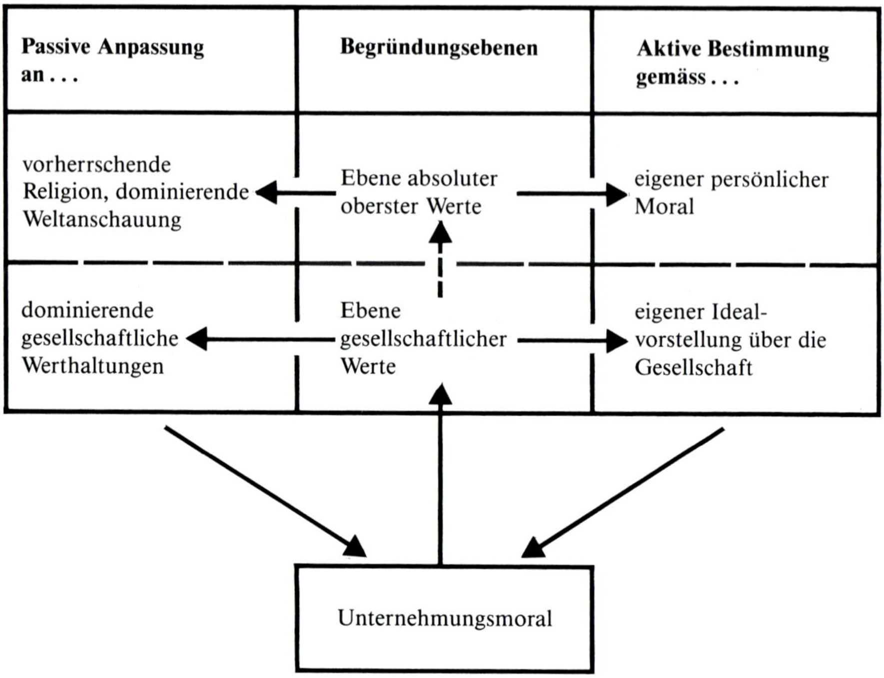

Abb. 95: Bestimmung der Unternehmungsmoral

das in der Lage ist, die zukünftigen Unternehmungsaktivitäten aus übergeordneter Sicht zu begründen und zu legitimieren und einen sinngebenden Kontext für alle Beteiligten und Betroffenen zu schaffen. Dieses Wertesystem kann nur von Menschen geschaffen werden und beruht unlösbar auf persönlichen Überzeugungen und Einstellungen, die sich aber auf die Frage beziehen müssen, wie sich die Unternehmung als Institution in ihrer Umwelt verhalten soll.

Zusammenfassung

Betrachten wir diese drei Führungsebenen zusammen, so können wir in historischer Sicht feststellen, dass zunächst im Zuge der Industrialisierung die Probleme der operativen Führung im Vordergrund standen. Die Frage, wie man Produkte rasch, rationell und in grossen Mengen produzieren kann, um einen immensen Güterbedarf der Gesellschaft zu befriedigen, dominierten das Managementdenken, und die entwickelten operativen Konzepte führten zur Massenproduktion und zu massiven Produktivitätssteigerungen. Um die Mitte des 20. Jahrhunderts, namentlich nach dem zweiten Weltkrieg, entwickelte sich dann mehr und mehr eine Sichtweise, die – entsprechend der zunehmenden Intensität der Konkurrenz, dem rascheren Wandel der ganzen Umwelt und der Verfügbarkeit neuer Technologien – die Frage nach den längerfristigen Zielsetzungen der Unternehmung und der «Überlebensfähigkeit» in den Vordergrund rückte, also ein Denken auf strategischer Ebene. In den letzten zehn Jahren schliesslich ist unter dem Einfluss des Wertewandels in der Gesellschaft, einer zunehmenden Vielfalt von Ansprüchen an die Unternehmung und einer zunehmenden Kritik vermehrt erkannt worden, dass Unternehmungsführung auch eine wertende, normative Ebene aufweist.

Damit soll natürlich nicht gesagt werden, dass jeweils eine neue Sichtweise die bisherige abgelöst und verdrängt hat. Das Bild hat sich lediglich erweitert; von der unmittelbaren und konkreten operativen Führung aus betrachtet, kann man sagen, dass man mehr und mehr erkannt hat, dass diese eines abstrakten «Überbaus» bedarf, wenn die Unternehmung auf Dauer existieren und in die Gesellschaft hineinpassen soll (vgl. Abb. 96).

Diese drei Ebenen der Führung sind nicht unabhängig voneinander. Analog zu der Unterscheidung der Führungsfunktionen des Gestaltens, Lenkens und Entwickelns können wir auch nicht jede Ebene gewissermassen exklusiv einer be-

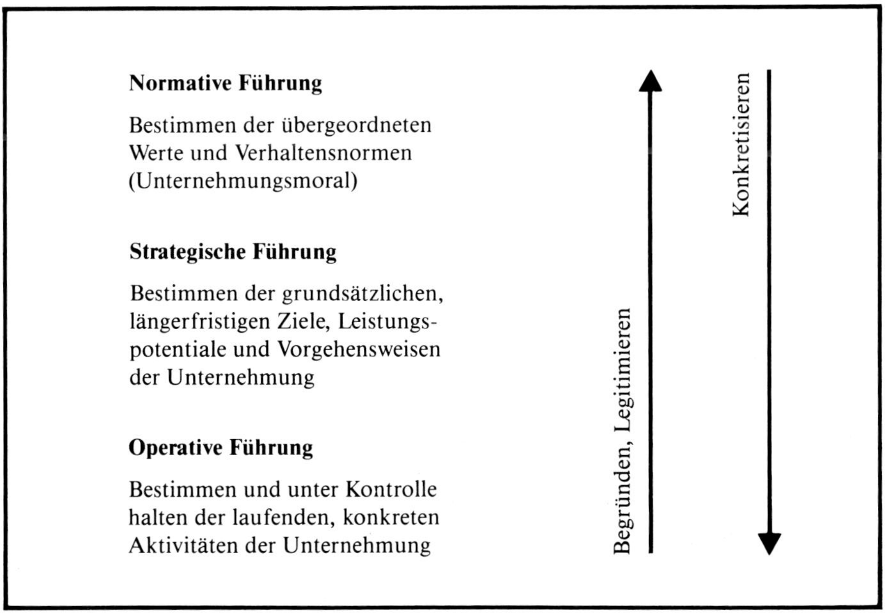

Abb. 96: Führungsebenen

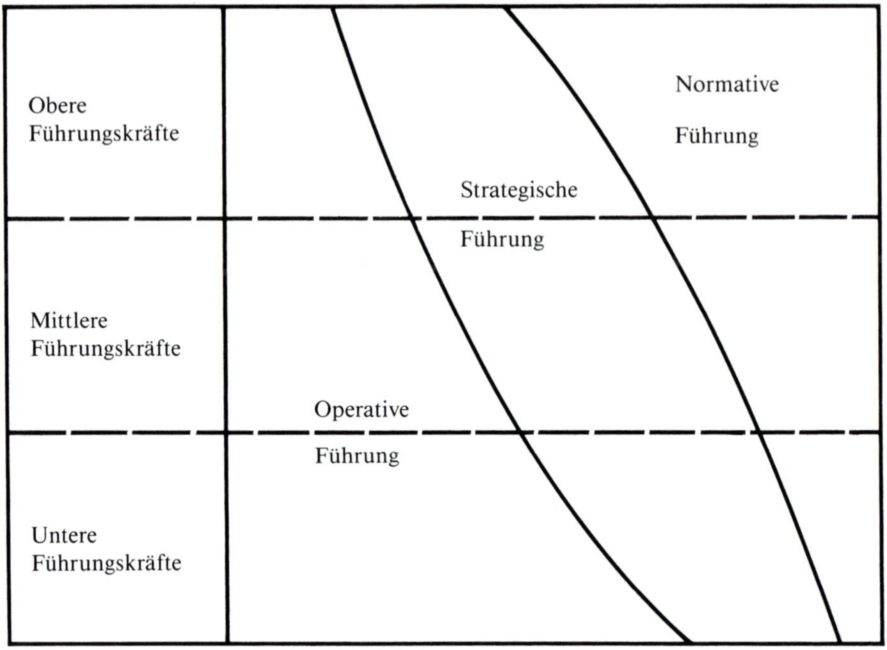

Abb. 97: Verteilung operativer, strategischer und normativer Führungsaufgaben

stimmten Gruppe von Führungskräften zuordnen. Aber auch hier können wir feststellen, dass den sich auf diesen Ebenen jeweils ergebenden Aufgaben je nach personeller hierarchischer Stufe unterschiedliche Gewichte zukommen (vgl. Abb. 97).

Unternehmungsführung als Management der Umweltbeziehungen

Wir haben mehrfach darauf hingewiesen, dass die Unternehmung sich in ihre Umwelt einpassen muss, dass es sich dabei jedoch nicht um ein bloss passives sich Anpassen oder Reagieren auf von der Umwelt ausgehende Einflüsse handelt, sondern dass die Umwelt-Unternehmungs-Beziehungen als *Wechselwirkungen* zwischen zwei Systemen zu verstehen sind, die sich gegenseitig beeinflussen. Wir müssen aber auch davon ausgehen, dass das Verhältnis zwischen Unternehmung und Umwelt dasjenige zwischen Teil und Ganzheit oder zwischen einem System und einem umfassenderen «Supersystem» einer hierarchisch höheren Ebene ist. Gerade wegen dieser – wenn auch begrenzten – Möglichkeit der aktiven und bewussten Einflussnahme der Unternehmung auf diese Umwelt müssen wir deren Gestaltung als Führungsaufgabe betrachten, was in diesem Abschnitt geschehen soll.

Zu diesem Zweck begeben wir uns gedanklich zunächst auf die Ebene der *Gesellschaft* als das umfassende System, von dem die Unternehmung ein Element ist. Die moderne Gesellschaft in unserer westlichen Kultur ist ein überaus komplexes, vielschichtiges System, das nicht durch ein einfaches Lenkungssystem unter Kontrolle gehalten wird. Dies würde wenigstens der Absicht nach auf eine Diktatur zutreffen, in der sich eine kleine Zahl von Auserwählten anmasst, die Gesellschaft in jeder Hinsicht zu steuern. Eine demokratische Gesellschaftsverfassung dagegen beruht auf dem Gedanken der breiten Machtverteilung letztlich auf alle Bürger, denen sowohl ein hohes Mass an individueller Selbstbestimmung wie auch an Mitwirkungsmöglichkeit an der Lenkung der ganzen Gesellschaft eingeräumt werden soll. Dem Demokratieverständnis entsprechend soll jede Konzentration der Macht bei einigen wenigen «Machthabern» verhindert werden, was zu einem sehr differenzierten System von «checks and balances» führt, in welche nicht nur die Macht auf viele verteilt ist, sondern auch jeder unter der Kontrolle anderer steht. Systemtheoretisch bedeutet dies, dass die demokratische Gesellschaft nicht von irgendwem gesteuert wird, sondern nach den Vorstellungen der Selbstlenkung mit Hilfe von weitverzweigten und vielfältigen Lenkungsmechanismen sich selbst unter Kontrolle hält. Diese *Lenkungssysteme* der Gesellschaft sind zwar in erheblichem Masse das Ergebnis des Verhaltens ihrer Elemente, aber doch auch der bewussten Systemgestaltung. Sie beruhen deshalb zum Teil auch auf rational ausgearbeiteten «Ordnungsmustern» für die Gesellschaft, die seit jeher von Philosophen und andern grossen Denkern entworfen worden sind.

In unserer Gesellschaft haben sich drei grundlegende Lenkungssysteme entwickelt, die aber miteinander verknüpft sind. Die auf die Lenkung des Verhaltens aller Gesellschaftsmitglieder gerichteten Systeme können wir als Moralsystem, Wirtschaftssystem und Politiksystem bezeichnen (vgl. Thomas Dyllick, Literaturverzeichnis). Sie können kurz wie folgt charakterisiert werden:

Das *Moralsystem* stellt das oberste Wertesystem der Gesellschaft dar. In ihm sollen die grundlegenden Werte und Verhaltensnormen entwickelt werden, welche in der Gesellschaft gelten sollen. Dabei geht es nicht um die Regelung irgend eines spezifischen Aspektes in der Gesellschaft, also auch nicht um die Etablierung einer Moral nur für einen begrenzten Teil der Gesellschaft, sondern im Prinzip um ein alles umfassendes gesellschaftliches System von Werten.

Das *Wirtschaftssystem* hat zum Zweck, die auf Produktion, Verteilung und Verwendung materieller Güter gerichteten Aktivitäten aller Gesellschaftsmitglieder zu regeln. Es beschränkt sich also auf einen zentral wichtigen, weil zur Lebenserhaltung notwendigen Bereich menschlichen Verhaltens.

Das *Politiksystem* bezweckt, Rechtsnormen zu entwickeln, also festzulegen, welche Verhaltensnormen mit Hilfe der Staatsgewalt erzwungen bzw. verboten werden sollen. Auch dieses System ist wie das Moralsystem im Prinzip umfassend, d. h., es setzt Rechtsnormen in bezug auf alle Aspekte des menschlichen Verhaltens in der Gesellschaft.

Bei der Ausgestaltung dieser drei Systeme waren die erwähnten Grundauffassungen über das Wesen einer demokratischen Gesellschaft wegleitend, was zur Folge hat, dass sie *Ordnungen* oder Regelungsmechanismen darstellen, durch die ein freiheitliches Zusammenwirken aller Gesellschaftsmitglieder zwecks Bildung eines gesellschaftlichen *Konsenses* entstehen soll. Von zentraler Bedeutung ist dabei das Politiksystem, kommt ihm doch auch die Aufgabe zu, die freiheitliche Ausgestaltung der beiden andern Systeme zu gewährleisten und die Beteiligten vor dem Machtmissbrauch einzelner zu schützen. Die grundlegenden Prinzipien der gewollten Ordnungen werden daher in den obersten Rechtsnormen, der Verfassung oder dem Grundgesetz verankert. Es sind dies beispielsweise für das Moralsystem die Glaubens- und Gewissensfreiheit und das Recht auf freie Meinungsäusserung, in bezug auf das Wirtschaftssystem die Handels- und Gewerbefreiheit und das Recht auf Privateigentum, in bezug auf das Politiksystem selbst das allgemeine Stimm- und Wahlrecht.

Diese Skizze einer mehrdimensionalen demokratischen Gesellschaftsordnung stellt natürlich ein Idealbild dar, von dem die Wirklichkeit mehr oder weniger stark abweicht. In allen drei Systemen bestehen immer auch Bestrebungen Einzelner oder von Gruppen und Institutionen, sich selbst grössere Machtpositionen anzueignen oder spezifische Anliegen ohne Rücksicht auf grundlegende Ordnungsprinzipien durchzusetzen. Die zunehmende Komplizierung der Gesellschaft führt dazu, dass solche spezifischen Anliegen oft gerechtfertigt erscheinen und im Politiksystem Rechtsnormen entstehen, welche nicht auf die Gestaltung und Sicherung einer grundlegenden Ordnung gerichtet sind, sondern punktuelle Lenkungseingriffe zur Erreichung spezifischer Zwecke darstellen. Daneben bestehen aber auch Bestrebungen zur grundlegenden Änderung dieser Lenkungssysteme selbst. In bezug auf alle drei Systeme kann man eine starke Dynamik und eine erhöhte Änderungsgeschwindigkeit feststellen; stichwortartig ausgedrückt geht es im Moralsystem um den Wertewandel, im Politiksystem um die Zunahme der jährlich produzierten Rechtsnormen und im Wirtschaftssystem um den sogenannten Strukturwandel.

In diesem gesellschaftlichen Zusammenhang betrachtet wird die Unternehmung nicht nur durch das eigene, gewissermassen interne Lenkungssystem, sondern auch durch diese übergeordneten gesellschaftlichen Lenkungssysteme gelenkt (vgl. Abb. 98). Man kann auch sagen, dass die Freiheit der Selbstlenkung der

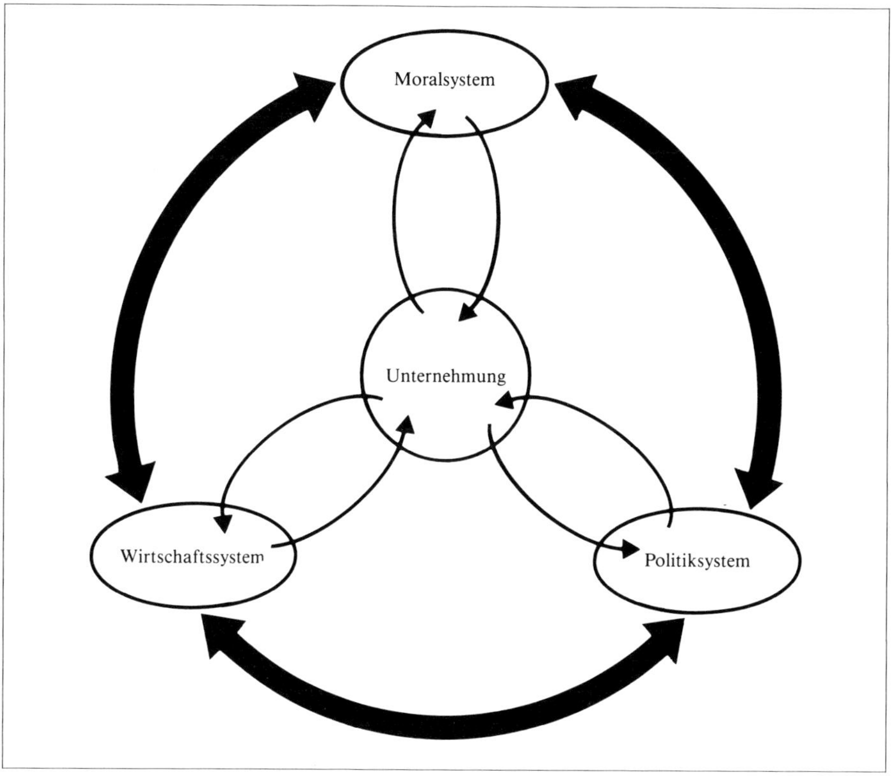

Abb. 98: Die Unternehmung als Element gesellschaftlicher Systeme

Unternehmung durch das Bestehen übergeordneter gesellschaftlicher Lenkungssysteme eingeschränkt wird, was in bezug auf alle drei erwähnten gesellschaftlichen Systeme gilt. Dies ist allen Unternehmungsleitungen völlig klar in bezug auf das *Wirtschaftssystem,* das in einer freiheitlichen Ordnung die wirtschaftlichen Aktivitäten aller Beteiligten über die Preise regelt, welche im abstrakten Modell sich durch das Ausbalancieren von Angebot und Nachfrage laufend auf dem Markt bilden; man kann deshalb auch vom «*Marktmechanismus*» als wirtschaftlichem Lenkungssystem sprechen. Die Unternehmungen sind nicht nur bestrebt, ihre spezifischen Ziele im Rahmen dieses Lenkungssystems zu erreichen, sondern berufen sich oft auch auf «die Gesetze des Marktes», um ihr Verhalten zu rechtfertigen. Ebenso klar ist die Notwendigkeit, sich geltenden Rechtsnormen des *Politiksystems* unterzuordnen, will man sich nicht Sanktionen der Staatsgewalt aussetzen. Auch in dieser Beziehung ist festzustellen, dass sich Unternehmungen, wenn von ihnen ein verändertes Verhalten gefordert wird, auf «das geltende Recht» berufen, das sie einhalten. Bedeutend weniger durchsichtig und anerkannt ist die Unterordnung der Unternehmung unter Normen des *Moralsystems* der Gesellschaft, soweit diese nicht oder noch nicht durch das Politiksystem zu geltendem Recht geworden sind. Die Einhaltung solcher Verhaltensregeln werden weder durch das Regelungssystem des Marktes noch durch das Rechtssystem erzwungen. Ob sie befolgt werden oder nicht, liegt im Ermessen der Unternehmung selbst und bildet somit den Gegenstand von Führungsentscheidungen. Bei der Behandlung der Führung auf *normativer Ebene* sind wir auf diese Fragen näher eingegangen und haben darauf hingewiesen, dass die Problematik für die Unternehmungsführung darin besteht, dass sie sich nicht auf ein einheitliches und konsistentes gesellschaftliches Wertesystem abstützen kann, sondern selbst über die Bevorzugung bestimmter gesellschaftlicher Werte und Verhaltensnormen entscheiden muss. Wir haben allerdings schon früher auch darauf hingewiesen, dass die Gesellschaft oder Gruppen von Gesellschaftsmitgliedern ebenfalls gewisse Sanktionsmöglichkeiten gegenüber der Unternehmung haben, um Verletzungen solcher Normen zu «bestrafen».

Gehen wir vom Prinzip der *Wechselwirkung* sowohl zwischen den drei gesellschaftlichen Systemen wie auch zwischen jedem von ihnen und dem Element Unternehmung aus, wie dies in Abbildung 98 angedeutet ist, stellt sich jedoch für die Unternehmungsführung die Frage nach der *aktiven Einflussnahme* auf diese Systeme. Zunächst erfordern die nach einem freiheitlichen Ordnungsprinzip den einzelnen Beteiligten eingeräumten Freiräume geradezu ein aktives Verhalten auch der Unternehmung. In bezug auf das Wirtschaftssystem ist diese Notwendigkeit einer aktiven «marktorientierten Unternehmungsführung» seit langem anerkannt. In bezug auf das Politiksystem bestehen nach wie vor grosse Spielräume des Verhaltens im Rahmen der durch Rechtsnormen abgesteckten Grenzen, die ebenfalls durch Selbstbestimmung ausgefüllt werden müssen; auf die Notwendigkeit, in bezug auf die Einpassung in das gesellschaftliche Moralsystem eigene Normen zu bestimmen, haben wir ebenfalls mehrfach hingewiesen. Die Frage geht aber weitergehend dahin, ob die Unternehmungen auch befugt sind, auch an der Gestaltung dieser gesellschaftlichen Willensbildungs- und Willensdurchsetzung aktiv mitzuwirken, also die entsprechenden Prozesse zu beeinflussen. Fasst man als Elemente der Gesellschaft nicht nur die einzelnen Bürger auf, sondern auch die zahlreichen Institutionen, so muss diese Frage prinzipiell bejaht werden, denn es ist nicht einzusehen, warum in einer demokratischen Gesellschaft Unternehmungen und andere gesellschaftliche Organisationen von diesem Mitwirkungsrecht bei der Festlegung gesellschaftlicher Normen ausgeschlossen sein sollten. Eine solche Einflussnahme findet vor allem auf die politischen Willensbildungsprozesse seit langem auf verschiedenen Wegen statt: durch Stellung oder Gewinnung von «Interessenvertretern», die aktiv in politischen Gremien arbeiten, bis hin zur Bildung von Lobbies, durch Stellungnahmen bei Wahlen und Abstimmungen und so fort.

In der Schweiz mit ihren sich pragmatisch verändernden Ordnungssystemen ist dieses Mitwirkungsrecht durch das sogenannte Vernehmlassungsverfahren politisch anerkannt worden.

Es ist verständlich, dass aus der Sicht der Unternehmung als Wirtschaftssubjekt bei dieser «Aussenpolitik» der Unternehmungen die das Wirtschaftssystem gestaltenden und beeinflussenden Rechtsnormen im Vordergrund stehen. Diese Sichtweise greift jedoch, wie immer deutlicher wird, in der heutigen Gesellschaft zu kurz. Die zunehmende Zahl von Fällen, in denen das Verhalten von Unternehmungen im Rahmen des Moralsystems öffentlich diskutiert wird, zeigt sehr deutlich, dass sich Unternehmungen je länger je weniger als Institutionen der Wirtschaft allein verstehen können, die einzig den «Gesetzen des Marktes» zu folgen hätten. Wie wirksam Forderungen an ein verändertes Verhalten von Unternehmungen und nach Veränderung der für die Wirtschaft gültigen Normen mit Hilfe der Massenmedien geworden sind, zeigen nicht nur zahlreiche konkrete Fälle, in denen Unternehmungen durch «moralischen Druck» zu einer Verhaltensänderung gezwungen wurden, sondern auch die früher erwähnte sukzessive Umgestaltung der «kapitalistischen» zu einer sozialen und ökologischen Marktwirtschaft.

Diese Überlegungen führen zur Konsequenz, dass die Unternehmungsführung *auf allen drei gesellschaftlichen Lenkungsebenen* eine *aktive Aussenpolitik* betreiben muss. Die Unternehmungen sind von Wirtschaftssubjekten zu gesellschaftlichen Institutionen von öffentlichem Interesse geworden, deren Verhalten in zunehmendem Masse aus der Sicht nicht nur des wirtschaftlichen, sondern auch des politischen und des moralischen Systems der Gesellschaft beurteilt wird. Es geht dabei in erster Linie um die aktive Pflege der informationellen Beziehungen zur Gesellschaft, d. h. um die Mitwirkung an der öffentlichen Meinungsbildung. Die Unternehmungsleitungen müssen sich dabei bewusst sein, dass im politischen wie im moralischen System die Willensbildungsprozesse anders verlaufen als im Wirtschaftssystem, und vor allem, dass dabei eine ganz andere Argumentationsweise notwendig ist. Öffentliche Diskussionen finden meist in Begriffen des Moralsystems statt, und Werte wie Gerechtigkeit, Schutz der Natur, der menschlichen Gesundheit usw. liefern dazu die Beurteilungskriterien. In solchen wertbehafteten Diskussionen findet naturgemäss eine Argumentation in rein wirtschaftlichen Begriffen kaum Anklang.

Es wäre natürlich falsch, dieses Pflegen der Aussenbeziehungen der Unternehmung nur als informationelles Problem im Sinne einer möglichst raffinierten Public-Relations-Pflege anzusehen. Letztlich kommt es darauf an, das tatsächliche Unternehmungsverhalten auch auf der moralischen und politischen Ebene begründen zu können, und dies ist auf die Dauer nur möglich, wenn sich die Unternehmung bemüht, ihr tatsächliches Verhalten auf gesellschaftlich akzeptierbare Werte und Normen auszurichten. Dies liegt im höchsten Interesse der Unterneh-

Teilbereiche auch die «Wirkungsbreite» der zu treffenden Entscheide gering ist. Dies bedeutet, dass solche Situationen gut strukturiert sind, viele Faktoren «gegeben» sind und relativ wenig «Variable» bestehen, die sich entweder selbst ändern oder als Eingriffspunkte für Lenkungsmassnahmen verwendet werden können. Die möglichen Änderungen der Situation wie auch die Wirkungen von Eingriffen sind relativ gut voraussagbar. Solche Teilprozesse der Führung sind also mit einfacheren Methoden zu bewältigen; oft genügen dazu Erfahrung und gesunder Menschenverstand.

Bei der Funktion des *Gestaltens* können wir zunächst Probleme herausgreifen, die auf die Planung und Realisierung *technischer Lenkungssysteme* gerichtet sind. Hier geht es um die Konstruktion von oft sehr komplizierten technischen Datenverarbeitungssystemen, was ein hohes Mass an Wissen und Können voraussetzt. Für die Lösung solcher technischer Probleme ist eine «weiche» Problemlösungsmethodik, welche auf die Beeinflussung hochkomplexer, lebensfähiger Systeme ausgerichtet ist, weder notwendig noch ausreichend; ebensowenig genügen dazu aber auch der gesunde Menschenverstand oder einfache Entscheidungslogiken. Erforderlich sind hier exakte, quantitative Methoden, da es darum geht, genau und mit grösstmöglicher Sicherheit funktionierende, komplizierte Mechanismen zu entwerfen und zu verwirklichen.

Insoweit es aber beim Gestalten um das Entwerfen und Realisieren von Systemen geht, die vornehmlich Menschen als Akteure umfassen, handelt es sich um Problemsituationen, wie wir sie unserer ganzheitlichen Problemlösungsmethodik zugrunde gelegt haben. Negativ ausgedrückt reichen hier weder einfache Methoden aus noch sind die im technischen Bereich notwendigen exakten Methoden geeignet. Dies ist um so mehr der Fall, je mehr nicht beeinflussbare variable Umweltfaktoren eine Rolle spielen und je länger der zukünftige Zeitraum ist, auf den wir unsere Problemstellung ausrichten. Wie wir gesehen haben, treffen diese Voraussetzungen vor allem bei Problemstellungen auf der strategischen Ebene zu. Dieselben Überlegungen treffen auch bei Problemen zu, die auf die *Entwicklung* der Unternehmung im Sinne der qualitativen Verbesserung gerichtet sind.

In einer umfassenden prozessualen Betrachtung der Unternehmungsführung zeigt sich also, dass dabei sowohl mehr oder weniger einfache bzw. komplizierte wie auch mehr oder weniger komplexe Problemsituationen zu bewältigen sind und demzufolge auch Problemlösungsmethoden unterschiedlichen Typs anzuwenden sind. Die rasante Entwicklung der elektronischen Datenverarbeitung hat dazu geführt, dass immer mehr Probleme der kurzfristigen Lenkung auf operativer Ebene von Maschinen bewältigt werden können, so dass Menschen als Führungskräfte von solchen dispositiven Aufgaben entlastet werden. Dies setzt aber voraus, dass entsprechende maschinelle Lenkungssysteme entwickelt und eingesetzt werden, was deren zweckmässige Gestaltung zu einer Führungsaufgabe macht. Obwohl diese mit Hilfe exakter und quantitativer Methoden zu lösenden Probleme «technischer Art» sind und von entsprechend qualifizierten Fachleuten gelöst werden müssen, sollten sie gedanklich nicht als vollständig zu delegierende Sachprobleme, sondern als Teilaufgaben der Unternehmungsführung aufgefasst werden. Wie bekannt haben viele Unternehmungen mit der durchgehenden «Computerisierung» erhebliche Schwierigkeiten, was nicht zuletzt darauf zurückzuführen ist, dass diese als ein rein technisches Problem für Fachleute angesehen wird.

Auch unter Berücksichtigung dieser Entlastung der Führungskräfte durch die Technik dürften im Führungsalltag rein zahlenmässig die Fälle vorherrschen, in denen aufgrund einfacher Methoden unmittelbar entschieden und gehandelt wird. Dies trifft jedoch nur auf die *Anzahl* der Entscheide, nicht jedoch in bezug auf ihre *Bedeutung* zu. Die vielen relativ einfachen Situationen sind, wie schon erwähnt, das Ergebnis vorgängiger Komplexitätsreduktion durch weiterreichende, grundsätzlichere und umfassendere Entscheide auf strategischer und normativer Ebene, und für diese ist eine ganzheitliche, auf Situationen hoher Dynamik und Komplexität ausgerichtete Problemlösungsmethodik notwendig. Historisch gesehen haben die Entwicklung des erwähnten «Überbaus» der operativen Führung durch eine Führung auf strategischer und normativer Ebene und die zunehmende Bedeutung gestaltender und entwicklungsorientierter Entscheide dazu geführt, dass der Bereich der Führungsaufgaben, die von Menschen mit Hilfe einer solchen Denkweise gelöst werden müssen, zugenommen hat.

Die Vielfalt von Führungsproblemen, die in einer Unternehmung mit unterschiedlichen Methoden zu lösen sind, sollte jedoch nicht dazu führen, dass wir die dazu jeweils erforderlichen Teilprozesse isoliert betrachten. In einer ganzheitlichen Sicht zeigt sich, dass alle diese unterschiedlichen Führungsprozesse, trotzdem sie arbeitsteilig organisiert sind, einen logischen Zusammenhang aufweisen und miteinander verknüpft sein müssen. Auch sehr allgemeine, auf eine weite Zukunft ausgerichtete unternehmungspolitische oder strategische Entscheide machen ja letztlich nur Sinn, wenn sie das konkrete, ausführende Handeln der Unternehmung beeinflussen. Die einzelnen Vorgänge und Prozesse müssen also gedanklich zu einem ganzheitlichen, *dynamischen Führungssystem* integriert werden.

Diese *Integration* ist in drei Dimensionen notwendig: einer hierarchischen, einer sachbezogenen und einer zeitlichen Dimension. Mit *hierarchischer Integration* bezeichnen wir die Verknüpfung von Führungsprozessen verschiedener hierarchischer Ordnung miteinander. Führungsprozesse höherer hierarchischer Ordnung sind solche, welche für nachfolgende Prozesse niedrigerer Ordnung zu beachtende «Rahmenbedingungen» setzen, also die dort verfügbare Entscheidungs- und Handlungsfreiheit beschränken. Es sind dies vor allem strategische Entscheide, welche sich auf die ganze Unternehmung oder grosse Teile davon beziehen und auf die Festlegung von Verhaltensfeldern auf längere Sicht gerichtet sind. Die Unterschiedlichkeit der auf strategischer und auf operativer Ebene zu treffenden Entscheide schliesst, wie die Praxis zeigt, die Gefahr in sich, dass diese beiden Problembereiche prozessual nicht oder nicht genügend miteinander verknüpft sind. Das Ergebnis besteht dann darin, dass strategische Pläne in den Schubladen höherer Führungskräfte oder von Stabsleuten verschwinden, während die tatsächlichen Aktivitäten der Unternehmung nach wie vor bisherigen Strategien folgen oder kurzfristig bestimmt werden.

Es ist daher notwendig, diese hierarchische Integration im Sinne einer «vertikalen» *Durchgängigkeit der Führung* bewusst zu sichern. In der Problemlösungsmethodik haben wir denn auch auf die Ableitung von Projekten und Massnahmen aus strategischen Entscheidungen grosses Gewicht gelegt. Instrumentell kann ein umfassend konzipiertes Planungssystem diese Verbindung sichern. Die Erfahrung zeigt aber auch, dass es sich um eine nicht durch Instrumente allein lösbare Führungsaufgabe handelt, sondern dass die Führungskräfte in persönlichem Kontakt mit ihren Mitarbeitern für das Verständnis für diese grosse Linie der Führung sorgen müssen.

Allgemeine Entscheide höherer hierarchischer Ordnung mit grosser Wirkungsbreite müssen aber notwendigerweise auch in eine Vielzahl konkreterer Massnahmen umgesetzt werden, die aufeinander abgestimmt sein müssen. Diese *sachliche Integration* verbindet und koordiniert Problemlösungsprozesse in verschiedenen, grösseren oder kleineren Sachbereichen der Unternehmung, wobei wichtig ist, dass dies prospektiv erfolgt und nicht durch nachträgliche Korrekturmassnahmen. Auch in dieser Hinsicht ist ein umfassendes Planungssystem das geeignete Integrationsinstrument, aber auch hier wird deutlich, dass die Führung als Menschenführung zum Zuge kommt. Diese personale Integration wird auf der Einstellungs- und Motivationsebene um so besser gelingen, je mehr auch die davon betroffenen Mitarbeiter bereits in die höherwertigen Problemlösungsprozesse einbezogen worden sind.

Auf die Notwendigkeit einer *zeitlichen Integration* haben wir ebenfalls schon des öfteren hingewiesen. Die einzelnen Problemlösungsprozesse müssen als Abläufe in der Zeit gesehen und gestaltet werden, einerseits, um keine unnötigen Zeitverluste in Kauf nehmen zu müssen, andererseits, weil viele Prozesse gar nicht sinnvoll abgewickelt werden können, bevor nicht andere die notwendigen Voraussetzungen dazu geschaffen haben. Ungenügendes Denken in der zeitlichen Dimension nicht nur in einzelnen konkreten Realisationsprozessen, sondern auch im grösseren Zusammenhang mehrerer miteinander verknüpfter Prozesse führt oft zu ganz erheblichen zeitlichen Verzögerungen und kann die Ursache eines wenig flexiblen Verhaltens der Unternehmung bei sich rasch verändernden Zielen und Bedingungen sein.

Zusammenfassend können wir festhalten, dass die Gestaltung der Unternehmungsführung als ein dynamisches System von im einzelnen verschiedenen, aber zusammenhängenden Problemlösungsprozessen eine recht schwierige Aufgabe darstellt, bei der zahlreiche Aspekte zu berücksichtigen sind. Wichtig ist unseres Erachtens die Erkenntnis, dass das analytische und statische Bild der Zuordnung von dauerhaften Führungsaufgaben an die einzelnen Führungskräfte den heutigen Anforderungen an eine prospektive, flexible und effiziente Unternehmungsführung nicht mehr entspricht und durch eine Erfassung der Führung als *integriertes System von Führungsprozessen* ersetzt werden muss.

Auf dem Weg zu einem ganzheitlichen Verständnis von Unternehmung und Unternehmungsführung

Unternehmungen sind Ergebnisse menschlicher Wertsetzungen, Absichten und Handlungen und somit Produkte der *Kultur.* Wozu und wie sie geschaffen, ausgestaltet und gelenkt werden, nach welchen Normen sie handeln und wie ihr Verhalten beurteilt wird, hängt deshalb mehr, als uns meist bewusst ist, vom «Zeitgeist» ab und damit von Bildern, die wir uns vom Wesen einer Unternehmung und von den Aufgaben der Unternehmungsführung machen. Kulturen sind nichts Statisches, sondern verändern sich in grösseren oder kleineren Zeiträumen. Da solche Änderungen oft kontinuierlich und in kleinen Schritten über längere Zeit hinweg erfolgen, nehmen wir sie in ihrer Bedeutung oft erst im Rückblick auf eine vergangene Periode wahr. Vieles spricht dafür, dass wir in einer Zeit eines beschleunigten kulturellen Wandels leben, den wir deshalb auch leichter erkennen können; aber trotzdem haben wir Mühe, unsere eigenen Vorstellungen diesen Entwicklungen auf der kulturellen Ebene anzupassen. Die Bilder, die wir uns in Praxis und Wissenschaft von Unternehmung und Führung machen und die unser Denken und Handeln bestimmen, sind deshalb auch oft von unseren eigenen früheren Erfahrungen geprägt, die wir unter andern kulturellen Rahmenbedingungen gewonnen haben, und darüber hinaus von unbewusst übernommenen traditionellen Vorstellungen früherer Zeiten etwa über die Eigenschaften eines wirklichen «Führers». Je mehr solche Bilder unbewusst und traditionsverhaftet sind, um so mehr erscheinen sie uns als zeitunabhängige Wahrheiten, denen man unabhängig vom Zeitgeist unerschütterlich folgen sollte.

Zu diesen Traditionen gehört auch eine Denkweise, die sich unter Anführung der Naturwissenschaften über Jahrhunderte hinweg entwickelt und in allen Lebensbereichen durchgesetzt hat. Im ersten Teil dieses Buches haben wir sie als exakt, mathematisch, quantifizierend, isolierend, kausalanalytisch, mechanistisch und materialistisch charakterisiert. Ihre für alle sichtbare erfolgreiche Umsetzbarkeit in praktisches Handeln hat einerseits zu einer fortschreitenden und sich beschleunigenden Veränderung der Gesellschaft geführt, die man etwa mit den Schlagworten «Technisierung» und «Ökonomisierung» kennzeichnen kann, aber andererseits auch dazu, dass diese Art des erfolgreichen, rationalen Denkens zu einer bis vor kurzem unbestrittenen, nicht zu hinterfragenden, dominierenden Logik unserer Kultur geworden ist. Es ist also paradoxerweise gerade die Art des Denkens, die zu einer massiven Umgestaltung der Gesellschaft geführt hat und deshalb als «fortschrittlich» galt, die man heute als traditionell bezeichnen muss.

Diese Umwertung auch von Denkweisen ist Teil des oft geschilderten Wertewandels in der heutigen Gesellschaft. Auf seine Ursachen soll hier nicht eingegangen werden, sondern lediglich auf die Konsequenzen, die sich aus diesen Veränderungen im Wertsystem der Gesellschaft für das Unternehmungs- und Unternehmungsführungsbild ergeben.

Das für uns *traditionelle Unternehmungsbild* ist gekennzeichnet durch die Vorstellung, dass die Unternehmung ein Wirtschaftssubjekt und sonst nichts sei, das sich ausschliesslich nach den Regeln der Marktwirtschaft zu verhalten habe. Dahinter steht die Auffassung der Wirtschaft als ein von andern Gesellschaftsbereichen isolierbares, autonom und wertfrei funktionierendes, sich selbst lenkendes und organisierendes System. Die wirtschaftlichen Erfolge einer derart konzipierten freien Wirtschaftsordnung in Form einer eklatanten Steigerung des materiellen Wohlstandes sind derart offensichtlich, dass genügend Argumente bestehen, um diese Vorstellungen über Unternehmung und Wirtschaft stets von neuem rational begründen zu können. Trotzdem ist es offensichtlich, dass sie den heutigen Realitäten in einer sich wandelnden Gesellschaft nicht mehr entsprechen. Auf die veränderten Anforderungen an das Unternehmungsverhalten, die sich aus Änderungen im Moral- und im Politiksystem der Gesellschaft ergeben, haben wir bereits hingewiesen. Das Bild der Unternehmung als Wirtschaftssubjekt muss daher ausgeweitet werden zum Bild der *Unternehmung als gesellschaftliche Institution,* die einer wesentlich grösseren Vielfalt von Anforderungen entsprechen muss. Das heisst nicht, dass die Unternehmung kein Wirtschaftssubjekt mehr sei, sondern lediglich, dass dieser produktive Zweck der Unternehmung als Leistungen für andere auf möglichst wirtschaftliche Weise erzeugende Institution im Rahmen eines vielfältigeren gesellschaftlichen Wertsystems gesehen werden muss. Gleichzeitig muss erkannt werden, dass gesellschaftliche Werthaltungen nicht einfach, einheitlich und stabil sind, sondern vielfältig, widersprüchlich und sich ständig verändernd. In bezug auf das Wirtschaftssystem selbst muss die Vorstellung aufgegeben werden, es folge naturgesetzlich gegebenen, von menschlichen Wertsetzungen und Absichten unabhängigen Regeln, zugunsten eines Bildes einer Ordnung, die aufgrund veränderter Werthaltungen in der Gesellschaft verändert und «umstrukturiert» wird.

Diesem veränderten Bild der Unternehmung «von aussen gesehen» muss auch eine veränderte «Innenansicht» entsprechen. Das traditionelle Unternehmungsbild wurde geprägt durch die Verhältnisse zur Zeit der ersten Industrialisierung und beinhaltet die Vorstellung eines hocharbeitsteiligen Produktionsapparates, der durch eine Vielzahl von auf einfache Fertigkeiten spezialisierten Menschen als «Arbeitsträger» in Gang gehalten wird. Auch hier ist festzustellen, dass es gerade die technischen Entwicklungen und wirtschaftlichen Erfolge waren, die dazu führten, dass dieses einfache Bild eines stabilen Apparates, dem Mitarbeiter mit einfachen angelernten Fähigkeiten entsprachen, zunehmend unrealistisch geworden ist. Vor allem aber sind es Veränderungen im *Menschenbild,* die schon seit längerem in Gang sind und damit das Bild des Menschen als Mitarbeiter einer Unternehmung sukzessive verändert haben. Im traditionellen Unternehmungsbild wurde das ökonomistische Bild des Unternehmers als «homo oeconomicus» auf alle Unternehmungsangehörigen übertragen, und die Dominanz materieller Wert schien diese Reduktion des Menschenbildes sowohl für den Unternehmer wie auch seine Mitarbeiter zu rechtfertigen. Inzwischen hat sich in der Gesellschaft ein wesentlich anderes, mehrdimensionales Bild des Menschen durchgesetzt, das auf der Anerkennung des Selbstwertes jedes Individuums und dem Recht auf grösstmögliche Selbstbestimmung beruht, aber auch auf vielen weiteren Einsichten über die Vieldimensionalität des Menschen in seiner Doppelnatur als Individuum und als Mitglied menschlicher Gemeinschaften. Ein tragfähiges Unternehmungsbild beruht auf einer solchen Vorstellung des ganzen Menschen, wie sie etwa E. Schein gezeichnet hat (vgl. Literaturverzeichnis).

Wandlungen im Unternehmungsbild sind unlösbar verknüpft mit Wandlungen im *Bild der Unternehmungsführung.* Während Unternehmungen vergleichsweise jüngere Erscheinungen sind, hat es Führung in der Gesellschaft immer schon gegeben, so dass Vorstellungen über das Wesen der Führung eine viel längere Tradition besitzen und entsprechend stärker verankert sind. Im *traditionellen Führungsbild* spielt die Fähigkeit des Führers, das Verhalten einer Vielzahl anderer Menschen zu bestimmen und unter Kontrolle zu halten, eine überragende Rolle. Nicht das Gestalten und Lenken einer ganzen Institution, sondern das Bewirken eines bestimmten Verhaltens von Menschen steht im Zentrum dieser Vorstellung, also nicht eigentlich die Unternehmungs-, sondern die Mitarbeiterführung. Nach traditionellen Bildern erfolgt diese personale Führung im Rahmen einer klaren und einfachen hierarchischen Ordnung, welche die Durchsetzung des Willens einer obersten Führerpersönlichkeit bei den vielen ausführenden Mitarbeitern sichern soll. Mittlere und untere Führungskräfte sind lediglich Gehilfen des obersten Führers, die – wie es schon im Buch Mose beschrieben ist – zur Entlastung des obersten Chefs eingesetzt werden müssen, wenn die Zahl der zu führenden Menschen zu gross ist, um sie selbst allein unter Kontrolle halten zu können. Wie stark dieses traditionelle

Bild einer personalen, hierarchisch strukturierten Führung heute noch wirksam ist, zeigt sich im Rückgriff auf solche Vorstellungen durch höhere Führungskräfte, wenn über aktuelle Probleme der Unternehmungsführung diskutiert wird. So etwa, wenn immer wieder betont wird, das Wesentliche an der Führung sei die Mitarbeiterführung, wenn die Notwendigkeit einer klaren und einfachen Hierarchie, einer straffen Mitarbeiterführung betont wird und wenn sich Chefs vor allem als geschickte Verkäufer ihrer eigenen Ideen und Absichten verstehen. Alle diese Aspekte der Führung können auch in einem neuzeitlichen Unternehmungsführungsbild ihren Platz finden, bedürfen aber der Relativierung und Neuinterpretation. Es ist die Konzentration auf einige wenige traditionelle Vorstellungen und ihre Verabsolutierung, welche bewirkt, dass ein solches traditionelles Führungsbild nicht mehr in die Gesellschaft von heute hineinpasst. Dahinter steht auch das Bild des Führers als grosser Macher, der kraft seiner Energie und seiner Entschluss- und Überzeugungskraft mit Hilfe des von ihm dominierten Apparates so vieles machen kann, was andere nicht können.

Ein sich im kulturellen Wandel von heute und morgen bewährendes, tragfähiges Unternehmungs- und Unternehmungsführungsbild muss sich bewusst lösen von solchen traditionellen Vorstellungen, was ein «Umdenken» notwendig macht. Umdenken kann nicht nur eine Anpassung der eigenen Vorstellungen an die Notwendigkeiten in einer offensichtlich veränderten Gesellschaft aus Zweckmässigkeitsgründen bedeuten, etwa in der Weise, wie man sich neuen Verkehrssignalen anpasst. Sie muss zu einem Verstehen dieser Veränderungen, zu einer eigenen Urteilsbildung und zu einem veränderten Selbstbild bezüglich der eigenen Rolle führen. Dazu ist nicht nur Offenheit für neue Werte notwendig, sondern auch eine andere Art und Weise des Denkens und damit der Art und Weise, wie wir die Welt wahrnehmen und Modelle für unser eigenes Handeln konstruieren.

In den vorstehenden Abschnitten dieses vierten Teils haben wir zunächst versucht, mit Hilfe systemtheoretischer Begriffe und Erkenntnisse grundlegende Eigenschaften und Fähigkeiten einer Unternehmung als soziales System darzustellen. Das sich daraus ergebende Unternehmungsbild ist abstrakt und ungewohnt, und für jene, die Praxisnähe mit Reduktion auf konkrete Einzelheiten und auf einfache Verhaltensregeln verwechseln, auch theoretisch und praxisfern. In unserer Sicht ist es jedoch auch für den Praktiker zumindest eine Vorstufe konkreteren Handelns und wenigstens ein Zwischenergebnis ganzheitlichen Denkens. Grundlage dieser Denkweise ist die Vorstellung, dass Unternehmungen dynamische Ganzheiten sind, deren Eigenschaften und Verhaltensweisen nicht verstanden werden können, wenn man sie aus einzelnen Teilen ableiten will. Als eine der konsequenzenreichsten Eigenschaften solcher Ganzheiten haben wir ihre grosse Komplexität bezeichnet, die sich aus der Vernetztheit der einzelnen Elemente und dem Eigenverhalten der ihr angehörenden Menschen ergibt. Daraus ergibt sich, dass ein reduktives, das komplexe Ganze auf eine Summe von einfachen Dingen und Beziehungen reduzierendes Unternehmungsbild nicht realistisch ist, obwohl es konkret und realitätsnah aussehen mag. Die Anerkennung von Eigendynamik und Komplexität der Unternehmung als ganze führt aber auch zum Verzicht auf die Reduktion der Betrachtungsweise auf eine einzelne Dimension, wie immer man diese auswählen und bezeichnen mag. Die systemische Denkweise ist auch insofern ausweitend und weniger reduktiv, als die Vorstellung der Offenheit solcher Ganzheiten gegenüber einer ebenfalls dynamischen und komplexen, umfassenderen Ganzheit die Bedeutung der Integration der Unternehmung in ihre gesellschaftliche Umwelt erst in ihrer vollen Bedeutung erkennen lässt. Wir haben erkannt, dass das Zusammenwirken zwischen den Elementen in der Unternehmung wie auch die Dynamik der Beziehungen zwischen Unternehmung und Umwelt nicht als einseitig verlaufende Ursache-Wirkungsketten verstanden werden können, sondern nur als Wechselwirkungen zwischen einer Vielzahl sich gegenseitig beeinflussender Elemente, Komponenten und Systeme.

Ausgehend von der Vorstellung, dass Unternehmungsführung Führung einer solchen Ganzheit bedeutet und dass deshalb das Verstehen der grundlegenden Merkmale die Grundlage einer erfolgreichen Führung ist, sind wir dann der Frage nachgegangen, welche Konsequenzen die erfassten Eigenschaften des zu führenden Objektes auf die Vorstellungen über Unternehmungsführung haben. Die wohl von allen Führungskräften vertretene Auffassung, die Unternehmungen seien komplizierter geworden und die Unternehmungsführung schwieriger, wurde nicht nur bestätigt, sondern durch die Anerkennung von Dynamik und Komplexität von Unternehmung und Umwelt noch wesentlich erweitert. Es wurde gezeigt, dass Unternehmungsführung nicht nur aus Strategien der Komplexitätsreduktion bestehen kann, sondern dass ein Wechselspiel von komplexitätsreduzierenden und -steigernden Massnahmen notwendig ist, um die Unternehmung im Raum wechselnder Anforderungen und Bedingungen handlungsfähig zu halten. Das sinnvolle gedankliche Umgehenkönnen mit Komplexität wird damit zu einer primären Anforderung an die Unternehmungsführung. Damit verbunden ist aber auch die Erkenntnis, dass ein Führungsverhalten, das auf der mehr oder weniger bewussten Vorstellung beruht, die Unternehmung sei nichts als ein etwas kompliziert gewordenes triviales System, das genau unter Kontrolle gehalten werden könne, keine realitätsnahe und erfolgreiche Führungsphilosophie abgeben kann.

Zur Erfassung verschiedener Aspekte der Unternehmungsführung haben wir verschiedene Unterscheidungen und Aufgliederungen verwendet wie die Unterscheidung verschiedener Führungsfunktionen und Führungsebenen. Besonderes Gewicht haben wir auf eine sich aus der Dynamik der Unternehmung ergebende prozessuale Erfassung der Führung gelegt, um einer statischen, gewissermassen zeitlosen Auffassung von Führung entgegenzuwirken, und dabei eine Verbindung zu der im dritten Teil dargestellten ganzheitlichen Problemlösungsmethodik hergestellt.

Wir möchten mit dieser mehrdimensionalen Betrachtung der Unternehmungsführung nicht den Eindruck erwecken, es liege damit ein geschlossenes Führungsmodell vor, das es nur noch zu realisieren gelte. Wir glauben aber, einige wesentliche Aspekte aufgezeigt zu haben, die ein ganzheitliches Unternehmungsführungsbild kennzeichnen werden, auf dessen Grundlage erst eine den heutigen und zukünftigen Anforderungen entsprechende erfolgreiche Unternehmungsführung beruhen muss.

4. Management als gesellschaftliche Funktion

Im vierten Teil dieses Buches haben wir bisher die Vorstellungen über ganzheitliches Management auf die Führung von Unternehmungen bezogen. Zum Schluss wollen wir unsere Perspektive wieder ausweiten auf die Führung sozialer Systeme oder gesellschaftlicher Institutionen schlechthin.

Die Gesellschaft von heute ist eine hochorganisierte Gesellschaft. In historisch kurzer Zeit sind Hunderttausende von zweckgerichteten Institutionen entstanden, um insgesamt eine fast unbegrenzte Zahl verschiedener Zwecke zu erfüllen. Obwohl es immer schon solche «Zweckverbände» zur Erreichung bestimmter Ziele gegeben hat, sind doch die Vielzahl und Dichte solcher Institutionen von heute einzigartig. Die moderne Gesellschaft kann daher nicht einfach als eine Gesamtheit von Individuen verstanden werden; sie ist zumindest auch als ein System zu betrachten, das aus einer sehr grossen Zahl von zweckgerichteten, handlungsfähigen sozialen Systemen besteht. Jeder Mensch gehört in der Regel mehreren solchen Institutionen an oder nimmt ihre Leistungen in Anspruch; er handelt nicht nur als Individuum, sondern sehr oft als «Funktionär» einer Institution, für die er denkt und handelt. Der jeweilige Zustand der Gesellschaft ergibt sich also nicht nur aus den Verhaltensweisen aller Bürger, sondern ist in hohem Masse das Ergebnis des Verhaltens dieser organisierten Komponenten der Gesellschaft.

Zu diesen vielen zweckgerichteten Teilsystemen der Gesellschaft gehören ausser den Unternehmungen öffentliche Dienste, Organisationen der staatlichen Verwaltung und der Kirchen, Spitäler und andere Institutionen des Gesundheitswesens, Schulen, Verbände usw. Dies sind jedoch nur Sammelbezeichnungen für eine Vielzahl unterschiedlicher Organisationen, und es ist völlig unmöglich, sie mit einem einfachen logischen Kategoriensystem zu erfassen. Jede Institution hat nicht nur einen spezifischen Zweck zu erfüllen, sondern weist auch eine spezifische, für sie relevante Umwelt auf, aus der sich auch spezifische «Rahmenbedingungen» für ihre zweckgerichtete Führung ergeben. Es ist daher nur sehr beschränkt möglich, auf dieser konkreten Ebene Erkenntnisse über zweckmässige Instrumente und Verfahren der Führung von einer Institution auf die andere zu übertragen. Um einige Beispiele für ganz unterschiedliche Zwecke und Bedingungen zu nennen: Zweck eines Krankenhauses ist die Heilung kranker Menschen, und die dazu notwendigen Dienstleistungen vollziehen sich am einzelnen Patienten. Der Wert des einzelnen Lebewesens stellt den übergeordneten Wert dar, dem alle andern, *auch* wichtigen Zielsetzungen wie Effektivität und Effizienz der Leistungserbringung unterzuordnen sind. Ganz im Gegensatz dazu ist es der Zweck einer militärischen Organisation, gegebenenfalls das eigene Territorium mit Gewalt zu verteidigen, gegnerische Soldaten zu töten auch unter Opferung von eigenen. Wie man auch immer die Aufgaben einer Armee umschreiben mag, ist doch klar, dass hier die Wahrung des Selbstwertes jedes einzelnen Menschen keineswegs ein übergeordnetes Prinzip ist, nach dem sich alle konkreteren Ziele und Aktionen zu richten haben. Für eine Organisation der staatlichen Verwaltung ist das Prinzip der Rechtsstaatlichkeit massgeblich und sehr oft die Verpflichtung, Leistungen zu erbringen unabhängig von ihren eigenen Präferenzen; es ist also fehl am Platze, von ihr eine hohe Flexibilität, eine selektive Marktpolitik und dergleichen zu verlangen. Staatliche Dienstleistungsbetriebe mit staatlich zugeteiltem Monopol operieren unter gänzlich andern Bedingungen als private Unternehmungen, welche sich gegenüber einer intensiven Konkurrenz zu bewähren haben, aber auch ein wesentlich vielfältigeres Verhaltensrepertoire aufweisen. Gleichsetzungen wie etwa von militärischer und wirtschaftlicher Führung oder die Vorstellung, die staatliche Verwaltung sollte gleich geführt werden wie ein privates Unternehmen, sind deshalb nur sehr begrenzt sinnvoll. Ebenso notwendig wäre es auf der konkreten Ebene, die Unterschiede zwischen Institutionen mit verschiedenen Zwecksetzungen herauszuarbeiten.

Gleichartigkeiten ergeben sich jedoch, wenn wir eine abstraktere Betrachtungsebene wählen. So können wir festhalten, dass die Eigenschaften dynamischer und komplexer, aus Menschen bestehenden Systeme prinzipiell auf alle gesellschaftlichen Institutionen zutreffen, da sie nicht von der Zwecksetzung oder von den Besonderheiten der für sie im einzelnen relevanten Umwelt abhängen. Aus dieser gemeinsamen, systemhaften Charakteristik ergibt sich auch, dass alle diese Institutionen geführt werden müssen. Management ist also nicht etwas, was nur im Bereich der Wirtschaft vorkommt, sondern eine gesellschaftliche Funktion, die in Hunderttausenden von zweckgerichteten Institutionen erfüllt werden muss.

Wir sehen auch, dass die konzeptuellen Vorstellungen über Unternehmungsführung, die wir in den vorstehenden Abschnitten aus dieser Grundcharakteristik des zu führenden sozialen Systems abgeleitet haben, auch geeignet sein dürften zur Erfassung der Aufgaben und Funktionen der Führung von Institutionen mit andern Zwecksetzungen und Rahmenbedingungen. Alle diese Institutionen müssen gestaltet, gelenkt und entwickelt werden, für alle ist eine Betrachtung auf normativer, strategischer und operativer Ebene sinnvoll, alle sind offene Systeme mit zu gestaltenden und zu lenkenden Aussenbeziehungen, in allen finden vielfältige Problemlösungsprozesse statt, und in allen ist die Bewältigung hoher Komplexität eine zentrale Aufgabe des Managements.

Mit der Führung aller zweckgerichteten gesellschaftlichen Institutionen innerhalb der Gesellschaft erschöpft sich die Managementfunktion noch nicht. Dabei geht es um die Führung der einzelnen Komponenten der Gesellschaft, aber noch nicht um die Führung auf gesamtgesellschaftlicher Ebene. In einem früheren Abschnitt haben wir auf dieser übergeordneten Ebene ein Moral-, ein Politik- und ein Wirtschaftssystem unterschieden und diese auch als Lenkungssysteme der Gesellschaft insgesamt verstanden. Auch diese Teilsysteme der Gesellschaft verhalten sich nicht regellos und beliebig, sondern sind mehr oder weniger stabil strukturiert, und auch sie sind nicht einfach aus einzelnen Individuen zusammengesetzt, sondern teilweise auch aus organisierten Institutionen, die im Rahmen eines solchen Systems bestimmte Funktionen ausüben. Es sind dies beispielsweise im Wirtschaftssystem Arbeitgeber- und Arbeitnehmerverbände und wirtschaftspolitische Vereinigungen, im Moralsystem religiöse Gemeinschaften, Umweltschutzorganisationen und Bürgerinitiativen aller Art, im Politiksystem die Parteien und die zahlreichen Organe der staatlichen Organisation wie Parlamente und Regierungen. Dies sind nur Beispiele für den Tatbestand, dass an diesen gesamtgesellschaftlichen Willensbildungs- und -durchsetzungsprozessen nicht nur eine Vielzahl von Individuen mitwirken, sondern auch zahllose zu diesem Zweck geschaffene Institutionen. Insoweit diese Systeme entsprechend dem demokratischen Gesellschaftsideal nach dem Prinzip der auf viele verteilten Macht und der Selbstlenkung konzipiert sind, kommt den einzelnen Individuen und Institutionen jeweils nur eine mehr oder weniger eng begrenzte Mitlenkungsmöglichkeit zu. Durch das Politiksystem werden aber auch in Form der staatlichen Organisation Organe oder Instanzen geschaffen, denen bestimmte Entscheidungs- und Kontrollbefugnisse von Rechts wegen zugeordnet sind. Es bestehen in der Gesellschaft also auch explizite Führungsinstanzen ähnlich wie in den einzelnen zweckgerichteten Institutionen. Ein föderalistisch aufgebauter Staat wie die Schweiz weist eine ausserordentlich komplizierte und mehrdimensionale Struktur solcher Lenkungsorgane auf; dazu gehören Parlamente und Regierungen und die Organe der Rechtsprechung je auf Gemeinde-, Kantons- und Bundesebene. Viele Befugnisse sind aber im modernen Staat faktisch an Organe der staatlichen Verwaltung delegiert, die insgesamt ein grosses, hierarchisch strukturiertes System darstellt.

Gesamthaft betrachtet gibt es also auch auf dieser gesamtgesellschaftlichen Ebene eine überaus grosse Zahl von Personen, welche entweder als Individuen oder als «Funktionäre» entsprechender Institutionen mitentscheidend an den entsprechenden Problemlösungsprozessen mitwirken. Auch sie sind Führungskräfte, die es mit äusserst komplexen Problemsituationen zu tun haben und die ihre Aufgabe nach den früher erwähnten Kriterien verstehen sollten.

Die Funktionsweise der Gesellschaft ist nicht verständlich, wenn wir sie nicht auch unter dem Gesichtspunkt des Managements betrachten. Ohne funktionierende Lenkungssysteme und ohne eine sehr grosse Zahl von Menschen, die in solche Systeme eingegliedert sind und an diesen gesellschaftlichen Prozessen gestaltend und lenkend mitwirken, würde das menschliche Zusammenleben in der Gesellschaft chaotisch und die Gesellschaft zerfallen. Die Gesellschaft braucht zahllose Manager, und Management ist nicht auf die Unternehmungen oder die Wirtschaft beschränkt, sondern stellt eine für die Gesellschaft entscheidend wichtige Funktion dar.

In kritischer Sicht kann man kaum behaupten, dass die Gesellschaft von heute besonders gut funktioniert; im Gegenteil scheinen sich mehr und mehr unerwünschte, von niemandem gewollte Zustände in allen Lebensbereichen zu häufen, und vieles, was gestern noch zufriedenstellend funktionierte, gerät heute periodisch ausser Kontrolle oder produziert negative Nebenwirkungen in einem nicht mehr tolerierten Ausmass. Dies deutet darauf hin, dass das Management der Gesellschaft und ihrer vielen zweckgerichteten Institutionen offenbar nicht so gut ist, wie es von einem gesellschaftlichen Standpunkt aus sein sollte, und dies ist wohl zum Teil darauf zurückzuführen, dass weitgehend unbekannt ist, was Management in gesellschaftlicher Sicht eigentlich bedeutet.

Wir sind davon überzeugt, dass ein ausreichendes Verständnis des Managements der Gesellschaft nur durch ein ganzheitliches Denken unter Zuhilfenahme systemtheoretischer Erkenntnisse gewonnen werden kann. Wenn wir eine funktionsfähige demokratische Gesellschaft haben wollen, muss die Grundvorstellung diejenige einer sich selbst lenkenden und organisierenden Gesellschaft sein, was – wie wir immer wieder gesehen haben – die bewusste und vernunftgeleitete Ausgestaltung von Lenkungsmechanismen auch mit bestimmten Lenkungsorganen nicht ausschliesst. Notwendig sind also primär konzeptionelle Vorstellungen über eine den Demokratieprinzipien entsprechende, vieldimensionale gesellschaftliche *Ordnung,* welche geschaffen, bewahrt und weiterentwickelt werden muss. Man darf hier an das Wort von Konfuzius erinnern: «Fehlt die Idee, zerfallen die Ordnungen.» Für die Akteure in den gesellschaftlichen Prozessen ist es wichtig, dass sie wissen, dass sie mit ihren Entscheidungen und Handlungen gestaltend und lenkend in äusserst komplexe und vernetzte System eingreifen und damit Wirkungen erzeugen können, die von einem isolierenden, linearen Ursache-Wirkungs-Denken nicht erfasst werden können. Damit ist auch gesagt, dass Führung auf gesellschaftlicher Ebene nicht nach traditionellen Vorstellungen über das Wesen der Führung erfolgen können. Solche Leitbilder, die sich an den früher dargestellten Vorstellungen einer einfachen Führungsstruktur in Form offener Steuerketten orientieren, sind gänzlich ungeeignet, um die eigene Funktion in vernetzten Lenkungssystemen zu verstehen. Sie fördern eine «Macher-Philosophie», die nirgends so unangebracht ist wie beim Handeln in äusserst komplexen gesellschaftlichen Vernetzungen, und führen zu punktuellen Eingriffen, von denen man in Kenntnis des Netzwerkes von vornherein sagen müsste, dass sie nicht zum angestrebten Erfolg führen werden. Solche hierarchischen Führungsvorstellungen sind aber auch gefährlich, weil sie fast zwangsläufig zur Idee führen, man müsste die Lenkungsfunktionen in der Gesellschaft stärker bei wenigen Instanzen mit grösseren Entscheidungskompetenzen konzentrieren, um die komplizierten und zeitraubenden, konsensorientierten Prozesse zu vereinfachen, zu rationalisieren und auf ein klares Wertesystem auszurichten. Ganz abgesehen davon, dass damit - meist unbewusst - einer diktatorischen Gesellschaftsverfassung das Wort geredet wird, ist auch aufgrund systemtheoretischer Überlegungen klar, dass die äusserst grosse Komplexität einer modernen Gesellschaft mit einfachen Führungsstrukturen vergangener Zeiten nicht bewältigt werden kann.

Obwohl ständig gefordert und von vielen Politikern für sich in Anspruch genommen, ist - wie die Zeitungsmeldungen jeden Tag belegen - das ganzheitliche Denken im so wichtigen Politiksystem noch wenig verbreitet. Probleme, welche nur aufgrund einer langfristigen, umfassenden Perspektive und Planung gelöst werden könnten, werden nicht als solche wahrgenommen, sondern als kurzfristig mit «Sofortmassnahmen» ein für allemal zu beseitigende Störungen. Das gilt insbesondere auch für die komplexe Aufgabe, das marktwirtschaftliche System auf ökologische Werte umzustellen. Es ist paradox, wenn Politiker, welche sich auf die Ökologie berufen und eigentlich die Funktionsweise vernetzter Systeme kennen sollten, glauben, mit isolierten Massnahmen vom Typ «Subito» die Welt wieder in Ordnung bringen zu können.

Wir haben die Erfahrung gemacht, dass die im dritten Teil dargestellte ganzheitliche Problemlösungsmethodik durchaus zur Lösung gesellschaftlicher Probleme auf politischer Ebene angewendet werden kann. Eine anwendungsorientierte Schulung von Politikern aller Stufen in einem solchen methodischen Denken in Netzwerken würde unseres Erachtens wesentlich mehr zum «Umdenken» beitragen als blosse Aufforderungen, die meist erst noch mit einseitigen Anliegen gekoppelt sind.

5. Management als persönliche Aufgabe

Wir sind in diesem vierten Teil von der Vorstellung ausgegangen, dass es beim Management um die Führung gesellschaftlicher Institutionen geht, dass die Komplexität solcher Systeme eine Verteilung der Führungsfunktionen auf viele Personen erfordert, und dass Lenkungsmechanismen bestehen oder geschaffen werden müssen, die das ganze System unter Kontrolle halten. Wir haben auch darauf hingewiesen, dass die unmittelbare, kurzfristige Lenkung von Aktivitäten heute zu einem erheblichen Teil maschinellen Lenkungssystemen übertragen werden kann. Wir haben es auch abgelehnt, die Aufgabe der Führung einzig in der Führung von Mitarbeitern zu sehen, aber auch, sie bei einem obersten Manager mit überragenden Eigenschaften und Fähigkeiten zu lokalisieren. Dies könnte den Eindruck erwecken, als ob wir Führung als einen unpersönlichen Mechanismus auffassten, in welchem Menschen als Führungskräfte Rädchen mit vorbestimmter Funktionsweise wären. Wir möchten deshalb abschliessend die *menschliche Dimension* der Führung hervorheben und einige Konsequenzen darstellen, welche sich aus der systemorientierten Betrachtungsweise in personaler Hinsicht ergeben.

Zunächst ist mit allem Nachdruck festzuhalten, dass Management eine Aufgabe ist und stets bleiben wird, die von *Menschen* erfüllt werden muss. Die Technisierung von Lenkungsfunktionen führt im wesentlichen lediglich zu einer Gewichtsverschiebung von einfachen Lenkungsfunktionen zu schwierigeren Gestaltungs- und Entwicklungsfunktionen, die von Führungskräften zu erfüllen sind. Die rasante Entwicklung von Computern als Arbeitsinstrumente zur Bewältigung von Führungsaufgaben – man denke an die immer leistungsfähigeren Personalcomputer und Kommunikationsnetze – führen darüber hinaus zu grösserer Effizienz und Effektivität der Führung, entlasten die Führungskräfte von zeitraubenden Tätigkeiten der Informationsbeschaffung und -aufbereitung und beschleunigen und sichern einzelne Teilschritte in der Abwicklung von Problemlösungsprozessen. Es ist anzunehmen, dass die schon vor 30 Jahren prophezeite Verminderung der Zahl namentlich von mittleren Führungskräften nun tatsächlich eintreten wird, was nichts anderes bedeutet als eine Fortsetzung des im operativen Bereich altbekannten Vorganges der ständigen Rationalisierung und Verbesserung menschlicher Tätigkeiten mit Hilfe technischer Mittel nun auch im Führungsbereich. Das Ergebnis ist hier wie dort, dass eine gegebene Zahl von Menschen nun mehr leisten kann als vorher. Der Management-Bedarf in der Gesellschaft stellt aber nicht einen Kuchen dar, der nun auf weniger Menschen zu verteilen ist, sondern wird vermutlich aufgrund der zahllosen nicht oder schlecht gelösten Probleme und des Entstehens stets neuer Problemsituationen in einer dynamischen Gesellschaft weiter ansteigen. Das Wesentliche an diesen Vorgängen scheint uns nicht die quantitative Änderung des Bedarfs an Führungskräften zu sein, sondern die qualitative Veränderung der Anforderungen, die an sie zu stellen sind.

Führungsprozesse sind hocharbeitsteilige Vorgänge, in denen zahlreiche Führungskräfte *zusammenwirken* müssen. Wie wir gezeigt haben, kommt der Integration einzelner Tätigkeiten und Teilprozesse zu einem zusammenhängenden dynamischen Führungssystem eine zentrale Bedeutung zu. Obwohl diese Integration durch Schaffung übergreifender Führungsinstrumente gefördert und gesichert werden kann, erfordert sie doch in erster Linie von jeder Führungskraft die Fähigkeit, mit andern im persönlichen Kontakt zu kommunizieren und zusammenzuarbeiten. Zurecht werden deshalb heute *Kommunikationsfähigkeit* und *Teamfähigkeit* als zentral wichtige Anforderungen an Führungskräfte hervorgehoben. Dies gilt auch in bezug auf die Beziehungen zwischen Führungskräften und ausführenden Mitarbeitern.

Die zunehmende Dynamik der Gesellschaft und die Veränderlichkeit von Zielen und Rahmenbedingungen für die einzelnen zweckgerichteten Institutionen machen es immer weniger zweckmässig, Führungsaufgaben langfristig fixiert auf bestimmte Führungskräfte zu verteilen, sondern erfordern vielmehr eine flexible, im Zeitablauf wechselnde Verteilung auf jeweils für aktuelle Aufgaben geeignete Personen. Es entsteht das Bild einer flexiblen Führung durch jeweils aufgabenspezifisch zusammengesetzte Teams von Führungskräften und Sachbearbeitern, was die Vorstellung einer festgefügten personellen Hierarchie in den Hintergrund treten lässt. Dies hebt die hierarchische Dimension der Systemgestaltung nicht auf, aber diese ergibt sich primär aus der Über- und Unterordnung von Prozessen und nicht aus derjenigen von Menschen. Dies setzt voraus, dass die in der Vergangenheit so sehr betonte Identifikation der Person mit dem «Kästchen», das sie ausfüllen soll, gebrochen wird. «Höherwertige» Führungskräfte sind dann nicht solche, die ein Kästchen hoch oben im Organisationsplan ausfüllen, sondern jene, die geeignet sind, in im Zeitablauf wechselnden Problemsituationen in personell unterschiedlich zusammengesetzten Problemlösungsteams höherwertige Führungsfunktionen wahrzunehmen.

Dies bedeutet nicht, dass in sozialen Systemen überhaupt keine personelle Hierarchie bestehen sollte. Ein ständiger kurzfristiger Wechsel der Zuordnung von Führungsfunktionen zu Personen ist aus verschiedenen Gründen nicht zweckmässig: Einmal weil sich Interaktionen zwischen Personen auch einspielen müssen und die Spielregeln des Zusammenwirkens nicht immer wieder neu zu etablieren sein sollten, dann auch, weil zahlreiche Aufgaben langfristiger Natur sind und ein kontinuierliches Lernen erfordern, so dass es unsinnig wäre, die Akkumulation von Wissen und Erfahrung beim Einzelnen abzubrechen und mit neuen Personen neu beginnen zu lassen, und schliesslich, weil die Zahl von Menschen, die für bestimmte Aufgaben sehr gut qualifiziert sind, immer begrenzt ist.

Da die Führung einer ganzen Institution sehr arbeitsteilig organisiert ist, sind auch die *Anforderungen,* die an die einzelnen Führungskräfte zu stellen sind, ausserordentlich verschieden. Diese Vielfalt vergrössert sich noch, wenn wir die Unterschiede der Institutionen in der ganzen Gesellschaft berücksichtigen. Listen von Eigenschaften und Fähigkeiten, wie sie häufig aufgestellt werden, welche die Führerpersönlichkeit auszeichnen sollen, orientieren sich oft am Bild eines «obersten Chefs» und stellen meist ein Idealbild dar, dem kein Mensch entsprechen kann. Nun ist es geradezu ein Prinzip der Organisation der Gesellschaft, dass die Anforderungen an die einzelnen Beteiligten menschliches Mass nicht überschreiten sollen; es wäre ziemlich sinnlos, Strukturen zu schaffen, die das Vorhandensein von Tausenden von Ausnahmemenschen voraussetzen, die es in der Realität gar nicht gibt. Es ist nicht zuletzt der Sinn der arbeitsteiligen Organisation von Institutionen und Führungsprozessen, dass die Anforderungen an einen Grossteil der Führungskräfte so dimensioniert werden können, dass auch entsprechend fähige Menschen verfügbar sind.

Gehen wir etwas nüchterner vor, so stellen wir fest, dass zunächst auch an Führungskräfte Anforderungen an ein *fachliches Wissen und Können* zu stellen sind. Damit sind Kenntnisse über die Aufgaben des betreffenden Handlungsbereichs einer Institution gemeint und über die Mittel und Verfahrensweisen, die dazu notwendig sind. Eine Klinik in einem Spital kann nicht geführt werden von Leuten, die vom betreffenden Fachgebiet der Medizin keine Ahnung haben, und eine Abteilung Rechnungswesen in einer Unternehmung nicht von solchen, welche die Konzepte und Techniken der Rechnungsführung nicht beherrschen. Führung ist letztlich auf Ausführung und auf die Lösung von Sachaufgaben gerichtet, und wer diese nicht kennt, kann die notwendigen Gestaltungs- und Lenkungsaufgaben mangels Sachkenntnis kaum erfolgreich lösen. Dies ist bei unteren Führungskräften klar, aber das Bild der Anforderungen bezüglich «Fachkenntnissen» wird im höheren Bereich diffus. Je vielfältiger der Leitungsbereich ist, um so vielfältiger ist auch das fachliche Wissen und Können, das in ihm vorhanden sein und fruchtbar gemacht werden muss, und für die obersten Führungskräfte, deren Leitungsbereich die ganze Unternehmung ist, geht es um einen immensen Komplex unterschiedlicher Kenntnisse und Erfahrungen. Es ist unmöglich, dass ein höherer Chef über all dieses «Spezialistenwissen» selbst verfügt – und es ist auch nicht nötig, denn es ist ja nicht seine Aufgabe, dasselbe zu tun, was seine Mitarbeiter tun. Trotzdem geht es nicht ohne Fachwissen, denn er muss zumindest beurteilen können, ob die erforderlichen Kenntnisse vorhanden sind und ob die in seinem Bereich getroffenen Entscheide oder ihm vorgelegten Anträge fachlich richtig sind, und er muss vor allem die Sprache der Spezialisten verstehen, um mit ihnen kommunizieren zu können. Jeder Sachbearbeiter weiss, wie mühsam es ist, mit einem Chef zu sprechen, der nichts von der Sache versteht, und auch das Zusammenarbeiten im Team setzt einen Mindestumfang gemeinsamen Wissens voraus. Wir tun uns sehr schwer daran, das für einen Generalisten erforderliche breite Fachwissen zu konzipieren, zu vermitteln und aufzunehmen, weil es als Wissen für den Spezialisten strukturiert ist, Exaktheit und vollständige Beherrschung als Ausbildungsideale gelten und «Breite» mit Oberflächlichkeit gleichgesetzt wird. Sicher ist, dass das für den höheren *Chef als Generalisten* erforderliche Fachwissen nicht durch blosse Addition von Spezialistenwissen erworben werden kann. Ein Generalist kann weder jemand sein, der von allem nichts versteht, noch einer, der alles weiss. Ein höherer Chef ist jemand, der auch über seinen Wirkungsbereich nicht alles weiss, aber das Ganze versteht, einer, der in der Lage ist, vom speziellen Wissen anderer Gebrauch zu machen, indem er es aktiv sucht, aufnimmt und sinnvoll interpretiert dadurch, dass er es in *seinen* Kontext, das umfassendere Ganze, einfügt. Gerade diese Fähigkeit aber kann man durch «Stoffhuberei» und «Schubladendenken» nicht lernen.

Führungskräfte benötigen jedoch noch eine andere Art von Kenntnissen, die man als *Führungswissen und -können* bezeichnen kann. Es geht hier zunächst um das Wissen über Konzepte, Instrumente und Methoden der Unternehmungsführung, die ihnen ja als Hilfsmittel bei ihrer spezifischen Führungstätigkeit dienen sollen. Besonders wichtig ist dabei die Beherrschung übergreifender Führungsinstrumente wie etwa des Rechnungswesens und des Planungssystems, weil der Chef die ihm aus solchen Systemen zur Verfügung stehenden Daten richtig interpretieren können muss, wenn sie ihm überhaupt etwas nützen und ihn nicht im Gegenteil irreführen sollen. Umfang und Bedeutung dieses heute an sich verfügbaren *führungstechnischen Wissens* wird oft unterschätzt. In dieser Beziehung kann man aber davon ausgehen, dass Führungskräfte Spezialisten der Führung sind, die – wie jeder ausgebildete Berufstätige in seinem Bereich – ihr Instrumentarium beherrschen müssen. Dies noch aus einem weiteren Grund: Führungsinstrumente entstehen nicht von selbst, sondern müssen konzipiert und eingeführt werden. Zumindest höhere Führungskräfte müssen in der Lage sein, das in der Institution bestehende Führungsinstrumentarium beurteilen und mögliche Verbesserungen in die Wege leiten zu können. Das traditionelle Führungsbild mit seiner Konzentration auf Menschenführung und auf für den Chef notwendige Charaktereigenschaften hat dazu geführt, dass auch heute noch viele Führungskräfte dieses «technische» Wissen gering schätzen oder eine ihnen mehr oder weniger zufällig bekannte Führungstechnik überschätzen, oder glauben, es genüge, junge Akademiker ohne Führungserfahrung als Stabsleute dafür einzusetzen. Man kann das Fehlen instrumenteller Kenntnisse als mangelnden *Professionalismus im Management* bezeichnen. Während in Unternehmungen ein mehr oder weniger zweckmässiges und integriertes Führungsinstrumentarium existiert und Führungskräfte sich die entsprechenden Kenntnisse sozusagen berufsbegleitend aneignen können, fehlt es in andern zweckgerichteten Institutionen und namentlich im Politiksystem oft an einem modernen Instrumentarium überhaupt. Es kann aber auch nicht eingeführt, kontinuierlich verbessert und verwendet werden, wenn die Personen, welche in diesen Systemen gestaltend und lenkend wirken sollen, überhaupt keine Kenntnisse auf diesem Gebiet besitzen. Vieles, was in der Führung von «nichtwirtschaftlichen» gesellschaftlichen Institutionen geschieht, trägt diesbezüglich ausgesprochen amateurhafte Züge.

Fachwissen und instrumentelles Führungswissen veralten rasch. Die Wissensaufnahme in der Grundausbildung reichen nicht aus, um 20 Jahre später die eigenen Aufgaben noch gut erfüllen zu können. Ständige Weiterbildung im Sinne des lebenslangen Lernens ist also notwendig. Veraltetes Wissen ist fast noch gefährlicher als fehlendes, weil es die notwendige Innovationsfähigkeit der Institution in hohem Masse einschränkt.

Instrumentelles Wissen ist zwar wichtig, reicht aber nicht aus, um ein guter Chef zu sein. Gehen wir davon aus, dass Führung immer auch Zusammenwirken mit andern Menschen bedeutet, geht es auch um die erwähnte Kommunikations- und Teamfähigkeit. Handelt es sich beim Wissen um den *Inhalt* zwischenmenschlicher Kommunikation, so geht es hier um das *persönliche Verhalten* in solchen Prozessen des Zusammenwirkens. Zwar gibt es auch hier eine Reihe von Techniken, die man sich durch Üben aneignen kann wie z. B. solche der Gesprächsführung oder der Leitung von Arbeitsgruppen, aber auf dem Gebiet der Menschenführung wird besonders deutlich, dass ein bloss angelerntes Verhalten von andern Menschen meist rasch als solches durchschaut und als nicht ausreichend empfunden wird. Ein bloss regelhaftes Verhalten eines Chefs etwa gemäss eingeprägten «Führungsrichtlinien» verspricht auch deshalb wenig Erfolg, weil die Vielfalt von Situationen ein spontanes, situationsgerechtes Verhalten erfordert. Notwendig ist vielmehr, dass ein Chef eine Situation rasch beurteilen und sein Verhalten danach richten kann. Immer wieder kann man die Erfahrung machen, dass Chefs, die in ihrem Verhalten gegenüber Mitarbeitern keineswegs immer das Ideal eines modernen Führungsstils verkörpern, gerade deshalb natürlich wirken und akzeptiert werden, während andere, die sich so peinlich sichtbar bemühen, diesem Verhaltensideal zu entsprechen, viel mehr Mühe haben, als Persönlichkeit wirksam zu werden.

Man kann diese Fähigkeit, spontan in unterschiedlichen Situationen richtig zu führen, als Anforderung an die *Flexibilität* eines Chefs auffassen. Sie betrifft nicht nur das Verhalten gegenüber Mitarbeitern, sondern auch die Verfügung über das jeweils erforderliche, situationsabhängige Wissen. Menschenführung findet ja auch nicht als isolierter Vorgang statt, sondern ist verknüpft mit der sachgerechten Lösung von Problemen. Die Fähigkeit, rasch das in einer Situation oder in einem Problemzusammenhang Wesentliche zu erkennen, den kritischen Punkt aufzudecken, den der Mitarbeiter gerne verdecken möchte, zu erfassen, welche Informationen fehlen oder was als nächstes zu tun ist, im richtigen Moment das richtige Wort auszusprechen, ist ein herausragendes Merkmal eines überlegenen Führungsverhaltens. Damit verbunden ist die wichtige und oft hervorgehobene grosse Entschlusskraft, die man von Führungspersönlichkeiten fordert. In unserer Sicht bildet das *Verstehen* von Situationen eine wesentliche Grundlage dieser Fähigkeiten, d. h. das Einordnenkönnen von vielen Einzelheiten und Informationen in einen umfassenderen Kontext, und damit eben die Fähigkeit, rasch etwas Neues in ein *Ordnungsmuster* einzuordnen und es aus der Sicht eines grösseren Ganzen zu beurteilen. Oft ist es einem Chef gar nicht bewusst, dass er über einen solchen gedanklichen Bezugsrahmen verfügt, und er ist deshalb auch nicht in der Lage, ihn andern zu vermitteln. Der Fähigkeit, sich spontan richtig zu verhalten und gute Entscheide zu treffen, haftet daher etwas Geheimnisvolles an, und sie wird der nicht so recht fassbaren «Intuition» oder auch langjähriger Erfahrung zugeschrieben. Gerade in bezug auf die Erfahrung sollte man aber nicht vergessen, dass die Akkumulation von Erfahrungen nur möglich ist, wenn diese im Rahmen eines Bezugssystems laufend verarbeitet werden, so dass sie auch daraufhin beurteilt werden können, ob sie auf eine neue Situation passen.

Gedankliche Ordnungsmuster schliessen die Gefahr in sich, dass sie auf neuartige Situationen nicht passen, so dass neue Probleme oder zu ihrer Lösung wesentliche Sachverhalte nicht erfasst werden. Eine dynamische, innovative Führung setzt daher voraus, dass Chefs bestehende Bezugsrahmen sich bewusst machen, kritisch überprüfen und verändern können. Es geht hier um ein relativ abstraktes *konzeptionelles Denkvermögen,* das in traditionellen Führungsvorstellungen kaum erwähnt und eher als Anforderung ausschliesslich an Intellektuelle und Theoretiker verstanden wird. Wir gehen dagegen von der Auffassung aus, dass es nicht primär um die *Geschwindigkeit* des Entscheidens und Machens geht, sondern um die *Qualität* der Entscheide und Handlungen, und dass in komplexen Problemsituationen, in denen sich Führungskräfte in zunehmendem Masse zu bewähren haben, ein ausgesprochen hochentwickeltes Denkvermögen erforderlich ist. Die Notwendigkeit, rasch zu handeln und tapfere Entschlüsse zu fassen, ist oft nur darauf zurückzuführen, dass man zu spät mit Denken angefangen hat.

Dies führt uns zur *Fähigkeit, ganzheitlich denken zu können,* als zentrale Anforderung an höhere Führungskräfte zurück. Sie bedeutet in erster Linie, einzelne Zustände, Geschehnisse und Absichten in ein grösseres Ganzes hineinstellen und von diesem aus beurteilen zu können, ist also darauf gerichtet, die durch ein isolierendes, enges Denken gesteckten Grenzen zu überwinden und grössere Zusammenhänge zu erkennen, um das Einzelne als Teil eines grösseren Ganzen zu verstehen. In qualifizierter Form bedeutet sie auch die Fähigkeit, solche sinnmachenden Ganzheiten gedanklich entwerfen und andern Menschen vermitteln zu können. Wenn Mitarbeiter gelegentlich geistig schwerfällig zu sein scheinen, unflexibel am Gewohnten festhalten, Ereignisse ganz anders als die Führungskräfte interpretieren und die Notwendigkeit von Massnahmen nicht einsehen, ist dies weitgehend darauf zurückzuführen, dass ihnen ein Bezugsrahmen fehlt, der ihnen eine richtige Interpretation ermöglicht. Mitarbeiterführung muss deshalb auch als *Prozess der Sinnvermittlung* gesehen werden, oder noch besser als solcher, der es dem Mitarbeiter ermöglicht, dem Geschehen selbst einen Sinn zu geben, indem er es im grösseren Zusammenhang versteht.

Wie wir gesehen haben, soll ein ganzheitliches Denken zwar vernünftig und nachvollziehbar sein, kann aber nicht im blossen Abwickeln eines vorgegebenen vollständigen und exakten Programms bestehen, sondern muss immer Phasen des Öffnens und des Suchens nach Neuem einschliessen. Namentlich für höhere Führungskräfte geht es also auch um die Fähigkeit zum *schöpferischen Denken,* aber auch darum, das Wechselspiel von kreativer Phantasie und exakter Analyse zu beherrschen. Die erforderliche «Offenheit des Geistes» hat aber noch viele andere Aspekte, die weniger mit Methodik als mit Einsichten und Einstellungen zu tun haben. Wer seine eigene Position nicht isoliert betrachtet, sondern im grösseren Zusammenhang menschlichen Zusammenwirkens versteht, wird erkennen, dass eine Abstützung auf ihm zugeordnete Befugnisse nicht genügt, um seine Entscheide für andere akzeptierbar zu machen. Wer von der zu führenden Institution ausgeht, wird verstehen, dass er im *Dienst einer Sache* steht, aber auch, dass diese Sache nichts ein für allemal Gegebenes darstellt, sondern dass deren Berechtigung auch kritisch überdacht werden muss, damit er und andere sich mit ihr identifizieren können. Wer einsieht, dass auch die grösste Institution nichts Abschliessbares ist, sondern Teil umfassenderer Systeme, in denen sie Funktionen erfüllen muss, wird auch die Notwendigkeit verstehen, sich selbst mit den Vorgängen in dieser gesellschaftlichen und natürlichen Umwelt auseinanderzusetzen und mitzuwirken an ihrer Anpassung an solche externen Anforderungen. Und wer erkennt, dass kein sinnvolles Handeln ohne ständiges Urteilen und ohne Rückgriff auf übergeordnete Werte möglich ist, wird verstehen, dass ausreichende, begründbare Werthaltungen von zentraler Bedeutung für seine Wirksamkeit als Führungskraft sind, aber gleichzeitig auch, dass er nicht den Anspruch erheben kann, alleiniger Experte für die Bestimmung der zu verfolgenden Werte zu sein. Wer sich löst von einer traditionellen, eindimensionalen Vorstellung über die zu führende Institution und sich ein ganzheitliches Bild darüber macht, wie wir es für die Unternehmung im speziellen skizziert haben, wird verstehen, welche Vielzahl von Aspekten und Dimensionen auch das Management aufweisen muss; dass nur ein arbeitsteiliges Zusammenwirken vieler Menschen zu einem sinnvollen Verhalten des Ganzen führen kann, es aber seine Funktion ist, an dieser Integration der Teile zu einem Ganzen aktiv mitzuwirken, und dass von ihm eine solche das grössere Ganze in den Vordergrund rückende integrative Kraft ausgehen muss. Endlich muss jede Führungskraft die alte Wahrheit anerkennen, dass jedes Entscheiden und Handeln die *Übernahme von Verantwortung* für die Folgen einschliesst, da es andere Menschen betrifft, und dass diese Verantwortung über die Grenzen der Institution hinausreicht und nicht nur Sichverantworten gegenüber Vorgesetzten oder vor den eigenen Mitarbeitern bedeutet.

Man kann vielleicht diese nicht auf eine Summe von konkreten Wissensinhalten und Verhaltensweisen reduzierbaren persönlichen Grundlagen der Führung als eine *Grundhaltung* bezeichnen, die Führungskräfte als Persönlichkeiten auszeichnen sollte. Und schliesslich kann man wohl auch sagen, dass ganzheitliches Management nur von ganzen Menschen getragen werden kann, die sich nicht auf eine einzelne Dimension des Verstehens, Denken und Handelns reduzieren lassen.

Ausgewählte Literatur

Drucker, P., Die ideale Führungskraft, Econ, Düsseldorf 1967

ders., Neue Management-Praxis, Econ, Düsseldorf 1984

Dyllick, T., Management der Umweltbeziehungen, Habil. Schrift, Hochschule St. Gallen 1988

Hedberg, B., Organisationen als Zelte. Ueber die Schwierigkeiten, Organisationsstrukturen flexibel zu gestalten, in: H. Hinterhuber, St. Jaske, Hrsg., Zukunftsorientierte Unternehmungspolitik, Rombach, Freiburg i. Br. 1984, S. 13–47

Nystrom, P., Hedberg, B., Starbuck, W., Interacting Processes as Organization Design, in: R. H. Kilmann, L. R. Pondy, D. P. Slevin, Hrsg., The Management of Organization Design, Vol. 1, North Holland, New York 1976, S. 209–230

Probst, G. J. B., Selbst-Organisation – Ordnungsprozesse in sozialen Systemen aus ganzheitlicher Sicht, Parey, Berlin 1987

Probst, G. J. B., Siegwart, M., Hrsg. Integriertes Management, Haupt, Bern 1986

Scott, R. W., Grundlagen der Organisationstheorie, Campus Prentice Hall, Frankfurt/New York, 1982

Schein, E., Organizational Psychology, Prentia Hall, Englewood Cliffs 1970

Ulrich, H., Management, Haupt, Bern 1985

Weick, K. E., Der Prozess des Organisierens, Suhrkamp, Frankfurt 1985